A COURSE IN MIRACLES®

心靈平安基金會授權
奇蹟資訊中心出版

奇蹟課程

學員練習手冊

若水　譯

心靈平安基金會授權
奇蹟資訊中心出版

目　錄

上　篇

課　題

下 篇

最後的幾課

跋

導　言

1.　　〈正文〉中所提供的理論基礎，是〈練習手冊〉中不可或缺的架構，它賦予了每個練習的意義。[2] 然而，你必須親自操練這些練習，才可能達到本課程的目標。[3] 沒有經過鍛鍊的心靈是無法成就任何事情的。[4] 這本〈練習手冊〉的目的，即是遵循〈正文〉的要旨來訓練你的心靈如何思考。

2.　　這些練習十分簡單。[2] 既不會耗費你太多時間，也不限定你練習的場所。[3] 你無需作任何準備。[4] 這是一年的培訓課程。[5] 每天的練習從一至三百六十五逐一編號。[6] 一天不要超過一組練習。

3.　　〈練習手冊〉分為兩大部分，上篇致力於化解你目前看待事物的心態，下篇則以活出正知正見為目標。[2] 除了複習階段以外，每天的練習都設有一個中心主題，開宗明義地寫在文前。[3] 隨後描述具體的步驟，幫你實踐當天的中心思想。

4.　　本〈練習手冊〉的目的是按部就班地訓練你的起心動念，給你另一種知見去看待世上的一切人與事。[2] 這些練習有意幫你將課程生活化，使你明瞭原來每一課都能夠同等地運用在你所見的一切人與事上。

5.　　這一正知見的培訓課程，其延伸效果與世俗的培訓課程大相逕庭。[2] 只要你能把這正見具體運用到任何一人、一事或一境中，其效果便能延伸到每個人及每件事上。[3] 反之，你在運用正見時，即使僅僅保留一個例外，那麼，它在任何事上都會效果不彰。

6.　　因此，你唯一需要貫徹的普遍原則就是：首先，按部就班地依照指示去練習。[2] 這是幫你把當天的概念普遍運用於你所在的任何場景，以及所涉及的每個人或每件事上。[3] 其次，千萬不可擅自評判這些觀念在某些人事環境中行不通。[4] 這會妨礙此培訓課程的延伸效果。[5] 正見的基本特性即在於它的無限延伸性。[6] 這與你目前看待事物的心態恰恰相反。

7.　　總而言之，這些練習的目標是為了增強你的延伸或推恩能力，把行將操練的觀念運用到一切事物上。[2] 這不待你的努力。[3] 這些練習本身即具有放諸四海皆準的必備條件。

8.　　〈練習手冊〉中有些觀念恐怕會令你感到難以置信，有些則

有聋人聽聞之嫌。² 這些都無妨。³ 你只要按照指示去運用這些觀念即可。⁴ 請勿妄自評判。⁵ 只要你發揮其用。⁶ 就在運用之際，你會看出它的意義，明白它眞實不虛。

9.　　　你只需記住這一點：你不用相信或接受這些觀念，甚至無需心懷好感。² 某些觀念還可能會激起你的抗拒心理。³ 這一切都無妨，亦無損其有效性。⁴ 在運用〈練習手冊〉的觀念時，絕不允許自己擅自設定一些例外；不論你對這些觀念有何反彈，利用這些反彈來練習吧！⁵ 它所要求的，僅僅如此而已。

上 篇

第一課

我在這房間（街上、窗口、此地）所看到的一切，
不具任何意義

1.　　現在，緩緩地環顧周遭一圈，試著將這個觀念運用在你所看到的每一件事物上：

> ²這張桌子不具任何意義。
> ³這把椅子不具任何意義。
> ⁴這隻手不具任何意義。
> ⁵這隻腳不具任何意義。
> ⁶這支筆不具任何意義。

2.　　然後，把視線由身邊慢慢移向遠處，把這觀念運用到更廣的範圍內：

> ²那扇門不具任何意義。
> ³那具身體不具任何意義。
> ⁴那盞燈不具任何意義。
> ⁵那個標誌不具任何意義。
> ⁶那個影子不具任何意義。

3.　　請注意，上述的句子並無先後次序之別，不要對取材對象賦予差別待遇。²練習的目的即在於此。³你只需把上述句子套用於目光所及之物。⁴當你運用今天的觀念時，應該徹底地一視同仁。⁵但不必做到鉅細靡遺的地步，以免練習淪於儀式化。⁶只要確定你沒有故意排除眼前任何一物即可。⁷從觀念的運用這一角度來講，這一物與那一物並無任何差別。

4.　　最前面三課的練習，一天不要超過兩次，早晚各一次最好。²每次盡量不要超過一分鐘，除非這讓你覺得過於倉促。³輕鬆自在的感覺十分重要。

第二課

我在這房間（街上、窗口、此地）所看到的一切，對我所具的意義，完全是我自己賦予的

1.　　這個練習與第一個觀念的練習一樣。²由你身邊的事物開始，把這觀念套用到你目光所及之物。³然後把視野向外推廣。⁴轉一下頭，如此才能把你兩側的東西包括進去。⁵如果可能，不妨轉過身去，把這觀念也套用到你背後的事物上。⁶選擇對象時，盡量保持一視同仁的態度，不要特別專注在某一物上，也不必太刻意地包羅眼前的一切，否則你會製造不必要的緊張。

2.　　只需相當快速且輕鬆地瀏覽一圈，盡量不要因著事物的大小、明暗、顏色、材料，或是對你重要的程度而作分別取捨。²目光落在何物，便就地取材。³不論是身體或是鈕釦，蒼蠅或是地板，手臂或是蘋果，都以同樣輕鬆的心態去練習。⁴運用這觀念時只有一個原則，就是你目光落在何物，那便是練習的對象。⁵無需刻意加入某件東西，但切勿將某些事物故意排除於外。

第三課

我並不了解我在這房間（街上、窗口、此地） 所看到的一切

1.　　繼續先前的方式來運用這個觀念，完全一視同仁。²不論你看到什麼，都成了運用這觀念的合適對象。³切莫懷疑這觀念可能不適用於某些事物。⁴這練習不是訓練你的評判能力。⁵不論你看到什麼，都是你取材的合適對象。⁶你所看到的某些東西，也許會勾起你某種情緒。⁷試著把這些感受擱置一旁，只需把它與其他事物一視同仁地練習即可。

2.　　這些練習的目的乃是為了幫你清理往事對你心理的牽絆，學習去看它此刻呈現在你眼前的原貌，你才會明白自己對它的認識實在微乎其微。²因此，在選擇對象來套用當天的觀念時，關鍵在於你能保持一顆完全開放的心，不受主觀判斷之累。³針對這個目的，每樣東西的作用相同，都同樣合適，也因此同樣有用。

第四課

這些念頭就像我在這房間（街上、窗口、此地）所看到的事物一樣，不具任何意義

1.　　今天的練習與前面幾課不太一樣，不從當天的觀念著手。[2]在這練習裡，你先用大約一分鐘的時間留意一下心中所浮現的念頭。[3]然後把今天的觀念套用在那些念頭上。[4]你一覺察到某個不悅的念頭，便可就地取材，加以運用。[5]但也不要只選擇你認為「壞」的念頭。[6]你若訓練自己正視自己的念頭，便不難發現它們全都善惡夾雜，很難斷定孰「好」孰「壞」。[7]也正因如此，它們才不具任何意義。

2.　　在取材運用今天的觀念時，應照常力求具體。[2]不要害怕選取「好」的念頭，也不避諱「壞」的念頭。[3]它們之中沒有一個能代表你真正的念頭，你的真念頭都被它們掩蓋住了。[4]「好」念頭至多只能算是那更殊勝之境的一道陰影而已，而陰影會模糊人的視線。[5]「壞」念頭則會擋住視線，讓人根本視而不見。[6]兩者均非你之所願。

3.　　這練習十分重要，以後還會以不同的形式反覆出現。[2]此課的目標乃是訓練你區分無意義與有意義的第一步。[3]它只是遠程目標的一個起步，教你看出無意義者俱在身外，有意義者俱在心內。[4]它也是教你的心去辨認何者相同、何者相異的入門訓練。

4.　　你利用自己的念頭來練習今天的觀念時，請具體指出念頭中的主人翁或相關事件，例如：

> [2]有關＿＿＿的念頭不具任何意義。
> [3]它就像我在這房間（或街上等等地方）所看到的事物一樣。

5.　　你也能夠把這觀念套用在你視為有害的念頭上。[2]這種練習非常有用，但不可取代「隨地取材」的練習原則。[3]無論如何，省察你的心念時，不要超過一分鐘。[4]因為你還算是新手上路，容易落入胡思亂想的陷阱。

6.　　　此外，由於這些練習仍屬於一個起步，你會發現，特別難讓自己放下那些尾隨念頭而來的判斷。[2] 今天，複習的次數不要超過三或四回。[3] 我們以後還會回到類似的練習。

第五課

我絕不是爲了我所認定的理由而煩惱

1.　　這觀念可如前面幾課那般地運用在你認爲害你受苦的所有人物、環境或事件上。[2]不妨具體地把它套用在你所認定的任何煩惱之源上，不論你如何指稱它，只要能表達出你的感受即可。[3]煩惱能夠顯現爲恐懼、憂慮、哀傷、焦慮、憤怒、仇恨、嫉妒等種種形式，人們慣於將這些情緒視爲不同的心理現象。[4]其實不然。[5]然而，在你懂得外在形式根本無足輕重之前，每一種情緒都是你當天練習的最佳素材。[6]把同一觀念分別套用在不同事件上，這是讓你終將認出它們其實是同一回事的第一步。

2.　　當你把今天的觀念運用在你心目中認定的某種煩惱之源時，不妨同時指出你看到的煩惱形式，以及你所認定的起因。[2]例如：

　　　　[3]我不是為了我所認定的理由而氣＿＿＿。
　　　　[4]我不是為了我所認定的理由而怕＿＿＿。

3.　　然而，這不能取代你的正式練習，你該先找出心目中認定的煩惱之「源」，以及你認爲它帶給你的各種煩惱。

4.　　與先前的練習相較之下，你也許會發覺，你在這練習中更難做到一視同仁的地步，你會情不自禁地把某些問題看得更嚴重一些。[2]因此，最好在練習前加上下面的句子：

　　　　[3]沒有小煩惱這一回事。[4]它對我心靈的平安所構成
　　　　的騷擾都是一樣的。

5.　　然後，省察內心令你煩心或苦惱的任何事情，不論它在你心中多大或多小。

6.　　你也許會發現自己比較不情願把今天的觀念套用在你認定的某些煩惱之源上。[2]如果有此現象，不妨先這樣想：

　　　　[3]我不可能只保留這一個煩惱，而拋得開其他的煩惱。
　　　　[4]為了達到這些練習的目的，我要將它們一視同仁。

7.　　　然後省察你的心念大約一分鐘左右，試著指認出幾種讓你不安的煩惱，不論它們影響你多深。[2]把今天的觀念套用在每一種煩惱上，並且指稱出你心目中所認定的煩惱之源，以及感受到的情緒。[3]下面再給你一些例子：

　　　　　[4]我不是為了我所認定的理由而擔心 ＿＿＿ 。
　　　　　[5]我不是為了我所認定的理由而傷心 ＿＿＿ 。

[6]一天練習三、四回就夠了。

第六課

我煩惱，是因爲我看到了根本不存在的事物

1.　　今天的操練方式，與前面幾課大同小異。[2]在運用這觀念時，同樣需要具體指明煩惱的形式（憤怒、恐懼、煩惱或沮喪等等）以及你認定的原因。[3]例如：

> [4]我很氣＿＿＿，因為我看到了某個根本不存在的事物。
> [5]我擔心＿＿＿，因為我看到了某個根本不存在的事物。

2.　　今天的觀念很有用，可隨時套用在好似令你煩惱的任何事件上，讓你今天獲益匪淺。[2]如先前那般地練習三、四回，不過，開始時應該先花一分鐘的光景省察心念，再把這觀念套用到你察覺到的每個煩心之念上。

3.　　如果你只願把這觀念套用到某類煩惱，卻不肯用在其他念頭的話，不妨用前面幾課的話來提醒自己：

> [2]沒有小煩惱這一回事。[3]它對我心靈的平安所構成的騷擾都是一樣的。

> [4]以及：

> [5]我不可能只保留這一個煩惱，而拋得開其他的煩惱。
> [6]為了達到這些練習的目的，我要將它們一視同仁。

第七課

我所看到的只是過去的經驗

1.　　這個觀念乍聽之下令人特別難以置信。²然而，它卻是先前所有觀點的理論基礎。

　　³正因如此，你所看到的一切都不具任何意義。

　　⁴正因如此，你所看到的一切，對你所具的意義，完全是你自己賦予的。

　　⁵正因如此，你並不了解你所看到的任何事物。

　　⁶正因如此，你的想法不具任何意義；也正因如此，它們才呈現出你所看到的模樣。

　　⁷正因如此，你絕不是爲了你所認定的理由而煩惱。

　　⁸正因如此，你才會因爲看到了根本不存在的事物而煩惱。

2.　　舊有的時間觀念是很難改變的，因爲你所相信的一切全都紮根於時間之中，而且它是靠你不去學這些新觀念才得以立足的。²正因如此，你很需要一個新的時間觀。³此處所介紹的第一個時間觀，其實並不像你乍聽之際那般怪異。

3.　　例如，你看到了一個杯子。²你是看見一個杯子，還是僅僅重溫你過去吃早飯時口渴了，拿起杯子飲水，感到杯子邊緣觸到唇邊種種經驗？³你對杯子的欣賞是否也基於過去的經驗？⁴否則，你怎麼知道，你一鬆手，這杯子就會摔破？⁵若非你過去學過這杯子的性能，否則你怎會知道？⁶除了你過去學來的觀點以外，你對這杯子其實一無所知。⁷那麼，你還敢說你眞的看到它了嗎？

4.　　環顧一下四周。²不論你看到什麼，眞的都是這樣。³只要你肯把今天的觀念一視同仁地套用在目光所及的事物上，你終會認清這一事實的。⁴例如：

　　　　⁵在這鉛筆上，我所看到的只是過去的經驗。
　　　　⁶在這鞋子上，我所看到的只是過去的經驗。
　　　　⁷在這隻手上，我所看到的只是過去的經驗。
　　　　⁸在那身體上，我所看到的只是過去的經驗。
　　　　⁹在那張臉上，我所看到的只是過去的經驗。

5.　　你的目光不用刻意地逗留在任何一物上，但切記，也不要故意略過某些東西。[2]目光迅速地掃過一物，便可移到下一物。[3]一天練習三、四回，每一回大約一分鐘左右就夠了。

第八課

我的心裡塞滿了過去的念頭

1.　　這觀念清楚地指出了「你所看到的只是過去的經驗」的原因。²沒有人真正看得見任何東西。³他所看見的只是他投射此物之上的想法而已。⁴人心塞滿了過去的經驗，才會形成虛妄的時間觀念，損傷了你看的能力。⁵你的心靈無法了解現在，而那才是唯一存在的時間。⁶因此，你根本不了解時間，事實上，你什麼都不了解。

2.　　一個人對過去所能持有的最真實的想法，即是：它已不存在了。²因此，想起過去與想起種種幻相，兩者毫無差別。³很少人真正明白，當你回想過去或預測未來時，它真正代表的意義是什麼。⁴當心靈在回想或預測時，實際上等於一片空白，因為它並非真的在想任何事情。

3.　　今天練習的目的，即是開始訓練你的心靈認清：自己在那一刻根本不是真的在思考。²當非念之念盤據了你的心，真理就被擋在門外了。³只要你明白自己的心始終是一片空白，不再相信它充滿了真實的觀念，你就已經向慧見邁出了第一步。

4.　　今日的練習應該閉起眼睛來作。²反正你實際上無法看到任何東西，這樣練習能幫你認清，不論你腦海裡的念頭多麼清晰，其實你什麼也沒有看見。³你還是輕鬆自在地省察心念約莫一分鐘左右，只需留意一下自己所察覺的念頭即可。⁴一一指稱出念頭中的主人翁或相關主題，然後就移向下一個念頭。⁵每回練習前，不妨先念一遍下面的句子：

⁶我好像在想 ＿＿＿ 。

5.　　然後具體說出你念頭的內容，例如：

>²我好像在想 ＿＿＿（人名），關於 ＿＿＿（某物名稱），關於 ＿＿＿（某種情緒）。

然後用下一句為你省察出的念頭作一結論：

³但是我的心所塞滿的卻是過去的念頭。

6.　　　　除非這個練習勾起你強烈的反感，否則一天可作四、五回。²它若使你焦躁不安，練習三、四回也就夠了。³然而，你會發覺，在省察心念時，如果能把今天的練習所激起的反感或任何情緒當作練習的素材，效果會更佳。

第九課

我看不出任何事物的當下真相

1.　　這一觀點顯然延伸了前兩課的觀念。²但是，你若只是理性上接受，它很難對你產生任何作用。³然而，在目前的階段，你還不需要真正了解。⁴事實上，認清自己並不了解，是解除你的錯誤觀念的先決條件。⁵這一培訓課程注重的是操練，而非了解。⁶你若已經了解，就不需要練習了。⁷你若一邊想要了解，一邊又假定自己已經了解了，結果只是原地打轉而已。

2.　　未經鍛鍊的心靈，很難相信那看起來有形有相的東西其實是不存在的。²這個觀念很可能令人坐立不安，也可能會激起種種強烈的抗拒。³然而，這都無礙於它的運用。⁴這些練習與其他的練習一樣，只要求你做到這一點。⁵每一小步都會清除一點黑暗，當心靈清除了覆蓋它的渣滓，「了解」終將來臨，照亮心靈的每一角落。

3.　　這些練習只需作三、四回就夠了，它要你環顧四周，把當天的觀念套用於你所見的事物上，只是不要忘了套用時必須一視同仁且絕無例外這一基本原則。²例如：

> ³我看不出這台打字機的當下真相。
> ⁴我看不出這部電話的當下真相。
> ⁵我看不出這隻手臂的當下真相。

4.　　從最貼近你的東西開始，然後向外延伸出去：

> ²我看不出那衣架的當下真相。
> ³我看不出那扇門的當下真相。
> ⁴我看不出那張臉的當下真相。

5.　　不妨再強調一次，切勿排除任何東西，也不必鉅細靡遺地包羅一切。²在作這種分辨時，一定要對自己非常誠實。³因為你可能會存心混淆兩者。

第十課

我的想法不具任何意義

1.　　這個觀念適用於你平素意識到或練習時意識到的一切念頭。
²這觀念之所以適用於所有的念頭，是因為那些念頭並非你真正的想法。³我們在前面已經解說過其中的分別，以後還會繼續澄清。⁴你此刻尚未具備分辨它們的條件。⁵你一旦獲此能力，便不會懷疑你一度視為自己的念頭，實際上不具任何意義。

2.　　這是我們第二次發揮這類觀念。²只是形式稍有不同。³這回所介紹的觀念是以「我的想法」開始，而非「這些想法」，它和你周遭的事物顯然毫無瓜葛。⁴此刻所強調的是，你視為自己想法的念頭，是如此的虛幻不實。

3.　　這一類的修正過程，先是始於這一觀念：你所意識到的念頭是無意義的，它是外在的，而非內在的；然後，強調它們的過去性，而非當下的狀態。²此刻，我們所強調的則是：這些念頭一出現，表示你已不在思考了。³這只是從另一角度重申先前的觀念：你的心裡其實是一片空白。⁴認清這一點，就等於認清了你自以為是的看見其實一無所見。⁵為此，這一認知成了慧見的先決條件。

4.　　練習時，請閉起你的眼睛，先把今天的觀念慢慢向自己複誦一遍。²然後加入這一句話：

　　　　　³這觀念能幫我解除我目前的一切信念。

⁴這練習一如先前，搜出你內心可能找到的一切念頭，不加揀擇，不作評判。⁵也不要妄自分門別類。⁶你若覺得有用，不妨想像自己正在觀看一群烏合之眾簇擁而過，它們對你本人幾乎不具任何意義。⁷當每一個念頭掠過心頭時，不妨這樣說：

　　　　　⁸我對於＿＿＿的想法，不具任何意義。
　　　　　⁹我對於＿＿＿的想法，不具任何意義。

5.　　今天的觀念顯然可以隨時套用到任何讓你煩惱的念頭上。²此外，建議你練習五次，每次省察心念都不要超過一分鐘左右。

³練習時間最好不要延長；如果覺得有些不自在，反而該縮短爲半分鐘，或者更短。⁴無論如何，別忘了在具體運用這觀念之前，先慢慢複誦一遍，並且加上下面這一句話：

⁵這觀念能幫我解除我目前的一切信念。

第十一課

我那無意義的念頭，顯示給我一個無意義的世界

1.　　　這是領我們進入「修正過程」的第一個關鍵性的觀念，它徹底推翻且逆轉了世俗的想法。² 表面上看起來，好似世界左右著你的所知所見。³ 今天介紹給你的觀念則是：你的想法左右了你所看到的世界。⁴ 歡欣地練習這一入門的觀念吧！因它是你解脫的保證。⁵ 也是引你進入寬恕的門檻。

2.　　　今天練習的方式與先前幾課稍有不同。² 開始時，閉起你的眼睛，先對自己緩緩複誦一遍今天的觀念。³ 然後張開眼睛環顧四周，或遠或近，或上或下，不拘任何地方。⁴ 在你練習運用的那一分鐘內，只需不斷地向自己複誦今天的觀念，不慌不忙，從容而不勉強地進行。

3.　　　若要讓這練習發揮最大的效用，目光必須相當迅速地由一物移向另一物，不要在任何一物上逗留。² 然而，這句話卻該說得不慌不忙、從從容容。³ 尤其是你才剛開始學習這觀念，練習時不妨隨意一點。⁴ 這是我們想要達到的平安輕鬆、自由自在的先決條件。⁵ 練習結束時，閉起你的眼睛，再次向自己慢慢複誦一遍今天的觀念。

4.　　　今天的觀念只需練習三次就足夠了。² 你若感到些許不安，或毫無此感，想要多練習一下，可以增至五次。³ 最好不要超過五次。

第十二課

我煩惱，是因爲我看到了一個無意義的世界

1.　　這個觀念十分重要，因爲它糾正了知見上最大的偏執。²你心中早已認定，是那個可怕的世界，那哀傷、殘暴或瘋狂的世界，讓你感到焦慮不安。³其實，它那些特質都是拜你所賜。⁴世界本身是不具任何意義的。

2.　　這個練習要張開眼睛來作。²環顧一下四周，這回要慢慢地看。³在你的目光由一物緩緩地移向另一物之際，間隔等長的時間。⁴不要讓視線移動的間隔長短不一，盡量維持固定的速度。⁵你所見到的東西本身並不重要。⁶目光所及之處，你應給予同等的注意力及同等的時間，同時這樣提醒自己：⁷這是學習平等看待萬事萬物的入門訓練。

3.　　當你環顧四周之際，不妨這樣對自己說：

> ²我認爲我看到了一個可怕的世界，危險的世界，仇恨的世界，悲哀的世界，邪惡的世界，瘋狂的世界。

諸如此類；不論腦海裡浮現什麼形容詞，你都可以使用。³如果出現的詞句好似積極的，而非消極的，也可加進來。⁴例如，你也許會想到「美好的世界」或是「滿意的世界」。⁵這類詞句浮現腦海時，與其餘的一併列入。⁶也許你目前還無法了解，爲什麼要把這些「好的」形容詞併入練習內；只須記住，「好的世界」影射出「壞的世界」，「滿意的世界」影射出「差強人意的世界」。⁷只要是掠過心頭的詞句，都是今日練習的合適題材。⁸它們的外在性質無關緊要。

4.　　當你把今天的觀念套用在你心目中認定的好事或壞事上時，記住，不要改變間隔的時間。²因這些練習的目的就是要教你看出它們之間毫無不同。³練習結束時，記得再加上一句：

> ⁴但我煩惱，是因爲我看到了一個無意義的世界。

5.　　既是無意義之物，便無好壞的問題。²那麼，一個不具意義的

世界為什麼會使你煩惱？³你若能接受世界本無意義，並讓這一眞理銘刻其上，那麼這世界就會帶給你無比的快樂。⁴然而，正因它無意義，你會忍不住按照你想要它成為的樣子而寫出它的意義。⁵這便是你看到的世界。⁶這也是它在眞理層面毫無意義的原因。⁷在你的自家之言底下，銘刻著上主的聖言。⁸這一眞理此刻雖讓你不安，但你一旦抹去自家之言，就會看到埋藏於下的上主之言了。⁹這些練習的最終目的即在於此。

6.　　　今天的觀念練習三、四次就夠了。²每次也不要超過一分鐘。³你也許連一分鐘都感到太長了一點。⁴只要你一感到壓力，就中止你的練習。

第十三課

無意義的世界令人恐懼

1.　　今天的觀念實際上不過是前一觀念的另一種說法，只是比較具體地點出它所勾起的情緒罷了。²一個無意義的世界事實上是不可能存在的。³凡是無意義的東西就不能算是存在。⁴然而，這並不表示，你不會認為自己看到了某個無意義之物。⁵反之，你極可能認為自己確實看到了這樣的世界。

2.　　認出世界無意義的本質，會讓所有身處分裂之境的人坐立不安。²它凸顯了上主與小我相互「挑戰」的局面，雙方都想在那塊無意義所形成的空白上，寫下自己的意義。³小我迫不及待地想在那兒建立自己的理念，它深恐那空白會被對方用來證明自己的無能為力及虛妄不實。⁴只有在這一點上，它倒是說對了。

3.　　因此，學習認清世界無意義的本質，並且大無畏地接受這一事實，是極重要的一步。²如果你內心充滿恐懼，表示你已賦予了世界它本來沒有的性質，塞進一堆原本不存在的形象。³紛紜幻相乃是小我的安全保障；你一旦與小我認同，它便成了你的保障。

4.　　今天的觀念需要練習三、四次，每次最多不超過一分鐘，練習的方式也與先前有所不同。²先閉起眼睛，向自己複誦一遍今天的觀念。³然後張開眼睛，緩緩地環顧四周，並說：

⁴我正望著一個無意義的世界。

⁵一邊環顧四周，一邊向自己複誦這一觀念。⁶然後閉起眼睛，以下文作為結語：

⁷無意義的世界令人恐懼，因為我認為自己正在與
上主較勁。

5.　　這段結尾難免會激起你種種反感。²不論它呈現為哪一種形式，不妨提醒自己，你會害怕這類念頭，只因你在擔心「敵人」的「報復」。³目前你還不必相信這種說法，你很可能會感到荒謬而故意略過。⁴但是，別輕忽了它所引起的任何恐懼跡象，不論

是隱隱作祟或是公然反彈。

6.　　這是我們初次嘗試提出一個顯而易見的因果關係，只因你是新手上路，還無法了解它的意義。[2]所以，不必在那句結語上沉思太久，除了練習的時段以外，根本不必推敲它的意義。[3]目前這樣就足夠了。

第十四課

上主從未創造過無意義的世界

1.　　今天這觀念一語道破了無意義的世界不可能存在的原因。²凡不是上主創造的，便不存在。³而且，任何真實存在之物，只能以上主創造的形式存在。⁴你所看到的世界與實相毫不相干。⁵它是你自己營造出來的，故不存在。

2.　　今天的練習從頭到尾都請閉上眼睛。²省察心念的時間要短，最多不超過一分鐘。³練習也不要超過三次，除非你對今天的觀念感到自在。⁴這表示你真正了解這一練習的深意了。

3.　　今天的練習是進一步學習放掉你銘刻在世界上的自家之言，而在那兒目睹上主的聖言。²這一轉換過程（也就是救恩之所在）的最初幾步相當困難，甚至相當痛苦。³其中有幾步還會直接陷你於恐懼的深淵。⁴但你不會被遺棄在那兒。⁵你會超越過去的。⁶我們已經朝著完美的保障與完美的平安邁進了。

4.　　閉起眼睛想一想掠過腦海的種種世間苦難。²不論想到什麼，都一一指稱出來，然後否定它的真實性。³上主從未創造過它，故不是真的。⁴例如：

⁵上主從未創造過那戰爭，故它不是真實的。
⁶上主從未創造過那空難，故它不是真實的。
⁷上主從未創造過那災難（具體指明），故它不是真實的。

5.　　凡是你害怕發生在你自己或是你所關心的人身上的事情，都是套用今天這觀念的最佳素材。²在每件事上，具體地指出「苦難」之名稱。³不要用泛泛之詞。⁴例如，不要說「上主從未創造過疾病」，而應說「上主從未創造過癌症」，或是心臟病，或任何令你害怕的疾病。

6.　　你此刻的所見所聞，不過是你個人搜集來的恐怖戲碼。²這一切構成了你眼前的世界。³有一部分幻相是眾人共有的，其餘的則屬於你私人地獄的一部分。⁴這都無關緊要。⁵上主從未創造之物，只可能存在於你自絕於天心之外的心靈內。⁶因此它毫無意義。

⁷認清這一事實,再複誦一遍今天的觀念,作爲練習的結束:

⁸上主從未創造過無意義的世界。

7.　　今天的觀念除了固定的練習時段以外,當然也可隨時套用在令你心煩的任何事件上。²運用時,愈具體愈好。³然後這樣說:

⁴上主從未創造過無意義的世界。
⁵祂從未創造過＿＿＿（具體指明令你煩心的事件）,因此它不是真實的。

第十五課

我的想法乃是我自己營造出來的意象

1.　　那些意象，正因出自你認為是自己想出來的想法，所以你很難看清它的虛無本質。²你既認定是自己想出了它，必會認為自己看到了它。³你的「看」就是這樣形成的。⁴這是你所賦予肉眼的功能。⁵那不能叫做「看」。⁶那是在營造意象。⁷它竄改了看的作用，以幻覺來取代慧見。

2.　　你所謂的「看」，不過是一種營造意象的過程；這一入門觀念目前對你還不會有太大的意義。²當你有一天在眼前熟悉事物的周邊看到了些許微光，你就會開始明白了。³那是真實慧見的先聲。⁴我敢保證，只要這情形一發生，真實慧見即會尾隨而至。

3.　　在我們前進的路上，你會經歷許多「光明的插曲」。²它們會呈現出種種不同的形式，有些可能出你意料之外。³不要怕。⁴這只是顯示你已經張開眼睛了。⁵它們不會久留的，因為它們只是正見的象徵，與真知無關。⁶這些練習無法啟示給你真知之境。⁷它們只是為真知鋪路。

4.　　練習時，先向自己複誦一遍今天的觀念，然後再套用到周遭所見的事物上。當你複誦下面的句子時，需要具體指稱出來，且將目光停留其上：

　　　　　　²這個＿＿＿是我自己營造出來的意象。
　　　　　　³那個＿＿＿是我自己營造出來的意象。

⁴操練今天的觀念時，不必做到鉅細靡遺的程度。⁵重要的是，當你向自己複誦這一觀念時，視線不要離開你看到的每一樣東西。⁶每次複誦這觀念時，請放慢速度。

5.　　在我們所建議的一分鐘練習時間內，你顯然無法把這觀念套用在過多的事物上，但在取材時，請盡量不加揀擇。²你若開始感到不自在，把練習縮短到一分鐘以內也就夠了。³今天的練習不要超過三次，除非這個觀念深獲你心，但也不要超過四次。⁴這一天中，若有需要，你隨時都可套用這一觀念。

第十六課

我的念頭沒有一個是中性的

1.　　　今天的觀念只是初步撤銷你以為自己的念頭不會產生任何後果的信念。²你所見到的每事每物，都是你的想法所形成的結果。³這一事實絕無例外。⁴念頭是沒有大小或強弱之別的。⁵它們只有真假之分。⁶凡是真實的，創造出來之物也會如它自身一般真實。⁷凡是虛假的，營造出來之物，也同樣虛假。

2.　　　沒有比「無謂的雜念」更自相矛盾的觀念了。²那衍生出整個世界的知見，豈能稱為「無謂」？³你的每個念頭，不是助長真理，就是助長幻覺；它不是延伸真相，就是孳生幻相。⁴你確實有無中生有的能力，然而，不論你怎麼孳生繁衍，都無法將它延伸到真理實相那裡。

3.　　　除了認清念頭絕不會是無謂的以外，你還應認清，你的念頭不是帶來和平，就是戰爭；不是愛，就是恐懼。這一認知是你得救的先決條件。²沒有一個結果是中性的，因為沒有一個念頭是中性的。³人常有故意迴避可怕念頭的傾向，視它為無足輕重而不屑一顧；你必須認清它們具有同等的破壞力，但也同等的虛假不實，這一點非常重要。⁴我們日後還會以種種不同的方式幫你練習這一觀念，直到你真正明白為止。

4.　　　在練習今天的觀念時，先閉起眼睛省察心念約莫一分鐘左右，清清明明的，不忽略任何你可能有意迴避的「小」念頭。²這在你練到得心應手之前，是相當不容易做到的。³你會發覺你仍會情不自禁地作出這類後天的區分。⁴只要是出現於你腦海的念頭，不論你把它歸到哪一類，都是套用今天觀念的最佳素材。

5.　　　練習時，先向自己複誦一遍這個觀念，一有念頭掠過腦海，即刻覺察它的存在，同時告訴自己：

> ²我對於____的這一想法，不是一個中性的念頭。
> ³我對於____的那一想法，不是一個中性的念頭。

⁴同樣的，每當你一覺察到令你不安的念頭時，不妨套用今天的

觀念。⁵下面建議的形式即是為此目的：

　　⁶我對於＿＿的這一想法不是中性的，因為我沒有任
　　何中性的念頭。

6.　　如果你練得毫不費力，一天不妨練個四、五回。²若感到有壓
力，三次也就夠了。³只要心中一不自在，就該縮短練習的時間。

第十七課

我所看到的一切，沒有一個是中性的

1.　　　這個觀念進一步指出了人間因果律的真正運作方式。²你所看到的一切，沒有一個是中性的，因為你沒有一個念頭是中性的。³思想永遠在前面領航，儘管你寧可相信與這事實相反的說法。⁴這不是世界的思考方式，但你必須明白這確是你的思考方式。⁵否則，你的所知所見便失去了它的起因，它反倒成了眼前現實的起因了。⁶然而，鑒於知見極其多變的本質，這是不可能的。

2.　　　在運用今天的觀念時，先張開眼睛向自己說：

　　　　²我所看到的一切，沒有一個是中性的，因為我沒有
　　　　一個想法是中性的。

³然後環顧四周，將你的視線在你所見之物上停留一會兒，並說：

　　　　⁴我所看到的＿＿＿不是中性的，因為我對於＿＿＿的想
　　　　法不是中性的。

⁵例如，你也可以說：

　　　　⁶我所看到的牆不是中性的，因為我對牆的想法不是
　　　　中性的。
　　　　⁷我所看到的身體不是中性的，因為我對身體的想法
　　　　不是中性的。

3.　　　照例請記住，切莫憑一己的信念而作出有生命或無生命、可喜或可憎之別。²不論你怎麼相信，其實你根本看不見任何真正活著的與真正喜樂之物。³因為你還意識不到任何純然真實、因而全然喜樂的念頭。

4.　　　你今天不妨練習三、四次，若要發揮最大的效益，即使心生排斥，也至少練習三次。²排斥心生起時，不妨縮短練習的時間，不必堅持我們建議的一分鐘。

第十八課

我的看法所導致的後果，並非只有我單獨承受

1.　　今天的觀念進一步教你明瞭，那形成你看法的念頭，絕不會是中性或無足輕重的。²它同時凸顯出心靈是相通的觀念，這一點我以後還會反覆強調。

2.　　今天的觀念針對的不是你之所見，而是你如何去看的問題。²因此，今天的練習著重於你的認知能力這一面。³你不妨按照下面的建議練個三、四遍：

3.　　先環顧一下四周，套用今天的觀念時盡量隨意取材，你的視線在每個事物上停留一會兒，再說：

　　　²我對＿＿＿的看法所導致的後果，並非只有我單獨承受。

³結束練習時，再複誦一遍下面比較廣泛的說法：

　　　⁴我的看法所導致的後果，並非只有我單獨承受。

⁵每個練習大約一分鐘就夠了，甚至連一分鐘都不需要。

第十九課

我的想法所導致的後果，並非只有我單獨承受

1.　　今天的觀念顯然解釋了你之所見何以不只影響你一個人的原因。[2]你會發現，思想層次的觀念有些時候會出現於知覺層次的觀念之前；而有時候，先後順序又正好相反。[3]因為次序本來就無足輕重。[4]思想及其結果實際上是同步的，因為因與果一向是不分的。

2.　　今天我們再度強調了心靈相通的事實。[2]這個觀念乍聽之下，令人難以全然接受，因為這觀念影射了極大的責任，甚至可能被視為「侵犯了個人的隱私權」。[3]事實上，沒有一個想法是隱私的。[4]儘管開始時你會相當排斥這種觀念，但你終會了解，這必須是真的，你才有得救的可能。[5]而你必會得救的，因為這是上主的旨意。

3.　　今天練習時，省察心念的那一分鐘內，最好閉起眼睛進行。[2]先把今天的觀念複誦一遍，然後用心搜查那一刻心裡所浮現的念頭。[3]每想起一個，便指出事件的主人翁或相關主題，一邊把它放在心中，一邊說：

　　　　[4]我對＿＿＿的想法所導致的後果，並非只有我單獨承受。

4.　　如今，你應該相當習慣在取材時盡量不加篩選的這一要求了，我也不再天天重複，只會偶爾提醒一下。[2]所有的練習，都不可忘記隨意取材這個一貫的原則。[3]它們之間沒有程度或等級之別，這一認知終有一天會幫你認出「奇蹟沒有程度之分」的真諦。

5.　　除了在「需要之刻」套用今天的觀念以外，最少還需練習三次；若有必要，可以縮短練習的時間。[2]但不要企圖超過四次。

第二十課

我決心看見

1.　　到目前爲止，我們對練習一直採取相當隨意的態度。²幾乎從未硬性規定練習的時間，要求你投入的精力也是微乎其微，我們甚至不要求你積極而熱忱地配合。³這一方法是經過刻意安排、縝密計畫的。⁴我們須與未忘「扭轉你的想法」這一重要關鍵。⁵世界的得救全繫於此。⁶然而，你若練得心不甘情不願的，或是屈服於自己的反感與抗拒，你就不會看見這一事實。

2.　　這是我們介紹整個練習體系的第一步。²不要誤以爲這是一項勞形傷神的苦差事。³你要的是救恩。⁴你要的是幸福。⁵你要的是平安。⁶你現在尚未得到它們，因爲你的心缺乏鍛鍊，根本分辨不出喜樂與哀傷，快慰與痛苦，愛與恐懼的不同。⁷你現在已經開始學習分辨兩者了。⁸你必會得到極大的回報。

3.　　慧見對你只有一個要求，即是你願看見的決心。²你想要什麼，那東西便非你莫屬。³切莫以爲這練習只要求你付出這一點點精力，就表示我們的目標大概也沒什麼了不起。⁴拯救世界這一目標，豈能說是微不足道？⁵如果你尚未得救，世界豈有得救的可能？⁶上主只有一位聖子，他就是復活與生命。⁷他的意旨必會成就，因爲天上地下的一切權能都託付了他。⁸只要你決心看見，慧見便已來臨了。

4.　　今天的練習就是從早到晚提醒自己：你要看見。²今天的觀念也暗示了你默認自己目前還看不見。³因此，當你複誦這一觀念時，就等於正式聲明你決心改善當前的狀態，邁向你眞正想要的人生。

5.　　今天，每小時緩慢而熱忱地複誦這觀念至少兩次，試著每半小時念一次。²如果你忘了，不必懊惱，只要下定決心努力記得即可。³當你面臨令你心煩的環境、人物或事件時，不妨額外地多複誦幾遍。⁴你能夠以不同的眼光去看它們，而且你願如此去看。⁵你內心渴望什麼，就會看見什麼。⁶這才是人間眞正的因果律。

第二十一課

我決心以不同的眼光去看事情

1.　　今天的觀念顯然是繼續昨天的觀念且加以延伸。[2]然而，這次除了隨機運用這觀念以外，仍需踏實地作省察心念的練習。[3]最好練習五次，每次長達一分鐘之久。

2.　　開始練習時，先向自己複誦一遍這個觀念。[2]然後閉起眼睛仔細在心中搜出過去、現在或未來常會激怒你的事件。[3]那憤怒的反應形式可能只是輕微的不悅，也可能達到震怒的程度。[4]你感受到的情緒強弱並不重要。[5]你會愈來愈清楚，一絲不悅只不過是掩飾震怒的一道屏障罷了。

3.　　因此，練習時，試著不讓「小小的」憤怒之念逃過你的注意。[2]請記住，你還無法認清究竟是什麼激起你的怒火；而你認定與此相關的原因，其實毫無道理。[3]你很可能緊盯著某些情景或人物不放，只因你誤以為他們的嫌疑比較「顯著」而已。[4]事實並非如此。[5]這充其量只能反映出你相信「某種形式的攻擊比較合理」罷了。

4.　　你一旦覺察到任何攻擊之念浮現時，把它們一個一個放在心中一會兒，同時告訴自己：

> [2]我決心以不同的眼光去看＿＿＿（人名）。
> [3]我決心以不同的眼光去看＿＿＿（具體指出某種情景）。

5.　　盡可能具體一點。[2]例如，你的憤怒很可能是針對某人的某種性格，你還相信自己的憤怒純粹是針對這一點而發的。[3]如果你的所知所見仍受這類偏見所苦，不妨這樣說：

> [4]我決心以不同的眼光去看＿＿＿（人名）的＿＿＿（某種性格）。

第二十二課

我所看到的只是一種報應形式

1. 今天的觀念精確地描述了，內心懷有攻擊念頭的人對世界的必然看法。²他既已把自己的憤怒投射到世上了，必會看到自己隨時會受到世界的報應。³如此，他的攻擊便可視為一種自衛。⁴這種惡性循環會愈演愈烈，除非他甘願改變自己的看法。⁵否則，攻擊與反擊的念頭便會盤據他心中，而且這類人會充斥他的整個世界。⁶那麼，他怎麼可能享有心靈的平安？

2. 你不正想要由這野蠻的幻夢世界中脫身嗎？²當你聽到「這一切並非真的」，難道不是一個天大的喜訊嗎？³當你發現了這一脫身之道，難道不是一個令人欣喜的發現？⁴你有意毀滅的，令你深惡痛絕、不置死地不罷休的一切，都是你自己營造出來的。⁵你所懼怕的那一切，其實並不存在。

3. 今天你至少環顧一下周遭的世界五次，每次最少一分鐘。²當你的眼睛由一物緩緩地移向一物，由一具身體移向另一具身體時，告訴自己：

> ³我所看到的都是可朽之物。
> ⁴我所看到的均非久存之物。
> ⁵我所看到的並非真實的。
> ⁶我所看到的只是一種報應形式。

⁷每次練習結束的時候，不妨自問一下：

> ⁸這豈是我真正想要看到的世界？

⁹答案就不問自明了。

第二十三課

只要放下攻擊的念頭，我就能由眼前的世界脫身

1.　　今天的觀念提出了擺脫恐懼的唯一可行之道。[2]此外沒有任何妙方，其餘方法毫無意義。[3]唯獨這個方法不可能失敗。[4]你的每個念頭都在建構你眼前世界的某一部分。[5]那麼，你若想要改變你的世界觀，我們必須針對你的想法下一番功夫才行。

2.　　既然你眼前的世界是出自攻擊的念頭，那麼你必須學習看清，你不想要的正是這些念頭。[2]只知哀悼世界，無濟於事。[3]存心改變世界，也一樣無濟於事。[4]世界無法改變，因為它只是一個後果而已。[5]你唯一能做的就是改變你對世界的想法。[6]你一旦改變了那個因。[7]後果自會隨之改變。

3.　　你所見的世界，是一個充滿報應的世界，世間的一事一物都成了報應的象徵。[2]你所知所見的「外在現實」，不過是圖像式地展現你自己的攻擊念頭而已。[3]你不妨自問：這豈能稱之為看見？[4]將這一過程稱之為幻想，將那結果稱之為錯覺，豈不更貼切一些？

4.　　你只看得見自己營造出來的世界，卻不願承認自己是那些形象的營造者。[2]你無法超脫這個世界，可是你能夠擺脫它的起因。[3]這就是救恩的真諦，因為世界的起因一旦消失，你眼前的世界還能寄身何處？[4]慧見已經準備好為你取代你眼中的世界了。[5]世上的種種形體，縱然原本出自仇恨，卻在神聖美麗的光輝下脫胎換骨，重獲你的青睞。[6]因為你不再憑一己之力去營造它們了。

5.　　今天的觀念介紹給你一個想法，即你並不受眼前的世界所困，因為你能夠改變它的起因。[2]若要改變，必須先辨認出這個起因，然後放下它，如此它才能被替換掉。[3]這一過程的前兩個步驟有待你的合作。[4]最後一步，則不需要。[5]你的種種形象已被替換了。[6]只要你能踏出前兩步，便不難看出這一事實。

6.　　一天之中，除了在需要之際隨時套用以外，今天的觀念至少需練習五次。[2]你一邊環顧四周，一邊慢慢地向自己複誦今天的觀念，然後閉起眼睛，用心投入一分鐘的時間省察心念，搜出任何

攻擊性的念頭，愈多愈好。³一有念頭浮現，你就這樣說：

> ⁴只要我放下攻擊＿＿＿的念頭，我就能由眼前的世界
> 脫身。

⁵當你說這話時，心中注視一下這個攻擊念頭，然後擱在一邊，繼續下一個念頭。

7.　　在練習時，務必兼顧你的攻擊以及被攻擊的念頭。²兩者導致的後果完全一樣，因爲它們原是同一回事。³你目前還認不出這一點，此刻，我們只要求你在今天的練習中將它們一視同仁。⁴我們目前還在教你辨認眼前世界之起因的階段。⁵終有一天你會明白，攻擊與被攻擊的想法其實是同一回事，屆時你自然會放得下那個起因了。

第二十四課

我認不出什麼是對自己最有益的事

1. 　　不論你活在何種處境，你都無法確知哪一種結局才會帶給你幸福。[2]你既無明師指點哪種作法才是恰當的，自然無從去評估它的結果。[3]你對外境的所知所見左右了你的所作所爲，而那知見本身錯誤百出。[4]因此，你無法做出對自己最有益的事，這是意料中的。[5]然而，那眞實利益的確是你的唯一目標，不論你身在何處，只要你認知正確。[6]否則，你無從得知什麼才是對你最有益的事。

2. 　　唯有當你明白，你認不出什麼是對自己最有益的事時，你才可能受教，看清它們的眞相。[2]你一旦深信自己已經知之甚詳，你就無法學習了。[3]今天的練習會進一步地開啓你的心靈，爲你啓蒙。

3. 　　今天的練習要求你格外誠實。[2]在今天的五次練習中，誠實且仔細地反省幾個主題，會比草率地反省許多主題要有益得多。[3]每次省察心念時，以兩分鐘爲宜。

4. 　　練習開始時，先複誦今天的觀念，然後閉起眼睛，省察一下最近尚未解決而令你操心的問題。[2]盡量挖掘出你想要的種種結局。[3]你很快就會發現，你渴望的結局，有好幾個目標，且各屬不同的層次，還常自相矛盾。

5. 　　在套用今天的觀念時，把想出的每個場景都指稱出來，然後仔細列出你希望它最後爲你解決或完成的目標，多多益善。[2]每次操練的格式大致如下：

　　　　[3]在＿＿＿的情況下，我希望發生＿＿＿以及發生＿＿＿，

諸如此類。[4]試著列出你可能誠實地想到的各種結局，愈多愈好，即使有些看似與那事件並無直接關係，甚至根本就風馬牛不相及，也無妨。

6. 　　只要你按部就班地練習，很快就會看清你對那事件的指望，大都與事件本身無關。[2]你也看清了你的種種目標還自相矛盾，心中所期待的結局也不一致；不論這事件的結局如何，你必會因著

某些目標落空而感到失望的。

7.　　當你心中浮現任何一個尚未解決的事件時，先盡可能地找出所有你期待達到的目標，然後告訴自己：

　　　²在這個事件中，我認不出什麼是對自己最有益的事。

然後繼續下一個事件。

第二十五課

我不知道萬物的目的何在

1.　　目的即是意義。²今天的觀念解釋了你之所見何以毫無意義。³你不知道它的目的何在。⁴因此，它對你毫無意義。⁵每一樣東西都是爲了你最大的益處。⁶那就是它的功能，它的目的，那也是它的意義所在。⁷唯有認清這一點，你的目標才會統一起來。⁸唯有認清這一點，你之所見才開始有了意義。

2.　　你是按照小我的目標來認識世界及萬物之意義的。²這些目標與你自己的最大利益毫不相干，因爲小我並不是你。³你的自我認同若有誤，便無從了解萬事萬物的目的何在。⁴因此，你註定會妄用的。⁵你一旦相信了這一點，便會設法撤銷你賦予世界的種種目的，不會繼續爲虎作倀了。

3.　　若換個方式來形容你目前所認出的那些目標，即是：它們所著眼的不外乎「個人」的利益。²然而，你並沒有所謂的個人利益可言，因此那些目標忙到最後只是一場空。³所以，你若珍惜它們，就表示你活得毫無目標。⁴如此，你也無由得知萬事萬物的目的何在。

4.　　若要了解今天練習的眞正用意，你還需要另一觀念的協助。²雖然在最表面的層次上，你能夠看出某種目的。³然而，目的是不能由表面層次去了解的。⁴例如，你了解電話的目的是爲了與身在遠方的人講話而設的。⁵卻未必了解，自己爲什麼想要與他聯絡。⁶你與他的聯繫有無意義，全憑這一點而定。

5.　　學習的關鍵，即在於你甘願放棄自己爲萬物設定的種種目的。²認清它們本身並無意義，不再作「好」「壞」之分，這是學習成功的唯一途徑。³今天的觀念就是朝此方向邁進的一步。

6.　　今天需要練習六次，每次長達兩分鐘。²在每次練習開始，先慢慢複誦一遍今天的觀念，然後，環顧四周，目光自然地落在出現於眼前的任何一物，不論遠近、重要與否、是人或是物。³當你的視線落在你選定的對象上時，請這樣說：

⁴我不知道這把椅子的目的何在。

⁵我不知道這支筆的目的何在。

⁶我不知道這隻手的目的何在。

⁷話要說得很慢,視線不要離開那一物,直到你說完整個句子為止。⁸然後再移向下一物,繼續按照以前的方式操練今天的觀念。

第二十六課

我的攻擊念頭等於否定了自己百害不侵的本質

1.　　如果你能受人攻擊，這顯然表示你並非百害不侵的。²你認為外來的攻擊確實威脅到你。³那是因為你相信自己真有攻擊別人的能力。⁴凡是你能影響別人的，必然也會影響到你。⁵你的得救最後依據的就是這一法則，如今你卻將它誤用了。⁶因此，你必須學習怎樣把它用在對你最有益的方面，不再與自己的利益背道而馳。

2.　　由於你的攻擊念頭必會投射出去，因此你會害怕攻擊。²你若害怕攻擊，表示你必已認定自己並非百害不侵的。³如此，攻擊之念使你內心感到脆弱不堪，那兒正是你窩藏攻擊念頭之處。⁴攻擊之念及百害不侵是不可能並存的。⁵它們相互牴觸。

3.　　今天的觀念提供給你一個想法，即你攻擊時，首當其衝的是你自己。²既然攻擊之念必會使你相信自己不堪一擊，你的力量便眼睜睜地被它們削弱了。³它們就這樣打擊了你的自我認知。⁴因為你一旦相信那些攻擊念頭，便再也無法相信自己。⁵你對自己的不實形象就這般取代了你的真相。

4.　　今天的練習會有助於你了解：你是不堪一擊的或是百害不侵，全在自己的一念之間。²除了你的念頭以外，沒有任何東西打擊得了你。³除了你的念頭以外，沒有任何東西能讓你認定自己不堪一擊。⁴除了你的念頭以外，也沒有東西能夠為你證明事實並非如此。

5.　　今天的觀念需要練習六次。²每一次不宜少於兩分鐘；如果這觀念使你極其不安，你可以把時間縮短為一分鐘。³但不要少於一分鐘。

6.　　練習開始時，先複誦一遍今天的觀念，然後閉起眼睛，省察一下是否還有尚未解決並且結局令你擔心的問題。²你的擔心可能呈現為消沉、憂慮、憤怒、壓力、恐懼、忌諱或是操心。³在這一天裡，任何問題，只要在你腦中揮之不去或猶豫不決的，即是供你練習的最佳題材。⁴你無法在一個練習中採用過多的主題，因為每個題材都比往常的練習需要更多的時間。⁵今天練習的格式

如下：

7.　　　首先，指明情況：

[2]我在擔心 ＿＿＿ 。

[3]然後把你所想得到的，與它相關並且令你擔心的可能結局一一
列舉出來，且描述得具體一點，例如：

[4]我害怕會發生 ＿＿＿ 。

8.　　　只要按部就班地練習，你應不難在你所舉出的每一種情況
下，找出五、六個或更多令你擔憂的問題。[2]寧可深入地練習幾種
情況，也比蜻蜓點水式地去碰一大堆問題更為有益。[3]就在你為
每一事件預測出一堆可能的後患之際，很可能會發現，有一些結
局，尤其是後面出現的那幾個，令你更難接受。[4]不論如何，都
盡可能將它們一視同仁吧！

9.　　　指明自己所怕的每個結局之後，這樣告訴自己：

[2]那個想法其實是自我打擊。

[3]最後，請記得再複誦一遍今天的觀念，作為每個練習的結束。

第二十七課

首要之務，我要看見

1.　　今天的觀念強調的不只是「決心」而已。²它將慧見置於你的一切渴望之上。³你在操練這一觀念時，可能會有所遲疑，因爲你擔心自己也許言不由衷。⁴沒有關係。⁵這觀念遲早會變得眞實無比，今天練習的目的只是把這時刻拉近一點而已。

2.　　當你說「首要之務，我要看見」時，你很可能相信自己必須付出某種代價。²如果你會爲這種義無反顧的語氣感到不安，不妨再加上一句話：

　　　　³慧見從不要求任何代價。

⁴如果害怕失落的憂慮仍揮之不去，再加上一句：

　　　　⁵它只會帶來祝福。

3.　　若要達到最大的成效，必須再三複誦今天的觀念。²至少每半小時練習一次，多多益善。³甚至可以試試每十五或二十分鐘複誦一次。⁴最好你能定時複誦這一觀念，從一早醒來或醒後不久就開始練習，一天之中，試著持之以恆。⁵即使在與人交談，或忙著其他事情時，也不難做到。⁶你仍能暗自複誦這一短句而不打斷手中的工作。

4.　　眞正的問題是，你會多常記得練習？²你有多希望這一觀念成眞？³只要答覆了其一，就已答覆另一個問題了。⁴你很可能會錯過幾次練習，也許錯過相當多次。⁵不要爲此懊惱，只需從那一刻起繼續你的進度。⁶這一天裡，即使只有一次你感覺到了自己複誦時的誠心，我敢保證，你已經爲自己省下了好幾年的功夫。

第二十八課

首要之務，我要以不同的眼光來看待萬物

1.　　今天，我們才眞正具體地發揮了昨天的觀念。²在今天的練習裡，你會作一連串明確的承諾。³此刻，我們無須操心你將來是否能夠信守承諾。⁴只要你現在至少心甘情願地作此承諾，你就已經朝此承諾邁進一步了。⁵我們目前還在入門的階段。

2.　　你也許會感到困惑，爲什麼說「首要之務，我要以不同的眼光來看這張桌子」這類話如此重要？²桌子本身一點兒都不重要。³那麼它本身究竟是什麼？⁴所謂「它本身」又是何指？⁵你在身邊看到一堆互不相屬的東西，其實那表示你什麼也沒看見。⁶你不是看得見，就是看不見。⁷你若能以不同的眼光看見一樣東西，你就能以不同的眼光看見所有的東西。⁸你在其中一物看到的光明，正是你在所有事物上看到的同一光明。

3.　　當你說，「首要之務，我要以不同的眼光來看這張桌子」，表示你已承諾要撤回你對桌子先入爲主的觀念，並把你的心向它的眞相及目的開放。²你不再根據過去的印象來界定它。³你開始探問它是什麼，而非告訴它，它是什麼。⁴你不再將它的意義鎖於你對桌子那一點兒經驗裡，你也不再將它的目的限於你個人的小小想法了。

4.　　你通常不會反問自己已經界定明確的東西。²而這些練習的目的乃是提出問題，且接受答案。³就在說出「首要之務，我要以不同的眼光來看這張桌子」之際，你親口承諾自己要去看了。⁴這承諾並不限於一物。⁵你對桌子所作的承諾，同樣適用於其他東西上，毫無差別。

5.　　實際上，只要你肯撤回你對桌子的所有觀點，以完全開放的心去面對它，僅由那張桌子，你就可以獲得慧見。²它會顯示給你一些東西，某種美妙、潔淨且具有無限價值以及充滿幸福與希望的東西。³它的眞正目的全藏在你對它先入爲主的觀點底下，那是它與整個宇宙共享的同一目的。

6.　　今天的練習雖只取材一張桌子，其實你眞正想要看到的是整

個宇宙的目的。² 你該以同樣的訴求來對待練習中的每一題材。³ 這等於是一種承諾，你請每個題材啓示給你它的目的，而不再把自己的判斷硬套在它的身上了。

7.　　今天我們要作六次兩分鐘的練習，先複誦一遍今天的觀念，然後套用於你在周遭所看到的任何一物上。² 不只在取材時應隨意，而且在套用今天的觀念時，你應以同等的誠意來對待每一題材，如此表示你承認它們在幫你「看見」這件事上具有同等的價值。

8.　　練習時，照例指出你隨意看見之物的名稱，就在你的視線落於其上時，這樣說：

² 首要之務，我要以不同的眼光來看待這 ＿＿＿＿。

³ 每次練習，都應該緩慢地進行，並且愈用心愈好。⁴ 不要急。

第二十九課

上主在我所看到的萬物之內

1.　　　今天的觀念一語道出了何以你能夠在萬物之內看到所有的目的。²它解釋了何以沒有一樣東西在本質上是分離的個體。³它也闡明了何以你所見的一切毫無意義。⁴其實，它為我們練習至今的每一個觀念以及所有的後續觀念，作了最好的解釋。⁵今天的觀念為整個慧見奠定了基礎。

2.　　　此刻，你也許會發現這個觀念難以捉摸。²你也許會覺得它很愚蠢、大不敬、毫無道理、相當滑稽，甚至根本就站不住腳。³就以你所看到的桌子為例，上主總不會在那兒吧！⁴然而，我們昨天已經強調過了，連一張桌子也享有整個宇宙的目的。⁵凡是享有宇宙意義之物，也享有造物主的目的。

3.　　　今天就開始學習如何以愛，以感謝及開放的心來對待萬物吧！²你現在還看不見它們。³你想知道它們的內在真相嗎？⁴絕不是它呈現於你眼前的樣子。⁵它的神聖目的遠遠超越你那短淺的視野。⁶當慧見向你彰顯出它足以照亮世界的神聖本質時，你才會徹底了解今天的觀念。⁷那時，你會百思不解自己當初怎會如此魯鈍。

4.　　　今天需要練習六次，每次兩分鐘，按照你已經相當熟悉的模式：開始時，先向自己複誦一遍今天的觀念，然後套用到你從身邊隨意取材的對象，而且具體說出名稱。²選擇時，盡量避免分別取捨；由於今天的觀念對你極其陌生，使你更難抗拒這一誘惑。³請記住，你所賦予的本末輕重之別，對實相而言也是同等的陌生。

5.　　　因此，盡量讓你取材的對象不受你的偏好所影響。²例如，你可能列出這樣不錯的清單：

> ³上主在這支衣架內。
> ⁴上主在這本雜誌內。
> ⁵上主在這隻手指內。
> ⁶上主在這盞檯燈內。

⁷上主在這具身體內。

⁸上主在這扇門內。

⁹上主在那個垃圾桶內。

¹⁰除了指定的練習次數以外，至少每隔一小時就複誦一遍今天的觀念，一邊慢條斯理地向自己複誦這句子，一邊緩緩地環顧四周。¹¹至少會有一、兩次的練習，能帶給你一種安詳的感覺。

第三十課

上主在我所看到的萬物內，因為上主在我心裡

1.　　今天的觀念是造就慧見的跳板。²經由這一觀念，整個世界會在你眼前展現，讓你有緣一睹前所未見的廬山真面目。³而你以前所見的種種，則會在你眼前銷聲匿跡。

2.　　今天，你在練習一種新的「投射」方式。²我們不再為了排除自己厭惡之物而將它推到外面了。³反之，我們試著透過世界而看出隱藏在自己心裡的東西；我們想要看見的一切都在那兒。⁴這表示我們不再排斥自己所見之物，而願與它結合。⁵這就是慧見與肉眼之見最根本的差別。

3.　　今天的觀念應該盡可能地隨時運用出來。²只要有一分鐘左右的空檔，你就可以緩緩地向自己複誦這一句話，同時環顧一下周遭，試著去了解，這個觀念適用於你此刻所看到的以及你可能看到的一切，只要它出現於你視線範圍之內。

4.　　真實的慧見並不受遠近的概念所限。²為了使你習慣這個觀念，當你套用今天的觀念時，除了採用你能具體看到的事物以外，也試著想一想那些不在你當前視野之內的東西。

5.　　真正的慧見，不只不受空間與距離的限制，也完全不靠肉眼的功能。²心靈才是它唯一的源頭。³為了幫你更加熟悉這個觀念起見，當你運用今天的觀念時，不妨閉起眼睛練習幾次，任何浮現於心頭的題材均可使用；試著向內找，別再向外尋了。⁴今天的觀念同樣適用於心內與心外兩方面。

第三十一課

我不是眼前世界的受害者

1.　　今天所介紹的觀念乃是你的解放宣言。²這觀念也應該一視同仁地運用在你所見到的外在與內心世界中。³我們以後還會常常用到這一方式來練習當天的觀念；需要改變時，會另作聲明。⁴練習的形式，大致來講，包括兩部分，一種是比較固定的練習，另一種則是當天隨機運用的方式。

2.　　今天的觀念需要作兩段較長的練習，一在早上，一在晚上。²每次練習最好長達三至五分鐘。³在那時段中，緩緩地環顧四周一圈，同時複誦這觀念兩三遍。⁴然後閉上眼睛，把這一觀念套用到你的內心世界。⁵你會由兩者中同時脫身的，因為內心世界是外在世界的起因。

3.　　當你省察內心世界時，只需留意自己覺察到的念頭，每個都稍加反省一下，然後繼續下一個。²試著不要賦予它們程度或等級之分。³盡可能冷眼旁觀它們的來來去去。⁴不要在某個念頭上流連太久，盡量讓念頭規律且平靜地流過，絕不擅自插手干預。⁵在你平靜地坐著觀察念頭的同時，向自己複誦今天的觀念，次數可以隨意，只要別說得太匆促即可。

4.　　此外，在這一天裡，盡量把握機會複誦今天的觀念。²提醒你自己，你是為了自己的自由之故而作此獨立宣言的。³整個世界的自由都繫於你的自由上。

5.　　當誘惑來臨時，用今天的觀念去應對，會有立竿見影之效。²它是你絕不屈服於誘惑、亦不受其束縛的一道宣言。

第三十二課

眼前的世界是我自己營造出來的

1.　　　今天我們繼續發揮一下因果的課題。²你不是眼前世界的受害者，因為它是你自己營造出來的。³你當初怎樣營造出它來，你也能同樣輕易地放下它。⁴你看見它或看不見它，端賴你想看到它與否。⁵只要你還想要它，你就會看見它；你一旦不想要它時，它就在你眼前消失了。

2.　　　今天的觀念如同前面幾課一樣，可以套用在你內心及外在世界，兩者其實是同一回事。²然而，只因它們在你眼中仍然有所不同，今天的練習依舊分為兩部分，一部分針對你所看到的外在世界，另一部分則針對你在自己心中所見到的世界。³兩者其實都是出自你的想像，試著把這一觀念帶入今天的練習裡。

3.　　　早晚的練習，開始時同樣環顧一下你視為外在的世界，並複誦兩三遍今天的觀念。²然後閉起眼睛，環顧你的內心世界。³盡可能將兩者一視同仁。⁴一邊看著自己的想像在你意識中呈現出來的種種意象，一邊緩緩地複誦今天的觀念，次數隨意。

4.　　　兩次「長式」的練習，最好長達三、五分鐘，不要少於三分鐘。²你若練習得得心應手，時間可以超過五分鐘。³練習之前，先選好你預計不會受到太多干擾的時段，或是你感到比較容易進入狀況的時刻。

5.　　　這一天盡可能地重複這一練習，而且多多益善。²至於「短式」練習，只需一邊察看你的內心或外在世界，一邊慢慢地複誦這一觀念。³不論你選擇向內或向外，毫無差別。

6.　　　一遇到任何令你苦惱的事件，不妨即刻把今天的觀念運用出來。²同時向自己說：

　　　　　³我眼前的這一事件是我自己營造出來的。

第三十三課

還有另一種看待世界的方式

1. 　　今天的觀念有意幫你認清，你能夠改變自己對內心及外在世界的看法。[2]早晚的練習至少投入整整五分鐘的時間。[3]練習時，隨意地複誦幾遍今天的觀念，重要的是練習時要從從容容。[4]交替著察看你對外在與內心世界的觀感，交替時盡量避免跳來跳去的突兀感。

2. 　　只需隨意地掃視一下你視爲外在的世界，然後閉起眼睛，同樣隨意地察看你內心的念頭。[2]試著對兩者都以同一心態冷眼旁觀；在複誦今天的觀念時，也請保持這種不執著的心態。

3. 　　「短式」練習的次數則多多益善。[2]一旦面臨令你煩心的事件，應該立刻把今天的觀念具體發揮其用。[3]練習時，要這樣說：

　　　　　　　[4]還有另一種看待此事的方式。

4. 　　一旦覺察到煩惱生起，即刻套用今天的觀念。[2]你可能需要花一兩分鐘的時間，靜靜地坐下，向自己複誦這一觀念幾遍。[3]也許閉上眼睛更有助於這一類的練習。

第三十四課

即使在這事上，我仍能看到平安

1.　　今天的觀念開始提出「另一種看法」應具備的先決條件。[2]心靈的平安顯然屬於內在事件。[3]它必然始於你自己的想法，然後向外延伸出去。[4]只有平安的心靈才可能生出和平的世界觀。

2.　　今天的觀念需要三次比較長的練習。[2]最好一次在早上，一次放在晚上，額外的一次則可置於早晚之間，只要是看起來最容易讓你進入狀況的時刻即可。[3]所有的練習都該閉起眼睛來作。[4]今天的觀念是針對你的內心世界。

3.　　「長式」的練習，每次用五分鐘的工夫來省察心念。[2]察看一下你心裡的恐懼念頭，令你焦慮的環境，「挑釁」的人物或事件，或是任何可能激起你缺乏愛心念頭的事情。[3]毫不經意地望著它們，當你看到它們浮現時，緩緩地向自己複誦今天的觀念，任它們前仆後繼地在心中走過。

4.　　如果你想不出什麼具體的題材，不妨繼續向自己慢慢複誦今天的觀念，不用特別著意於某一事件。[2]也切莫刻意排除某一件事。

5.　　「短式」練習的次數可以頻繁一些，尤其當你內心的平安受到衝擊時。[2]練習的目的是為了保護你一整天不受誘惑的騷擾。[3]你一旦意識到某種誘惑生起，不妨採用下面的練習格式：

> [4]在這事件中，我仍能看到平安，而非眼前之所見。

6.　　如果侵蝕你內心平安的只是一般性的負面情緒，例如沮喪、焦慮或憂愁，則採用這觀念原來的形式即可。[2]你若覺得練習一次今天的觀念並不足以解開你的某種心結，不妨多用幾分鐘的時間複誦這一觀念，直到你感到如釋重負為止。[3]你若這樣具體地告訴自己，對你絕對有益：

> [4]我能用平安來取代我的沮喪、焦慮或憂愁（或是我對這環境、人物、事件的任何觀感）。

第三十五課

我的心靈是上主天心的一部分，我是非常神聖的

1.　　今天的觀念所描述的絕非你目前看待自己的方式。²它描述的是慧見爲你顯示的眞實面目。³凡是自認爲屬於這世界的人，很難相信自己的這一面目。⁴然而，正因他不相信，才會認爲自己屬於這個世界。

2.　　只要你以爲自己身在某處，你就會相信自己屬於那個地方。²那是因爲是你把自己放在你想要的環境中的。³你需要那一環境來保護你所營造的自我形象。⁴形象其實屬於環境的一部分。⁵你若認定自己身在其中，那麼，你所看見的一切必會透過那形象之眼而看。⁶那不是慧見。⁷形象沒有看的能力。

3.　　今天的觀念帶給了你一個極其不同的自我觀點。²它先確立你的生命源頭，再確立你的眞實身分；它所描述的你，乃是你在眞理內的必然面目。³練習今天的觀念時，我們採取的形式稍有不同，因爲今天的練習著重於觀者本身，而非所觀之物。

4.　　一天三次、每次五分鐘的練習中，先向自己複誦今天的觀念，然後閉起眼睛察看一下你心中加給自己的種種形容詞。²包括了所有你根據小我而賦予自己的特質，不論是正面的或是負面的，想要的或不想要的，崇高的或是鄙俗的。³它們全都同等的虛幻不實，因爲你沒有透過神聖之眼來看自己。

5.　　剛開始省察心念時，出現的可能偏向你對自己比較負面的看法。²到了後來，偏向自我膨脹的形容詞會開始浮現。³試著認清這一點：你對自己的種種幻覺，不論正向或反向，毫無差別。⁴幻覺在實相裡沒有正反可言。⁵反正全都不是眞的。

6.　　套用今天的觀念時，所列出的清單盡量隨意，不加揀擇，例如：

　　　²我認爲自己是受人欺壓的。
　　　³我認爲自己是消沉沮喪的。
　　　⁴我認爲自己是沒有出息的。

⁵我認為自己是受人威脅的。
⁶我認為自己是舉目無援的。
⁷我認為自己是所向無敵的。
⁸我認為自己是失落的。
⁹我認為自己是慈悲為懷的。
¹⁰我認為自己是很有德性的。

7.　　你不該抽象地去想這些詞句。²它們浮現時，通常會讓你聯想起某一場景、某一人物或事件。³你可選擇腦海中任何一個具體事件，找出適當的詞彙來形容你對那事件的感受，然後套上今天的觀念。⁴等你一一指稱出來後，再加上一句話：

⁵然而，我的心靈是上主天心的一部分。⁶我是非常神聖的。

8.　　在「長式」練習中，你的腦海也許會有幾刻呈現一片空白。²不要勉強擠出什麼東西來填塞這段空白，你只需輕鬆而緩慢地複誦今天的觀念，直到某些事情自然浮現為止。³只要是浮現出來的念頭，你不可故意略過，但也切忌硬要「挖掘」出某些事情。⁴既不可過於勉強，也不可故意抵制。

9.　　這一天內盡量反覆練習，一次選擇一種或多種你當下切身感受到的人格特質，把今天的觀念按照上述的形式套用在每一特質上。²如果沒有什麼具體意象出現，只需閉起眼睛向自己複誦今天的觀念即可。

第三十六課

我的神聖本質籠罩著我所見的一切

1.　　今天的觀念把昨天的觀念由觀者本身延伸到所觀之物上。[2]你是神聖的，因為你的心是上主天心的一部分。[3]因著你的神聖本質，你目光所及之處必然也是聖潔的。[4]「清白無罪」意味著沒有罪污。[5]你不可能只有一點兒無罪。[6]你不是無罪，就是有罪。[7]你的心若是上主的一部分，你一定是清白無罪的，否則就表示祂的天心中有一部分是有罪的。[8]你之所見，關乎祂的神聖性，而非你的小我，因此，與你的身體無關。

2.　　今天需要練習四次，每次三至五分鐘。[2]試著將這四次平均分攤在一天內，盡可能多作幾次「短式」練習，好好地護守你的守護措施。[3]至於「長式」練習，不妨採用下面的形式：

3.　　首先，閉起你的眼睛，慢慢地複誦幾遍今天的觀念。[2]然後張開眼睛，緩緩地環顧四周，把這觀念一一套用在你的眼光隨意落及之物。[3]例如：

> [4]我的神聖本質籠罩著那張地毯。
> [5]我的神聖本質籠罩著那面牆壁。
> [6]我的神聖本質籠罩著這幾根手指。
> [7]我的神聖本質籠罩著那把椅子。
> [8]我的神聖本質籠罩著那具身體。
> [9]我的神聖本質籠罩著這支筆。

[10]作「長式」練習時，其中幾次不妨閉上眼睛，向自己複誦一下這個觀念。[11]然後張開眼睛，照常練習下去。

4.　　至於「短式」練習，先閉起你的眼睛，複誦一遍這個觀念；當你再次複誦時，張眼環顧一下四周，然後閉起眼睛再複誦一遍作為結束。[2]毋庸贅言，所有的練習都應慢慢進行，盡可能從容不迫。

第三十七課

我的神聖本質祝福了世界

1.　　這個觀念首次透露了一點你在世上的眞正任務，也是你來到此世的原因。²你的目的乃是透過自己的神聖本質來看世界。³如此，你與世界才會一起蒙受祝福。⁴沒有一個人會失落，也沒有一個人受到剝削，所有的人都會因著你的神聖慧見而獲益。⁵犧牲的觀念到此結束，因它帶給每一個人天賦於他的一切。⁶他有權享有這一切，因爲那是他身爲上主之子與生俱來的權利。

2.　　除此之外，沒有其他辦法能夠撤銷世俗的犧牲觀念。²人間的觀點總是要求某人付出某種代價。³結果，倒楣的必是懷有那種觀點的人。⁴而他怎麼也想不透爲何自己總是這麼倒楣。⁵然而，透過你的慧見，他才可能重新意識到自己的完整性。⁶因你對他一無所求，你的神聖本質祝福了他。⁷凡是認出自己圓滿無缺的人，自然一無所求。

3.　　你的神聖本質是世界的救恩。²它幫你教世界看出，你與它原是一體的。你無需向它說教，也不必告訴它任何事情，只憑著你默默地領悟出：萬物都在你的神聖本質內蒙受了祝福。

4.　　今天要作四次「長式」練習，每次需要三至五分鐘；首先複誦幾遍今天的觀念，然後再環顧四周一分鐘的光景，把這個觀念套用在你所見到的任何事物上：

> ²我的神聖本質祝福了這把椅子。
> ³我的神聖本質祝福了那扇窗子。
> ⁴我的神聖本質祝福了這具身體。

⁵然後閉起眼睛，把這觀念運用到你所想起的任何人身上，指名道姓地說：

> ⁶我的神聖本質祝福了你，＿＿＿（人名）。

5.　　你可以閉起眼睛繼續練習，你若願意，也可以再張開眼睛，把今天的觀念套用在外在世界上；你也可以把這觀念交替運用

在周遭事物以及你想起的人身上；你可以把這兩段合併在一起應用。² 練習結束時，不妨閉上眼睛唸一遍今天的觀念，然後再張開眼睛複誦一遍。

6.　　　「短式」練習只需複誦這個觀念即可，多多益善。² 最有益的莫過於默默地將它套用到你所遇到的每個人身上，只是別忘了指名道姓。³ 尤其當別人好似激起你的反感時，你更應發揮這一觀念。⁴ 立即向他獻上你神聖本質的祝福，如此，這一神聖本質才可能深入你的意識。

第三十八課

我的神聖本質無所不能

1.　　你的神聖本質倒轉了世間的一切運作法則。²它不受時空、距離及任何限制的約束。³你的神聖本質的能力是無限的，爲此你才堪稱爲上主之子，因你與造物主同在天心之內。

2.　　透過你的神聖本質，上主的大能得以彰顯出來。²透過你的神聖本質，上主的大能得以發揮大用。³上主的力量是無所不能的。⁴因此，你的神聖本質也能夠消除所有痛苦，結束一切哀傷，解決所有的問題。⁵不論那問題關係到你自己或任何一人。⁶它以同等的力量幫助每一個人，因爲拯救每一個人所需之力都是同等的。

3.　　你若是神聖的，上主的一切造化也是神聖的。²你是神聖的，因爲祂所創造的萬物都是神聖的。³祂所創造的萬物都是神聖的，因爲你是神聖的。⁴在今天的練習裡，我們要把你的神聖力量用到一切問題、困難，或你想得起來的任何一種痛苦上，不論是你自己的或是他人的。⁵所有問題我們都一視同仁，因爲它們本來就沒有差別。

4.　　今天需要作四次「長式」練習，每一次最好練習整整五分鐘，先閉起眼睛複誦一遍今天的觀念，然後省察心中任何一種失落感或是你認爲的不幸。²盡量把你認爲的困境與他人心目中的困境一視同仁。³具體說出那一困境，以及相關的人名。⁴今天的練習格式如下：

　　⁵在我所看到的＿＿＿的困境裡，沒有一個是我的神聖本質解決不了的問題。
　　⁶在他所看到的＿＿＿的困境裡，沒有一個是我的神聖本質解決不了的問題。

5.　　有些時候，你也許想要改變一下這個程序，自行加入某些相關的想法。²例如，你也許喜歡加入這類觀念：

　　³我的神聖本質無所不能，因爲上主的大能存於其中。

⁴你可以隨興加入一些變化，但不要偏離「我的神聖本質無所不能」的主題。⁵今天練習的目的即是開始灌輸給你一種意識：基於你的生命本質，萬物都在你的統轄之下。

6.　　　至於那些多多益善的「短式」練習，你只需採用原有形式即可，除非有狀況發生，不論那是你的或是別人的，或只是你想起的問題。²面對狀況時，則盡量採用比較具體的形式。

第三十九課

我的神聖本質乃是我的救恩

1. 　　如果罪咎等於地獄，那它的反面又是什麼？[2]今天練習的觀念就如〈練習手冊〉所闡釋的〈正文〉一樣，非常簡單、清楚，毫無曖昧之處。[3]我們對知性或邏輯這些玩意兒毫無興趣。[4]我們著眼的原是顯而易見之事，它卻被你自以為是的複雜想法所遮蔽，使你視而不見。

2. 　　如果罪咎等於地獄，那它的反面又是什麼？[2]這個問題實在不難回答。[3]你若支支吾吾地閃爍其詞，不是因為問題本身曖昧不明。[4]而是你真的相信罪咎等於地獄嗎？[5]如果相信，你立刻就看得出〈正文〉所說的何等直截了當，你根本不需要這部〈練習手冊〉。[6]沒有人需要靠練習才能得到他早已擁有的東西。

3. 　　我們已經說過，你的神聖本質乃是世界的救恩。[2]那麼，你自己的救恩呢？[3]你無法給別人自己沒有的東西。[4]人間的救主必須自己先得救才行。[5]否則他如何傳播救恩？[6]今天的練習就是有意幫你認出你的得救是世界得救的關鍵。[7]只要你把這練習套用在周遭的事物上，整個世界將同受其惠。

4. 　　你的神聖本質答覆了人類過去提出的、現在還在問的、未來仍會問的一切問題。[2]你的神聖性意味著罪咎的終結，因此也成了地獄的終結。[3]你的神聖本質是世界的救恩，也是你自己的救恩。[4]這神聖本質既然非你莫屬，你怎麼可能自絕於外？[5]上主對不神聖之物一無所知。[6]祂怎麼可能認不出自己的聖子？

5. 　　今天盡量作四次「長式」練習，每次整整五分鐘，若能延長時間或增加次數則更好。[2]你若想要超過每天的最低標準，不妨加長練習時間，也可多作幾次；不過，多作幾次會比拉長練習時間的效果更好。

6. 　　練習之始，照常向自己複誦幾遍今天的觀念。[2]然後，閉起眼睛搜查一下自己缺乏愛心的念頭，不論它化身為何種形式：不安、消沉、憤怒、恐懼、憂慮、攻擊、缺乏安全感等等。[3]不論它化身為何種形式，都缺少了愛，你才會害怕。[4]所謂得救，就是幫

你由那些念頭中解脫出來。

7.　　　只要與那些缺乏愛心的念頭相關的場景、事件或人物，都是今天練習的最佳素材。²你若要得救，就必須以不同的眼光去看它們。³你唯有祝福它們，方能得救，重獲慧眼而看清了真相。

8.　　　省察你心中每一個橫梗在你與救恩之間的念頭，慢慢地，不加選擇，也不死盯著某個念頭。²然後用下面的格式來套用今天的觀念：

　　　　³我對＿＿＿缺乏愛的念頭，使我陷身於地獄之中。
　　　　⁴我的神聖本質乃是我的救恩。

9.　　　如果你能在這些「長式」練習之間，插入幾個「短式」練習，只慢慢複誦幾遍今天的觀念，等你作「長式」練習時，便會感到容易多了。²今天，你也不妨加入幾段放鬆的插曲，好似什麼都不想，對你也會有莫大的好處。³開始時，很不容易保持專心。⁴等到你的心經過更多的訓練，不再那麼容易分心時，你自然就專心下來了。

10.　　　同時，你也可以隨興在練習中加入一些變化。²然而，當你靈活運用時，切莫改變了當天的主題。³不論你決定如何運用，只要能把「你的神聖本質乃是你的救恩」之意表達清楚就行了。⁴練習結束時，請再複誦一遍這觀念的原有形式，且加上一句：

　　　　⁵如果罪咎等於地獄，它的反面又是什麼？

11.　　　每小時最好能作三、四次「短式」練習，多多益善；你可以反問自己這一問題，複誦今天的觀念，最好兩樣都作。²當誘惑來臨時，最有幫助的練習形式即是：

　　　　³我的神聖本質乃是幫我由此解脫的救恩。

第四十課

我是蒙受祝福的上主之子

1. 從今天起，我們要重申那些基於你的生命本質而應享有的福氣。²今天無需作「長式」練習，卻應不斷作「短式」練習。³最好每十分鐘練習一次，奉勸你盡可能謹守這一課程表。⁴你若忘記了，再重新開始。⁵不論中間耽擱了多久，再重新開始。⁶只要一想起來，就重新開始。

2. 練習時，無需閉上眼睛，但閉起眼睛可能有助於你的練習。²你這一天中難免會遇到某些情況，不方便閉起眼睛。³不要因此而錯過了練習的機會。⁴只要你真心想要練習，不論在什麼環境下，你都能好好練習的。

3. 今天的練習不需要太多的時間及精力。²先複誦一下今天的觀念，然後加上幾個你認為與上主之子有關的特質，套用在你自己身上。³例如，一個練習可以這樣作：

> ⁴我是蒙受祝福的上主之子。
> ⁵我很幸福、平安、慈愛且知足。

⁶也可換為這種形式：

> ⁷我是蒙受祝福的上主之子。
> ⁸我很平靜、安寧且充滿信心。

⁹如果你只有很短的練習空檔，只需告訴自己，你是蒙受祝福的上主之子就行了。

第四十一課

不論我往何處，上主與我同行

1.　　今天的觀念遲早會幫所有分裂的生命克服孤獨及被棄感。²分裂的感覺必會導致心情沮喪。³還會讓人產生焦慮、擔憂、極深的無助感、不幸、痛苦，以及對失落的強烈恐懼。

2.　　分裂的人發明過許多「偏方」，專治他們心中認定的「世界痼疾」。²他們唯一不願做的即是質詢問題的真相。³問題本身如果不是真的，那麼它的後遺症自然無藥可救了。⁴今天的觀念能幫你永遠根除這類愚昧之舉。⁵不論那些後遺症看起來多麼悲慘嚴重，依舊愚昧無比。

3.　　在你心靈的深處，一切都是完美無缺的，光明隨時都能透過你而照亮世界。²它會治癒一切哀傷、痛苦、恐懼及失落，因為它要治癒的，正是那誤把這一切當真，且與之沆瀣一氣而吃盡苦頭的心靈。

4.　　沒有人能夠奪走你完美而神聖的本質，因為不論你往何處，它的神聖源頭都與你同行。²你絕不會受苦，因為不論你往何處，那喜樂之源都與你同行。³你也絕不會落單，因為不論你往何處，一切生命之源都與你同行。⁴沒有一物毀得掉你心中的平安，因為不論你往何處去，上主都與你同行。

5.　　我們了解你根本就不相信這一套。²你怎麼可能相信？真理深埋在層層神智不清的念頭下，你所看見的只是那遮蔽眼目的濃密烏雲而已。³今天，我們才真正開始嘗試穿越這陰森濃密的烏雲，伸向雲層之上的光明之境。

6.　　今天只作一次「長式」的練習。²如果可能的話，早上一起床，就靜靜地閉起眼睛坐個三、五分鐘。³在練習之始，極其緩慢地複誦今天的觀念。⁴試著不想任何事情。⁵盡量越過世俗無謂的念頭而轉向內在。⁶試著進入自己的心靈深處，不受任何雜念的騷擾。

7.　　只要你覺得有所幫助，不妨隨時複誦一下今天的觀念。²最

重要的是，試著沉潛下去，往內深入，遠離世界以及世上所有的愚昧念頭。³你正在努力穿越這一切。⁴你正在努力越過有形有相之物而邁向眞理之境。

8.　　邁向上主，是可能達到的境界。²事實上，它簡單無比，因爲這原是世上最自然的事。³你甚至可以說，這是世間唯一自然的事。⁴只要你相信自己能夠做到，此路就爲你開啓了。⁵即使你是初次作此練習，都會帶給你意想不到的結果，你的成功指日可待。⁶往後我們還會詳細地解釋這類練習。⁷它不只不會徒勞無功，還可能帶來立竿見影之效。

9.　　今天不妨多多運用這一觀念，複誦時要很慢，最好閉上眼睛。²想一想你所說的話，以及話中的含意。³請特別留意一下這話所透露出你的神聖本質，它是永不辜負你的忠實伴侶，也是守護你的安全堡壘。

10.　　你眞的大可嘲弄一番那些可怕的念頭，只要你記得，不論你往何處，上主都與你同行。

第四十二課

上主是我的力量，慧見是祂的恩賜

1.　　　今天的觀念融合了兩個有力的思想，兩個都極其重要。[2]它所點出的因果關係解釋了何以你的努力不會落空，何以你必會完成本課程的目標。[3]你終會明白的，因為那是上主的旨意。[4]賦予你這能力的，是祂的力量，而不是你自己的力量。[5]賦予你這慧見的，是祂的恩賜，並非出於你自己。

2.　　　上主確是你的力量，來自祂的，才算真正的恩賜。[2]這意味著，不論身在何處或面對何種環境，你隨時隨地都能領受到它。[3]你在時空世界所經歷的種種，絕非偶然。[4]你只會活在你該活的時代，生在你該生的地方。[5]這正是上主的力量。[6]也是祂的恩賜。

3.　　　今天我們要作兩次三至五分鐘的練習，一次在你初醒之際，另一次在你臨睡之前。[2]然而，最好還是等到你能獨自安靜地坐下，內心比較能夠進入狀況之時，免得你老是操心時間。

4.　　　練習之初，先慢慢複誦一遍今天的觀念，同時張開你的眼睛環顧一下四周。[2]然後再閉起眼睛，比先前更慢地複誦這一觀念。[3]此後，盡量不要想任何事情，只讓與當天相關的念頭自行浮現。[4]例如，你不妨這樣想：

[5]慧見一定可能存在。[6]上主的恩賜真實不虛。

或是：

[7]上主給我的禮物，非我莫屬，因為祂已賜給了我。

5.　　　只要是與今天的觀念顯然有關的念頭，都適於練習。[2]實際上，你也許會驚訝，你的想法中竟有這麼多符合本課程的認知。[3]讓它們一一浮現，你不必監控，除非你發覺自己已分心了，或讓根本無關的念頭侵入了。[4]有時候你的腦子好似一片空白。[5]一旦受到這些干擾，不妨張開你的眼睛，緩緩地環顧四周，同時複誦一下今天的觀念；然後閉上眼睛，再複誦一次，繼續回到心中搜尋相關的念頭。

6.　　今天，請記住，當你努力搜尋相關念頭時，無需過度積極。²只需試著退後一步，讓念頭自行浮現。³你若感到有些困難，那麼練習時，不妨先張開眼睛，慢慢複誦觀念，然後再閉起眼睛複誦，這樣交替練習會比勉強擠出一些合適的念頭要好得多。

7.　　今天的「短式」練習不限制次數，它們對你的助益頗大。²這個觀念只是幫你集中心思的第一步，它教你看出，你目前所學的這一套思想體系，不只前後一貫，還能自成一家之言，其間沒有任何矛盾或贅詞。

8.　　今天，你複誦這觀念的次數愈多，就等於愈肯定本課程的目標對你的重要性，也顯示了你銘記不忘的用心。

第四十三課

上主是我的生命根源，離開祂，我便一無所見

1.　　　知見不屬於上主的境界。²眞知才屬於祂的領域。³然而，祂創造了聖靈，作爲知見與眞知之間的唯一中介。⁴你與上主之間若非還有這一道連結，知見恐怕早就篡奪了你心中的眞知了。⁵因著你與上主的這道連結，知見才得以轉變及淨化，逐漸導向眞知之境。⁶那正是知見在聖靈眼中的作用。⁷因此，那也是它在眞理內的功能。

2.　　　在上主內，你沒有看的能力。²知見在上主內毫無作用可言，等於不存在。³但知見在救恩內卻具有極大的功能，因救恩乃是在化解那根本就不存在之物。⁴知見雖是上主之子爲了不聖潔的目的而妄造出來的，卻也是他重新覺醒於自己神聖本質不可或缺的工具。⁵知見本身不具任何意義。⁶然而，聖靈卻賜給它一個貼近於上主的意義。⁷知見一被治癒，便成了上主之子寬恕他弟兄因而寬恕了他自己的工具。

3.　　　離開上主，你一無所見，因爲你根本不可能與上主分開。²不論你做什麼，都是在祂內做出來的；因爲不論你想什麼，也是在天心內想出來的。³如果慧見是眞實不虛的，而且它的眞實程度端賴它分享聖靈目標的程度而定；那麼，離開了上主，你自然就一無所見。

4.　　　今天你需要正式地練習三次，每次五分鐘，一次愈早愈好，一次愈晚愈好。²第三次則可在最方便且合適的時候進行，也就是外在環境及你的心境許可之際。³開始練習時，張開眼睛向自己複誦今天的觀念。⁴然後環顧四周一會兒，把這觀念具體套用在你所見的每一物上。⁵每次練習採取四、五個對象就夠了。⁶例如，你可以這樣說：

　　　⁷上主是我的生命根源。⁸離開祂，我無法看見這張桌子。
　　　⁹上主是我的生命根源。¹⁰離開祂，我無法看見那幅畫像。

5.　　　雖然這一部分的練習應該簡短一點，但切記，在取材練習時，

務必一視同仁，不要擅自挑選或排斥。²後半段的練習比較長；閉起你的眼睛，再次複誦今天的觀念，然後，讓相關的念頭由心裡自然浮現，為今天的主題增添一些你個人的觀點。³譬如：

⁴我要透過寬恕之眼來看。
⁵我眼中的世界是蒙受祝福的。
⁶世界能幫我認識自己。
⁷我看見自己的想法，與上主的相似。

⁸只要直接與今天的觀念有一點關聯的念頭，均可採用。⁹雖然念頭無需與這觀念有直接的關聯性，但也不宜與它相反。

6. 　　你若發現自己開始分心了，或發現某些念頭分明與今天的觀念不一致，或者你好似想不出任何東西時，不妨張開眼睛，重作前半段的練習，然後再試著回到後半段。²不要把練習拖得太長，以免在無關的雜念裡打轉。³必要時，不妨隨時返回練習的前半段。

7. 　　今天「短式」練習的形式，可以隨著當時的處境與事件而自行調整。²例如，當你與某人會晤時，試著記得默默地對他說：

³上主是我的生命根源。⁴離開祂，我就無法看見你。

⁵這一練習可以同樣地運用在陌生人或是你的親人密友身上。⁶其實，若能不作此分別，更好。

8. 　　這觀念也應套用在今天可能發生的任何場景及事件上，尤其是那些好似常惹你心煩的事情。²你不妨採用下面的格式：

³上主是我的生命根源。⁴離開祂，我就無法看清這件事情。

9. 　　你若想不出任何具體的對象，只需複誦這觀念的原有形式即可。²今天試著不要忘卻這個觀念太久，你才會憶起自己在世的任務。

第四十四課

上主是我賴以看見的光明

1. 今天我們將繼續發揮昨天的觀念，且推向另一個層面。²你無法在黑暗中看見，而你也無法造出光明。³你只會製造黑暗，然後以為自己在暗中看見了；但是，只有光明能夠反映生命，因此它是造化的一部分。⁴造化與黑暗是無法並存的，而光明必與生命同在，它們乃是同一造化的不同面向罷了。

2. 你必須先認清光明出自內在，而非出自外在，才可能真正看見。²你無法向自身之外去看，連看的裝備也不在你的身外。³看的基本裝備乃是那使人得以看見的光明。⁴這光明始終與你同在，為此，慧見在任何環境中都可能出現。

3. 今天我們就要試著去接近那光明。²我們會採用先前已介紹過、以後還會常用到的練習方式來完成這一目標。³這種形式的練習對於缺乏鍛鍊的心靈會顯得特別困難，而這正是「心念訓練」的宗旨所在。⁴這一訓練正是毫無修持的心靈所缺乏的。⁵但是你若真想看見，必須先完成這一訓練。

4. 今天至少作三次練習，每次長達三至五分鐘。²只要你不是分秒煎熬，如坐針氈，最好把練習時間加長。³對於訓練有素的心靈而言，今天的練習方式是世上最自然且最容易的事；對毫無修持的心靈而言，則是最不自然且又困難的事了。

5. 你的心已不算是毫無訓練的了。²你已經有資格學習今天的練習方式，但你仍可能感到強大的抗拒。³理由很簡單。⁴當你這樣練習時，表示你捨棄了目前所有的信念，以及自己造出的一切想法。⁵這其實是你由地獄解脫之道。⁶然而，在小我的眼中，卻如同失落自我、陷身地獄。

6. 你若能擺脫小我，即使只與它保持一點點距離，便不難認清，它的抗拒及恐懼實在毫無意義。²你不妨隨時提醒自己一下，接近光明就等於遠離黑暗；縱使這與你的信念完全相反，這一提醒對你會有很大的幫助。³上主是讓你得以看見的光明。⁴你正努力地向祂邁進。

7.　　開始練習時，先張開眼睛複誦一下今天的觀念，然後慢慢地閉上，再複誦幾遍。[2]然後試著深入自己內心，不理會任何干擾，只是靜靜越過，向下沉潛。[3]這趟心靈之旅是沒有止境的，除非你自己打斷它。[4]心靈會自行運作。[5]你只需觀察掠過心中的念頭，試著不受其牽絆，只悄悄任它擦身而過。

8.　　這種練習方式不強調任何訣竅，你只需要意識到，自己此刻進行的事極其重要，你所致力的目標十分神聖，對你的價值無可估量。[2]救恩是你最幸福的成就。[3]也是唯一有意義的事，因為只有這件事對你真正有用。

9.　　你一遇到任何抗拒，不妨暫停一會兒，給自己充分的時間複誦今天的觀念，眼睛繼續閉著，除非你開始感到恐慌。[2]若是如此，可以張開眼睛，安一下你的心。[3]然後，盡快回到先前閉起眼睛的練習。

10.　　如果練習得當，你該感到輕鬆才對；縱使你尚未進入光明之境，也會有一種接近光明的感覺。[2]在穿越世俗念頭之際，不妨觀想一下那無形無相、無量無邊的光明。[3]心中銘記著：那些念頭無法將你繫於世間，除非你賦予它這種能力。

11.　　從早到晚隨時複誦一下今天的觀念，眼睛或張或閉，全憑你當時的感覺而定。[2]只要別忘了練習。[3]最重要的是下定決心，今天不再忘記。

第四十五課

上主是我藉以思想的天心

1.   今天的觀念是揭開你真實想法的關鍵。²你認為自己能想,就如同你認為自己能看一樣,與慧見絲毫扯不上關係。³真理實相與你所認為的現實真相也毫無相通之處。⁴你視為自己的真實想法和你真正的想法之間,毫無雷同之處。⁵你認為自己所看到的和慧見顯示給你的真相之間,也無雷同之處。

2.   你是與上主的天心一起思想的。²因此你的想法與祂共享,就如祂的想法也與你共享一樣。³兩者原是同一個想法,因為它們都是由同一天心所想出來的。⁴「共享」有相似或是同一之意。⁵你那出自上主天心的念頭,也離不開你的心,因為念頭離不開它的源頭。⁶因此,你的念頭,就像你一樣,都在上主的心中。⁷它也在你的心中,因那正是祂所在之處。⁸你既是天心的一部分,你的思維必也屬於天心的一部分。

3.   那麼,什麼才是你真正的思維?²今天我們要試著找出它來。³我們必須進入你心中去找,因為那才是它所在之處。⁴它必然還在那裡,因為它不可能離開它的源頭。⁵凡是出自上主天心的想法,必是永恆的,因它屬於造化的一部分。

4.   今天所要求的三次練習,每次五分鐘,還是按照昨天所採用的一般形式進行。²試著放下虛妄而尋求真實。³為了真理,我們要不惜否定世界。⁴不再受世俗想法的羈絆。⁵也不再聽從世俗的信念,認為上主要我們做的事根本不可能實現。⁶反之,我們將努力認清,只有上主要我們做的事才有實現的可能。

5.   我們同時試著了解,唯有上主要我們做的,才是我們真正想做的事。²我們也應試著記得,凡祂願我們做的,我們是不可能失敗的。³我們有足夠的理由堅信,今天一定會成功。⁴這是上主的旨意。

6.   練習開始時,先閉起眼睛向自己複誦一下今天的觀念。²然後再用短短的時間自行想出幾個相關的想法,只要不偏離今天的主題即可。³等你想出了四、五個相關想法後,再複誦一次今天的

觀念，然後輕輕地告訴自己：

> ⁴ 我真正的想法就在我的心中。⁵ 我要把它找出來。

⁶ 然後試著越過心內有意蒙蔽眞相的不實想法，邁向那永恆之境。

7.　　在你心中所堆積的無謂雜念及瘋狂想法之下，藏著你在無始之始與上主共有的念頭。² 它們此刻就在你的心中，從未改變過。³ 它們永遠都在你的心內，完好如初。⁴ 凡是你在那以後所想出來的一切都會改變，只有它所立足的神聖基礎永遠屹立不搖。

8.　　今天的練習就是朝著這個神聖的基礎而努力。² 你的心也在這兒與上主的天心相接。³ 你的念頭會在這兒與祂的聖念合一。⁴ 這練習只要求你一點，就是當你邁進時，有如邁向天堂中獻給天父及聖子的那座祭壇一般。⁵ 因那確實是你有意抵達的目標。⁶ 你大概還未意識到自己所要去的地方是多麼的高超。⁷ 然而，就憑著你目前已學到的這一點知識，足以讓你意識到這不是無聊的人間遊戲，而是聖化自己的練習，亦是邁向天國的成道之路。

9.　　今天的「短式」練習中，請試著記得，那能與上主一起思想的心靈是何等神聖，這一體會對你又何其重要！² 今天當你複誦這一觀念時，請花一兩分鐘的時間，讚賞一番你心靈的聖潔。³ 祂寄居在你心中，暫且拋開任何配不上祂的念頭，即使只是幾個剎那也好。⁴ 爲祂與你一起想出的神聖之念而感恩致謝吧！

第四十六課

上主是我得以寬恕的愛

1.　　　上主不用寬恕，因為祂從不定人的罪。²必須先定人的罪，才有寬恕的必要。³這個世界迫切需要寬恕，只因這是個充滿幻相的世界。⁴因此，寬恕的人就等於將自己由幻覺中釋放出來；凡是不肯寬恕的人，等於自願囚禁於幻境之中。⁵只有你能定自己的罪，所以也只有你能寬恕自己。

2.　　　雖然上主不用寬恕，祂的聖愛卻是寬恕的基礎。²恐懼會定人之罪，愛則予以寬恕。³寬恕便如此消弭了恐懼的苦果，心靈才能再度覺於上主。⁴為此，寬恕成了名副其實的救恩。⁵它是消除幻相之道。

3.　　　今天至少需要正式練習三次，每次整整五分鐘，「短式」練習則多多益善。²「長式」練習照舊先複誦一下今天的觀念。³閉起你的眼睛練習，花一兩分鐘的時間往內心搜索一下自己尚未寬恕的人。⁴不用追究自己尚未寬恕他們到「什麼程度」。⁵反正你不是全面寬恕他們，就是根本沒有寬恕。

4.　　　只要練習得當，你應該不難找出幾位自己尚未寬恕的人。²最保險的方法是，凡是你不喜歡的人都是最佳的練習對象。³一一指出他們的名字，並說：

　　　　　⁴上主是愛，在愛內我寬恕你，（人名）。

5.　　　今天練習的第一部分，目的就是給你一個寬恕自己的機會。²當你把這觀念套用在你想起來的所有人身上以後，便向自己說：

　　　　　³上主是愛，在愛內我寬恕了自己。

⁴然後把剩餘的時間，多練一些相關的觀念，如：

　　　　　⁵上主是愛，我以上主之愛來愛自己。
　　　　　⁶上主是愛，我蒙受祂聖愛的祝福。

6.　　練習的形式可以自行變化，但切勿偏離主題。²例如，你可以
說：

　　　³我不可能是有罪的，因為我是上主之子。
　　　⁴我已經被寬恕了。
　　　⁵在上主所愛的心靈內，恐懼沒有立足之地。
　　　⁶沒有攻擊的必要，因為愛已經寬恕了我。

⁷不論哪一種形式，最後都該再複誦一遍今天的基本觀念作為結
束。

7.　　「短式」練習中，你可以隨興地複誦今天的基本觀念或是與
此觀念相關的詞句。²只是當狀況發生時，務必具體套用上去。
³在這一天中，只要你意識到自己對任何人（不論他在不在眼前）
心生反感時，就應及時發揮其用。⁴默默地向那人說：

　　　⁵上主是愛，在愛內我寬恕你。

第四十七課

上主是我得以信賴的力量

1.　　你信賴的若是自己的力量，你有充分的理由擔心，甚至焦慮害怕。²世上哪一件事是在你的預料或控制之下的？³你內可有任何萬無一失的保證？⁴你哪有能力面面顧及問題的每一環節？你的解決能力豈能做到皆大歡喜的地步？⁵你哪有能力找出正確的解決途徑，並保證藥到病除？

2.　　憑你自己，你一件也做不到。²你若相信自己能夠，就等於信任一個沒有保證的信用，你理當恐懼、焦慮、憂鬱、憤怒及哀傷的。³有誰能把信心置於脆弱之物還會感到安全的？⁴又有誰能把信心置於力量之上，還會感到軟弱無能呢？

3.　　在任何環境下，上主都是你的保障。²祂的天音會在所有事件上為祂發言，不論哪一層面的問題，它都會具體地指引你如何求助於祂的力量及護佑。³絕無例外，因上主是沒有例外的。⁴那代祂發言的天音，想法和祂如出一轍。

4.　　今天我們將試著穿越自己的軟弱無能，投奔真實力量的終極源頭。²今天需要練習四次，各五分鐘，愈長愈好，次數也愈多愈好。³閉上你的眼睛，照常先複誦一下今天的觀念。⁴再花一兩分鐘的時間，搜尋一下生活中最令你害怕的事情，然後一邊放下它們，一邊這樣告訴自己：

⁵上主是我得以信賴的力量。

5.　　現在試著放掉所有你因自慚形穢而生出的種種擔憂。²你所掛慮的每件事情，顯然都與你的自慚形穢脫離不了關係，否則你必會相信自己有解決的能力。³你無法靠信任自己來重建信心。⁴你必需靠自己內在的上主力量，才會無往而不利。

6.　　認出自己的軟弱無能，是修正你的錯誤不可缺的一步，卻不足以帶給你所需要的信心，那原是天賦於你的。²你還需進一步體會出，不論從哪一角度來講，或處於哪一類環境，你確有充分的理由信賴自己的真實力量。

7.　　到了練習的後半段，試著深入你的心內，抵達眞正安全之地。²你若感到一種深沉的平安，便知道自己已經到那兒了，即使只是刹那的光景也好。³放下那些老在心靈表層興風作浪的人間瑣事吧！向下沉潛，直到你觸及藏身其下的天國。⁴你心內有一個地方，存有圓滿的平安。⁵你心內有一個地方，給你無限的希望。⁶你心內有一個地方，是上主力量之所在。

8.　　在這一天內，多多複誦這一觀念。²用它來回應所有困擾你的事件。³記住，平安是你的權利，因爲你已全然信任上主的力量。

第四十八課

沒有什麼好怕的

1.　　今天的觀念只是重申一個事實。[2]然而，對相信幻相的人而言，那不是事實；但幻相本來就不是事實。[3]在眞相內，沒有什麼好怕的。[4]這一點並不難體會。[5]可是對那些仍想把幻覺弄假成眞的人，卻很難認清這一事實。

2.　　今天的練習非常簡短容易，但需不斷地練習。[2]你只需盡量複誦這一觀念即可。[3]你可以在任何時刻及任何環境中張著眼睛來作。[4]可能的話，最好騰出一分鐘左右的時間，閉起眼睛緩緩地向自己複誦幾遍這個觀念。[5]最重要的是，一有事情騷擾你內心的平安時，立即將這觀念發揮出來。

3.　　恐懼是你信賴自己能力的一個最顯著標誌。[2]體會出「沒有什麼好怕的」，表示在你心內某個地方（即使你未必清楚究竟在哪兒）已經憶起了上主，並允許祂的力量來取代你的軟弱無能。[3]只要你甘心如此，就眞的沒有什麼好怕的了。

第四十九課

這一整天，上主之聲不斷向我發言

1.　　你是可能整天聆聽上主之聲卻不至於干擾你的日常活動的。²不論你覺察與否，真理所在的那一部分心靈始終與上主保持密切的聯繫。³另一部分則會遵照世界的法則來運作。⁴因此，這一部分的心一直處於六神無主、猶疑不定的狀態。

2.　　至於聆聽上主之聲的那一部分心靈，則始終處於肯定不疑的安心狀態。²只有這一部分才是真實的。³其他部分只是瘋狂的幻覺，隨時伺機發作。⁴今天試著不再去聆聽它了！⁵試著與永遠平靜安寧的那一部分心靈認同吧！⁶試著聆聽上主之聲對你的慈愛召喚；它反覆向你保證：你的造物主從未忘懷祂的聖子。

3.　　今天我們至少需要練習四次，每次五分鐘，多多益善。²我們試著諦聽上主之聲告訴你的——祂的真相及你的自性。³我們將懷著信心去領受這最幸福也最神聖的念頭；而且心中明白，這樣做，我們的意願便與上主的旨意結合了。⁴祂要你聆聽祂的天音。⁵祂既然賜給你這天音，一定會讓你聽到的。

4.　　深深地靜下來聆聽吧！²在極度的寧靜中，開啟你的心扉。³越過那覆蓋了你真實念頭且干擾了你與上主之永恆聯繫的喧囂妄想。⁴越過這瘋狂世界的狂亂躁動的念頭、景象及聲音，向下沉潛到那靜靜等候著你的平安中。⁵世界不是你的居所。⁶我們努力前往之地才是你真正的家。⁷我們努力前往的是真正歡迎你的地方。⁸我們努力前往的乃是上主自己。

5.　　不要忘了複誦今天的觀念，且多多益善。²必要時可以張開眼睛來念，當環境許可時，盡量閉起眼睛。³一有機會就靜靜坐下複誦今天的觀念，閉起眼睛，不再矚目於眼前的世界，清清明明地邀請上主之聲向你發言。

第五十課

上主的聖愛支撐著我

1.　　這一觀念答覆了你今天、明天或任何時刻所面臨的任何問題。² 在世上，你相信自己的存活是靠外在的一切，而非上主。³ 你把信心置於微不足道且瘋狂至極的象徵之物上：藥丸、金錢、「護身」衣、權力、地位、人們的愛戴、結交「正確」的對象，以及數之不盡的虛幻事物，你一一賦予了它們無比的魔力。

2.　　你用這一切來取代上主的愛。² 你把這些東西當作寶貝來保全自己的肉體生命。³ 它們全是獻給小我的頌歌。⁴ 不要把你的信心置於這些毫無價值的東西上了！⁵ 它們保不住你的生命的。

3.　　只有上主的愛能隨時隨地保護你。² 它會將你由所有的困境中拯救出來，將你由世上可想見的險境提升到一個徹底平安無虞之境。³ 它會將你引度到凜然不可侵犯的心靈境界，在那兒，沒有一物騷擾得了上主之子的永恆安寧。

4.　　不要再去相信那些幻相了！² 它們必會讓你失望。³ 將你所有的信心置於上主之愛上，它就在你內，永恆不變，絕不會辜負你的。⁴ 今天不論你遇到什麼事，答案就在這裡。⁵ 憑著你內的上主之愛，你能毫不費力且信心十足地解決所有看似棘手的問題。⁶ 今天就這樣不斷地提醒自己吧！⁷ 這是你棄絕偶像的宣言。⁸ 你在為自己的真相作保。

5.　　今天早晚各練習一次，每次十分鐘，讓這觀念深入你的意識底層。² 複誦它，思考它，讓與此相關的念頭幫你認清這一真理，讓平安有如一張護身毯似地籠罩著你。³ 別再讓無聊愚蠢的念頭來騷擾上主之子的聖潔心靈了。⁴ 這就是天國。⁵ 這就是你的天父永恆以來即已賜你的安息之地。

複習一

導　言

1.　　從今天開始我們進入一連串的複習。²每個複習都包含了前面五課的觀念，由第一個開始，到第五十個結束。³每個觀念後面還加上簡短的解說，供你複習時參考之用。⁴當你練習時，應該這樣進行：

2.　　在一天之始，先念一下這五個觀念，包括解說在內。²隨後則無需按照前後次序，只要每個觀念至少練習一次即可。³每個練習至少投入兩分鐘的時間；念完一遍後，反省一下那觀念以及相關的解說。⁴在這一天中，愈常練習愈好。⁵假如五個觀念中有一個特別吸引你，不妨專注其上。⁶只需記得，在一天結束之前，再把它們全都複習一遍。

3.　　練習時，對每個觀念下面的解說，無需過於拘泥於字面意義，也無需打破沙鍋問到底。²試著抓到它的要點即可；再想一下與今天的複習相關的觀念。³念完這觀念及其解說之後，應該閉起眼睛來練習，如果可能的話，最好找個安靜的地方獨自練習。

4.　　由於你還在初學階段，我們才會特別強調練習的形式。²慢慢地，你必須學會無需藉助於特殊環境，仍能把所學到的觀念運用出來。³外境愈是混亂不安，你愈需要這種練習，不應只用在表面上風平浪靜的時刻。⁴這一學習的宗旨是要療癒你的煩躁不安，讓你的心安定下來。⁵你無法藉由逃避它們或退隱到一個避風港而得到心安的。

5.　　你遲早會明白，平安原是你生命的一部分；只要你能接納自己所面臨的任何場景。²你終會明瞭，自己的生命無所不在，你的平安也像你自身一樣無所不在。

6.　　你會發現，為了達到複習的目的，有些觀念並不全然採用它們先前規定的練習形式。²你就按照當天所給的方式去練吧！³無需沿用它們原有的詞句，也無需依循先前建議的運用方式。⁴我們此刻著重的乃是前五十課觀念之間的關聯性，你會從中看到一個結構緊密的思想體系。

第五十一課

今天的複習包括以下的觀念：

1.（1）**我所看到的一切，不具任何意義。**

²其中的理由是，我看到的一切都是虛無，而虛無沒有意義。³我必須先認清這一點，才可能學會看見。⁴目前我自以為是的看見，取代了慧見的地位。⁵我必須先認清它毫無意義，甘心放下，慧見才有取而代之的可能。

2.（2）**我所看到的一切，對我所具的意義，完全是我自己賦予的。**

²只要是我目光所及之物，我都作了判斷，我之所見僅限於此。³這不是慧見。⁴它只是實相的一個幻影，因為我所下的評判根本與實相不符。⁵我願意承認自己的判斷缺乏可靠性，因為我想要真正看見。⁶我的評判對我一向有害無益，我不願再根據它們去看事情了。

3.（3）**我並不了解我所看到的一切。**

²我既然對自己所見之物已經下了錯誤的評判，怎麼還可能了解它？³我所看到的只是自己錯誤想法的投射罷了。⁴我不了解我之所見，因為它根本不可理喻。⁵我無需費心去理解它。⁶但我卻有充分的理由捨棄它，為那可能看見、可能了解以及可能去愛之物騰出空間。⁷只要我願意，我就能把目前所見之物換成那些東西。⁸這一決定豈不勝過我以前所作的抉擇？

4.（4）**這些念頭不具任何意義。**

²我所意識到的種種想法，不具任何意義，因為我存心由上主之外去想。³我稱之為「我的」想法，其實並非我真正的想法。⁴我真正的想法是與上主一起想出來的。⁵我之所以意識不到它，因為它已經被我的想法取代了。⁶我願意承認自己的想法不具任何意義而拋諸腦後。⁷我決心撤換掉它，並請回原本就該取代它的真實念頭。⁸我的想法毫無意義，但我與上主共有的想法則涵蓋了整個造化。

5.（5）**我絕不是爲了我所認定的理由而煩惱。**

[2]我絕不是爲了我所認定的理由而煩惱，因爲我不斷設法爲自己的想法自圓其說。[3]我不斷設法把它們弄假成眞。[4]我把所有的東西都視爲仇敵，如此，我的發怒才會情有可原，我攻擊時才能理直氣壯。[5]我從未意識到，我是如何賦予它們這類角色而妄用了眼前的種種事物。[6]我這樣做，其實是爲了保護那對我有害而我再也不想要的思想體系。[7]我已經準備好放下它了。

第五十二課

今天的複習包括了以下的觀念：

1.（6）**我煩惱，是因為我看到了根本不存在的事物**。

[2]實相絕不可怕。[3]它不可能令我煩惱。[4]實相只可能給人圓滿的平安。[5]當我煩惱時，通常是因為我已用自己營造的幻相取代實相了。[6]幻相令人不安，因為我賦予了它們真實性，反而把實相視為虛幻。[7]上主造化中，沒有一物會受我的顛倒妄想所影響。[8]我一向無端地自尋煩惱。

2.（7）**我所看到的只是過去的經驗**。

[2]當我放眼望去，我詛咒自己所看到的世界。[3]我稱這為看見。[4]我抓著過去的經驗，與所有的人與物作對，且視為仇敵。[5]當我寬恕自己，並憶起我的真實面目時，我才會祝福所見到的每一人每一物。[6]過去並不存在，因此仇敵也不存在。[7]我要懷著愛心去看我以前視而不見的一切。

3.（8）**我的心裡塞滿了過去的念頭**。

[2]我所看見的只是自己的想法，我的心裡塞滿了過去的念頭。[3]那麼，我還能看出什麼真相？[4]願我記住，我著眼於過去，是為了防止現在進入我的心中。[5]願我看清自己存心用時間來抵制上主。[6]我要學習放下過去；同時明白，這樣做，我並未放棄任何東西。

4.（9）**我看不出任何事物的當下真相**。

[2]倘若我看不出任何事物的當下真相，這其實等於說，我什麼都沒看見。[3]我所能看到的只是當前的一切。[4]這並不是在「看見過去」或「看見現在」之間作一選擇，而是在「看見」與「看不見」之間作個選擇。[5]我過去選擇著眼之物，使我失落了慧見。[6]現在我願重新選擇，因為我要看見。

5.（10）**我的想法不具任何意義。**

[2]我並沒有純屬私人的念頭。[3]然而，我所意識到的卻盡是私人的念頭。[4]這些念頭究竟有何意義？[5]它們根本不存在，因此不具任何意義。[6]然而，我的心是造化的一部分，也是造物主的一部分。[7]難道我不願加入整個宇宙的思維，難道我願讓那微不足道、漫無意義的「私人」念頭遮蔽了那真正屬於我的一切？

第五十三課

今天我們將複習以下的觀點：

1.（11）**我那無意義的念頭，顯示給我一個無意義的世界。**

²我所覺察到的念頭既然毫無意義，那麼，使它活靈活現的世界也不可能有意義。³這世界既是出自神智失常的結果，那麼，世界造出的一切必非善類。⁴實相是不可能神智失常的，我有眞實的念頭，也有神智不清的念頭。⁵因此，只要我遵循自己的眞實念頭，就能看到眞實世界。

2.（12）**我煩惱，是因爲我看到了一個無意義的世界。**

²神智不清的念頭，必會帶來煩惱。³它們所構成的世界必然亂無章法。⁴一個出自顚倒妄想的世界必定全面受制於無明，而無明亂世是毫無法理可循的。⁵在這種世界裡，我不可能活得平安。⁶謝天謝地，這個世界不是眞的，我根本無需著眼於它，除非我寧可敝帚自珍。⁷而我決心不再重視那徹底神智失常又毫無意義的世界了。

3.（13）**無意義的世界令人恐懼。**

²徹底的神智失常必會激起人心的恐懼，因爲它完全不可靠，令人無法信賴。³沒有任何瘋狂之物是可靠的。⁴它無法給人保障及希望。⁵然而，這種世界不是眞實的。⁶我曾賦予它一種虛幻的現實感，也因著我對它的信念而自食其果。⁷現在，我決心撤回這一信念，將我的信賴轉向眞相。⁸憑這抉擇，我便能擺脫這恐怖世界的種種後遺症，因爲我已認清了它根本就不存在。

4.（14）**上主從未創造過無意義的世界。**

²上主既然從未創造過無意義的世界，它怎麼可能存在？³上主才是一切意義的源頭，唯有眞實之物方能存在祂的天心內。⁴也存於我的心中，因爲那是祂與我一起創造出來的。⁵既然完美的造化才是我的家鄉，我爲什麼還要繼續爲自己神智不清之念所引起的後患所苦？⁶願我勿忘自己的抉擇所具的威力，並認清何處才是我眞正的家鄉。

5.（15）**我的想法乃是我自己營造出來的意象。**

²我所見的一切，只不過反映出自己的心念。³是我的念頭不斷告訴我：我在何處以及我是何人。⁴我看到的若是一個充滿痛苦、失落與死亡的世界，這不過顯示了，我只看到了自己神智不清之念的投影罷了，我並沒有讓自己真實念頭的慈光照在我所見的萬物上。⁵然而，上主的道路是萬無一失的。⁶我營造出來的種種意象無法與上主的旨意背道而馳，因為這絕非我之所願。⁷我的意願就是祂的旨意，我再也不願在祂前面樹立其他的神明了。

第五十四課

以下是今天要複習的觀念：

1.（16）**我的念頭沒有一個是中性的。**

²根本就沒有所謂「中性的念頭」這一回事，因為所有的念頭都具有某種能力。³它們不是造出虛妄的世界，就是將我導向真實世界。⁴念頭不可能沒有後果。⁵我眼前的世界既然出自我的錯誤思想，那麼，我一旦修正了錯誤，真實世界就會出現在我眼前。⁶我的想法不可能既不對也不錯。⁷它們必定非對即錯。⁸我之所見讓我得以看出自己的想法究竟是對還是錯。

2.（17）**我所看到的一切，沒有一個是中性的。**

²我之所見乃是我之所想的見證。³我若不思想，就不存在，因為生命就是思想。⁴願我把眼前的世界當作我內在心境的表徵。⁵我知道我的心境可以轉變。⁶因此，我知道我見到的世界也會轉變。

3.（18）**我的看法所導致的後果，並非只有我單獨承受。**

²我既沒有純屬私人的念頭，就不可能看見一個純屬私人的世界。³即使是瘋狂的分裂之念，也必須與人共享，才可能造出眼前的大千世界。⁴然而，那種分享，只是分享虛無罷了。⁵我也能夠請出心中與所有人共享一切的真實念頭。⁶一如我的分裂之念會引出他人的分裂念頭，我的真實念頭也會喚醒他人的真實念頭。⁷於是我的真實念頭所顯示給我的世界，便會出現於他們以及我自己眼前。

4.（19）**我的想法所導致的後果，並非只有我單獨承受。**

²沒有一個經驗是我獨享的。³我所想、所說或所做的一切，都在潛移默化整個宇宙。⁴上主之子所想、所言或所行，是不可能徒勞無功的。⁵在任何事上，他都不可能獨享。⁶因此，我確實有此能力讓每個心靈隨著我的心而改變，因我的心靈具有上主的大能。

5.（20）**我決心看見。**

[2]認清了自己的想法具有互通共享的本質之後，我下定決心要看見了。[3]我願去看那顯示出世界已經改變了思維的見證。[4]我願著眼於那些證據，看出上主確實經由我而以愛取代了恐懼，以歡笑取代了眼淚，以豐盛取代了失落。[5]我要瞻仰眞實世界，從中學會看出我的意願與上主的旨意原是一體。

第五十五課

今天要複習下面的幾個觀念：

1.（21）**我決心以不同的眼光去看事情。**

²我目前所看到的不外乎疾病、災難與死亡的徵兆。³這不可能是上主爲祂的愛子所創造出來的世界。⁴我若看到這一切，證實了我根本不了解上主。⁵因此，我也不會了解祂的聖子。⁶我所看見的一切也顯示出我根本不知道自己是誰。⁷我決心從自己心內去看眞理的見證，不再著眼於那些爲我的幻相撐腰的證據。

2.（22）**我所看到的只是一種報應形式。**

²我所見到的世界，絕不可能是慈愛之念的映影。³人世間的畫面裡，每一物都在攻擊另一物。⁴絲毫反映不出上主及聖子之愛。⁵這一畫面是我自己的攻擊念頭所打造出來的。⁶唯有我的慈愛之念能將我由世俗的知見中拯救出來，並帶給我上主願我擁有的平安。

3.（23）**只要放下攻擊的念頭，我就能由眼前的世界脫身。**

²救恩就在這句話中，你無法由他處尋得。³若無攻擊的念頭，我就不會看見一個彼此攻擊的世界。⁴當寬恕使我重新體會到愛時，我便會看見一個平安、喜樂及安全無虞的世界。⁵我決心從眼前世界中認出那樣的世界。

4.（24）**我認不出什麼是對自己最有益的事。**

²我若連自己是誰都不知道，怎麼可能認出什麼才是對我最有益的事？³我自認爲對自己有益的事，只會使我在這幻相世界愈陷愈深。⁴我情願跟隨上主賜我的神聖嚮導，找出什麼才是對我最有益的事，我很清楚這不是單靠我自己所能認出來的。

5.（25）**我不知道萬物的目的何在。**

²世間萬物的目的，對我而言，只是爲了證明我對自己的種種幻覺都是眞的。³我企圖利用每一個人及每一事件來達成這一目標。⁴我相信世界就是爲此目的而存在的。⁵因此，我認不出它的眞實目的。⁶我賦予世界的這個目標，爲它掛上了一副猙獰的面具。⁷願我敞開心扉，接納世界的眞實目的，並撤回自己妄加其上的目標，學習認出它的眞相。

第五十六課

我們今天要複習下面的幾個觀念：

1. (26) **我的攻擊念頭等於否定了自己百害不侵的本質。**

[2]我若認爲自己不斷受人攻擊，怎麼可能悟見自己的眞相？[3]痛苦、疾病、失落、衰老及死亡好似威脅著我。[4]我所有的希望、夢想與計畫似乎也操縱在非我所能控制的世界之手。[5]其實，完全的保障以及圓滿的結局乃是天賦於我的權利。[6]我一度想要放棄天賦的產業，來換取眼前的世界。[7]幸好，上主爲我護守著這份產業。[8]我的眞實念頭會教我看清一切的眞相。

2. (27) **首要之務，我要看見。**

[2]只要我認清了，我所見的一切只是反映我所認定的自我，我就會明白自己多麼需要慧見。[3]我所見到的世界，顯示出我所營造的自我形象的可怕本質。[4]我若想憶起自己的眞相，首要之務即是放下這個自我形象。[5]當形象一旦被眞相取代，慧見必會翩然降臨。[6]有此慧眼，我方能以慈悲愛心來看待這世界及我自己。

3. (28) **首要之務，我要以不同的眼光來看待事物。**

[2]我眼前所見的世界鞏固了我那可怕的自我形象，還保證它永存不替。[3]只要世界在我眼中還是我目前所見到的樣子，眞相便無法進入我的意識之中。[4]但願那隱藏在世界背後之門爲我開啟，使我的眼光能越過它而目睹那反映出上主之愛的世界。

4. (29) **上主在我所看到的萬物之內。**

[2]在我所營造的一切形象之下，眞相始終不變。[3]在我覆蓋於愛的面紗之後，它的光明依然不減。[4]在我所有神智不清的願望之後，我的意願仍與天父旨意合而爲一。[5]上主永遠無所不在地臨於萬物之內。[6]身爲上主一部分的我們，遲早會越過虛幻的表相，而認出那超越一切表相的眞相。

5.（30）**上主在我所看到的萬物內，因為上主在我心裡。**

[2] 在我心內，所有神智不清的分裂及攻擊念頭之後，乃是那了知萬物永遠一體的真知。[3] 我雖已忘了自己是誰，這一真知卻從未失落過。[4] 上主一直為我將它保存於天心內，上主從未離棄過祂的聖念。[5] 身為其中一份子的我，與所有聖念同在，也與上主一體。

第五十七課

今天我們來複習一下這些觀念：

1.（31）**我不是眼前世界的受害者。**

[2]只要我願意，就能徹底化解這個世界，我怎麼可能成為它的受害者？[3]我的桎梏已解開了。[4]只要我真心願意，就能隨時甩掉它。[5]監獄之門也已開啟了。[6]我只需走出，就能揚長而去。[7]世上沒有什麼東西扣留得住我。[8]除非我自願留下，否則我是不可能淪為囚犯的。[9]我終於願意放棄那些神智不清的願望而邁向陽光之境。

2.（32）**眼前的世界是我自己營造出來的。**

[2]我建造了一座監獄，還認為自己身陷其中。[3]只需認清這一點，我就自由了。[4]我欺騙了自己，相信上主之子可能被囚。[5]我再也不要這種荒謬至極的信念。[6]上主之子必然永遠是自由的。[7]他仍是上主所創造的模樣，而不是我為他塑造出來的樣子。[8]他仍在上主願他所在之處，而不在我想要囚禁他的地方。

3.（33）**還有另一種看待世界的方式。**

[2]既然世界的目的不是由我指定的，那麼一定還有另一種看待世界的方式。[3]萬物在我眼中既是顛倒的，那麼我的想法必與真理背道而馳。[4]我已把世界當作囚禁上主之子的牢獄。[5]那麼，這世界也成了他真正重獲自由之地。[6]我願著眼於世界的真相，將它視為上主之子重獲自由的地方。

4.（34）**即使在這事上，我仍能看到平安。**

[2]只要我能看出這世界乃是自由之地，我便不難明白，它反映了上主的天律，而非我為它訂立的運作法則。[3]我將了解，平安會長駐世間，絕非戰爭。[4]我也會看出，平安會同樣長駐於所有與我共享這一世界的心靈。

5.（35）**我的心靈是上主天心的一部分。²我是非常神聖的。**

³當我與弟兄分享世上的平安時，我逐漸明白，這平安原來出自我心深處。⁴我所著眼的世界，閃耀著我的寬恕之光，並將寬恕返照於我身上。⁵在此光明中，我逐漸看清了那深藏不露的自我幻相。⁶我才開始了解一切有情生命（包括我在內）的神聖本質，也才明白眾生與我確是一體的。

第五十八課

今天我們要複習下列的觀念：

1.（36）**我的神聖本質籠罩著我所見的一切。**

[2]我對真實世界的所知所見源自我的神聖本質。[3]經由寬恕，我不再視自己罪孽深重。[4]我已能接受純潔無罪為我的真相。[5]透過諒解的眼光，我只會看到世界的神聖本質，因為我所能想到的念頭不過反映出我對自己的看法。

2.（37）**我的神聖本質祝福了世界。**

[2]我是神聖的，這一知見不只祝聖了我自己。[3]我在它的光明中所見到的一切人或物，都分享了它帶給我的喜悅。[4]沒有一物會落於這喜悅之外，因為沒有一物分享不到我的神聖本質。[5]就在我認清自己的神聖性之際，世界也會放射出它的神聖光輝，使眾人有目共睹。

3.（38）**我的神聖本質無所不能。**

[2]我的神聖本質具有無限的治癒能力，因為它的拯救能力也是無限的。[3]除了脫離幻覺以外，還有什麼好拯救的？[4]除了我對自己的錯誤認知以外，還有什麼其他的幻覺？[5]只需再度重申自己的真相，我的神聖本質就能一一化解那些幻相。[6]一切偶像會在我與上主共享的神聖性前銷聲匿跡。

4.（39）**我的神聖本質乃是我的救恩。**

[2]我的神聖本質既然已將我由所有罪咎中拯救出來，那麼認出自己的神聖性，就等於認出了我的救恩。[3]同時也認出了世界的救恩。[4]我一旦接受了自己的神聖性，從此便一無所懼了。[5]因著我的大無畏，每個人也必然分享我的這份認知，那正是上主賜給我與世界的禮物。

5.（40）**我是蒙受祝福的上主之子。**

[2]這句話重申了我對全然美善以及純然美善的天賦權利。[3]我是蒙受祝福的上主之子。[4]一切美善之物非我莫屬，因爲那是上主有意賜給我的。[5]因著我的終極眞相，我不可能遭受失落、剝削或折磨之苦。[6]我的天父在一切事上支持我，保護我，並引導我。[7]祂對我的照顧無微不至，祂永遠與我同在。[8]我是永遠蒙受祝福的上主之子。

第五十九課

今天我們要複習下面幾個觀念：

1. (41) **不論我往何處，上主與我同行。**

²若上主時時與我同行，我怎麼可能孤獨？³祂的生命千古不易，我怎能還對自己懷疑不定？⁴祂既以絕對的平安憩息我內，還有什麼事情騷擾得了我？⁵祂既以慈愛喜樂環繞著我，我怎麼可能受苦？⁶願我不再緊抓著自我的假相不放。⁷我是完美的，因為不論我往何處，都有上主與我同行。

2. (42) **上主是我的力量。²慧見是祂的恩賜。**

³今天願我不再憑自己的肉眼去看事情。⁴願我心甘情願地把自己卑微而虛幻的眼光，換成上主賜我的慧眼。⁵基督的慧見即是祂賜給我的禮物。⁶今天我要祈求這一恩賜，我會在這一天了解永恆的真諦。

3. (43) **上主是我的生命根源。²離開祂，我便一無所見。**

³上主要我看的，我自會看見。⁴其餘的一切，我一概視而不見。⁵凡不在祂旨意之內的，全是幻相。⁶如果我認為自己離開祂還能看見，表示我已選擇了幻相。⁷我若憑自己的肉眼去看，也表示我選擇了幻相。⁸然而，上主已賜給了我基督的慧見，取代一切幻相。⁹我決心透過這個慧眼去看一切。

4. (44) **上主是我賴以看見的光明。**

²在黑暗中，我無法看見。³上主是唯一的光明。⁴因此，我若要看，必須透過祂去看。⁵我曾企圖界定「看」的定義，而我的界定是錯誤的。⁶現在我終於得以了解，上主是光明，在這光明中我才可能真正看見。⁷願我接受這一慧見，迎向它所顯示給我的幸福世界。

5. （45）**上主是我藉以思想的天心。**

[2] 我沒有一個念頭不與上主共享。[3] 也沒有一個念頭在祂之外，因為我的心不在天心之外。[4] 既是天心的一部分，我的念頭便成了祂的聖念，祂的聖念也是我的念頭。

第六十課

今天我們要複習這些觀念：

1. (46) **上主是我得以寬恕的愛。**

   [2]上主不用寬恕，因爲祂從不定人的罪。[3]凡本身無瑕可指的，不可能去指責別人；凡接受了自己純潔無罪的人，不會看到任何有待寬恕之事。[4]然而，寬恕是幫我認出自己純潔無罪的媒介。[5]它反映出上主對世人的愛。[6]它會將我拉到天堂邊緣，讓上主的愛能觸及我，將我提昇到祂那裡去。

2. (47) **上主是我得以信賴的力量。**

   [2]我不是靠我自己的力量寬恕。[3]我靠的是上主在我內的力量，只有在寬恕之際，我才會憶起它的存在。[4]當我開始看見時，便會從世上認出祂的倒影。[5]我寬恕一切，因爲我感受到了祂在我內澎湃的力量。[6]於是，我逐漸憶起了那個聖愛；縱然我以前有意將它忘懷，它卻從未忘懷過我。

3. (48) **沒有什麼好怕的。**

   [2]當我能夠看見世界的眞相時，它在我眼中是多麼安全無虞啊！[3]它和我此刻心目中的世界不可同日而語。[4]我所見到的每一個人及每一事物都俯身祝福著我。[5]我會在每個人身上認出那一位既親密又神聖的道友。[6]我已寬恕了世界，世界也寬恕了我，我還有什麼好怕的？

4. (49) **這一整天，上主之聲不斷向我發言。**

   [2]上主之聲無時無刻不在呼喚我寬恕，只爲了拯救我。[3]上主之聲無時無刻不在指引我的思想，引導我的行動，並帶領我的腳步前進。[4]我篤定地向眞理邁去。[5]除此之外，我無處可去，因爲上主之聲乃是祂賜給聖子的唯一天音以及嚮導。

5.（50）**上主的聖愛支撐著我**。

[2]只要我聆聽上主的聲音，祂的聖愛便撐托著我。[3]只要我肯張開眼睛，祂的聖愛便照亮了世界，使我重新看見眞相。[4]只要我寬恕，祂的聖愛便提醒了我聖子的純潔無罪。[5]只要我以祂所賜的慧眼仰望世界，我便會憶起自己原是祂的聖子。

第六十一課

我是世界之光

1.　　除了上主之子以外，還有誰堪稱爲世界之光？²因此，這句話純粹是聲明你的眞相而已。³它與驕矜、傲慢或自欺的聲明方式恰恰相反。⁴它與你營造出來的自我概念也截然不同。⁵它與你賦予偶像上的一切特質不可相提並論。⁶它爲你指出了，你仍是上主所創造的你。⁷它只是聲明眞相罷了。

2.　　對小我而言，今天的觀念等於變相的自我膨脹。²但小我絲毫不懂謙遜，常把謙遜與自貶混爲一談。³謙遜意味著你只接受自己在救恩中的角色，絕不接受其他的角色。⁴如果成爲世界之光乃是上主降於你的大任，你卻堅稱自己不配，這並不是謙遜。⁵堅稱自己不可能負有這一任務，才是眞正的傲慢；傲慢永遠出自小我。

3.　　眞實的謙遜要求你接受今天的觀念，因爲上主的天音親自告訴你此言不虛。²這是你接受自己在世的眞正任務的第一步。³也是你在救恩大業中正名定位的一大步。⁴它正面重申了你得救的權利，確認了上主賜予你拯救他人的能力。

4.　　今天你用心深思一下這個觀念。²它是對所有幻相、也是所有誘惑的最佳回應方式。³它會把你營造的一切自我形象都帶到眞理前，幫你心無掛礙且目標明確地安心啓程。

5.　　今天的練習盡可能多作幾遍，每次不必超過一兩分鐘。²開始時，應先向自己說：

　　　　³我是世界之光。⁴這是我的唯一任務。
　　　　⁵我為此而來到這個世界。

⁶然後稍微想一想這些話的含意；若環境許可，最好閉起眼睛來作。⁷讓一些相關的念頭自然浮現；你若分心而偏離了主題，不妨再默念一下今天的觀念。

6.　　記得以此練習作爲一天的開始及結束。²也就是說，你一醒來就先確認自己的眞相；經過一天的反覆部分練習，最後在重申

自己的任務及在世的唯一目的中入睡。³你若覺得早晚兩個練習對你助益頗大而想延長時間，你可以練久一點。

7.　　今天的觀念遠遠超越了小我對「你是誰」以及「你的人生目的」的卑微評價。²身為救恩的傳人，這顯然是不可或缺的觀念。³這是我們隨後幾個星期所要跨出的幾個大步的第一步。⁴今天好好地為將來的進展奠定一個穩固的基礎吧！⁵你是世界之光。⁶上主已將祂聖子的救贖計畫委託給你了。

第六十二課

身為世界之光的我，負有寬恕的任務

1.　　是你的寬恕，把黑暗的世界帶入光明之中。²是你的寬恕，幫你認出那讓你得以看見的光明。³寬恕成了你是世界之光的明證。⁴藉著寬恕，你才能憶起自己的真相。⁵因此，你得救與否全看你是否寬恕了。

2.　　你與世界是同一個幻相。²因此，所有的寬恕實際上都是你給自己的禮物。³你的人生目標就是尋回自己的真相，你曾因攻擊造物主及其造化而否定了自己的本來面目。⁴此時此刻的你正在學習如何憶起這一真相。⁵你必須以寬恕來取代攻擊，生命之念才可能取代死亡之念。

3.　　記住，你每個攻擊等於是向自己的弱點求助，而你每個寬恕則是向你內的基督借力。²你難道還不明白寬恕所帶給你的好處？³它會幫你消除心中所有的脆弱、緊張及疲憊之感。⁴它會帶走所有的恐懼、痛苦及罪咎。⁵它會幫你拾回上主賜予聖子的百害不侵之能力。

4.　　讓我們欣然以這練習作為一天的開始及結束，從早到晚盡可能發揮在你的日常生活裡。²它會使你的日子洋溢著上主願你擁有的幸福。³它還會幫助你周遭的人，甚至遠在天涯的親友，與你共享這一幸福。

5.　　今天的練習多多益善，若是環境許可，不妨閉起眼睛默念：

> ²身為世界之光的我，負有寬恕的任務。
> ³唯有完成自己的任務，我才可能幸福。

⁴然後投入一兩分鐘的時間，想一下自己的任務以及它會帶給你的幸福與解脫。⁵並且讓相關的念頭自然地浮現；你的心會認出這些話，也會意識到它們真實不虛。⁶若分心了，便再複誦一遍今天的觀念，且加上一句：

> ⁷我願記住這一點，因為我要活得幸福。

第六十三課

世界之光藉著我的寬恕，把平安帶給每個心靈

1. 能把平安帶給所有心靈的你，是多麼神聖啊！²懂得學習如何讓自己完成這一任務的你，是多麼有福啊！³還有什麼目標能帶給你更大的幸福？

2. 身負重任的你，不愧為世界之光。²上主之子的救恩完全仰賴於你。³這救恩非你莫屬，你必須分享給他才可能真正擁有。⁴不要讓任何無謂的目標或無意義的欲望喧賓奪主，否則，你就會忘卻自己的任務，使得上主之子陷於水深火熱之中。⁵我們對你提出這一請求，絕非隨口說說而已。⁶你務必先接受救恩，你才給得出救恩。

3. 只要你能認出這任務的重要性，我們今天自會樂於隨時憶起此事。²我們要以認可這一觀念作為一天之始，再以這一念結束一天的生活。³從早到晚盡可能地多加複誦：

    ⁴世界之光藉著我的寬恕，把平安帶給每個心靈。
    ⁵上主任命我為拯救世界的工具。

4. 也許你閉起眼睛，相關的念頭比較容易浮現；再花一兩分鐘的時間深思一下。²然而，不要守株待兔。³應把握所有練習的機會來加強今天的觀念。⁴請記住，上主之子的救恩仰賴於你。⁵除了你的自性以外，還有誰堪稱為祂的聖子？

第六十四課

願我勿忘自己的任務

1.　　今天的觀念只是「主的禱詞」：「不要讓我陷於誘惑」的另一種說法而已。²世界在你眼中的目的，不過是為了遮掩你的寬恕使命，給你充分的藉口忘卻自己的任務。³世界只不過是「背棄上主及其聖子」這一誘惑所披上的有形假相罷了。⁴人的肉眼著眼的正是這一虛幻形象。

2.　　肉眼依稀看到的一切，根本就是一種誘惑，因這正是身體存在的目的。²然而，我們知道，聖靈能把你營造的一切幻相轉為其他用途；也就是說，祂能在幻相中看出另一種目的。³對聖靈而言，世界是你學習寬恕的地方，寬恕那自認為罪孽深重的自己。⁴這一知見能把誘惑的有形假相轉變為心靈認出救恩的機會。

3.　　在此不妨再溫習一下前面幾課的內容，你在世的任務乃是成為世界之光，那是上天賦予你的使命。²懷疑這一點，只是小我的傲慢在作祟；認為自己不配接受上主親自指派的任務，也只是小我的恐懼在作祟而已。³世界的救恩正等著你的寬恕，因為上主之子必須藉此才能擺脫世間的假相以及所有的誘惑。⁴這位上主之子就是你。

4.　　你只有完成上主賦予你的任務才可能幸福。²因為你的任務就是活出幸福，只要你善用那媒介，幸福乃是你的宿命。³此外無他。⁴因此，你每次決定是否要完成自己的任務時，你其實是在決定自己是否想要幸福。

5.　　讓我們今天記住這一點。²讓我們從早到晚、時時刻刻都這樣提醒自己。³好好為你今天將作的決定早作準備；你只需記住，那些決定其實十分單純。⁴每一個決定不是帶給你幸福，就是帶給你不幸。⁵這麼簡單的決定，怎會讓你猶豫不決？⁶不要被這一決定的外表形式所蒙蔽。⁷表面看起來很複雜的事，內涵未必複雜。⁸世上沒有一個決定，它的內涵不屬於這一單純抉擇的。⁹那是聖靈眼中的唯一抉擇。¹⁰因此，也是你僅有的抉擇。

6.　　那麼，今天讓我們來熟悉一下這些念頭：

² 願我勿忘自己的任務。

³ 願我不再存心用自訂的任務來取代上主的任務。

⁴ 願我寬恕而活出幸福。

⁵ 今天你至少要練習一次十到十五分鐘左右，閉起眼睛反省一下。⁶ 只要記得你的任務對自己與世界何其重要，那麼，與此相關的念頭自會現身助你一臂之力。

7.　　在這一天裡，多多運用今天的觀念；先投入幾分鐘複習一下這些想法，放下其他的念頭，深思一番言下之意。² 這對初學者非常不容易，因為你尚未具備它所要求的定力。³ 你若想讓自己專心一點，不妨持續地複誦「願我勿忘自己的任務」這一句話。

8.　　你需要作兩種「短式」練習。² 有時閉起眼睛練習，試著把心專注於你所運用的觀念上。³ 有時則先複誦那一觀念，然後張開眼睛，不加揀擇地緩緩環顧四周，默默地告訴自己：

⁴ 這就是我受命拯救的世界。

第六十五課

我唯一的任務就是上主賜我的任務

1. 　　今天的觀念重申了你對救恩的承諾。²它同時提醒你，這是你唯一的任務。³這兩個觀念顯然是一個徹底承諾的必備條件。⁴只要你還珍惜其他的人生目的，救恩就不可能成為你的唯一目的。⁵全然接受救恩為你的唯一任務，包含了兩種承諾：一是認清你的唯一任務就是得救，二是放棄你自行打造的其他目標。

2. 　　只有這樣，你才能名副其實地躋身於人間救主的行列。²只有這樣，你才可能真心說出：「我唯一的任務就是上主賜我的任務。」³只有這樣，你才可能獲得心靈的平安。

3. 　　今天以及隨後幾天，記得騰出十至十五分鐘來作「長式」的練習，它會幫你深入並接受這一觀念的真實含意。²今天的觀念能夠幫你掙脫自己心目中的困境。³它會把你自行封鎖的平安之門的鑰匙放回你手中。⁴它答覆了你自太初之始即在探索的一切問題。

4. 　　如果可能，試著把「長式」練習安排在固定的時間。²並且設法把這時間預先騰出來，然後盡量按照計畫進行。³目的是為了讓你在一天中能為上主保留一段時間，正如你會為世間無謂追逐的瑣碎目標而騰出時間一樣。⁴你的心靈需要這種長程的鍛鍊，如此，聖靈才能藉此機會持續不斷地與你分享祂的目標。

5. 　　在「長式」練習中，先溫習一下今天的觀念。²然後閉起眼睛，向自己複誦一遍，留意一下自己心裡所浮現的念頭。³開始時，不要只注意與今天觀念相關的念頭。⁴而應努力覺察每個讓你分心的雜念。⁵留意浮現腦海的每個念頭，盡量不要插手干預或為它操心，只是觀察它的起落，且這樣告訴自己：

　　　　　　　⁶這個念頭意圖阻撓我接納自己的唯一任務。

6. 　　過一會兒，干擾的雜念就會愈來愈少了。²不妨再延長一兩分鐘，試著捕捉幾個你以前不曾留意的雜念；但也不用絞盡腦汁或勉為其難。³然後，向自己說：

      ⁴ 願我的真正任務銘刻在我清淨的心版上。

⁵ 你不用拘泥於上述的字眼，只需重申你甘願讓眞理來取代那虛幻的目標即可。

7.   最後，再複誦一遍今天的觀念，剩餘的練習時間可把心思集中於這觀念對你的重要性，以及你的解脫，只要你肯接受，這一觀念會徹底化解你的衝突；同時再反觀一下你對救恩眞正渴望到什麼程度，不必理會那些老在你心裡唱反調的無聊念頭。

8.   每小時至少作一次「短式」練習，也可用下列形式發揮今天的觀念：

        ² 我唯一的任務就是上主賜我的任務。
        ³ 此外，我一概不要，也一概不取。

⁴ 練習時不妨閉起眼睛，偶爾睜開環顧一下四周。⁵ 只要你全心接納今天的觀念，你此刻所見的一切就會煥然一新。

第六十六課

我的幸福與我的任務是同一回事

1.　　你一定已經留意到，我們最近的課程一直在強調「完成你的任務」與「活出幸福」之間的關係。²因為你至今尚未真正看出兩者的關聯性。³其實，它們之間不只有關，根本就是同一回事。⁴形式雖然有所不同，內涵則完全一致。

2.　　什麼才是你的任務？這是小我始終在與聖靈鬥爭的根本問題。²它不斷與聖靈爭辯什麼才是你的幸福所在。³這種鬥爭並非雙向的。⁴小我發動攻擊，聖靈從不理會。⁵祂知道你真正的任務是什麼。⁶祂知道你的幸福在哪裡。

3.　　今天我們要試著略過那毫無意義的鬥爭，回到你真正的任務上。²我們不再參與「究竟是什麼任務」的無謂爭辯。³我們也不再重蹈覆轍，為幸福妄下定義，更不自訂尋求幸福的途徑這類徒勞之舉。⁴我們不再放縱小我，聽信它對真理的挑釁。⁵我們只會為自己能夠看清真相而感到欣慰。

4.　　今天「長式」練習的目的就是要你接受一個事實：上主賦予你的任務與你的幸福之間不只具有極真實的聯繫，它們其實是同一回事。²上主只會賜你幸福。³因此，祂所賦予你的任務必是幸福無疑；縱然它們看起來好像是兩回事。⁴今天的練習就是幫你超越兩者外表上的差異，認清它們在真理內的同一內涵。

5.　　練習長度約莫十至十五分鐘左右，開始時，先複習一下下列的觀念：

> ²上主只會賜我幸福。
> ³祂已將我的任務賜給了我。
> ⁴因此，我的任務必是幸福無疑。

⁵縱然你還無法接受這一結論，至少試著看出這一論證的邏輯性。⁶除非前面兩個前提有誤，結論才可能錯誤。⁷那麼，我們在練習時，不妨先反省一下這些前提。

6.　　第一個前提：上主只會賜我幸福。²當然，這也可能是錯的，

但它若是錯的，你必須把上主界定成祂所不是之物。³愛不可能給出邪惡；凡不是幸福的，必屬邪惡之類。⁴上主不可能給出祂所沒有之物，祂也不可能擁有祂所不是之物。⁵除非上主只會賜你幸福，否則祂必是邪惡的。⁶你若不接受第一個前提，就只有相信上主是邪惡之輩這個界定了。

7.　　第二個前提：上主已將你的任務賜給了你。²我們已討論過，你的心靈只有兩部分。³一部分屬於小我統轄，由一堆幻覺組成。⁴另一部分則是聖靈的居所，即真理所在之處。⁵你只能從這兩個嚮導中任選其一，而你選擇的結果也不外乎兩種：一是小我必然引發的恐懼，另一是聖靈一直在給你以取代恐懼的愛。

8.　　如此，你的任務若非出自那為上主發言的天音，就是出自你為取代上主而營造出來的小我。²哪一個才是真的？³它若非上主賜你的任務，便是小我的贈禮。⁴小我哪有什麼禮物可以相贈？它本身既然只是一個幻覺，所贈之禮將是何等虛幻！

9.　　在今天的「長式」練習中，不妨深思一番。²並且反省一下，你內心對自己的任務存有多少種幻覺？你曾以多少種方式跟隨小我的引導去尋找救恩？³你找到了嗎？⁴你感到幸福嗎？⁵它可曾帶給你平安？⁶我們今天必須對自己非常誠實。⁷誠實回顧一下它所帶給你的種種後果，並反省一下，你希望小我帶給你幸福，豈是合理的期待？⁸然而，小我是聖靈之聲以外唯一的選項。

10.　　你若不聽從瘋狂之聲，就會聽到真理之言。²不妨想一想我們這結論的前提，試著選擇真理吧！³這一結論是我們唯一可能共享之物。⁴因為這是上主親自分享給我們的。⁵相同的就是相同的，不同的就是不同，今天的觀念乃是導向這知見的另一大步。⁶一邊全是幻相。⁷另一邊全是真相。⁸願我們今天設法明白：只有真理才是真的。

11.　　至於「短式」練習，你若能每小時練習兩次，必然獲益匪淺。不妨按照下面建議的形式練習一下：

　　　²我的幸福與我的任務是同一回事，因為兩者都是上主的恩賜。

　　³這句話所需的時間不會超過一分鐘，甚至更少；慢慢地複誦，一邊說，一邊想想它的深意。

第六十七課

愛把我創造得猶如它自身一樣

1.　　今天的觀念可謂一語道破你的眞相。²你是世界之光,原因即在於此。³上主任命你爲人間的救主,原因也在於此。⁴上主之子的救恩有賴於你,原因也在於此。⁵他是因著你的生命眞相而得救的。⁶我們今天要卯盡全力深入這一眞相,讓你充分意識到它眞實不虛,即使只是瞬間的領悟也好。

2.　　在「長式」練習中,我們將反省一下你的生命眞相,以及它絲毫未變而且千古不易的存在本質。²開始時,我們先複誦一下你的這個眞相,再花一兩分鐘的時間增添幾個相關的想法,例如:

> ³神聖本質將我創造為神聖的。
> ⁴仁慈本質將我創造為仁慈的。
> ⁵利生本質將我創造為利益眾生的。
> ⁶完美本質將我創造為完美的。

⁷凡是符合上主本體的屬性,都適用於我們身上。⁸我們今天將試著解除你自己對上主的界定,而代之以祂自己的定義。⁹還會進一步強調:你屬於祂自我界定的一部分。

3.　　當你練完幾個相關的想法之後,試著用片刻的功夫放下所有的雜念,再努力越過你所有的自我形象及先入爲主的自我概念,直搗那藏在你心底的眞相。²愛既已將你創造得像它自身一樣,那麼愛的本體必然也存於你內。³它就在你心內某處等著你去發掘。

4.　　也許你需要複誦幾遍今天的觀念,才抵制得了分心的雜念。²也許你感到這還不夠,還需要加入幾個與你的眞相有關的意念。³也許你能順利地越過那些雜念,在無念的片刻中,頓時晤見那耀眼的光明,而且在那光明中認出了愛爲你創造的本來面目。⁴不論你感到自己練得成功與否,請相信你今天必已朝著那一覺知邁進了一大步。

5.　　今天盡量抽空反覆練習這個觀念,你會獲益匪淺。²你需要聽到自己的眞相,而且愈常聽到愈好,因爲你的心一直籠罩在

錯誤的自我形象之下。³最好一小時能複誦四、五遍,多多益善;隨時提醒自己:愛已將你創造得猶如它自身一樣,這對你極有幫助。⁴由這句話聽出自己的真相吧!

6. 　　在「短式」練習中,試著體會出,告訴你這真相的,絕不是你那微弱而孤立的聲音。²這是聖靈之聲在提醒你有關天父及你自性的真相。³這是真理之音,它以上主之子的單純真相取代了小我所告訴你的一切。⁴愛已將你創造得猶如它自身一樣。

第六十八課

愛內沒有怨尤

1.　　被愛創造得猶如它自身一樣的你，不可能心懷怨尤還能知道自己的真相。²放不下怨尤，表示你已忘卻了自己是誰。³放不下怨尤，表示你已把自己視為一具身體。⁴放不下怨尤，表示你讓小我掌控了自己的心靈，並為身體宣判了死刑。⁵你也許尚未充分意識到，放不下怨尤對你心靈的傷害。⁶它好似硬生生地將你由生命根源那兒劈了出去，使你不再肖似於祂。⁷為此，你認為自己是什麼，就會相信祂也成了什麼，因為沒有一個人不把他的造物主想成像自己一樣的。

2.　　你一旦背棄了你的自性，那依舊意識到自己肖似造物主的自性就好似昏睡過去了，而那在睡夢裡編織幻境的另一部分心靈，則會裝出一副清醒的模樣。²這一切真的都是因為你心懷怨尤而引起的嗎？³一點也沒錯！⁴因為放不下怨尤的人，已否認了自己是出自愛的創造，在他充滿怨恨的夢中，造物主顯得可怕萬分。⁵有誰會夢到怨恨而不害怕上主的呢？

3.　　凡是心懷怨尤的人，必會按照自己的模樣來界定上主；一如上主會照自己的肖像創造人，且把他們界定成如同祂自身一樣。²心懷怨尤的人，必會受盡罪咎的折磨；一如懂得寬恕的人，必然獲享平安，是同樣的道理。³心懷怨尤的人，必會忘卻自己是誰；正如懂得寬恕的人，必會憶起自己的真相，是同樣的道理。

4.　　如果你相信這一事實，還會不甘放下自己的怨尤嗎？²也許你認為自己無法放下這個怨尤。³其實，這純粹看你的動機如何。⁴今天我們就要讓你經驗一下沒有怨尤的感受。⁵只要讓你嚐到一點兒成功的滋味，此後動機就不成問題了。

5.　　在今天的「長式」練習中，先搜尋一下你對某些人耿耿於懷的怨尤。²有些不費吹灰之力即可尋得。³接著想一想，你對自己喜歡甚至心愛的人所懷的小小芥蒂。⁴你馬上會發現，世間沒有一個人你不心存某種芥蒂或怨尤的。⁵讓你看出自己在整個宇宙中是如此的孤單。

6.　　此刻，就下定決心把所有的人都視爲朋友吧！[2]——想起他們，並對他們全體說：

> [3]我要把你視為我的朋友，使我得以憶起你原是我的一部分，我才可能得知自己的真相。

[4]剩餘的練習時間，試著想像一下自己與一切人、一切事和諧共處；你在一個愛你、呵護著你、而你也以愛回報的世界中，活得高枕無憂。[5]試著感受一下那環繞著你、呵護著你、且支撐著你的安全感。[6]試著相信沒有任何東西傷害得了你，即使只是瞬間的工夫也好。[7]練習結束時，記得對自己說：

> [8]愛內沒有怨尤。[9]只要放下所有的怨尤，我就會知道我是絕對安全的。

7.　　「短式」練習可將今天的觀念運用於你對任何人產生怨尤之際，不論他是否在你眼前，都不妨以下面的形式即刻發揮大用：

> [2]愛內沒有怨尤。[3]願我不再違背我的自性。

[4]此外，每小時再以下列的方式複誦幾遍今天的觀點：

> [5]愛內沒有怨尤。[6]只要我能放下所有的怨尤，我就會覺醒於我的自性，覺醒於上主。

第六十九課

我的怨尤遮蔽了我內在的世界之光

1.　　沒有人能看得見隱藏在你怨尤之下的東西。²因爲你的怨尤遮蔽了你內在的世界之光，使得你身邊的人與你一起陷入了黑暗。³然而，只要你一揭去那怨尤的面紗，你就和他們一起解脫了。⁴現在，就與那些同陷地獄的伙伴分享你的救恩吧！⁵在世界之光內，他原是你的弟兄，你們會在光中一起得救。

2.　　今天讓我們再下一點眞功夫，深入你內在的光明。²在我們開始「長式」練習之前，先花幾分鐘的時間想一想我們即將練習的觀念。³此刻我們眞心地尋求世界的救恩。⁴我們正在努力看穿那遮蔽救恩的黑色面紗。⁵我們正設法掀起那片面紗，目睹上主之子的淚水在陽光下消散。

3.　　今天在開始「長式」練習之初，先全面肯定這一事實，下定決心去追求我們的心愛之物。²救恩是我們唯一的需求。³此外我們沒有其他目標，也沒有其他任務等待我們完成。⁴學習得救之道是我們唯一的目的。⁵今天就讓我們找出內心的光明，結束那千古的追尋，並將光明高舉，供所有追尋者與我們一起舉目共賞而歡躍不已。

4.　　現在，靜下心來，閉起你的眼睛，試著放下平素常縈繞腦海的心事。²把你的心靈想成一個很大的圓圈，被裹在一層濃密的雲層中。³你所能看到的只是團團烏雲，因爲你好似站在圓圈之外的某一點上。

5.　　從你立足之處看去，你沒有理由相信烏雲內會藏有燦爛的光明。²烏雲似乎成了唯一存在的現實。³你所看見的好似僅止於此。⁴因此，你裹足不前；然而，唯有穿越過去才可能使你徹底相信烏雲的虛幻不實。⁵今天我們就要跨出這一步。

6.　　先想一想你此刻致力之事對自己及世界的重要性，然後試著置身於完全的寂靜中，心中只存一念，就是你今天多麼想要找到內在的光明，而且現在就要。²你下定決心要穿越層層烏雲。³你在心裡向前伸去，直到好似觸及它們爲止。⁴然後，用手撥開那些

烏雲，穿越過去，你會感到雲團好似沾在你的面頰、前額及眼瞼上。⁵放心地向前走吧！團團雲層阻擋不了你的。

7.　　你若練習得當，就會開始有一種被托舉起來、飄然向前的感覺。²你那小小的努力及決心，會招引宇宙的大能前來相助，上主會親自將你由黑暗提昇至光明內。³你的意願與他的旨意同出一轍。⁴你不會失敗的，因為你的意願就是他的旨意。

8.　　今天，全心信賴你的天父吧！相信祂不只聆聽了你，而且答覆了你。²即使你尚未認出祂的答覆，你仍可全然放心，答案已經賜給你了，你終會領受的。³當你企圖穿過雲層，邁向光明之際，好好護守這份信心。⁴試著記住，你的意願終於與上主的旨意合一了。⁵銘記於心，你與上主攜手合作之事，必會成功。⁶然後，就讓上主的大能在你內工作，使祂的旨意與你的意願因你而得以成就。

9.　　有鑒於今天這觀念對於你及你的幸福的重要性，你應盡量多作「短式」練習，隨時提醒自己，你的怨尤會使你難以意識到世界之光。²同時提醒自己，你追尋光明時絕不孤單，現在，你已經知道去哪兒找它了。³然後，這樣說：

　　⁴我的怨尤遮蔽我內在的世界之光。⁵我無法看見自己所遮住的光明。⁶然而，為了我與世界的得救，我要親身目睹這一光明。

⁷今天你若還想抓著任何人的把柄不放時，記得這樣對自己說：

　　⁸如果我還心懷怨尤，我就不會看見世界之光。

第七十課

我的救恩來自於我自己

1.　　這是世上令人最難相信的觀念了，不論這誘惑化身為何種形式。[2]救恩彷彿可能來自任何地方，就是不可能來自你自己。[3]罪咎的來源也是如此。[4]你無法看出罪咎與救恩都是出自你的心內，不是來自其他任何地方。[5]你若明白，所有的罪咎根本就是你自心的發明，你就不難明白罪咎與救恩必然同出一源。[6]了解了這一點，你就已經得救了。

2.　　你可能認為，若接受今天的觀念，你得付出一個代價，即是：外在沒有一物救得了你，也沒有一物能帶給你平安。[2]但它同樣意味著，外在沒有一物傷害得了你，也沒有一物騷擾得了你的平安，或帶給你任何煩惱。[3]今天的觀念將你奉為宇宙的主人；你當之無愧，因為你本來就是。[4]這一角色，你不可能只接受一小部分。[5]至此，你必然已看出了端倪：接受這一觀念，就是救恩。

3.　　然而，你也許還不清楚，為什麼認清罪咎出自你的內心，你就會明白救恩也在心裡。[2]上主不會把治病的藥方放在無用之處。[3]那是人心的運作方式，絕非祂的。[4]祂願你痊癒，因此祂早已將治癒之源置於有待治療之處。

4.　　你一直設法反其道而行，不惜瘋狂地扭曲現實，想盡辦法將治病之方與有待治療的疾病分置二處，以保住疾病。[2]你的目的不過想要保證此病永不得治癒。[3]而上主的目的則是保證它會藥到病除。

5.　　今天我們要設法認清，上主的旨意與我們的意願在這件事上其實是一樣的。[2]上主要我們獲得痊癒，而我們也不真的想要生病，因生病使我們很不快樂。[3]因此，接受今天的觀點，實際上就是認同上主的旨意。[4]祂不願我們生病。[5]我們也不願如此。[6]祂願我們得到治癒。[7]我們也想痊癒。

6.　　我們今天準備作兩個「長式」練習，每一次應該長達十至十五分鐘。[2]你可自行決定練習的時刻。[3]下面幾課也是按照這一模式進行的，不妨事先訂出什麼時候是你放下工作、好好練習的

最佳時刻，然後盡可能按照計畫進行。

7.　　　練習開始時，先複誦一下今天的觀念，再加上一句話表示你已認清了救恩絕非來自外在。²你可以這樣說：

　　³我的救恩來自於我自己。⁴它不可能來自其他任何地方。

⁵再花幾分鐘的時間，閉起眼睛回想一下你以前向外尋找救恩之處，例如：他人、財富、各種環境事件，以及你一直設法弄假成真的自我概念。⁶認清了救恩根本不在那兒之後，向自己說：

　　⁷我的救恩不可能來自這些東西。⁸我的救恩來自於我，
　　而且唯獨來自於我。

8.　　　現在，我們再試著深入你內在的光明，那才是你的救恩所在。²你無法從罩在光明之外的烏雲中找到救恩；而你過去一向是從那兒下手的。³救恩不在那兒。⁴它在烏雲的上方，在雲外的光明內。⁵請記住，你必須先穿越眼前的雲層，才可能抵達光明之境。⁶也請記住，你從未在你想像出來的白雲蒼狗之中找到過任何經得起時間考驗之物，或是你真正想要的東西。

9.　　　救恩的種種幻相一再辜負了你的期待，你一定不想繼續逗留於烏雲內，在那兒徒勞地追尋偶像，因為你已能輕易邁入真實救恩的光明中了。²試著用你喜歡的方式穿越那些烏雲吧！³如果對你有益的話，你不妨觀想我牽著你的手在前帶路。⁴我敢保證，這絕不是無謂的幻想而已。

10.　　　在今天簡短而頻繁的練習中，不斷提醒自己，你的救恩來自於你，只有你自己的想法才阻礙得了你的進步。²外界沒有一物干擾得了你。³你是掌管自己救恩的主人。⁴你也掌管了世界的救恩。⁵然後，這樣說：

　　⁶我的救恩來自於我自己。⁷外在沒有任何東西阻擋
　　得了我。⁸世界與我自己的救恩都在我內。

第七十一課

只有上主的救恩計畫才有成功的可能

1. 你也許還未意識到，小我也制定了一個與上主作對的救恩計畫。²你所相信的正是它的計畫。³由於它與上主的計畫全然相反，你不得不信，你若接受上主的計畫來取代小我計畫，必然下場堪憐。⁴這話一聽就知道它在顛倒是非。⁵但我們只要深思一下小我計畫的內容，你就會明白，不論它多麼顛倒是非，你卻堅信不疑。

2. 小我的救恩計畫說來說去不外是抓著心裡的怨尤不放。²它堅持主張，如果別人的言行表現有所不同，或是外在環境或事件有所改變，你才可能得救。³為此，你始終認為救恩來自你之外。⁴你所懷的每一個怨尤，不只是一個聲明，更成了你內心的信條：「如果事情不是這樣，我就沒問題了。」⁵原本要求你改變自己心念的救恩，轉身一變，成了你對每個人、每件事的要求，就是不敢要求自己。

3. 在這計畫中，你賦予自己的心靈一個任務，就是判定除了自己以外，哪些人物事件應該改變，你才有救。²根據這神智失常的計畫，任何可以想見的得救機會，只要保證行不通，你就會接受。³如此才能確保這徒勞無功的追尋能夠延續下去；你的幻覺堅持地告訴你：即使這希望一直落空，你還可以找其他人物或其他地方繼續期待下去。⁴也許換了一個人，人生會更順利一點；也許換個環境，成功的希望比較大。

4. 這就是小我為你制定的救恩計畫。²你不難看出這與小我「去找，但不要找到」的基本教條不謀而合。³它慫恿你把所有的精力都耗在救恩不在之處，除此之外，還有什麼更妙的方法保證你絕對找不著？

5. 上主的救恩計畫之所以會成功，純粹是因為祂指引你到救恩所在之處去尋。²但你若想得到上主所許諾的成功，你必須甘願只往那兒尋找才行。³否則，你的目標就分歧了，這無異於要你追隨兩種背道而馳的救恩計畫。⁴其結果只會導致混亂、困窘、極深的挫折與絕望。

6.　　　如何才能避免這一結果？²簡單得很。³今天的觀念就是你的答覆。⁴只有上主的救恩計畫才有成功的可能。⁵它不會引發任何真正的衝突，因爲除了上主的計畫以外，沒有其他替代方案拯救得了你。⁶只有他的計畫保證萬無一失。⁷只有他的計畫勢必成功。

7.　　　今天我們就來熟悉一下這種必然性吧！²讓我們一起額手稱慶吧！因那狀似無解的衝突終於有了解決之道。³世間沒有上主做不到的事情。⁴救恩非你莫屬，因爲他的計畫絕不會落空。

8.　　　今天要作兩次「長式」練習，開始時先想一想今天的觀念，並了解它所包含的兩部分，每一部分對整個練習都有同等的重要性。²上主爲你制定的救恩計畫勢必成功，其他計畫則無此可能。³不要爲後半句話感到沮喪或憤怒，它與第一部分休戚相關。⁴第一部分會將你由自己神智不清的解脫計畫中全面解放出來。⁵那些計畫曾使你沮喪而憤怒；但上主的計畫終將勝利。⁶它會帶給你解脫的喜樂。

9.　　　請記住，讓我們善用「長式」練習的剩餘時間，祈求上主啓示給我們他的計畫。²這樣具體地問他：

　　　　³祢願我做什麼？
　　　　⁴祢願我去哪裡？
　　　　⁵祢願我對什麼人說什麼話？

⁶把練習的剩餘時間完全交託給上主，讓他來告訴你，在他爲你制定的救恩計畫裡，你該做什麼。⁷他會答覆你到何種程度，全憑你甘心聆聽天音到什麼程度而定。⁸不要再迴避他的答覆了。⁹你此刻的練習足以證明你已有某種聆聽的誠意。¹⁰你已經夠資格要求上主的答覆了。

10.　　在「短式」練習中，隨時提醒自己，唯有上主的救恩計畫才有成功的可能。²今天特別警覺內心可能生起的任何怨尤，你不妨改用下列形式來回應今天所有的誘惑：

　　　　³心懷怨尤，就是與上主的計畫作對。⁴只有他的計
　　　畫才有成功的可能。

⁵每一小時試著記得今天的觀念六、七次。⁶憶起你救恩的神聖源頭，由那一境界去看救恩，沒有比這練習更能讓你善用這半分鐘（甚至更短）的時間了。

第七十二課

心懷怨尤，無異於打擊上主的救恩計畫

1.　　我們已認清了，小我與上主的計畫完全背道而馳；其實不僅如此，它是對上主計畫的迎頭痛擊，不予毀滅絕不罷休。²它攻擊的伎倆就是把原屬於小我的特質套在上主身上，而爲小我冠上上主的特質。

2.　　小我的基本願望就是取代上主的地位。²事實上，小我就是那個願望的有形化身。³就是那個願望從外在爲心靈罩上一層身體，把心靈隔開，孤立起來；除非透過那爲了拘禁它而造出的身體，它無法與其他的心靈交流。⁴這種交流上的限制不可能是擴大交流的最佳管道。⁵然而，小我卻要你如此相信。

3.　　身體強加於你的限制，其用意極其明顯；然而，爲什麼心懷怨尤等於打擊上主的救恩計畫，則不是那麼容易一眼看透其中的玄虛。²讓我們反省一下那些常使你懷怨在心的事情。³哪一個不涉及對方形體所做的某些行爲？⁴某人說了某些令你不悅的話。⁵某人做了某些令你不快的事。⁶他的行爲「洩漏」了他對你的敵意。

4.　　你所面對的並不是那個人眞實的模樣。²相反的，你的注意力全都集中於他身體的所作所爲。³你不僅沒有幫他由身體的限制中解脫出來，反而落井下石。⁴你實際上已把身體與他混爲一談，把他們當作同一個東西來審判。⁵這其實是對上主的一種侵犯，因爲祂的聖子若只是一具身體，祂必然也是如此。⁶創造者不可能與他造出的成品毫無相似之處。

5.　　如果上主是一具身體，祂會有什麼樣的救恩計畫？²除了死亡以外，還會是什麼？³祂卻故意把自己裝成生命之主而非死亡之主，祂豈不成了一個說謊的騙子，盡作不實的許諾，不告訴人眞相，只會用幻相蒙騙人？⁴身體這有形可見的存在現實，使上述的「神觀」變得相當有說服力。⁵事實上，身體若是眞的，上述的說法乃是必然的結論。⁶而你所懷的每一個怨尤都在重申身體的眞實性。⁷它完全無視於你弟兄的眞相。⁸反而鞏固了你認定他只是一具身體的信念；這一詛咒使他萬劫而不復。⁹它宣稱只有死亡拯救得了他，再把這種攻擊轉嫁到上主身上，要祂爲此負責。

6. 　　在這精心策畫的競技場內，憤怒的野獸逡巡覓食，仁慈在此無立足之地；於是小我挺身而出，為你解圍。² 上主既把你造成一具身體。³ 好吧！⁴ 讓我們高高興興地接受這一事實吧！⁵ 既然身為一具身體，就不要輕易放棄身體所給你的一切。⁶ 即使不多，也要盡量爭取。⁷ 上主什麼也沒給你。⁸ 身體才是你在人間的唯一救主。⁹ 就這樣，上主被判了死刑，而你卻得救了。

7. 　　這就是你眼前世界的普遍信念。² 有些人痛恨身體，故意折磨它、羞辱它。³ 另一些人則愛戀身體，想盡辦法推崇它、榮耀它。⁴ 然而，只要身體成了你自我概念的焦點，你就是在攻擊上主的救恩計畫，懷著你的怨尤與祂及整個造化作對；如此，你再也聽不見真理之聲，無法視它為道友而待為上賓了。⁵ 你自己在人間選擇了另一位救主，來取代神的地位。⁶ 於是，身體成了你的朋友，上主卻淪為你的敵人。

8. 　　今天，我們將試著終止你對救恩的無謂攻擊。² 不但如此，我們還要歡迎救恩的來臨。³ 你那是非顛倒的知見，對你內心的平安具有極大的殺傷力。⁴ 你一直認定自己存於身體內，而真理卻在你之外；因著身體的隔閡與限制，使你意識不到真理的存在。⁵ 現在，我們要換個角度重新去看這一件事。

9. 　　真理之光就在我們內，是上主親自將它放在那裡的。² 外在的這一具身體，不該是我們注意的焦點。³ 無形無相的存在才是我們的本來境界。⁴ 只要認出自己內在的真理之光，就等於認出了我們的真實面目。⁵ 只要看清我們的自性與身體毫不相干，就等於接受了上主的救恩計畫而停止一切攻擊。⁶ 不論你在哪個環節接受祂的計畫，那個計畫就等於完成了。

10. 　　今天「長式」練習的目標，就是意識到上主的救恩計畫已經在我們內完成了。² 我們必須以接受來取代攻擊，才可能完成目標。³ 我們一發動攻擊，便無法了解上主對我們的計畫。⁴ 為此，我們好似在攻擊一個自己一無所知的對象。⁵ 然後這樣說：現在我們就要試著放下自己的評判，向上主請教祂為我們所定的計畫：

　　⁶ 天父，救恩究竟是什麼？⁷ 我不知道。⁸ 請告訴我，讓我了解吧！

⁹然後，靜靜地等候祂的答覆。¹⁰我們以前總是等不及聆聽上主的救恩計畫，就開始發動攻擊。¹¹我們大聲發洩自己的怨尤，以致聽不見祂的聲音。¹²我們一直在用怨尤來緊閉自己的眼睛，塞住自己的耳朵。

11.　　現在我們願意去看、去聽、去學。²「天父，救恩究竟是什麼？」³問吧！你會得到答覆的。⁴找吧！你會找著的。⁵我們不再向小我請教什麼是救恩，以及該去哪兒找。⁶我們要向真理問道。⁷你放心，它的答覆必然真實不虛，因為你是向真神請益。

12.　　每當你感到自己的信心開始消退，成功的希望搖搖欲墜時，不妨重複一遍你的問題及請求；請記住，你是在向無限的造物主請益，而且祂已把你創造成像祂自身一樣了：

　　²天父，救恩究竟是什麼？³我不知道。⁴請告訴我，讓我了解吧！

⁵祂會答覆的。⁶下定決心去聆聽吧！

13.　　今天每小時只需作一、兩次「短式」練習就夠了，因為它們比一般「短式」練習稍長一點。²練習開始時，應這樣說：

　　³心懷怨尤，無異於打擊上主的救恩計畫。⁴我願接受它了。⁵天父，救恩究竟是什麼？

⁶然後靜靜地等候一分鐘左右，最好閉起眼睛，聆聽祂的答覆。

第七十三課

我願光明出現

1. 今天我們要反省一下你與上主共同的旨意。²這與小我的無謂願望不可同日而語，它是黑暗與虛無的溫床。³你與上主共同的旨意，具有一切創造力。⁴小我的無謂願望是無法與人分享的，故沒有任何力量。⁵然而，這個願望竟能造出一個令你堅信不疑的虛幻世界，為此，你也不能說它是全然無謂的。⁶只是若由創造的層面來看，那確是徒勞無功之舉。⁷因它營造出來的一切，沒有一個真的。

2. 徒然無謂的願望與你心中的怨尤乃是造出你眼前世界的元兇與共謀。²小我的願望投射出這個世界，它需要怨尤維繫下去，而且把世界塞滿了好似攻擊你的人，讓他們受到應得的報應。³這些人乃是小我雇用來買賣怨尤的交易員。⁴他們會從中作梗，使你難以意識到弟兄的實相。⁵只要你一著眼在他們身上，就無從知道弟兄的真相，也不會悟出你的自性了。

3. 你原有的意願就在你來我往買賣著罪咎的怪異交易中失落了；每交易一次，怨尤就增強一分。²這樣的世界怎麼可能是聖子與天父的共同旨意所創造出來的？³上主豈會為其子創造出這樣一個禍端？⁴創造既是聖父與聖子的共同旨意。⁵上主豈會創造出一個世界來謀害自己？

4. 今天我們將再次試著進入你真心嚮往的世界。²它必然光明燦爛，因為它不再與上主的旨意作對。³那還不是天堂，但天堂的光輝已經照耀其上了。⁴黑暗已經消逝了。⁵小我無謂的願望也隨之銷聲匿跡。⁶照耀世界的光明既然只是反映你的願心，表示這光明必在你內，我們會找到它的。

5. 你對世界的看法只是反映你內心的一面鏡子。²不論是光明或黑暗，它絕非源自外界。³怨尤在你心上罩了一層陰影，你往外只會看到一個黑暗的世界。⁴當寬恕掀開了那黑暗，重申你的意願，你便會看到一個光明的世界。⁵我們一再強調，怨尤的障礙並不難跨越，它阻礙不了你的得救。⁶理由很簡單。⁷你真的想活在地獄裡嗎？⁸你真的願意繼續哭泣、痛苦、死亡嗎？

6.　　不要理會小我的強辯，它一直想要說服你：這裡才是眞正的天堂。²你知道這不是眞的。³這絕不是你想要的。⁴幻覺最多只能逗能到某個地步。⁵痛苦不是幸福，你眞正想要的是幸福。⁶這才是眞實的你之所願。⁷因此，救恩必也是你之所願。⁸你既願今天的練習順利成功。⁹讓我們懷著你的祝福與喜悅一起開始吧！

7.　　只要記住，是你自己想要得救的，我們今天就會成功。²你願接受上主的計畫，因爲你是那計畫的一部分。³你的意願並不足以與它抗衡，你也無意如此。⁴救恩是爲你而設的。⁵你最想要的莫過於那讓你憶起自己眞相的自由。⁶今天，小我在你的願心前束手無策。⁷你的意志自由了，沒有一物能夠與它作對。

8.　　因此，讓我們快樂且自信地開始今天的練習，堅信我們一定會找到你所要的東西，而且憶起你願記起的事情。²沒有一個無謂的願望牽制得了我們，它虛幻的力量再也欺騙不了我們。³今天，你的意願必將完成；曾幾何時你以爲自己選擇了地獄而非天堂的那個神智不清的信念，從此一逝不返。

9.　　開始「長式」練習之前，你需要認清，唯有上主的救恩計畫是你眞心所願的。²沒有任何外來的勢力將此目標套在你頭上，逼你就範。³那是你今世與天父同心協力要完成的目標。⁴你今天就會成功，今天就是上主之子由一切無聊願望的地獄中解脫的時刻。⁵如今，他終於意識到自己的眞正意願。⁶他願今天就看到自己內的光明而得救。

10.　　這樣提醒自己以後，下定決心把你的意願清清楚楚地守在心中，溫柔、堅定、寧靜而肯定地向自己說：

²我願光明出現。³我要去看那反映出上主與我的旨意的光明。

⁴然後讓你的意願重申它自己，與上主的大能結合，同時與你的自性合一。⁵把練習所剩下的時間都交託給祂們指引。⁶亦步亦趨地跟隨祂們，一起邁進。

11.　　在「短式」練習中再次聲明你的眞實願望。²且說：

³我願光明出現。⁴黑暗絕非我之所願。

⁵最好在一小時內複誦好幾遍。⁶最重要的還是怨尤浮起時，立刻發揮上述的觀念。⁷這會幫你放下怨尤，不再東塞西藏地把它們收回陰暗的地窖裡。

第七十四課

除了上主的旨意以外，沒有其他的旨意存在

1. 今天的觀念可以視為所有練習的最終核心觀念。²上主的旨意是唯一的旨意。³你只要明白這一點，就不難認出你的意願其實就是祂的旨意。⁴你以為兩者無法並存的信念便破除了。⁵你以為自己被矛盾的目標搞得左右為難的怪異觀念，也會被平安取代。⁶代表著上主旨意的你，除了祂的目標以外，此生已無其他目標。

2. 今天的觀念本身蘊藏著很深的平安，今天練習的目的就是要找出這個平安。²這觀念本身徹底真實不虛。³因此，幻覺無法從中滋生。⁴幻覺一除，衝突便無處立足了。⁵今天讓我們試著認清這一點，並感受一下這種認知所帶給你的平安。

3. 開始作「長式」練習時，慢慢地複誦幾遍這觀念，下定決心去了解它的深意，並且謹記於心：

> ²除了上主的旨意以外，沒有其他的旨意存在。
> ³我不可能陷於矛盾的。

⁴再花幾分鐘的時間，增添幾個相關的念頭，例如：

> ⁵我活在平安中。
> ⁶沒有任何事情騷擾得了我。⁷我的意願就是上主的旨意。
> ⁸我的意願與上主的旨意是同一個。
> ⁹上主願祂的聖子活得心安理得。

¹⁰你尚在入門的階段，心中若出現任何矛盾的念頭，務必即刻處理。¹¹馬上對自己說：

> ¹²除了上主的旨意以外，沒有其他的旨意存在。
> ¹³這些矛盾的念頭毫無意義。

4. 如果有個衝突顯得特別棘手，不妨個別處理一下。²先簡短但非常具體地想一想此事，而且指稱出事件所牽涉的人物，然後告訴自己：

> ³除了上主的旨意以外，沒有其他的旨意存在。⁴我
> 與祂共享這一旨意。⁵我與＿＿＿＿之間的衝突不可能是
> 真實的。

5.　　當你這般清理自己的心念之後，閉起眼睛，試著感受一下你的實相所賦予你的平安。²深入其中，讓整個人沉浸於內。³你可能會把這種嘗試誤認爲一種退縮，但你不難測出兩者的不同。⁴若進行得順利，你會感到很深的喜悅，更加清明醒覺，絕非那種死氣沉沉的平安。

6.　　喜悅乃是平安的特質。²這一經驗會讓你意識到自己已經找到了。³你若感到自己有逐漸萎縮或逃避的傾向，立刻複誦一下今天的觀念，重新開始。⁴配合自己的需要練習，多多益善。⁵縱然你仍未感受到自己所渴望的平安，也設法不讓自己退縮回去，你必會從中受益的。

7.　　今天不妨預先排出時間，定時作「短式」練習；練習時，請向自己說：

> ²除了上主的旨意以外，沒有其他的旨意存在。³我
> 今天要去尋求祂的平安。

⁴然後，試著找出你所渴望之物。⁵每半個小時練習一、二分鐘，若環境許可，閉起眼睛作，你就算是善用今天的時間了。

第七十五課

光明已經來臨了

1.　　光明已經來臨了。²你已經痊癒了，你也能治癒別人。³光明已經來臨。⁴你已得救了，你也能拯救別人。⁵你活在平安中，不論你到何處，平安都與你同行。⁶黑暗、混亂及死亡已經消逝。⁷光明已經來臨了。

2.　　今天我們要慶祝你漫長的噩夢終於有了幸福的結局。²如今，陰森的夢境已經消逝。³光明已經來臨。⁴今天，光明的時代已爲你、也爲所有的人開啓了。⁵在這新紀元，一個新的世界由此誕生了。⁶舊的世界業已過去，且無跡可尋。⁷今天我們會看到一個全然不同的世界，因爲光明已經來臨了。

3.　　今天的練習充滿了歡樂，因舊的世界消逝了，新的世界開始浮現，我們爲此感恩不已。²過去的陰影再也無法遮蔽我們的眼光，隱藏不了寬恕所帶給我們的世界。³今天我們要接受這嶄新的世界，也是我們眞心嚮往的世界。⁴我們渴望什麼，就會得到什麼。⁵我們若眞想看到光明，光明必會來臨的。

4.　　在「長式」練習裡，我們要全心全力著眼於寬恕所顯示給我們的世界。²這是我們唯一想要看到的世界。³精誠所至，金石爲開。⁴今天，眞實世界會在眼前升起，讓我們一睹它的風采。⁵我們的眼界會豁然開朗，因爲光明已經來到。

5.　　我們今天不再去看小我投在世界上的陰影了。²我們要看光明；在光明內，我們看到天堂的倒影反映在整個世界上。³當你開始作「長式」練習時，先向自己宣告這個解脫的喜訊：

　　　　　⁴光明已經來臨。⁵我已寬恕了世界。

6.　　今天不要再留戀過去了。²讓心靈徹底開放，洗盡所有過去的觀念，滌清你自己造出的每一個概念。³今天，你已寬恕了世界。⁴此刻，當你注視它時，好似素昧平生。⁵你無法預設它的模樣。⁶你只是等候著它的顯現。⁷等候之際，請以最大的耐心慢慢複誦幾遍下文：

8 光明已經來臨。9 我已寬恕了世界。

7.　　你明白，你的寬恕必會帶給你慧見。2 你了解，聖靈必會賜給寬恕者這種眼光。3 你相信，此刻祂絕不會辜負你的期望。4 你已經寬恕了世界。5 就在你觀看及等候之際，祂必與你同在。6 祂會讓你看到真實慧見下的真相。7 這是祂的旨意；而你已結合於祂內了。8 耐心地等候祂吧！9 祂必會現身於你的。10 光明已經來臨了。11 你已寬恕了世界。

8.　　告訴祂，你知道你不會失敗的，因為你信賴祂。2 也告訴自己，你正篤定地等著仰望祂所許諾的世界。3 從這一刻開始，你會以不同的眼光去看一切。4 如今，光明已經來臨。5 你會看到上主在太初之始許諾給你的世界；在這世界內，時間就要結束了。

9.　　在今天的「短式」練習中，同樣歡欣地自我叮嚀：你已自由了。2 每十五分鐘左右就提醒自己一次：今天是值得慶祝的特殊日子。3 向上主的仁慈及聖愛獻上你的感恩吧！4 在寬恕的大能中歡欣雀躍吧！它會徹底治癒你的眼光。5 你相信這一天是你新的開始。6 過去的陰影再也遮蔽不了你的眼睛，今天你一定會看見。7 你所看到的一切如此賞心悅目，你願今天永不消逝。

10.　　接著說：

2 光明已經來臨。3 我已寬恕了世界。

4 當你面臨誘惑時，就向那好似要把你拉回黑暗中的人說：

5 光明已經來臨。6 我已寬恕了你。

11.　　讓我們把今天獻給莊嚴寧靜，那是上主願你棲息之地。2 今天，你看見了真實世界默默地取代了那個你信以為真而且罪不可赦的世界，當你慶祝自己的慧見誕生之際，應記得，不只把這份莊嚴寧靜保留在你的自我意識裡，還需隨時隨地看到它的蹤跡才行。

第七十六課

我只受上主天律的管轄

1. 　　我們已經觀察反省過，你曾把多少荒謬的事物視為你的救恩。²結果，每一物都反過身來用如它自身一般荒謬的法則來囚禁你。³其實它們束縛不了你的。⁴但若要了解這一事實，你必須先看清在它之內沒有救恩才行。⁵你若還想從那些無意義的東西中尋找救恩，你就被箝制在那些荒謬的法則下了。⁶那等於想在沒有救恩的地方，證明救恩的存在。

2. 　　今天我們很高興你無法證明它的存在。²倘若能夠的話，你就會一直朝著救恩不在之處追尋下去，而永無覓得之日。³今天的觀念再度提醒你，救恩是多麼單純的事。⁴你只要在它等候你的地方去找，必會找到。⁵不要朝其他地方去尋了，因為它根本不在那兒。

3. 　　你為拯救自己而定的種種詭異又扭曲的法則，其實束縛不了你的；不妨想一想，這一認知所帶給你的自由。²你真的認為，你若不囤積一疊疊鈔票以及一堆堆銅板，你就會餓死？³你真的認為，一粒小藥丸或用尖尖的針筒把一些液體注射到你的血管裡，就能防止疾病與死亡？⁴你真的認為，沒有另一具身體陪在身旁，你就落單了？

4. 　　只有神智失常的人才會有此想法。²你卻奉它為自然律，冠之以種種名稱，還以一堆無用又無稽的名堂加以分門別類。³你認為自己必須服從醫學、經濟及健康的種種「定律」。⁴只要保護好身體，你就有救了。

5. 　　這算什麼自然律，根本就是瘋狂。²當心靈傷害自己時，身體才會瀕臨危險。³身體受苦，是為了讓心靈看不出它在自作孽。⁴身體的痛苦是心靈用來隱瞞真正痛處的一種障眼法。⁵它從不了解真正的敵人其實是自己，是它在攻擊自己，想置自己於死地。⁶你的「自然律」就是要把身體由此困境中解救出來。⁷然而正因如此，你才會認定自己真的是一具身體。

6. 　　除了上主的天律以外，沒有什麼自然律。²你需要反覆的提醒，

直到你明白這句話可套用在你爲反對上主旨意而妄造出來的一切事物爲止。³你那套神通把戲毫無意義。⁴凡是它企圖拯救之物，其實不存在。⁵反而是它有意隱藏的，倒有拯救你的能力。

7. 上主的天律是永遠不可能被任何東西取代的。²我們今天一整天所要慶祝的就是這一事實。³我們再也不願隱藏這一眞相了。⁴我們總算明白了，這個眞理會帶給我們永遠的自由。⁵你的神通把戲只會束縛人，唯上主的天律方能帶給人自由。⁶光明已經來臨了，因爲除了祂的天律以外，沒有什麼自然律可言。

8. 今天開始作「長式」練習時，先簡短地回想一下，我們自認爲必須遵守的各種「定律」。²包括了營養學、免疫學、醫學以及能夠保護身體的種種「法則」。³再往深處一想，你還相信該建立友誼、「好」的人際關係及互惠關係這類「遊戲規則」。⁴你甚至以爲有些法則還能幫你區分什麼是屬於神的，什麼才是屬於你的。⁵許多「宗教」就是奠基於這一法則上。⁶它們不僅不拯救，還假借上天之名定人的罪。⁷然而，它們與你爲了自身安全而服膺的那些自然律相比，只是五十步笑百步而已。

9. 除了上主的天律以外，沒有什麼自然律可言。²今天就放棄那些怪力亂神的愚蠢信念吧！讓心靈安靜下來，聆聽上主的聲音，祂會告訴你事情的眞相。³你將會聽見那天音對你說：在上主的天律之下，沒有失落這一回事。⁴你無需付出或接受任何代價。⁵這不是交易，也無可交換，沒有一物會被另一物所取代。⁶上主的天律永遠給予，從不索回。

10. 聆聽祂所告訴你的眞相吧！你才會明白那些「自然律」是多麼荒謬，而你竟然相信你眼前的世界是靠它支撐下去的！²然後，再仔細地聆聽。³祂會告訴你更多的事。⁴關於天父對你的愛。⁵關於祂所賜你的無上喜悅。⁶關於祂對自己唯一聖子的渴望；祂原把聖子創造成祂與造化之間的媒介，聖子卻因相信地獄而自絕於祂。

11. 今天讓我們爲祂開啓上主的所有管道，使祂的旨意得以通過我們而延伸到祂那裡去。²造化就是這樣無止盡地增長的。³祂的天音不只告訴我們這一切，還會帶來祂的天律下永恆而無限的天堂喜悅。⁴我們將不斷複誦今天的觀念，直到我們眞正聽見而且了解：除了上主的天律以外，眞的沒有所謂的自然律。⁵然後，用

下面的話當作一種承諾，作爲練習的結束：

^{6}除了上主的天律以外，沒有什麼自然律可言。

12. 　　今天，我們要不斷重申這一承諾，多多益善，一小時最少四、五次；今天，只要一感到自己快要受到其他法則或定律控制時，立刻以這句話回應。^{2}這句話是我們面對一切危機及暴行的自由宣言。^{3}我們藉此重申：上主才是我們的天父，祂的聖子已經得救了。

第七十七課

奇蹟是我的天賦權利

1.　　基於你的生命本質，奇蹟是你的天賦權利。²基於上主的存在本質，你必會領受奇蹟。³基於你與上主的一體性，你會帶給人奇蹟。⁴救恩就是這麼單純。⁵它只不過是重現你的本來面目罷了。⁶我們今天所要慶祝的正是這個。

2.　　你對奇蹟的權利，不是出自你的自我幻覺。²它不是靠你賦予自己的那些神通能力，也不靠你所設計的那些宗教儀式。³它是你的生命真相以及與生俱來的權利。⁴這一切都隱含在身為天父的那位上主內。⁵你的權利在受造之際即已獲得了上主天律的保證。

3.　　既然奇蹟本來就是屬於你的，我們今天就要領回你的天賦權利。²上主也許諾了，你會由自己所造的世界徹底解脫的。³祂還向你保證，天國就在你內，永遠不會失落。⁴我們所要求的，不過是在真理內本來就屬於我們之物。⁵然而，今天我們也需要發個願，絕不再自甘墮落、委曲求全了。

4.　　開始作「長式」練習時，先信心十足地告訴自己：奇蹟是你的天賦權利。²然後，閉起眼睛提醒自己，你所要求的僅是你應享的權利。³進而提醒自己，奇蹟絕不會剝奪此人而施惠彼人的，因此在你重申自己的權利之際，也等於為每一個人伸張了權利。⁴奇蹟從不聽從世界的自然法則。⁵它只服膺上主的天律。

5.　　作完簡短的前導部分後，靜靜地等候你的要求已經獲允的保證。²你要求的只是世界的得救以及自己的救恩。³你祈求祂賜予你完成救恩所需的工具。⁴你一定會獲准的。⁵因你祈求的不過是完成上主的旨意罷了。

6.　　你這種祈求其實並非真的要求任何東西。²只是陳述一項無人能否定的事實而已。³聖靈必會向你擔保，你的祈求已經獲准了。⁴事實上，你必也領受到了。⁵今天，你再也沒有懷疑或猶豫的餘地。⁶我們終於提出了一個真實的問題。⁷你所得到的答覆也只是單純地陳述出一個單純的真理而已。⁸你必定會獲得你所渴望的保證的。

7.　　　我們今天要盡量多作「短式」的練習，不斷藉此來提醒自己這一單純的事實。[2]隨時告訴自己：

　　　　　　　　[3]奇蹟是我的天賦權利。

[4]生活一出狀況時，就趕緊祈求奇蹟。[5]你會認出這些狀況的。[6]由於你不是依賴自己的能力尋求奇蹟，因此只要你求，必會得到本來就屬於你的奇蹟的。

8.　　　請記住，不要委曲求全，也不接受差強人意的答覆。[2]每當誘惑生起，立刻告訴自己：

　　　　　　　[3]我不願用奇蹟來換取怨尤。[4]我只要那本來就屬於
　　　　　　　我的東西。[5]奇蹟乃是上主賦予我的權利。

第七十八課

願奇蹟取代所有的怨尤

1.　　　也許你還不十分清楚，你所作的每一個決定不是怨尤，就是奇蹟。²每個怨尤好似成了遮蔽奇蹟的一道充滿仇恨的陰森屏障。³你若任憑怨尤在你眼前升起，你就無法看見藏身其後的奇蹟了。⁴然而，奇蹟一直在光明中等候著你，你卻只顧盯著自己的怨尤。

2.　　　今天，我們的眼光要越過怨尤，正視奇蹟的存在。²我們要徹底扭轉你看的方式，不讓眼光停留在眼前之物上。³我們不再踟躕於仇恨的屏障之前，而要將它撤下，輕輕抬高自己的眼光，靜靜瞻仰上主之子。

3.　　　他正在你的怨尤之後等候著你，只要你能放下那些怨尤，他便會就地大放光明。²因為每個怨尤都阻擋了你的視線，障礙一除，你就會在上主之子恆在之處看見他。³他佇立於光明之中，是你一直陷於黑暗。⁴每個怨尤都使黑暗顯得更加幽深，使你無法看見。

4.　　　今天，我們要試著正視上主之子。²我們不願繼續對他盲目下去，我們不再只盯著自己的怨尤。³只要我們放下恐懼，朝真理望去，我們對整個世界的看法也會扭轉過來。⁴我們會選擇一個你懷有宿怨的對象，然後試著放下對他的怨尤，重新正視他。⁵他也許是你又恨又怕或又愛又氣的人，也許是你視為朋友，卻又感到難以相處、難以取悅、過於苛求、令你反感或不符合你心目中的理想形象，也未活出你為他設定的角色的人。

5.　　　你知道該選哪一個了吧！他的名字已經浮現在你腦海了。²他就是我們期待為你顯示真實面目的上主之子。³你若能放下自己對他的宿怨而真正去看他，你就會懂得，你在他身上看不出來的隱性特質始終都存於每一個人之內，且昭然若揭。⁴你視如仇敵的人，其實比朋友還親，只要你肯釋放他，容他重拾聖靈所指派給他的神聖角色。⁵讓他今天就成為你在人間的救主吧！⁶那才是他在你天父的救恩計畫中所扮演的角色。

6.　　　今天的「長式」練習就是要你去看出他的這個角色。²你不妨

先想一想自己心裡對他的感覺。³回想一下他的種種過錯、你與他的種種爭執、他帶給你的痛苦、他的漠不關心，以及他所帶來的大大小小傷害。⁴你還會注意到他外型上的各種缺陷或是還算不錯的地方，你會想起他所犯過的錯，甚至他的「罪狀」。

7.　　　然後讓我們向深知上主之子真相的那一位祈求，讓自己能以不同的眼光看到這一位人間救主在真實的寬恕中光華四射。²我們因上主及與祂同等神聖的聖子之名，向祂祈求：

> ³願我在這人身上看到我的人間救主，祢派遣他來引
> 領我進入他所在的神聖光明中，使我得以與他合一。

⁴閉上你的肉眼，想一下那帶給你怨尤的人，讓你的心越過怨尤而看到他內在的光明。

8.　　　不論你要求什麼，都不會被拒絕的。²你的人間救主一直在等待這一天。³他會重獲自由，使你也得享他的自由。⁴聖靈透過他俯視著你；祂在上主之子內看不到任何分裂。⁵你若透過祂而看，你們兩人都會同獲自由。⁶現在，讓自己平靜下來，瞻仰你光輝的人間救主。⁷再深的怨尤也遮蔽不了他的面容了。⁸你終於讓聖靈透過他而完成了上主要祂拯救你的天職。

9.　　　上主十分感謝你在今天這段寧靜時光中甘心放下自己的形象，去看聖靈在他們身上顯示給你的愛之奇蹟。²世界與天堂也同聲向你致謝，上主的每個聖念都在為你的得救而歡躍，因為整個世界都跟你一起得救了。

10.　　　在這一天裡，我們要隨時記住這一點，並扛起上主指派給我們的那份任務，不再獨斷獨行。²我們若肯讓今天所遇到的每一個人來拯救我們，不再把他的光明藏在我們的怨尤之後，誘惑就慢慢消失了。³但願你所遇到的每一個人，不論是偶然想到的，或是過去記憶中的人，都能充當人間救主，如此你方能和他共享同一角色。⁴我們要為你們兩人以及所有視而不見的人這樣祈求：

> ⁵願奇蹟取代所有的怨尤。

第七十九課

願我認出問題，以便對症下藥

1.　你若不知道問題之所在，就無法對症下藥。²縱然問題已經解決了，你的問題還在，因為你不會認出它已經解決了。³這就是當今世界的處境。⁴它真正的問題只有一個，就是分裂，而這問題早已解決了。⁵除非先認清問題之所在，否則你無從認出解決方案。

2.　世上每個人似乎各有自己的特殊問題。²其實全是同一回事；你必須先認出它們全是同一個問題，才可能得到解決所有問題的同一答覆。³如果有人把問題搞錯了，怎麼可能看出那問題其實已經解決了？⁴即使別人已經答覆了他，他仍看不出這跟他的問題有何關係。

3.　你目前的處境就是這樣。²你已經得到了答覆，卻不確定問題究竟出在哪裡。³你好似終日面對各式各樣的問題；解決了一個，下一個又來了。⁴簡直沒完沒了。⁵沒有一刻容你高枕無憂。

4.　你故意把它變成很多的問題，存心不去面對分裂的問題。²外表看來，世界呈現給你一堆問題，每一個都需要不同的答覆。³這種知見使你無法對症下藥，失敗乃是意料中的事。

5.　沒有人能解決世間呈現的所有問題。²它們似乎各屬不同層次，各具不同形式，連內涵也大不相同，令你束手無策。³面對它們，只會令你煩惱沮喪。⁴每當你自以為解決了一個問題，不知從哪兒又冒出了另一個問題。⁵還有一些被你否定而不得其解的心結，隨時都會陰魂不散地伺機偷襲你，攪擾一番後又藏匿起來，始終不得解決。

6.　其間的錯綜複雜，皆源於你拼命不想認出問題所在，也無意真正解決它。²你若能認清自己的唯一問題不過是分裂，那麼，不論它化身為何種形式，你都會接受那解決方案的，因為你會看出其間的關聯。³一旦看出你所面對的一切問題的內在共通性，你就會了解自己已經擁有一勞永逸的解決方案了。⁴你會善用這一工具的，因為你已認出問題之所在。

7.　在今天的「長式」練習中，我們將要請益的乃是問題的真相

以及它的答案。²我們不再假裝自己知道。³我們將試著放下心目中認定的種種問題。⁴設法讓自己明白，真正的問題只有一個，只是我們一直認不出來而已。⁵我們將請教問題之所在，然後靜候答覆。⁶我們會聽到答覆的。⁷然後再進一步請教解決的方法。⁸我們也會聽到答覆的。

8.　　今天的練習會成功到什麼程度，得視你不再堅持自行界定問題到何種程度。²你也許還無法放下先入為主的所有成見，其實也無此必要。³只要你對自己所認定的問題真相開始存疑，也就夠了。⁴認清問題的真相，表示你願意看到自己已有答案；如此，問題與答案才可能碰頭，你可以安心了。

9.　　今天的「短式」練習不特別安排時間，隨時需要則隨時加以運用。²你今天會遇到許多的問題，每一個問題都有待解決。³我們將試著認清問題只有一個，答案也只有一個。⁴所有的問題就在這一認知下解決了。⁵這一認知會帶給你真正的平安。

10.　今天，不要再被問題的表相所蒙蔽了。²一遇到困難，立刻告訴自己：

³願我認出問題，以便對症下藥。

⁴然後試著放下自己對這問題的一切評判。⁵若環境允許，閉上眼睛片刻，探問一下問題的真相。⁶上主不只會俯聽你，祂會答覆你的。

第八十課

願我認清自己的問題已經解決了

1.   只要你真心願意認清問題的真相,便會認清自己根本就沒有問題。²你的根本問題既已得到答覆,其他問題便不存在了。³你的心便這樣安定下來了。⁴由此可知,得救的基本條件在於你先認出這唯一的問題,而且明白它已經解決了。⁵一個問題,一種解決。⁶救恩便完成了。⁷你也由衝突中解脫了。⁸你若能接受這一事實,表示你已準備好接受你在上主救恩計畫中的角色。

2.   你唯一的問題已經解決了!²今天應滿懷信心與感恩,再三提醒自己這個事實。³你已經認清了自己的唯一問題,這等於為聖靈大開方便之門,接受祂為你帶來的上主答覆。⁴你已放下自欺,看見了真理之光。⁵只要能把問題帶到答案之前,你就會領受到自己的救恩的。⁶問題既已釐清,你自然認得出答案。

3.   今天你有權利活得心安理得。²問題既已解決,它再也無法騷擾到你了。³你只需牢記這一點:所有的問題都是同一回事。⁴只要記住這一點,你就不會被形形色色的表面問題所蒙蔽。⁵同一個問題,同一種解決辦法。⁶接受這個單純的真理所帶來的平安吧!

4.   今天在「長式」練習中,我們要領回那原屬我們的平安,因為問題與答案已經交會了。²問題必會消失,因為上主的答覆是不可能無效的。³只要認清了一個,你便會認出另一個。⁴解決辦法就在問題裡面。⁵你不只得到了答覆,而且接納了答覆。⁶你已經得救了。

5.   此刻,願你的接納帶給你平安。²閉起你的眼睛,接受你的賞報吧!³認清你的問題已經解決了。⁴認清你再也沒有衝突,你能活得自由自在而且心安理得。⁵最重要的就是記住:你只有一個問題,而這問題只有一種解決辦法。⁶救恩的單純性即在於此。⁷救恩的有效性也在於此。

6.   今天隨時提醒自己,你的問題已經解決了。²堅信不疑地複誦這一觀念,多多益善。³一有狀況發生,切莫忘記套用今天的觀

念。⁴立刻說：

⁵願我認清自己的問題已經解決了。

7.　　　今天，讓我們下定決心，不再去累積任何怨尤。²讓我們下定決心，由那些根本就不存在的問題中脫身。³方法很簡單，就是誠實。⁴別再自我蒙蔽問題的真相吧！你必會認出你的問題其實已經解決了。

複習二

導　言

1.　　現在我們可以開始下一輪複習了。²這個複習延續前一輪複習的形式，每天操練兩個觀念。³前半天專心練習一個觀念，後半天則操練另一個。⁴每一個觀念，我們都要作一次「長式」練習以及許多「短式」練習。

2.　　「長式」練習採用的格式大致如下：一次練習預計十五分鐘左右，開始時，先思考一下當天的觀念，隨後的解說也屬於今天的練習範圍。²先花三、四分鐘的時間慢慢地閱讀，若想多讀幾遍也無妨，然後閉起眼睛聆聽。

3.　　你若發現自己分心了，不妨再回到練習的第一部分，設法把練習的重心放在寧靜而專心的聆聽上。²因爲有個訊息等著傳達給你。³你要相信自己會接收到它。⁴請記住這一點：它原是屬於你的，也正是你想要的。

4.　　不要讓雜念動搖了你的意向。²你該明白，這些雜念不論化身爲何種形式，均無意義，也無能力。³用你勢在必成的決心取代它吧！⁴不要忘了，你的意志具有克服一切幻覺與夢境的能力。⁵信賴它的引導，它會帶領你超越一切障礙的。

5.　　把這些練習當作你獻給「道路、眞理及生命」的承諾。²絕不輕易偏離正道，落入幻覺和死亡之念的陷阱。³你已獻身給救恩了。⁴每天下定決心，不讓自己的任務落空。

6.　　在「短式」練習裡，再次重申你的決心，將這觀念的基本形式活用到日常生活中，必要時可改用更貼近現狀的練習形式。²我們繼主題的解說之後，還會爲你列出幾個具體的運用格式。³然而，這些建議只供你參考之用。⁴你不用太拘泥於文字。

第八十一課

我們今天要複習的觀念是：

1. （61）**我是世界之光。**

[2]身負光照世界之任務的我，是何等的神聖！[3]讓我在自己的神聖本質前靜心片刻。[4]願我所有的衝突都消融於寧靜的光明中。[5]願我在它的平安中憶起自己的生命真相。

2.　　當你好似想起某些具體困難時，不妨改用下列格式來操練今天的觀念：

> [2]願我不再遮掩自己內在的世界之光。
> [3]願世界之光能穿透這一事件的表相。
> [4]這個陰影遲早會消失於光明之中。

3. （62）**身為世界之光的我，負有寬恕的任務。**

[2]我必須先接受自己的任務，才可能看見內在的光明。[3]在這光明中，我的任務會清晰而明確地顯現於我眼前。[4]即使我尚未認出自己的任務，仍可先行接受，因我目前還不了解寬恕的真義。[5]我相信，我終會在那光明中認出它的真相的。

4.　　下面是活用這觀念的幾種具體格式：

> [2]願這件事幫我懂得寬恕的真諦。
> [3]願我不再把我的任務與我的意願視為兩回事。
> [4]我再也不願把這事用在不相干的人生目的上了。

第八十二課

我們今天要複習這些觀念：

1.（63）世界之光藉著我的寬恕，把平安帶給每個心靈。

²我的寬恕乃是世界之光透過我而彰顯於世的管道。³我的寬恕也是幫我意識到世界之光就在我心內的媒介。⁴我的寬恕乃是世界與我一同獲得治癒的工具。⁵為此，讓我寬恕這世界吧！好讓世界與我一同痊癒。

2. 下面是活用這觀念的幾個具體建議：

> ²（人名），願平安由我的心通傳到你那裡。
> ³（人名），我願與你共享世界之光。
> ⁴我必須透過寬恕才能看清此事的真相。

3.（64）願我勿忘自己的任務。

²我不會忘卻自己的任務，因為我願憶起我的自性。³我若忘了自己的任務，就沒有完成的可能。⁴我若不能完成自己的任務，便無法體會到上主賜我的喜悅。

4. 下面幾個具體格式適用於今天的觀念：

> ²不要讓我為此而忘卻自己的任務。
> ³我願利用這個機會來完成我的任務。
> ⁴這事可能會威脅到我的小我，但它絕對改變不了我的任務。

第八十三課

今天讓我們來複習一下這些觀念：

1. （65）**我唯一的任務就是上主所賜之任務。**

²除了上主賜予我的任務以外，我沒有其他的任務。³這一認知能幫我由所有的衝突中脫身而出，因為它指出我不可能有自相衝突的目標。⁴既然目標只有一個，我必然十分篤定自己該做什麼、該說什麼以及該想什麼。⁵只要認清了自己的唯一任務即是上主所賜的任務，所有的疑慮必會煙消雲散。

2. 這個觀念可以改用下面比較具體的格式：

²我對此事的看法改變不了我的任務。
³這事不會另加給我一個非上主所賜的任務。
⁴我不願用這事來為非上主所賜的任務撐腰。

3. （66）**我的幸福與我的任務是同一回事。**

²凡是來自上主的都是同一回事。³它們既源自一體，我必須當作同一件事來接受。⁴完成我的任務即是我的幸福所在，因為兩者同出一源。⁵如果我想要活得幸福，必須學會認出真正能夠讓我幸福之事。

4. 下面是活用這觀念的幾個具體而有效之格式：

²這一件事無法把我的幸福與我的任務分開。
³我的幸福與我的任務的同一性，絲毫不受此事的影響。
⁴世上沒有一件事（包括此事在內）能讓我相信我的任務之外還有其他的幸福幻相。

第八十四課

今天要複習的觀念如下：

1.（67）**愛把我創造得猶如它自身一樣。**

²我是按造物主的肖像而造的。³我不可能受苦，也不可能失落，更不可能死亡。⁴我不是一具身體。⁵我今天願認清自己的實相。⁶我不願供奉任何偶像，也不再抬出自我觀念來取代我的真實自性。⁷我是按造物主的肖像而造的。⁸愛已將我創造得猶如它自身一樣。

2. 下列的格式有助於你發揮今天的觀念：

²不要讓我在此事上看到自我的幻相。
³願我在此事上憶起自己的造物主。
⁴我眼前所見的模樣絕不是造物主的創造。

3.（68）**愛內沒有怨尤。**

²愛是完全不懂得怨尤的。³怨尤打擊了愛，遮蔽了它的光明。⁴只要我還心懷怨尤，我就是在攻擊愛，也等於打擊了我的自性。⁵自性從此成了我的陌路。⁶我下定決心今天不再打擊我的自性，如此，我才可能憶起自己的真實面目。

4. 下面幾個具體的應用格式對你會很有幫助：

²這一件事並不足以否定我的自性。
³我不願藉此事而打擊愛。
⁴願我不受此事的蒙蔽而傷害自己。

第八十五課

今天要複習下列的觀念：

1.（69）我的怨尤遮蔽了我內在的世界之光。

²我的怨尤會使我看到根本不存在的事，同時遮蔽了我應該看見之物。³認清了這一點，我還要這怨尤做什麼？⁴它遮蔽了光明，使我陷於黑暗。⁵怨尤與光明無法並存，但光明必須與慧見聯手，才能幫我看清眞相。⁶我必須捨下怨尤才能看見。⁷我願看見，今天的觀念能幫我達到這一目的。

2.　　以下的格式可以幫你活用這一觀念：

²願我不再藉此而蒙蔽自己的眼光。
³世界之光會驅散一切黑暗。
⁴我不需要如此這般。⁵我要看見。

3.（70）我的救恩來自於我自己。

²今天我要認清我的救恩之所在。³它就在我內，因爲它的終極根源也在那兒。⁴它從未離開過這一源頭，因此它也不可能離開我的心。⁵我再也不願向身外追尋了。⁶救恩不是從外面找到再帶回心裡的。⁷它是由我心內向外延伸的，我所見的一切不過反映出那在我及它內永恆遍照的光明而已。

4.　　下面的格式很適合應用在具體事件上：

²願這事不致誘使我向外尋求我的救恩。
³我不會讓此事干擾我對救恩源頭的覺知。
⁴這事沒有阻擋我得救的能力。

第八十六課

今天要複習的觀念是：

1.（71）**只有上主的救恩計畫才有成功的可能**。

[2]我實在沒有理由倉皇失措地四處尋找救恩。[3]我曾在許多人與許多事上誤以爲看到了救恩；但我一靠近，它就幻滅了。[4]我誤判了救恩所在之處。[5]也誤解了它的眞相。[6]我再也不作無謂的追尋了。[7]只有上主的救恩計畫才有成功的可能。[8]我爲此而感到欣慰，因爲祂的計畫是不可能失敗的。

2.　　以下是活用這一觀念的幾個建議：

[2]上主的救恩計畫會將我由這一看法中拯救出來。
[3]這件事一定也在上主救我的計畫中。
[4]願我在上主救恩計畫的光明下來看此事。

3.（72）**心懷怨尤，無異於打擊上主的救恩計畫**。

[2]心懷怨尤，就是企圖證明上主的救恩計畫無效。[3]其實，只有祂的計畫才有成功的可能。[4]我若抓著怨尤不放，就無法意識到得救的唯一希望。[5]我再也不願如此神智不清地打擊自己的利益了。[6]我願接受上主的救恩計畫，幸福地活下去。

4.　　這觀念可以用下列的格式具體地發揮一下：

[2]眼前的事其實是要我在妄見與救恩之間作一選擇。
[3]我若在此事上找到抱怨的理由，我就看不到自己得救的理由了。
[4]這事是在呼求救恩，而非呼求攻擊。

第八十七課

今天要複習的觀念如下：

1.（73）我願光明出現。

² 今天我要善用自己的意志力。³ 我再也不願在黑暗中摸索，在陰影下戰慄，害怕那些既看不見且虛幻不實的東西了。⁴ 今天，我將以光明為嚮導。⁵ 我願跟隨它的指引，亦步亦趨，只著眼於它要我看見之事。⁶ 今天我願感受一下真實知見所帶來的平安。

2. 下面的格式有助於你活用這一觀念：

² 這事遮蔽不了我願看見的光明。
³ （人名），你與我同在光明之中。
⁴ 在光明中，這事會顯得很不一樣。

3.（74）除了上主的旨意以外，沒有其他的旨意存在。

² 今天我很安全，因為除了上主的旨意以外，沒有其他的旨意存在。³ 只有當我相信其他旨意時，我才會害怕。⁴ 只有當我害怕時，我才會想要攻擊別人；也唯有當我生出攻擊之心時，我才可能相信自己的永恆保障受到了威脅。⁵ 今天我要認清，這一切從未發生過。⁶ 我安全無虞，因為除了上主的旨意以外，沒有其他的旨意存在。

4. 下面是幫你活用這一觀點的幾個格式：

² 願我按照上主的旨意來看這一件事。
³ （人名），你是上主之子，這是上主的旨意，也是我的意願。
⁴ 不論我對此事的看法如何，這也是上主對我的旨意的一部分。

第八十八課

今天我們要複習這些觀念：

1.（75）**光明已經來臨了。**

²在選擇救恩、放棄攻擊之際，我不過是選擇去看清那就在眼前的眞相而已。³救恩乃是一個已經完成的決定。⁴你並沒有選擇攻擊及怨尤的餘地。⁵爲此之故，我總是在眞相與幻相之間、存在與不存在之間作選擇。⁶光明已經來臨了。⁷我只能選擇光明，因爲沒有其他的選擇餘地。⁸光明已經取代了黑暗，黑暗業已一逝不返。

2.　　下面的形式有助於你活用在日常生活中：

²這事無法讓我看到黑暗，因為光明已經來臨了。
³（人名），我只願看見你內在的光明。
⁴我只願在這事上看見真正存在之物。

3.（76）**我只受上主天律的管轄**。

²這是我最完美的自由宣言。³我只受上主天律的管轄。⁴我一直設法捏造其他的人生法則，還賦予它們反制我的力量。⁵我之所以受苦，只因我相信它們。⁶其實它們對我一點作用都沒有。⁷除了上主的天律以外，我完全不受任何法則或定律的控制。⁸祂的天律才是自由之律。

4.　　下面幾個格式有助於你活用在日常生活中：

²我對此事的看法，顯示我相信那並不存在的法則。
³在此事上，我只看到上主的天律在運作。
⁴我願上主的天律（而非我自己的原則）運作於此。

第八十九課

今天我們要複習這<u>些</u>觀念：

1. （77）**奇蹟是我的天賦權利。**

   [2] 奇蹟是我的天賦權利，因為我只受上主天律的約束。[3] 祂的天律將我由一切怨尤中解放出來，且用奇蹟取而代之。[4] 我願接受奇蹟來取代怨尤；那些怨尤不過是遮掩奇蹟的幻相罷了。[5] 此刻，我只願接受上主的天律所賦予我的一切，如此，我才能將它發揮在祂賦予我的任務上。

2. 你不妨用下面的格式發揮今天的觀念：

   [2] 在這件事的後面，藏有天賦予我的奇蹟。
   [3] （人名），願我不再懷著怨尤與你作對，我願向你獻上那原屬於你的奇蹟。
   [4] 只要看得真切，這件事就會帶給我奇蹟。

3. （78）**願奇蹟取代所有的怨尤。**

   [2] 我的意願透過這個觀念而與聖靈的旨意結合了，並已看出它們原是一個。[3] 透過這個觀念，我才能夠由地獄中脫身。[4] 透過這個觀念，我表達出自己甘願接受上主為我設定的救恩計畫，以真相來取代自己的種種幻覺。[5] 我不再設定任何例外，也不稀罕任何替代它的贋品。[6] 我要的是天堂的全部，而且唯獨天堂而已，這才是上主願我擁有的。

4. 下面的幾個建議能幫你具體發揮今天的觀念：

   [2] 我不願在我的救恩之外還抓著這個怨尤不放。
   [3] （人名），讓奇蹟取代我們的怨尤吧。
   [4] 這事背後即是奇蹟，它足以取代我所有的怨尤。

第九十課

我們要複習下面幾個觀念：

1. （79）**願我認出問題，以便對症下藥。**

^{2}今天我願明白，所有的問題不過顯示了我仍緊抓著某種怨尤不放。^{3}我也願了解，解決辦法就是讓奇蹟來取代我的怨尤。^{4}今天，我願反覆練習「只有一個問題，也只有一種解決辦法」這個觀念，才可能回憶起救恩的單純性。^{5}問題就在「怨尤」，解決辦法就是「奇蹟」。^{6}我若有心解決問題，只須寬恕我的怨尤，並樂於以奇蹟取代，就成了。

2.　　下面幾個建議有助於你具體發揮今天的觀念：

　　^{2}這件事顯示出我一直想要解決的問題。
　　^{3}隱藏在這怨尤之後的奇蹟，會為我解決這個問題。
　　^{4}這個問題的答覆，正隱藏在它後面的奇蹟內。

3. （80）**願我認清自己的問題已經解決了。**

^{2}我好像有很多的問題，只因我誤解了時間。^{3}我相信問題出現在先，它需要一段時間才可能解決。^{4}我看不出問題與答覆是同時出現的。^{5}那是因為我尚未明白，上主早已把答覆與問題同置一處了，時間是無法將它們分開的。^{6}只要我願意，聖靈就會教我看清這一真相。^{7}我便明瞭，我不可能有任何解決不了的問題的。

4.　　下面的幾個建議有助於你活用在日常生活中：

　　^{2}我無需等待這事的解決。
　　^{3}只要我願意接受那答案，這問題就已解決了。
　　^{4}時間無法把這問題及它的答案分割為兩回事。

第九十一課

奇蹟只顯現於光明之中

1.　　你應銘記於心，奇蹟與慧見必須同步出現。²這話需要反覆地念，不斷地複誦。³這觀念是你的新思想體系的核心，也是由此體系而生的新知見。⁴奇蹟一直都在那兒。⁵它不是因著你的慧見而出現的，也不會因著你的盲目而消失。⁶唯一受到影響的是你對奇蹟的覺知。⁷你只能在光明中看見奇蹟，在黑暗中你一無所見。

2.　　因此，光明對你乃是關鍵之所在。²只要你還在黑暗中，便無法看見奇蹟。³於是你會十分肯定它不存在。⁴這一推論正是黑暗形成的同一原因。⁵否認光明會導致你無法看見光明。⁶看不見光明時，你自然只會看到黑暗。⁷於是，光明縱然存在，對你卻一無所用。⁸你無法發揮大用，因為你根本意識不到它的存在。⁹黑暗的虛幻現實會使光明的觀念顯得毫無意義。

3.　　若有人對你說，你看不見的東西就在那裡，這話聽起來實在瘋狂。²很難讓你相信，看不到明明就在眼前之物，卻看到了根本不存在之物，那才真瘋狂。³你毫不懷疑肉眼有看的能力。⁴你毫不懷疑眼前形象的真實性。⁵你的信心仍在黑暗中，不在光明內。⁶怎樣才能扭轉這一局勢？⁷只憑你是做不到的；但在此事上，你並非獨自一人。

4.　　你的努力，不論多麼微不足道，背後都有強大的力量支持著你。²你若明白了那力量是何等偉大，你的疑慮便會煙消雲散的。³今天我們會盡力讓你體驗到這力量。⁴當你感受到內在這股力量時，所有的奇蹟都伸手可及，那時你就不會懷疑了。⁵一旦感受到內在的力量，那藏在你軟弱無能之下的奇蹟便會躍於眼前。

5.　　一天三次，每次騰出約莫十分鐘的時間，安靜下來，不再去想自己的弱點。²這很簡單，你只需提醒自己，你不是一具身體，就成了。³你想要什麼，就會相信什麼，且會這般告知你的心靈。⁴你一向以自己的意志為師，而你的意志具有實現願望的一切力量。⁵只要你願意，你甚至可以擺脫身體的控制。⁶你也會經驗到自己的內在力量。

6.　　　在作「長式」練習時，先重複一遍下面的眞因果關係：

> 2 奇蹟只顯現於光明之中。
> 3 肉眼是無法看見光明的。
> 4 但我並不是一具身體。5 那我究竟是什麼？

6 我們今天的練習將著重於上述論證的最後一句問話。7 你認為自己是什麼，正是你有待化解的信念。8 至於眞實的你究竟是什麼，這卻有待啓示。9 你是一具身體的信念，只是一個有待修正的錯誤而已。10 你的生命眞相能喚出你的內在力量，它會讓你意識到這錯誤有意隱瞞的眞相。

7.　　　你若不是一具身體，那你究竟是什麼？2 你需要清楚地意識到，聖靈是用什麼來取代你心目中的身體假相的。3 你若要把信心由身體提昇出去，你需要感受到一個值得信任的對象。4 你需要某種眞切的經驗，一個比身體更具體、更牢靠、更值得你信任、而且眞實存在的東西。

8.　　　你若不是一具身體，那你究竟是什麼？2 誠實地反問自己，然後拿出幾分鐘的時間，修正你對自己的特性所持的錯誤觀念，並以相反的特性取而代之。3 例如，不妨這樣說：

> 4 我不是軟弱的，而是強壯的。
> 5 我不是無助的，而是全能的。
> 6 我不是有限的，而是無限的。
> 7 我不是猶豫不決的，而是十分肯定的。
> 8 我不是一個幻相，而是實相。
> 9 我在黑暗中看不見，在光明中才能看見。

9.　　　進入練習的第二部分時，試著體會一下你的這些特性。2 特別去感受一下它們的力量。3 記住，你所有的脆弱感都與你相信自己是一具身體相連的；這個信念是錯誤的，不值得你相信。4 試著轉移你對它的信心，即使只是片刻的光景也好。5 我們愈往前進，你會愈習慣把信心置於你內在更有價值之處。

10.　　　在練習剩餘的時間裡，不妨放鬆你的心情；不論你的努力是多麼微不足道，你相信上主的大能與祂的聖念正全力支持著你。

²你的力量源自於祂們。³因著祂們的強大支持，你才會感到自己的內在力量。⁴在這練習裡，祂們與你結合了，因在這練習裡，你與祂們懷著同一目的。⁵這目的成了幫你看見奇蹟的光明，只因祂們的力量成了你的力量。⁶祂們的力量變成你的眼睛，你才得以看見。

11.　　今天規律地每小時提醒自己五、六次：奇蹟只顯現於光明之中。²而且，一遇到問題時，立即以今天的觀念回應。³下面的句子有助於你達到此目的：

　　　　⁴奇蹟只顯現於光明之中。⁵為此，願我張開自己的眼睛。

第九十二課

奇蹟只顯現於光明之中，而光明與力量是同一回事

1.　　今天的觀念延伸了前面一課的主題。²你通常不會把光明想成一種力量，也不會把黑暗想成軟弱無能。³那是因爲你心目中的看見，一向離不開你的身體、肉眼及大腦。⁴於是，你相信只要在眼前放一小片玻璃，你就能改變眼前之所見。⁵這類怪力亂神的信念，都是源自於你相信自己是一具身體，而且相信肉眼能夠看見。

2.　　你也相信身體的大腦能夠思想。²你若了解思想的本質，就會對這神智不清的觀念捧腹不已。³那好比認爲你手中的一根火柴能點燃太陽，發光散熱；又好比認爲世界乃是你掌中之物，只要你不放手，它就萬無一失。⁴這與相信肉眼能夠看見、大腦能夠思考一般愚昧。

3.　　上主力量在你內，它才是使你看見的光明；你的思考能力也同樣仰賴祂的天心。²祂的力量否定了你的軟弱無能。³若透過肉眼去看，你只會看到自己的軟弱；軟弱無能的你好似在黑暗中窺伺，只會看到肖似自己的同類，眼中盡是渺小脆弱、奄奄一息、匱乏無助、害怕悲傷、貧困飢餓、毫無生趣之物。⁴這全是透過那既無法看見、也無法祝福的肉眼所看見的一切。

4.　　眞正的力量則能越過這些表相，無視於上述諸物。²它的眼光凝視著映照在它們身上的光明。³力量會與光明結合，而它本來就是光明的一部分。⁴它所看到的正是它自己。⁵你的自性會在它的光明中現身。⁶你在黑暗中只會看到根本不存在的自我。⁷力量才足以代表你的眞相；軟弱無能其實是你妄自供奉的偶像；它企圖驅逐力量，讓黑暗來統治上主原本指派光明管轄之地。

5.　　力量來自眞理，它放射的光明乃是出自生命之源；而軟弱無能所反映的卻是營造黑暗的始作俑者。²它本身有病，因此只會矚目於類似的病態。³眞理才是人間的救主，它只願所有的人平安幸福。⁴它會無限地支援任何向它祈求力量的人。⁵在它的眼裡，任何一人的匱乏等於是全體的匱乏。⁶因此，它所賜的光明也會使所有的人一起看見，一起獲益。⁷它的力量是與眾共享的，如此才能把奇蹟帶給所有的人，且將眾人結合於同一目的、同一寬恕及

愛之中。

6. 　　只敢在黑暗中窺伺的軟弱無能，是無法在寬恕及愛中看出任何目的的。²它把所看到的一切視爲異類，世上任何東西它都不願分享。³它評判、定罪，就是無法去愛。⁴它一直隱身在黑暗中，幻想自己很堅強，所向無敵，足以克服一切限制，而那些限制卻在暗中逐漸膨脹爲一龐然怪物。

7. 　　它恐懼，它攻擊，而且痛恨自己；黑暗籠罩在它所見之物上，使它的夢境有如黑暗本身那般恐怖。²此地沒有奇蹟，只有仇恨。³它將所見之物與自己劃清界線；而光明與力量卻視彼此爲一體。⁴力量之光與肉眼所見的光明不可同日而語。⁵它不會明滅閃爍，如風中之燭。⁶它也不會朝變夕遷，被黑夜吞蝕，直到黎明再現。

8. 　　力量之光是恆久不變的，如愛一般穩定，永遠樂於給出自己；因爲它不論怎麼給，其實都是給予自己。²任何人只要要求，必會獲享它的眼界；凡是進入它居所的人，不會無視於奇蹟，空手而歸的；力量與光明必然存於他的心中。

9. 　　你內在的力量會爲你帶來這種光明，它會引導你的眼光越過肉眼爲欺騙你而投射出來的無聊陰影。²力量與光明在你內結合了；在它們會晤之處，你的自性已準備好歡迎你這自家人。³我們今天就要設法找到這個會晤之處，並安息其中，因爲上主的平安就在你的自性（也就是祂的聖子）內等著與自身重逢而回歸一體。

10. 　　今天讓我們騰出兩次各二十分鐘的時間來參與這一盛會。²把自己帶回你的自性。³你就是透過這力量的光明而重獲看見之恩典的。⁴今天暫時離開黑暗一會兒，我們要在光明中練習去看；閉起你的肉眼，請求眞理指引我們找到自己與自性會晤之處，在那兒光明與力量是同一回事。

11. 　　我們早晚都這樣練習一次。²早上會晤過後，請繼續用這整天的時間爲晚上作準備，使下次會晤時彼此有更深的信任。³讓我們今天盡可能隨時複誦這一觀念，同時明白它會帶給我們新的眼界，導引我們遠離黑暗，邁向那讓你只會看見奇蹟的光明。

第九十三課

光明、喜悅與平安都活在我內

1.　　你認為自己是邪魔、黑暗與罪惡的淵藪。²你認為人們一旦看透你的真相，就會視如蛇蠍地疾疾走避。³你認為你若看清了自己的真相，必然承受不了這可怕的打擊，寧可親手結束自己的生命；你害怕自己看到這個真相後，會失去活下去的勇氣。

2.　　這種信念是如此根深柢固，實在很難讓你看出那盡是無稽之言。²你也很難看出自己所犯的明顯錯誤。³看出自己竟以如此怪異的方式來尋找救恩；你不只受了騙，自己也在騙人；你害怕那愚昧的幻想以及野蠻的夢境；你臣服在塵土捏造的偶像之下。這一切在你目前的信念下真實無比。

3.　　今天我們要向它提出質疑，不是根據你的想法，而是從全然不同的角度看出這些無謂念頭不具任何意義。²這些想法違反了上主的旨意。³這些古怪的信念絕非出於上主。⁴僅憑這一點，就足以證明它們的虛妄了，可是你卻看不出這個事實。

4.　　若有人向你保證，你自以為做出的那一切惡事根本不曾發生過；你所有的罪過也不算什麼；你依舊如創造之初那般純潔神聖；而且光明、喜悅與平安都活在你內，你豈能不欣喜若狂？²你營造的自我形象根本抵制不了上主的旨意。³你會認為這與死亡無異，其實這才是生命。⁴你認為自己被毀滅了，其實你已得救。

5.　　你所營造出來的自我，並非上主之子。²因此，這個自我根本就不存在。³它外表所做及所想的，不具任何意義。⁴因此也無所謂好壞。⁵它根本就不是真的，如此而已。⁶它並非與上主之子交戰。⁷因它既傷害不到上主之子，也侵擾不了他的安寧。⁸它不曾改變過造化的真相，也無法把永恆無罪貶為有罪之境，或是將愛轉變為恨。⁹你所營造出來的這個自我，一旦與上主的旨意衝突，豈有招架之力？

6.　　你的清白無罪有上主擔保。²你必須不斷向自己複誦這一事實，直到自己真心接受為止。³此言真實不虛。⁴你的清白無罪有上主擔保。⁵沒有任何東西觸犯得到它，或改變得了上主所創造

的永恆。⁶你所營造出來的那個罪孽深重的自我,是沒有任何意義的。⁷你的清白無罪有上主擔保,而且光明、喜悅及平安都活在你內。

7.　　救恩只需接受這一觀念:你仍是上主創造之初的模樣,而非你造作出來的樣子。²不論你認爲自己做了什麼傷天害理的事,你仍是上主創造之初的模樣。³不論你犯了什麼錯誤,你的眞相從未改變過。⁴創造不只是永恆,而且是不變的。⁵你的清白無罪有上主擔保。⁶你不只是、而且永遠都是創造之初的模樣。⁷光明、喜悅及平安都活在你內,因爲那是上主將它們安置於此的。

8.　　今天,你若能在白天每一小時的最初五分鐘作個「長式」練習,效果最好;開始時先重申一遍你受造的眞相:

　　　　²光明、喜悦與平安都活在我內。
　　　　³我的清白無罪有上主擔保。

⁴然後,放下你種種愚昧的自我形象,用剩餘的時間試著體會一下上主賜你的生命眞相,而非你賦予自己的命運。

9.　　你若非上主創造的,就是你自己營造出來的。²只有那唯一自性才是眞實的,另一個並不存在。³試著體驗一下你那一體自性的合一性。⁴試著欣賞一下它的神聖性,以及它所源自的大愛。⁵試著不去干擾上主創造成你的那個自性,不要讓你爲了取代它而造出的那個罪孽深重的小小偶像遮蔽了它的莊嚴偉大。⁶讓它回到自己的根源吧!⁷此刻的你才是你的終極眞相。⁸光明、喜悅與平安都活在你內,因爲本來如此。

10.　　也許你還不太甘願或是無法做到每小時的最初五分鐘練習一次。²無論如何,盡你所能地去試試吧!³至少每小時記得溫習一下下面的觀念:

　　　　⁴光明、喜悦與平安都活在我內。
　　　　⁵我的清白無罪有上主擔保。

⁶然後至少花一分鐘左右閉上眼睛,試著體會一下這關乎你生命眞相的告白。

11.　　只要一遇到好似惹你心煩的事，立刻再複誦一下今天的觀念，便能驅逐恐懼的幻相。²當你快要對某人生氣時，也請記得默默地向他說：

　　　　³光明、喜悅與平安都活在你內。
　　　　⁴你的清白無罪有上主擔保。

⁵為全世界的得救，今天，你可放手一搏。⁶讓自己更深入上主在救恩計畫中指派給你的角色，今天，你可放手一搏。⁷讓自己全心相信這個觀念的眞實性，今天，你可放手一搏。

第九十四課

我仍是上主所創造的我

1.　　　今天我們要繼續深入這個帶給人全面救恩的觀念；這一句話足以令人間各種誘惑一蹶不振，這一念足以使小我噤聲而徹底瓦解。²你就是上主所創造的你。³世上所有的雜音頓時沉寂下來，世上的一切景象都煙消雲散，世上的一切想法會被這個觀念掃蕩一清。⁴救恩就這樣完成了。⁵瘋狂的神智在此恢復了清明。

2.　　　真實的光明就是力量，力量就是清白無罪。²只要你還是上主所創造的你，你必是堅強的，光明必然仍在你內。³為你的清白無罪擔保的那一位，必然也會保證你的力量與光明。⁴你仍是上主所創造的你。⁵黑暗遮蔽不了上主之子的榮耀。⁶你立於光明之中，在你受造的清白無罪中屹立不搖，你會這樣活到永恆。

3.　　　今天我們繼續利用白天每一小時的最初五分鐘，試著體會一下你的內在真相。²用下面的句子作為練習的開始：

> ³我仍是上主所創造的我。
> ⁴我永遠都是祂的聖子。

⁵現在，試著深入在你內的上主之子。⁶這個自性不曾犯罪，也不會妄造假相來取代實相。⁷這個自性絕不會離開它在上主內的家園，徬徨地在人間流浪。⁸這個自性完全不知恐懼為何物，失落、痛苦或死亡對它是不可思議的事。

4.　　　若想達此目標，你只需放下所有的偶像及自我形象，不再理睬你加在自己身上那一串好好壞壞的特質，只是靜靜地等候你的真相來臨。²上主親自許諾了，祂會將真理啟示給所有祈求的人。³你現在已經在求了。⁴你一定會得到的，因為上主從不食言。

5.　　　如果你無法在每小時之初都練習五分鐘的話，至少每小時記得這樣提醒自己：

> ²我仍是上主所創造的我。
> ³我永遠都是祂的聖子。

⁴今天隨時提醒自己,你是上主所創造的你。⁵一旦有人好似觸怒了你,記得要以下面的句子去回應:

>⁶你仍是上主所創造的你。
>⁷你永遠都是祂的聖子。

⁸今天盡可能每小時定時地練習。⁹你所作的每一個練習,都是邁向解脫的一大步,也是學習本課程思想體系的一個里程碑。

第九十五課

我是一體自性，且與我的造物主一體不分

1.　　今天的觀念一語道盡「你仍是上主所創造的你」的眞正內涵。²你在自身內是一個整體，而且與祂一體。³你的生命就是整個造化的結合體。⁴因著你內在完美的合一性，你不可能變化無常。⁵你還無法接受這一事實，也認不出這事的必然性，只因你相信你已經改造了自己。

2.　　你視自己爲上主造化中一個荒謬的贋品，脆弱、凶狠、醜陋、作惡多端、吃盡苦頭的可憐蟲。²這就是你對自己的看法，你把自我分割得支離破碎，相互傾軋，又與上主決裂，全靠那本身乖僻無常的主人將那些碎片暫時維繫在一起；你還會向它祈求生命。³它聽不見你的祈求的，因爲它是聾子。⁴它也看不見你的一體自性，因爲它是瞎子。⁵它不了解你是上主之子，因爲它毫無道理，又極其無知。

3.　　我們今天要把覺知專注於那能看、能聽，而且言之成理的那一位。²我們的練習會再次領你深入你與造物主一體不分的自性那裡。³我們今天要充滿耐心與希望地努力不懈。

4.　　在你目前的學習階段，白天若能拿出每小時最初的五分鐘來練習，效果會特別顯著。²目前，你很難在較長的練習中保持不分心狀態。³你如今一定對此感觸頗深了。⁴你很清楚自己的心思缺乏訓練到什麼地步，也明白自己多麼需要在心念上下功夫。⁵你必須意識到這個問題，因爲它確是你進步的一大障礙。

5.　　在這一階段，頻繁而簡短的練習，也會帶給你其他的好處。²除了體會到自己缺乏專注力以外，你一定也注意到了，若不隨時提醒自己這目標，你會隔了好久還想不起來練習的。³你也常忘了每天的「短式」練習，你尙未養成隨時用此觀念來應付誘惑的習慣。

6.　　因此，在這階段裡，你需要訂個計畫，隨時提醒自己這一目標，並且定時地全力以赴。²若想達到這一救恩課程的最高效益，定時的練習並非最理想的形式。³然而，對於意向不堅卻堅持排斥

學習的人，是絕對有幫助的。

7.　　因此，我們還會繼續運用每小時五分鐘的練習形式，鼓勵你愈少錯過練習愈好。[2]利用每個小時的最初五分鐘練習，效果最為顯著，因為它提供了比較穩固的練習架構。[3]然而，不要因為錯過了幾個練習時段，就以此為藉口而不肯盡快恢復練習。[4]這是你最常面對的誘惑：一旦忘了規定的練習，便認定今天徹底失敗而予以放棄。[5]其實你只需認清這個誘惑的本質，它存心剝奪你修正錯誤的機會，故意讓你不想重新開始。

8.　　聖靈不會因你的錯誤而耽誤祂的教誨。[2]只有當你不願放下那些錯誤時，祂才無法可施。[3]因此，讓我們下定決心，尤其是在隨後的一週中，心甘情願地寬恕自己的不精進以及未能按時練習的失誤。[4]寬容自己的弱點，有助於我們忽視它的存在，不再賦予它任何力量來阻撓我們的學習。[5]唯有當我們縱容它的阻撓，它才會顯得很有力量，於是力量與無能便混而為一了。

9.　　你若未能達到本課程的要求，你不過是犯了個錯誤罷了。[2]錯誤有待修正，如此而已。[3]允許錯誤繼續下去，只是錯上加錯，使原有的問題變本加厲。[4]我們最需要捨棄的就是這種心態，因為那只是你保護幻相而抵制真相的另一種藉口。

10.　　願我們認清這些錯誤的真相，不再執著下去。[2]它們企圖不讓你意識到你的一體自性；它不只與你的造物主一體不分，也與造化的每一部分共為一體，且具有無限的能力與平安。[3]這就是真相，除此之外，別無其他真理可言。[4]今天我們將再次重申這個真理，並且試著直抵你的心靈深處，在那兒你從未懷疑過這唯一的真理。

11.　　懷著這確信不疑之心，開始今天的練習，盡可能向你的心靈作此保證：

　　　　[2]我是一體自性，且與我的造物主一體不分，也與造
　　　化的每一部分共為一體，且具有無限的能力與平安。

[3]然後閉起眼睛，再次緩慢且清明地告訴自己，同時讓這話的含意滲透到心裡，取代你原有的錯誤觀念：

⁴我是一體自性。

⁵複誦這句話若干遍，再試著體會一下話中的深意。

12.　　　你是一體自性，安穩地結合於光明、喜悅與平安中。²你是上主之子，一體自性，只有一個造物主以及一個目標；你要將這一體意識帶給所有的心靈，如此，真實的造化才能把上主「遍及萬有」與「渾然一體」的本質延伸出去。³你是一體自性，完整無缺，已被治癒，且重歸圓滿；你有能力掀去世界的黑暗面紗，讓自己內在的光華四射，向世界昭示你的真相。

13.　　　你是一體自性，與現存的一切及未來的一切共融並存。²你是一體自性，上主的神聖之子，與所有弟兄結合於同一自性內，也與你的天父結合於祂的旨意中。³感受一下在你內的這個自性吧，讓它的光明驅逐你所有的幻覺及疑慮。⁴這就是你的自性，是上主之子本體，如造物主一般清白無罪，你內具有祂的大能，而祂的聖愛也非你莫屬。⁵你是一體自性，且能在自身內感受到這一自性，這是你與生俱來的天賦，你也能將一切幻覺由這天心、自性及你內的神聖真相中一掃而空。

14.　　　今天別再忘了。²我們需要你的協助，願你負起把幸福帶給全世界的那一點責任。³上天對你充滿信心，你今天一定會努力一試的。⁴把你擁有的這一份肯定分享出去。⁵儆醒吧！⁶今天別再忘了。⁷從早到晚須與不忘這一目標。⁸盡可能隨時複誦今天的觀念；你明白，你每複誦一次，就會有人聽見希望之音、真理在他心內的澎湃，以及和平展翅的輕柔顫音。

15.　　　當你承認自己是一體自性，且與你的天父一體，你等於在呼籲全世界與你合一。²今天不論你遇到什麼人，記得帶給他這觀念所許諾的一切，並這樣告訴他：

> ³你和我都是那一體自性，且與我們的造物主結合於此自性內。⁴我向你致敬，基於我的生命本質與祂的神聖真相，也因祂愛我們猶如一個生命。

第九十六課

救恩來自我的一體自性

1.　　雖然你是一個自性，你卻經驗到兩個自己：好的與壞的，愛的與恨的，心靈的與肉體的。²這種分裂爲兩個對立存在的感覺，使你不斷感受到劇烈的衝突，讓你不惜一切想要協調這種自我觀念中的矛盾。³你已經找過無數的解決方案，沒有一個行得通。⁴你在自己內所看到的對立，永遠都勢不兩立。⁵然而，眞正存在的只有一個。

2.　　不論你如何努力，用什麼方式，在何處看出問題，眞相與幻相之間沒有妥協的餘地，你必須接受這一事實，才有得救的可能。²除非你接受這一事實，否則你會追逐一連串不可能達成的目標，無謂地耗費時間與精力，無數的希望與懷疑，而每次都像前次那樣徒勞無功，也會像下次那樣一敗塗地。

3.　　毫無意義的問題，是無法在問題所在的框架下解決的。²你解決不了兩個自我之間的衝突，也無法讓善與惡和平共存。³你所營造的自我絕不可能成爲你的自性，而你的自性也不可能分裂爲二後，還能保持它本來如是且永遠不變的本質。⁴心靈與身體是不可能並存的。⁵不要企圖去協調兩者，因其中一個否定了另一個的眞實性。⁶如果你是一具形體，你的心靈就會由你的自我觀念中隱退，因爲它在你內已無容身之處了。⁷如果你是靈性，那麼身體在你的實相中也失去了存在的意義。

4.　　靈性（spirit）利用心靈（mind）作爲表達它自性的媒介。²事奉靈性的心靈必活在喜悅及平安中。³它的能力出自靈性，且能在世上欣然完成自己的任務。⁴然而，心靈也可能把自己視爲與靈性分裂的生命，認爲自己活在身體內，誤把身體當成自己。⁵它一忘卻自己的任務，便會失落平安，幸福對它成了相當陌生的觀念。

5.　　人的心靈一與靈性分開，就失去了思考的能力。²因它已經否定了力量的眞實源頭，不能不視自己爲一個無助、有限而且脆弱的生命。³它一旦與自己的任務決裂，必會感到自己是一個

孤伶伶的個體，受盡內憂外患的攻擊，不得不投靠那不堪一擊的身體，請求庇護。⁴如今，它必須設法與非我族類之物妥協共生，甚至認爲這就是它存在的目的。

6.　　不要再爲此而浪費時間了。²誰能解決得了夢境裡的無謂衝突？³它的解決方案在眞理中又有何意義？⁴它能完成什麼目標？⁵它究竟爲何存在？⁶救恩無法把幻相弄假成眞，也無法解決一個根本不存在的問題。⁷你也許會如此寄望於它。⁸然而，你難道希望看到上主拯救祂鍾愛之子的計畫不僅無法幫人解脫，反倒帶來更多的痛苦嗎？

7.　　你的自性依舊保存了原有的聖念，它們仍存於你的心靈及上主的天心內。²聖靈把救恩護守在你心中，且賜給它平安之道。³救恩乃是你與上主共有之念，因爲祂的天音已爲你接納了它，且以你的名義認可它的完成。⁴救恩就如此保全了你的自性爲你珍藏的聖念。

8.　　今天我們就要找出這一念來；在你自性中不斷向你發言的那一位，向你保證這一念仍在你心中。²我們將用每小時五分鐘的練習，進入你心裡去尋找祂。³救恩出自於你的一體自性，祂就是你的心靈與自性之間的神聖橋樑。⁴耐心地等候吧！祂會告訴你自性的眞相，以及你的心靈如何才能回歸於祂，如何自由地爲祂的旨意效力。

9.　　開始時，這樣對自己說：

　　　　²救恩來自我的一體自性。³我要善用祂的聖念。

⁴找出這些聖念，且將它們視爲己出。⁵它們才是你自己的眞正念頭，你卻寧可否定它們，任憑自己的心思遊蕩於夢的世界，且追逐幻覺以取代聖念。⁶聖念才是你的眞正想法，也是你唯一的想法。⁷救恩就在其中，從那兒去找吧！

10.　　你若練習得當，那些念頭就會出現，告訴你，你已得救了，你的心也已找回它以前故意失落的任務。²你的自性會伸出歡迎的手臂，帶給它平安。³它一旦恢復了力量，就會再度由一個靈性流向另一個靈性，流經聖靈按照自己肖像所創造的一切。⁴你的

心靈祝福了這一切。⁵無明已逝，你恢復了本來面目，因你已經找回你的自性。

11.　　你的自性知道，今天你不會失敗的。²你的心也許還會猶豫一會兒。³不要爲此而氣餒。⁴你的自性會爲你保存它的喜悅經驗，你遲早也會全面意識到它的。⁵祂會將你的心與自性結合爲一，你每小時花五分鐘的時間去探訪祂一次，等於是獻上另一份財寶請祂爲你保管。

12.　　今天，你每告訴自己狂亂的心一次：救恩來自你的一體自性，就等於在你日積月累的寶庫裡增添一件寶物。²所有的寶藏都已賜給每一個人了，只要他祈求而且願意接受。³你不妨想一想今天所賜你分享出去的禮物是多麼豐富，那正是上天賜你的禮物。

第九十七課

我是靈性

1.　　今天的觀念有助於你認同自己的一體自性。²不再接受你分裂出去的個別身分，也不再企圖硬把對立的因素湊合成一物。³這句話只是道出了真相。⁴今天盡可能把握機會練習這一真理，因它會把你衝突的心領向平安與寧靜。⁵恐懼的陰風無法侵入，因為你的心靈已經擺脫了瘋狂，願意捨棄種種虛幻且分裂的自我認同。

2.　　讓我們再次闡明你自性的真相：上主神聖之子安息於你內，他的心靈已經恢復了清明的神智。²你是靈性，充滿天父的聖愛、平安及喜悅。³你是靈性，不僅圓滿了天父，還分享了造物主的天職。⁴祂時時與你同在，你也與祂同在。

3.　　今天我們試著讓這一實相更深入你的心靈。²你每練習一次，不只會加深這種意識，還會為你省下千年以上的光陰。³你所投入的時間會加倍地遞增，因為奇蹟知道如何利用時間而不受時間的控制。⁴救恩本身即是一個奇蹟，是第一個，也是最後一個；第一無異於最後，因為它們根本就是同一個。

4.　　你是靈性，奇蹟就存於你的心靈中，所有的時間會在奇蹟中靜止下來；在這奇蹟內，你花在練習中的每一分鐘，都會轉變為無窮無盡、無始無終的時間。²因此，心甘情願地獻出這幾分鐘吧！相信祂會信守諾言，把永恆置於這些時間之旁。³祂會在你微薄之力上灌入祂的一切能力。⁴今天就獻出祂所需要的那幾分鐘吧！你才可能了解，與祂同在的你，是一個靈性，且安居於祂內，透過祂的天音向每個生靈呼喚，且將祂的慧眼賜給所有向祂祈求的人，使這單純的真理得以取代一切錯誤。

5.　　聖靈會十分樂意每小時由你手中接納這五分鐘，且把這五分鐘帶入那好似受苦受難的悲慘世界的每一角落。²祂不會略過任何一個開放的心靈，誰肯接受這救治之恩，祂便會把禮物放到這已準備好的心靈中。³每當有人把這禮物納為自己的想法且發揮治癒之效時，這五分鐘的治癒力量便會隨之增強。

6.　　如此，你獻給祂的禮物便會千倍萬倍地遞增上去。²當它再

回到你這兒時，它的威能遠遠超過了你當初獻上的微薄之禮，好比閃爍的螢光在燦爛的陽光下頓時黯然失色。³這燦爛的光明會穩定地領你步出黑暗，從此你再也不會迷失方向。

7.　　用聖靈對你所說的話，開始今天這令人歡欣的練習；讓這一句話透過祂而迴盪在整個世界中：

> ²我是靈性，上主神聖之子，不受世界的束縛，安全無虞，已被治癒，且重歸圓滿；我能自由地寬恕，也能自由地拯救世界。

³透過這一宣告，聖靈會接受你由祂那兒所領受的這份禮物，強化它的力量，再回贈於你的。

8.　　今天，愉快地把每個練習都獻給祂。²祂會向你發言，提醒你：你是靈性，與祂、上主、你的弟兄及你的自性全然一體。³今天，每當你複誦祂所賜你的這些話時，請仔細聆聽祂的保證，讓祂告訴你的心靈：此言真實不虛。⁴當你快要掉入自己不是靈性而是他物的信念時，記得用今天的觀念來抵制誘惑，不受它那悲哀的後遺症所苦。⁵今天，聖靈會賜你平安。⁶接受祂的話，作為你獻給祂的禮物吧！

第九十八課

我接受自己在上主救恩計畫中的那份任務

1.　　今天是你決心定志的（特殊）日子。²今天我們只認同一方。³我們要與眞理爲伍，放棄所有的幻覺。⁴我們不再腳踏兩條船，堅定地站在祂那一邊。⁵我們今天決心把自己獻給眞理，獻身於上主的救恩大業。⁶我們不再硬把它扭曲成另一物了。⁷也不再向它所不在之處尋覓它的蹤跡。⁸我們只是歡欣地接納它的眞相，並負起上主指派給我們的那一份任務。

2.　　能夠如此堅定，是多麼幸福的事！²我們今天要擱下所有的疑慮，懷著明確的目標，堅定的立場，並爲疑慮盡消後的篤定而心懷感激。³一個偉大的目標正等著我們去完成，我們也具備了完成那目標所需的條件。⁴沒有任何錯誤擋得住我們的路。⁵因爲我們的錯誤已獲赦免。⁶所有的罪過也一掃而空，因爲我們明白了，它們不過是一些錯誤而已。

3.　　心無罪咎的人沒有恐懼，因爲他們不只是安全的，還能認清自己是安全的。²他們不靠怪力亂神，也不會爲那些虛幻的威脅而發明一些解圍之法。³他們寧靜、篤定且安心地去做上天賦予的任務。⁴他們毫不懷疑自己的能力，因爲他們知道自己會在最恰當的時刻與地點完成使命。⁵我們今天就要加入他們的陣容，才能活得如他們一般篤定，這一篤定會因著我們的接受而更加堅定。

4.　　他們會與我們同在，凡是今天加入我們陣容的人，都會欣然與我們分享他們所有的經驗以及一切成果。²那些仍然不太肯定的人，也會加入我們的行列，借我們的篤定之力，而變得更爲堅定。³即使是那些尚未出生之人，也會聽到我們所聽見的召喚，並在他們將來需要作決定之刻即時答覆這一召喚。⁴我們今天的選擇不只是爲自己而作的。

5.　　每小時花個五分鐘的時間來接受上主賜你的幸福，不是很值得嗎？²每小時花五分鐘來認清你在此地的特殊任務，不是很值得嗎？³這五分鐘的要求，比起它將帶來的不可估量的回報，不是微不足道嗎？⁴你至今已經做過不下千件的賠本生意了。

6. 　　祂的恩賜保證你能全面地由一切痛苦中解脫出來，並帶給你超乎世間的喜悅。²你只需投入少許的時間，就能換得心靈的平安、明確的目標，加上萬無一失的保證。³時間既然沒有任何意義，所以你其實是以虛無來換取一切。⁴這是一椿穩賺不賠的好生意。⁵你的回收利潤是無限的。

7. 　　今天每小時都獻給祂五分鐘的薄禮。²當你在練習今天的觀念時，祂會在你的話上頭賦予更深的信念及你所缺乏的篤定心態。³祂的話會加入你的話中，使你今天每次的複誦都成為全心的奉獻；你所發出的信心也如祂對你的信心那般完美而堅定。⁴祂對你的信心會照亮你所說的每一句話，你會越過那些聲音，而契入言下之意。⁵今天你就與祂一起練習這樣說：

　　　　　　⁶我接受自己在上主救恩計畫中的那份任務。

8. 　　在你們共處的每個五分鐘內，祂會接下你所說的話，且注入堅強的信仰與信心，再回贈於你，以希望與喜悅之光照亮整個世界。²今天，不要錯過任何機會，欣然領受祂的贈禮吧！如此，你才可能把這些禮物帶給全世界。

9. 　　你只需向祂獻出這些話，其餘的祂自會照料。²祂會幫你了解你的特殊任務。³祂會為你展開幸福之路，祂會賜你平安與信賴之心，這就是祂對你這些話的答覆。⁴祂會以所有的信心、喜悅來答覆你，且向你保證：你所說的一切都是真的。⁵於是，你會擁有祂的信心，因祂確切知道你在天上以及在人間所負之任務。⁶每當你與祂一起作練習時，祂都與你同在，並把你獻給祂的每一刻轉換為永恆及平安。

10. 　　願你今天的每個時辰都欣然為你們下一個五分鐘的會晤作準備。²在你等待下一個快樂時光來臨之際，要記得複誦今天的觀念。³時時複誦，而且別忘了提醒自己：你每複誦一次，都在準備你的心靈迎接下一段快樂時光。

11. 　　當一個鐘頭過去了，祂再度前來與你共度片刻時，你應滿懷感激地放下所有的世俗工作、無謂的念頭以及有限的觀念，再次與祂共度歡樂的時光。²再次告訴祂：你接受祂要你負起並助你完成的那份任務；祂會讓你更加肯定，你們共同作出的這個選擇確實是你真心所願的。

第九十九課

救恩是我在世的唯一任務

1.　　救恩與寬恕是同一回事。²兩者都影射出：事情出了差錯，有待拯救，需要寬恕；事情偏離了正軌，需要改變或修正；事情已與上主的旨意背道而馳了。³由此可知，這兩個名詞都意味著一件不可能發生卻發生了的事，而你也在事情的真相與子虛烏有的假相之間經驗到了衝突。

2.　　如今，真相與幻相平起平坐，因為兩者都發生了。²那不可能存在的事便成了需要你寬恕及拯救的對象。³如今，救恩遂成了真相與幻相的過渡地帶。⁴它反映出了真理，因為那是你擺脫幻覺的途徑。⁵然而，它仍不算是真理本身，因為它的作用只是化解那不曾發生的事。

3.　　在你想要腳踏天堂與人間這兩條船的心靈內，豈能找到一塊供兩者和平共存之地？²著眼於幻相的心靈必會認為幻覺是真的。³這些幻覺只可能存於念頭內。⁴它們並非真的，因為想出這類念頭的心靈，已經與上主分裂了。

4.　　有什麼能把分裂的心靈與思想和那永遠一體不分的天心與聖念重新復合？²有什麼計畫能夠使真理不受侵犯，同時也能認出幻覺下的需求，還能提供一套不傷不痛的解決方案？³除了上主聖念以外，還有什麼計畫能夠對那些不曾發生的事視若無睹，全然忘卻那始終虛幻不實的罪？

5.　　聖靈保全了上主原有的計畫，與祂當初在天心與你心內所接受的計畫全然相同。²它不在時間之內，因為它的終極根源是在時間之外。³然而，它卻能在時間領域中運作，只因你相信時間真的存在。⁴聖靈俯視你眼中的罪惡、痛苦、死亡、悲傷、分裂、失落，卻能絲毫不受這些現象蒙蔽。⁵祂知道有一件事仍是真的，即上主仍是愛，這一切並非祂的旨意。

6.　　就是這個聖念把幻相帶回了真相，且認出它們全是假相而已，隱身其後的才是千古不易之境。²就是這個聖念具有拯救及寬恕的能力，因為凡是不出自它所熟悉的唯一根源者，它一概

不信。³就是這個負有拯救使命的聖念，把它的任務賜給了你，成爲你的任務。⁴於是，救恩成了你和那位承擔救恩計畫的聖靈一起肩負的任務。⁵如今，你與祂一起被託付這一計畫。⁶對人間的一切假相，不論在外形、大小、深淺或性質上有何差異，祂的答覆只有一個，就是：

> ⁷救恩是我在世的唯一任務。
> ⁸上主仍是愛，這並非祂的旨意。

7.　　有意行奇蹟的你，一定要好好練習今天的觀念。²試著看出這句話的力量，因爲你的自由就藏身在這些話裡。³你的天父愛你。⁴世上的一切痛苦並非祂的旨意。⁵寬恕你以前認爲祂要你受苦的想法吧！⁶然後，就讓祂意圖取代你所有錯誤的那個聖念進入心中每一陰暗角落，那兒窩藏著你所有與祂旨意相違的念頭。

8.　　心靈這一角落與其餘部分一樣，都屬於上主。²它無法想出一些唯你獨有的想法，瞞著上主而將它們弄假成眞的。³讓光明進來吧！你就會徹底明白上主對你的旨意。⁴把你不可告人的祕密向祂慈愛的光明開啓吧！你就會看見光明仍然如此燦爛地在你內照耀著。

9.　　今天好好地練習祂的聖念，讓祂的光明得以伸展出去，照亮所有黑暗的角落，照透它們，它們才能與其餘部分重新復合。²上主的旨意就是：你的心與天心是一體的。³上主的旨意就是：祂只有一個聖子。⁴上主的旨意就是：你是祂唯一的聖子。⁵今天練習時不妨想一想這些事，並用這眞理之言開始我們今天的課程：

> ⁶救恩是我在世的唯一任務。
> ⁷救恩與寬恕是同一回事。

⁸然後轉向與你同負這一任務的聖靈，向祂請教，如何才能放下你所有的恐懼，如何才會知道你的自性原是愛，且明白它在你內是沒有對立的。

10.　　寬恕所有與你的圓滿、一體及平安之眞相相反的念頭吧！²你不可能失去天父的恩賜的。³你也無意成爲另一個自我。⁴你

沒有一個任務不是來自上主。⁵寬恕你為自己打造的任務吧！⁶寬恕與救恩是同一回事。⁷只要寬恕了你所營造的一切，你就得救了。

11.　　今天的特殊訊息足以永遠消除你心中所有的疑慮及恐懼。²當你快要落入它們的陷阱時，只需記住，那些假相是抵制不了下面這強而有力的真理之言的：

> ³救恩是我在世的唯一任務。
> ⁴上主仍是愛，這並非祂的旨意。

12.　　你唯一的任務說明了你是一體生命。²在你與聖靈共同分享上主計畫的五分鐘前後的空檔，隨時提醒自己這一點。³這樣說：

> ⁴救恩是我在世的唯一任務。

⁵如此，你就已經把寬恕帶入自己心中，輕輕地放下了所有的恐懼；如此，愛才能在你內復歸原位，讓你看清自己真是上主之子。

第一百課

我的任務乃是上主救恩計畫中不可或缺的一部分

1.　　上主之子圓滿了他的天父；你的參與也同樣圓滿了天父的計畫。²救恩必須把那相信個別想法與個別身體的瘋狂信念扭轉過來，因那信念衍生出各自分道揚鑣的分裂人生。³唯有讓分裂的心靈共享同一任務，它們才會結合於同一個目的之下，因為每一個體對它們全體都成了不可缺少的一部分。

2.　　上主的旨意是要你活得圓滿幸福。²你為什麼還要故意與他的旨意作對？³他在自己的計畫中為你保存了一份任務，讓你重獲他願你享有的幸福。⁴這份任務對他的計畫以及你的幸福而言，都同等重要。⁵你的喜悅必須圓滿，才能讓他送到你面前的人了解他的計畫。⁶他們會在你光輝的面容上看出自己的任務，並在你幸福的笑聲中聽見上主對他們的呼喚。

3.　　你確實是上主計畫中不可缺少的一部分。²少了你的喜悅，祂的喜悅就不圓滿。³少了你的微笑，世界就無法得救。⁴當你悲傷時，上主用來拯救世界的光明會變得黯淡無光，再也沒有人笑得出來，因為世間的歡笑原是你笑容的返照。

4.　　你確實是上主計畫中不可缺少的一部分。²正如你的光明增強了天堂的光輝，你在世上的喜悅也能讓人間的心靈放下憂傷，與你肩並肩地立於上主計畫中。³上主的使者充滿了喜悅，他們的喜悅治癒了哀傷與絕望。⁴他們成了上主願所有接受天父恩賜的人活得圓滿幸福的一個明證。

5.　　今天，我們不容自己哀傷了。²否則，我們就無從負起自己在上主計畫中不可缺少的那份任務，那也是慧見不可缺少的因素。³哀傷的標誌表示你放棄了上主指派給你的角色，寧可扮演其他的角色。⁴如此，你就無法向世界顯示出祂願你活出的無限幸福。⁵那麼，你也不會認出那幸福非你莫屬。

6.　　今天我們要試著了解，喜悅乃是我們在世上的任務。²你若悲傷，表示你沒有完成任務，整個世界便與你一起失落了那個喜悅。³上主願你幸福，如此，世界才能看出祂是多麼愛自己的聖

子,祂不願任何哀傷剝奪他的喜悅,也不願恐懼騷擾他的平安。⁴今天,你是上主的使者。⁵你把祂的幸福帶給你所見到的每一個人,把祂的平安帶給所有見到你的人,他們會在你幸福的臉上讀出祂的訊息。

7.　　我們今天就這樣預備自己:在五分鐘的練習時間內,感受一下心中生起的幸福感,就如天父及我們所願的那樣。²用今天的觀念開始這個練習。³同時,心裡明白,自己的任務就是活得幸福。⁴這是上主對你或任何有意充當祂的使者的人的唯一要求。⁵想一想其中的深意吧!⁶你過去相信上主要你犧牲,是何等的錯誤!⁷在上主的計畫內,你只會領受恩典,絕不可能失落、犧牲或死亡的。

8.　　現在,讓我們試著尋回那喜悅,它向我們及全世界證明了上主對我們的旨意。²你的任務就是在此地找到它,而且就在當下此刻。³這是你此生的目的。⁴願今天就是你成功之日。⁵往自己深處看去,不要為了路上那些無謂的念頭及愚昧的目標而傷神,將自己提升到心靈深處,基督與你相會之境。

9.　　祂必在那裡。²你現在就能到祂那裡去。³祂在那兒等著與你會晤,除了祂以外,你還會仰望何人?⁴還有什麼無謂的念頭牽制得了你?⁵當上主親自呼喚你之際,有什麼愚昧的目標阻礙得了你的成功?

10.　　祂必在那裡。²你是祂計畫中不可缺少的一部分。³今天,你是祂的使者。⁴你必會找到祂要你給的東西。⁵在每小時練習的空檔,切莫忘記今天的觀念。⁶今天,你的自性在呼喚你。⁷每當你告訴自己一次:你是上主救恩計畫中不可缺少的一部分時,那就是你給祂的答覆。

第一百零一課

上主願我活得圓滿幸福

1.　　今天我們要繼續討論幸福這一主題。²它是了解救恩的關鍵。³你仍然相信救恩會要求你受苦來為自己「贖罪」。⁴絕非如此。⁵但只要你還相信罪的存在，又相信上主之子可能犯罪的話，這種想法勢所不免。

2.　　如果罪真的存在，那麼懲罰就是正義且合理的，無人得以倖免。²那麼，你必須付出痛苦的代價，才可能買到救恩。³如果罪真的存在，那麼幸福必然成了幻相，因為兩者無法並存。⁴有罪之人註定要受死亡與痛苦的報應，這是他們咎由自取。⁵他們知道報應正在等著他們，追蹤他們的下落，總有一天，在某個地方，它會以某種形式討回他們欠上主的債。⁶因此，他們不可能不戰戰兢兢地設法逃避祂的耳目。⁷然而，法網恢恢，他們永遠逃不出祂的股掌。

3.　　如果罪真的存在，那麼救恩必然是很苦的事。²痛苦是罪惡的代價，如果罪真的存在，則受苦是勢所難免。³救恩一定顯得很可怕，它遲早要置人於死地；但它會慢慢地奪走一切，直到受害人被折磨得只剩下皮包骨，感到生不如死，救恩才會饒他一命。⁴救恩的怒火無所不在，手下絕不留情；人們卻把這一切視為天經地義的事。

4.　　誰會去找這種狠毒的懲罰？²這種救恩，誰不會倉皇走避，想盡辦法湮滅那有意拯救他的天音？³誰願聽祂那一套？誰敢接受祂的餽贈？⁴如果罪真的存在，它的贈禮便是死亡，它會按照你惡念以及罪業的輕重來決定報應的殘忍程度。⁵如果罪真的存在，救恩就成了你最難纏的敵人，它是上主對你的詛咒，因祂的聖子被你釘死在十字架上了。

5.　　你今天需要用心練習。²這些練習會教你看出罪的虛假不實，你相信罪惡會為你帶來的一切報應也絕不會發生，因為它沒有發生的理由。³以開放的心接受救贖吧！別再縱容你以為自己已經把上主之子變成魔鬼的信念了。⁴罪並不存在。⁵我們今天要隨時把握機會，溫習這個想法，因為它是今天的觀念之基礎。

6.　　　上主願你活得圓滿幸福，因為你既沒有罪，就沒有受苦之理。²喜悅對你才是天經地義的事，痛苦倒成了你誤解自己的信號。³別再害怕上主的旨意了。⁴你應滿懷信心地投靠它，它會將你由「罪」瘋狂想出的一切報應中解放出來。⁵你要這樣說：

> ⁶上主願我活得圓滿幸福。
> ⁷罪既不存在，我也不會受到任何報應。

⁸不妨這樣開始你的練習，然後再試著感受一下這一念所帶給你心靈的喜悅。

7.　　　欣然給出五分鐘的練習吧！它會解除你對罪的瘋狂信念所加給自己的重擔。²今天就由這瘋狂心態中脫身吧！³你已經踏上了自由之路，今天的觀念會使你如虎添翼，更願加速抵達那正等候著你的平安遠景。⁴罪並不存在。⁵今天記住這一點，而且隨時提醒自己：

> ⁶上主願我活得圓滿幸福。
> ⁷這是真理，因為罪不存在。

第一百零二課

我與上主一樣願自己幸福

1. 　　你並不想受苦。² 你也許還認為痛苦會為你賺得什麼，你甚至可能相信它會為你贏得自己想要之物。³ 如今，這個信念已經動搖了，至少你已開始質疑這種想法的可靠性了。⁴ 縱然這類信念不會全然消失，但它已不再像以前那樣根深柢固地盤在你心內某個黑暗的角落隱隱作祟了。

2. 　　今天我們要試著進一步為這搖搖欲墜的信念鬆綁，明白痛苦是不必要的；它既無存在的理由，也沒有能力幫你完成任何目標。² 它無法為你贏得任何東西。³ 它也無從給你任何東西，因它根本就不存在。⁴ 你以為它帶給你的每個禮物，都像它自身一般那麼虛幻不實。⁵ 你不受世間任何一物的奴役。⁶ 願你今天就能自由自在地融入上主的幸福旨意。

3. 　　往後幾天，我們要繼續努力練習，它們是為了幫你體驗到上主置於你心中的幸福旨意而設計的。² 這兒才是你的家，這兒才是你的避風港。³ 這兒是你的平安所在，這兒再也沒有恐懼。⁴ 這是救恩之所在。⁵ 也是你最終的安息之地。

4. 　　今天在練習一開始就先接受上主對你的旨意：

> ² 我與上主一樣願自己幸福；我接受幸福作為我當前的任務。

³ 然後，由你內心深處去找出這一任務，因它就在那兒等著你的選擇。⁴ 你一旦明白了，一切都在於你的選擇，而且你之所願正是上主的旨意，你絕不會找不到它的。

5. 　　歡樂吧！因為你在世的唯一任務就是幸福。² 你對上主之子的愛，不必少於你對上主的愛，因為上主的愛已把他創造成像他自身一樣了。³ 今天，除了每小時五分鐘的安息以外，盡量抽空安靜一下，提醒自己，你如今已經接受幸福為你的唯一任務了。⁴ 而且深信不疑這樣的練習已將你結合於上主旨意內了。

第一百零三課

上主既是愛，故也是幸福

1.　　幸福是愛的一種屬性。²兩者密不可分。³你不可能在無愛之處經驗到幸福。⁴愛是沒有疆界的，它無所不在。⁵因此，喜悅也無所不在。⁶然而，心靈卻能否定這一事實，相信罪可能由愛的縫隙中侵入，帶給人痛苦，而非喜悅。⁷這怪異的信念已把愛重新界定為一種有限的存在，因而也把幸福限制住了，又把對立性帶入那原本無窮盡也無對立的愛中。

2.　　恐懼就這樣與愛開始扯上了關係；凡是把自己營造的世界當真的心靈，勢必承繼恐懼的遺產。²活在世間的種種影像，在真理中雖不存在，卻為「可畏的上主」作了活見證，讓人忘了祂既是愛、必然充滿喜悅這一真相。³今天，讓我們再試一次把這根本的錯誤帶到真理前，並這樣告訴自己：

⁴上主既是愛，故也是幸福。
⁵畏懼上主就等於害怕喜悅。

⁶今天就以上述的聯想作為練習的開始，它會修正你認為上主可畏的錯誤信念。⁷它同時強調一點：基於祂的存在本質，幸福非你莫屬。

3.　　今天在你清醒的每一時辰，讓自己的心靈接受這一修正。²然後，欣然迎向它帶給你的一切幸福；因真理已取代了恐懼，喜悅也會如你所願地取代痛苦。³上主既是愛，自會賜給你這一切。⁴今天隨時提高你的期待，並以下面仁慈且真實的保證來撫平你心裡的恐懼：

⁵上主既是愛，故也是幸福。
⁶我今天只尋求幸福。
⁷我不可能失敗，因為我尋求的是真理。

第一百零四課

我只願追求在眞理內原屬於我之物

1. 今天的觀念繼續提醒你：喜悅與平安不是無謂的夢想。²基於你的生命本質，它們是你的天賦權利。³它們是上主對你的恩賜，而上主所願之事是不可能失敗的。⁴然而，若要接受他的禮物，你得先準備自己的心田。⁵凡是接受自己營造之物且任它鳩佔鵲巢的心靈，是不可能欣然接受上主的贈禮的。

2. 今天我們要清除你自己打造出來而且供奉在神聖祭壇上的無聊禮品，那祭壇原本是供奉上主贈禮的。²他的禮物才是我們在眞理之境所擁有之物。³他的禮物才是我們在太初之始所承繼的產業，直到時間跨入了永恆，它仍然非我莫屬。⁴他的禮物現在就在我們內，因爲它不受時間的限制。⁵我們無需等待就能擁有。⁶它今天就屬於我們所有。

3. 因此，讓我們現在就決心擁有它；並且知道，當我們選擇它來取代自己營造的虛幻之物時，我們已將自己的意願結合於上主的旨意了；也藉此認出我們的意願不只相同，根本就是一個。²今天每小時五分鐘的「長式」練習，要把這一眞理帶入你的救恩中，你不妨用下面的話開始今天的練習：

> ³我只願追求在眞理內原屬於我之物，喜悅與平安則
> 是天賦予我的產業。

⁴然後放下世界帶來的矛盾與衝突。因世界會給你其他的禮物與不同的目標，它們不只靠幻覺形成，也靠幻覺才能目睹，你只能在夢幻世界中尋到它們的蹤跡。

4. 當我們祈求認出上主的恩賜之際，表示我們願意捨棄上述的一切而追尋那眞正屬於我們之物。²我們在自己心內，在他的祭壇前，清理出一塊聖地，歡迎他所賜的平安及喜悅；在那兒，我們會發現那是他一直要給我們的禮物。³今天，我們滿懷信心地來到此地，充分意識到，他要給我們的正是我們在眞理內本來擁有的一切。⁴我們不再期待其他任何東西，因爲在眞理內，其他的一切都不屬於我們所有。

5. 　　我們今天只需認清祂的旨意已經完成，以及喜悅與平安乃是祂賜給我們的永恆禮物，我們就已打通了一條通往祂的道路。²我們要練習往祂放置禮物之處搜尋，即使在練習前後的空檔裡，也不要忘卻這些禮物。³我們盡可能隨時這樣提醒自己：

⁴我只願追求在真理內原屬於我之物。
⁵我要的只是上主所賜的喜悅與平安。

第一百零五課

上主的平安與喜悅非我莫屬

1.　　上主的平安與喜悅非你莫屬。²我們今天就要接收下來，而且知道它們非我們莫屬。³我們還要試著了解，這些禮物會因著我們的接受而不斷增長。⁴它們不像世間的禮物，餽贈者必然蒙受損失，而受禮之人則因著對方的損失而致富。⁵這只是出自「咎」的交易，實在稱不上是禮物。⁶真正的餽贈絕不會導致任何的損失。⁷一個人不可能因著他人的損失而獲益。⁸因它影射出一種限制以及匱乏的心態。

2.　　這種心態是給不出禮物的。²這類「禮物」充其量等於一種下注，目的在獲得更高的回報；它無異於高利貸、短期貸款、一種抵押，指望借貸者連本帶利地償還。³你眼前的世界，每一階層都充斥著這種變相的餽贈。⁴它喪失了禮物原有的內涵與意義；在這類禮物中你不可能獲得任何東西。

3.　　本課程的一個主要目標，就是教你扭轉自己對給予的看法與心態，如此你才能夠真正領受。²正因給予已經變成了恐懼之源，你才會設法迴避那使你重獲天恩的唯一途徑。³接受上主的平安及喜悅吧！你就會學到另一種看待禮物的心態。⁴上主給出祂的禮物時，絕不會愈給愈少。⁵祂只會愈給愈多。

4.　　當你接受上主所賜的平安及喜悅時，它們會變得更深更廣；當你將造物主的喜悅及平安納為己有時，祂的喜悅也會隨之增長。²真實的給予就是創造。³它由無限延伸至無窮，由永恆延伸至超時空之境，同時由愛回歸它的本體。⁴它使本來圓滿之境更加圓滿，這有別於「量」的增加，否則就影射了以往的不足。⁵這種增加，讓那不可能圍於一己的生命得以實現它普施一切的大願；如此，它擁有的一切才能永存不朽。

5.　　今天就把上主的平安與喜悅納為己有吧！²讓祂按照祂的圓滿標準來滿全自己吧！³你便會了解，能圓滿祂的，必也能圓滿祂的聖子。⁴祂不會因給予而受損。⁵你也不會。⁶今天就接受祂喜悅與平安之禮吧！祂必會心懷感激地接受你給祂的這份厚禮的。

6. 今天的練習會以稍微不同的方式開始。²先想一想你曾經拒絕給予平安及喜悅的弟兄；在一律平等的天律下，那原本也是他們的天賦權利。³平安及喜悅會因「此」而被你拒於門外。⁴你也必須返回「此」地，才能領回這份禮物。

7. 想一想你的「仇敵」一會兒，並向你想到的每一個人說：

> ²我的弟兄，我願獻給你平安與喜悅，
> 如此我才能將上主的平安與喜悅納為己有。

³如此，表示你已預備好領回上主給你的禮物，讓你的心靈今天就擺脫任何阻撓你成功的障礙吧！⁴如今，你已準備好接受上主所賜的平安與喜悅了。⁵如今，你也開始體驗到自己一度排斥的喜悅與平安了。⁶如今，你能說「上主的平安與喜悅非我莫屬」，因為你已給出了你有意回收的禮物。

8. 你今天若按照我們的建議來預備你的心田，你已成功在望。²因你拔除了囚禁平安與喜悅的欄柵，那原本非你莫屬之物終會回到你的身邊。³你可以向自己說：「上主的平安與喜悅非我莫屬。」然後，閉起眼睛一會兒，讓祂的天音為你保證，你說的這一句話真實無比。

9. 今天，只要有任何空檔，就這樣與祂共度五分鐘的光景；即使你無法騰出這麼多的時間，也不要認為少於五分鐘的練習就無價值。²每一小時記得複誦一下這些話，祈求祂賜你，祂願意給你並願你領受之物。³今天，下定決心不去阻撓祂的旨意。⁴如果有個弟兄的表現讓你想要否定他配得上主的恩賜時，不妨把這當作幫你再次接受上主恩賜的大好機會。⁵然後，懷著感恩之心祝福你的弟兄說：

> ⁶我的弟兄，我願獻給你平安與喜悅，
> 如此我才能將上主的平安與喜悅納為己有。

第一百零六課

願我靜下心來聆聽眞理

1. 你若能充耳不聞小我囂張的叫鬧聲，你若拒絕接受它那微不足道卻又非你所願的禮物，你若能以開放的心聽出它有意隱瞞的救恩眞相，那麼，你必會聽見眞理偉大的天音，如此寧靜而有力，沉寂卻堅強，它的訊息千古不易。

2. 請聽，你的天父正透過他的使者向你發言，他的天音足以消除小我的叫囂，並爲視而不見的人指出平安之道。²今天，靜下心來聆聽眞理吧！³縱然死亡之音告訴你他們已找到了生命之源，並想傳給你他們那套信念，千萬別受蒙蔽。⁴也別理睬他們；你只聆聽眞理。

3. 今天，一無所懼地起身抵制世俗之音吧！²悄悄繞過它們無意義的遊說。³不再聽信它們的那一套。⁴今天，靜下心來聆聽眞理。⁵避開所有與他無關的事情；他手中握有你的幸福，他的愛正向你展臂相迎。⁶今天只聆聽他，毫不遲疑地迎向他。⁷今天，你只聆聽那唯一的天音。

4. 今天，上主的聖言會信守他的許諾。²讓自己靜下心來聆聽吧！³他會向你發言的。⁴他所帶來的奇蹟，比你所夢想或期待之物更幸福美妙上千倍。⁵他的奇蹟眞實不虛。⁶它們不會隨著夢境的結束而消逝。⁷反之，它們會幫你結束夢境，並且永世長存，因它們是上主賜給愛子的禮物，而這愛子的別名就是你。⁸今天就準備接受奇蹟吧！⁹今天，給天父一個機會去實現他對你及所有弟兄的古老承諾吧！

5. 今天好好聽他的話，聆聽聖言，它會揭開世界的面紗，喚醒沉睡且盲目的世人。²上主將透過你而召喚他們。³他需要你的聲音向他們發言，因爲天父唯有透過你的自性才能喚醒他的聖子。⁴今天好好地聆聽聖言，把你的聲音獻給他，好向此刻正在等待他開口的人群發言。

6. 準備好接受救恩吧！²它就在這兒，今天就要賜給你。³因天父之名爲你作了選擇的那一位，會教你明白自己的任務所在。

⁴你今天只要好好地聆聽，便會聽到祂的天音正透過你而迴盪於世界的每一角落。⁵為世界帶來奇蹟的那位使者，需要你先接受奇蹟，才能使你成為喜悅的施主，且將領受的奇蹟分施於人。

7.　　救恩就是這樣開始，也是這樣結束的：一切本來就是你的，當你再把這一切給出去，它就永遠屬你所有了。²如此，你便學會了這一課。³今天我們所學習的給予，不是照你目前了解的形態，而是依它本來的真相。⁴每小時練習之初，應先為你自己的覺醒而祈求：

> ⁵我願靜下心來聆聽真理。
> ⁶施與受的意義究竟何在？

8.　　如此祈求，然後期待答覆。²這一問題的答案早就在那兒等著你的接受。³你此世所負的使命就如此展開了，它會消除世人視「給予」為一種「失落」的想法。⁴那麼，世界才算準備好明白並接受這一真相了。

9.　　今天，靜下心來聆聽真理吧！²就在你聆聽的那五分鐘內，上千個心靈會同時向真理開放，欣聞你所聽到的聖言。³一小時後，你會再度釋放上千個心靈，只要他們肯暫停片刻，與你一樣祈求這一真理。

10.　　今天，上主的聖言因著你的領受及給予而進入了人間；因著你的聆聽與學習，你才能教導世界「給予的真諦」。²今天不要忘了加強你願聆聽並接受聖言的決心，盡可能隨時這樣提醒自己：

> ³願我靜下心來聆聽真理。
> ⁴今天，我是上主的使者，我的聲音就是祂的天音，
> 我要把自己領受的一切分施於人。

第一百零七課

真理會修正我心念上的所有錯誤

1.　　除了真理以外，還有什麼修正得了幻覺？²除了讓你認不清真相的幻相以外，還有什麼錯誤可言？³真理所到之處，錯誤自會銷聲匿跡。⁴而且消逝得無影無蹤。⁵它之所以消逝，是因為沒有信念的支撐，它就失去了生命。⁶它就這般歸於虛無，回到它所來之處。⁷來自塵土，復歸塵土，來來去去，只有真理千古不易。

2.　　你能想像得出，沒有幻覺的心靈是怎樣的境界嗎？²它會有何感覺？³不妨回憶一下，你是否曾有一刻（即使只是一瞬也好）感受到徹底的平安，確信自己深深被愛且安全無虞？⁴然後藉著想像，將那一刻延伸到時間的盡頭，延伸至永恆。⁵然後，再把你所感受到的那種寧靜乘上一百倍，一千倍。

3.　　儘管這不過反映出你的心靈安息於真理之境的千萬分之一，至少，你已稍微體驗到一點了。²沒有幻覺，便沒有恐懼，沒有懷疑，也不會攻擊。³當真理來臨時，所有的痛苦便結束了，因為瞬息變幻的想法及死亡的念頭已經無法在你心中逗留。⁴真理完全盤據了你的心，徹底解除你對無常世界的信念。⁵它們再也沒有立足之地，因為真理已經來臨，它們只能回歸虛無。⁶你再也不致目睹它們的蹤影，因為如今，唯真理永存。

4.　　真理一旦來臨，它不會只逗留片刻就消失了蹤影或轉變為他物。²它永不變遷，也不改換形式，更不會時而出現、時而消失的。³它始終都在它當在之處；有所求者可信賴它，因浮世表相而困惑疑慮者，也可安心託付於它。⁴真理一旦修正了你心念上的錯誤，一切困惑便會隨風消散。

5.　　真理一旦來臨，它的雙翅攜來的禮物必然完美而且一致，還會給你不因痛苦而卻步，反能毅然決然超越過去的愛。²這就是治癒之禮，因真理無需防衛，因此也不會發動攻擊。³你能把幻相帶到真相前，予以修正。⁴但你不能把真相帶入幻相中而企圖轉幻為真，因為真相之境遠非幻相所能望其項背。

6.　　真理不會來去無常，變化莫測，此刻呈現此形，彼時又現他

相，令人捉摸不定。²它從不隱藏自己。³它公然立於光明之中，伸手可及。⁴凡是真心尋求它的人，不可能空手而回。⁵今天是屬於真理的日子。⁶把真理歸還真理吧！它便會把你歸還給你。⁷你本來不應受苦，也無需死亡。⁸你的天父願這些噩夢從此一逝不返。⁹讓真理為你修正一切夢境。

7.　　我們並非要求原本不屬於我們份內之物。²我們要求的只是原本屬於我們的東西，如此我們才可能認出它非我們莫屬。³我們今天要練習的，正是那出自真理且萬無一失的喜悅感。⁴我們今天跨出的不是在幻境裡搖搖欲墜的蹣跚步伐。⁵我們有成功的把握，就如我們確知自己活著、有希望、在呼吸以及在思想一般肯定。⁶我們不再懷疑自己與真理同行，今天就懷著這份信賴之心開始練習。

8.　　開始時，不妨要求與你一起啟程的那一位，讓你一路上都能意識到祂與你同行。²你不是出自血肉所造，而是由那賦予聖靈生命的同一個聖念所創造出來的。³祂是你的弟兄，且與你如此相似；天父知道你們原是同一生命。⁴你邀請同行的，正是你的自性；你所在之處，祂豈會不在？

9.　　真理會修正你心念上的所有錯誤，讓你明白你不可能與祂分開。²今天記得同祂說說話，且向祂承諾；你願祂透過你來完成祂的使命。³分享祂的使命，就等於分享祂的喜悅。⁴祂的信心與你同在，當你這樣說：

> ⁵真理會修正我心念上的所有錯誤；
> 祂是我的自性，我願安息於祂內。

⁶然後，就讓祂溫柔地將你領回真理內，徜徉於其中；它帶給你的平安，如此深沉且寧靜，使你再也不想回到自己所熟悉的世界。

10.　　然而，你仍會樂於重睹這個世界的。²因為你會為世界帶來所需的轉變，那是與你同行的真理給你的許諾。³你每作一次五分鐘的練習，世界的改變也會隨之增加一些；只要你願修正自己心念上的錯誤，籠罩在世界上的錯誤也會因而獲得了修正。

11.　　今天別再忘了你的任務。²每當你滿懷信心地告訴自己「真理會修正我心念上的所有錯誤」時，你等於代表祂和整個世界發言；祂不只有心釋放世界，更願恢復你的自由。

第一百零八課

施與受在眞理內是同一回事

1.　今天的觀念乃是慧見的基礎。²它必然充滿光明，因它調和了世間所有的對立表相。³什麼是光明？除了那個源自平安且能以唯一全然眞實的觀念爲你消弭一切衝突及謬見的解決之道以外，還有什麼堪稱爲光明？⁴連這解決之道遲早都會消失，藏身其後的聖念終將取而代之。⁵如今，你已活在永恆的平安中，因爲夢境已經過去了。

2.　能彰顯出眞慧見的眞光明，與肉眼所見之光明不可同日而語。²它是一種極其統一的心靈境界，黑暗根本無機可乘。³如此，你才會看出原本相同之物根本是同一物；與它不同之物，你視而不見，因爲它根本就不存在。

3.　在這光明中，你再也不會看到對立；這一治癒的慧眼遂有了治癒的能力。²這種光明會把你心靈的平安帶給其他心靈；你不只與人分享，還會慶幸他們與你原是一個生命，他們彼此也是如此。³這種光明之所以有療癒能力，是因爲它只會引出一種知見，根據一套人生座標，故也只能歸納出一種意義來。

4.　只有在此，你才能看出施與受原是同一聖念的兩面，其眞實性與表面上誰先給、誰後得毫無關係。²只有在此，你才可能了解兩者其實是同時發生的，聖念始終完好如初。³所有的對立就是在這一見解下融合了，因爲人們開始由同一思想座標去看它們，聖念就是靠這一座標而統一起來的。

5.　一個本身全然統一的思想，才有統一所有思想的能力。²這就等於說：修正一個，即足以修正全部；或是徹底寬恕一位弟兄，便足以把救恩帶給所有的心靈。³因爲它們不過是同一法則下的不同案例罷了；而那法則只要是在全知全能者的指導下，就能適用於所有的學習案例。

6.　只要眞懂得「施與受是同一回事」的原則，對你特別有用，因爲你很容易檢驗它的可靠性。²如果某一案例證明了它不論應用於任何場合都行得通的話，那麼它背後的觀念一定也能普及到

其他還有疑慮及三心兩意的案例上。[3]這觀念會從那兒延伸出去，最後必會抵達那放諸四海皆準的唯一聖念。

7.　　　今天我們就來練習一個「施與受」的具體個案。[2]我們先把這簡單的一課應用在比較顯著的事件，如此我們便無法漠視它的結果。[3]施就是受。[4]今天我們要試著把平安送給每一個人，看看平安會多快回到我們這兒來。[5]光明就是寧靜，在那平安中，我們會重獲慧眼，看清真相的。

8.　　　我們就按今天的指示這樣開始練習：

> [2]施與受在真理內是同一回事。
> [3]此刻我給出什麼，就會得到什麼。

[4]然後，閉起眼睛，花五分鐘的時間想一想自己想要的東西，然後給予每一個人。[5]例如，你可以說：

> [6]我願帶給每一個人寧靜。
> [7]我願帶給每一個人平安的心靈。
> [8]我願溫柔地對待每一個人。

9.　　　慢慢地說出每一句話，然後暫停片刻，等著領受自己給出的禮物。[2]它會照你所給出的程度回到你這兒來的。[3]你會發現因果不爽，你得的回報正是你所要的。[4]你也可以想出一個對象，獻上你的禮物，這對你一樣有益。[5]他代表著其他的人，而你透過他給予了所有的人。

10.　　今天這簡單的一課會教給你很多的東西。[2]從此以後，你會更加明白因果的道理，我們的進步會更加神速。[3]不妨把今天的練習當作你學習的加速器；每當你說「施與受在真理內是同一回事」時，你的進步不只更快，也更有保證。

第一百零九課

我安息於上主內

1.　　今天，我們祈求安息，那種寧靜不是世界的種種表相所能撼動的。²在衝突迭起且動盪不安的夢境裡，我們祈求平安與寂靜。³縱然現於眼前的盡是危險與哀傷，我們祈求安全及幸福。⁴我們擁有的這一念足以答覆自己的一切需求。

2.　　「我安息於上主內。」²這一念會帶來你所渴求的安息與寧靜、平安與寂靜、安全與幸福。³「我安息於上主內。」⁴這一念足以喚醒沉睡於你內的真理，你的慧眼能看透一切表相，直抵那藏身於芸芸眾生以及紛紜萬象之下的同一真相。⁵整個世界的痛苦到此結束；每個曾來過此世或將會來此一遭的人，其痛苦亦就此告終。⁶上主之子將在這一念中重獲新生，認出自己的真相。

3.　　「我安息於上主內。」²這一念會鍥而不捨地帶你通過風暴及考驗，越過苦難及傷痛，超越失落與死亡，邁向上主的千古不易之境。³沒有一種痛苦是它無法治癒的。⁴沒有一個問題是它無法解決的。⁵只要你安息於上主內，整個表相世界都會在你眼前轉為真相。

4.　　今天是平安的日子。²你安息於上主內，即使仇恨的怒火撕裂了世界，你的安息絲毫不受侵擾。³你是安息在真理之內。⁴表相世界再也侵犯不到你。⁵你呼喚所有的人前來加入你的安息，他們都會應你的邀請而來，因為你已安息於上主內。⁶除了你的聲音以外，他們再也不聽其他聲音了，因為你已將自己的聲音獻給了上主；如今你安息於祂內，讓祂透過你而發言。

5.　　在祂內，你再也沒有牽掛、負擔、焦慮、痛苦、對未來的恐懼及對過去的遺恨。²你安息於無窮盡的永恆內，時間由你身邊滑過，無法動你分毫，因為你的安息已超越了無常的時空。³今天你安息了。⁴閉上你的眼睛，沉浸在寧靜中。⁵這休養生息的片刻，再度向你的心靈保證：所有瘋狂的幻覺與噩夢都成了過眼雲煙。⁶讓它沉靜下來，以感恩之心接受治癒吧！⁷如今你已安息於上主內了，不再受噩夢的騷擾。⁸今天，抽個時間溜出你的夢境，安享你的平安吧！

6.　　　今天，在每小時一次的安息中，疲倦的心靈會瞬間受到鼓舞，有如折翼的鳥兒開始展翅歌唱，乾涸的溪流再度湧出清泉。² 你每安息一次，世界就重生一次；只要你每一小時記起自己是為了把平安帶給世界而來到人間的，整個世界便會與你一起獲享安息。

7.　　　今天你每安息五分鐘，世界便更接近它的覺醒時辰了。² 那純粹而無雜念的安息之刻，也離所有筋疲力盡、再也無力孤軍奮鬥的心靈不遠了。³ 他們開始聽到鳥兒的歌唱，看見清泉再度湧出，燃起希望之火；他們會重振精神，踏著輕快的腳步出發，此去一帆風順。

8.　　　今天，你安息於上主的平安內，且由此邀請弟兄和你一起進入他們的安息。² 今天，你會忠於我們之託，不遺忘任何一人，將每一個人都帶入你那無邊無際的平安之環內，那就是你安息的聖所。³ 開啟聖殿的大門吧！讓遠自天涯和近若比鄰的人一塊前來，不論是遙遠的弟兄或親近的密友，邀請他們一起來此與你安息吧！

9.　　　今天，你安息於上主的平安內，寧靜安詳，一無所懼。² 每個弟兄也會前來安息，且將此安息呈獻給你。³ 我們就一起安息於此；如此，我們的安息才算圓滿；而我們今天必會收到自己給出的一切。⁴ 時間控制不了我們今天給出的禮物。⁵ 我們能獻給尚未出生的或是已經過世的，也能獻給上主的每個聖念，甚至直達天心，它是所有聖念之源以及安息的歸宿。⁶ 我們每向自己說一次「我安息於上主內」，就等於向他們提醒一次他們的安息之處。

第一百一十課

我仍是上主所創造的我

1.　　我們要隨時複誦今天的觀念。²你若眞的相信這一句話，它便足以拯救你和整個世界。³這個眞理告訴你：你對自己所作的任何改變均虛幻不實，你既改變不了宇宙，也不曾以恐懼、邪惡、痛苦與死亡取代上主的造化。⁴你若仍是上主所創造的你，你的恐懼就毫無道理，邪惡不可能眞實，痛苦與死亡亦不存在。

2.　　因此，今天的觀念足以讓你的心靈得到全面的修正及治癒，它會給你完美的慧見，治癒每一個心靈在任何時空所犯的任何錯誤。²它足以治癒過去，釋放未來。³它足以讓你接受當下的眞相。⁴它還能把時間轉爲一種工具，讓世人得以擺脫時間的控制，以及因時間的流逝而呈現的無常之相。

3.　　你若仍是上主所創造的你，假相世界就無法取代眞相，健康也不會轉爲疾病，死亡無法取代生命，恐懼也無法取代愛。²這一切從未眞正發生，只要你仍是上主所創造的你。³你只需要這一念，就能讓救恩照亮整個世界，把世界由過去的一切中釋放出來。

4.　　就在這一念中，過去的一切徹底瓦解，唯有當下得以存留於此，並悄然延伸到無窮的未來。²你若仍是上主所創造的你，你的心與天心便從未分離過，你的心與其他心靈也不曾分裂過；在你心內只有合一。

5.　　今天的觀念具有無限的治癒能力。²它是一切奇蹟的溫床，也是使世界再度意識到眞理的偉大復興力量。³懷著感恩的心來練習今天這一念吧！⁴這是讓你重獲自由的眞理。⁵這是上主許諾給你的眞理。⁶人間一切的苦難就在這聖言下告終了。

6.　　在每次五分鐘的練習裡，請用〈正文〉裡的這些話作爲開始：

　　²我仍是上主所創造的我。³祂的聖子是不可能受苦的。
　　⁴我就是祂的聖子。

7.　　然後，懷著堅定的信心，進入心內，找出那一自性，也就是

上主的神聖之子。

8.　　向自己心內去尋找祂吧！祂就是活在你內的基督、上主之子、世界的兄長；這個救世主已經永遠得救了，祂有能力拯救任何有心接觸祂的人，不論這接觸多麼輕微，只要這人肯向聖言請教而且能夠接受自己與祂親如手足的真相。

9.　　你仍是上主所創造的你。²今天應向你的自性致敬。³不再崇拜你以前造來取代上主之子真相的陰森魅影。⁴神聖的基督就在你心靈深處，等候著你認出「原來祂就是你」。⁵你若認不出祂的臨在且對祂一無所知的話，你便迷失了，也認不出自己的真相的。

10.　　今天，就去把祂找出來吧！²祂是將你由一切偶像中拯救出來的救世主。³你一旦找到了祂，才會了解你的那些偶像是多麼微不足道，你所認定的自我形象是多麼的錯誤。⁴今天，放下這些偶像，向上主展開雙手及心靈，我們就已朝著真理邁進了一大步。

11.　　我們要懷著感恩之心及慈愛之念對待今天所遇到的每一個人，如此我們方能憶起祂來。²這是憶起祂的唯一之道。³為了憶起祂的聖子、我們的神聖自性，也就是在我們每一個人內的基督，我們應這樣說：

⁴我仍是上主所創造的我。

⁵願我們今天盡量不斷地宣揚這一真理。⁶這是使你重獲自由的上主聖言。⁷這是為你開啟天堂之門的鑰匙，它將領你進入上主的平安及永恆之境。

複習三

導　言

1.　　　今天我們開始第三個複習。²日後連續十天的練習中，每天都會溫習最近學到的其中兩課。³這些複習採用一種特定的形式，請你盡量按照此形式練習。

2.　　　當然，我們也了解你也許無法做到我們在此建議的理想形式：每天及每小時定時練習。²你若因環境不許可而錯過一個預定的練習，並無礙於你的學習。³你也無需勉強湊合練習的次數。⁴我們無意讓你的練習流於儀式化，這樣反而有礙我們完成目標。

3.　　　但你若是因為不想投入規定的時間而錯過練習，那就會造成學習障礙。²不要在這事上欺騙自己吧！³不情願的心理很可能狡猾地隱藏於身不由己的外境之下。⁴你應設法分辨什麼是環境不許可，什麼是你有意掩飾自己不情願的煙幕彈。

4.　　　當你回心轉意之後，應該立刻補上錯過的練習，不論當初是為了什麼緣故而錯過的。²你之所以不願按部就班地做這救恩的功課，只因它與你所珍惜的其他目標背道而馳。³只要你不再重視那些目標，這些練習便能取代你獻給它們的一串懺禱。⁴它們對你一無用處。⁵這些練習才能滿全你的所需。⁶現在就接納它們的贈禮而活在平安中吧。

5.　　　複習的形式如下：每天騰出兩次五分鐘的時間，你若願意，也可以投入更長的時間，反省一下當天指定的觀念。²先複誦一遍這些觀念及後面的解說。³然後思考一下，同時用心地把這些觀念與你的需要、你彷彿遭到的困難及焦慮聯想在一起。

6.　　　請把這些觀念置於心中，讓它自由地隨機運作。²信任它會明智地發揮大用，因為賜你這些想法的那一位會幫助它作決定的。³除了自己心內的那一位，還有誰值得你信任？⁴複習時，請相信聖靈所選用的這些方法是不可能失敗的。⁵你心靈的智慧必會助你一臂之力。⁶開始時先定好方針，然後退到寧靜的信心中，讓心靈自由發揮你給它的想法，這些念頭本來就是給你的心靈使用的。

7.   上天以最完美的信任將這些念頭交託給你，相信你會善加利用，相信你能體會出話中深意，並且運用在自己身上。²以同樣的信任、自信與信心將它們獻給你的心靈吧！³它不會失敗的。⁴它是聖靈為你選擇的救恩途徑。⁵這方法既蒙祂的信任，必堪受得起你的信任才對。

8.   在此特別提醒一下，你若用一天的最初五分鐘以及最後的五分鐘作此複習，效益最大。²如果做不到這一點，至少把它們分開，一個放在早上，一個放在睡前一小時之內。

9.   在一天中，持之以恆的練習也同樣重要，甚至更有價值。²你傾向於只在指定的時間練習；練習完後，依然故我地去忙其他的事，未能把你所學的套用於日常生活中。³結果，你會感到後繼無力，使你學到的本事英雄無用武之地。⁴上面建議的方式不過是給你一個機會再度善用它而已。

10.   在這複習中，我們必須特別強調：盡量避免在兩個「長式」練習之間的空檔中荒廢學習。²試著每一小時都簡要卻認真地複習當天的兩個觀念。³一個放在每個小時之始，另一個放在每小時的中間。⁴每次用不到一分鐘的時間。⁵先複誦一遍當天的觀念，讓你的心在寧靜與平安中安息片刻。⁶然後回到日常事務上；但盡量把這些念頭留在心中，讓它幫你維繫一天的平安。

11.   你的心思一旦有所動搖，便再溫故知新一下。²這些練習的設計，是為了幫你養成習慣，把每天所學的觀念隨時應用到你所做的每一件事上。³不要念了一遍以後就擱置一旁。⁴它對你的幫助大到難以衡量。⁵它會在你有待援助的任何時間及地方，以各種方式來幫你過關。⁶試著把這觀念帶入當天的工作中，使你的工作變得神聖無比，配得上你上主之子的身分，而蒙受上主及你自性的悅納。

12.   每天的複習功課結束時，再重申一遍每個小時以及每半小時規定複誦及運用的觀念。²別再忘了。³這不只給你一個重溫當天觀念的機會，還會讓你百尺竿頭更進一步；這複習所帶來的驚人學習成果，有助於我們堅定自己的腳步，鼓起更強的信心，安穩地向前邁進。

13. 不要忘了，你過去所學的是如此的少。
    [2] 不要忘了，你現在能夠學的是如此的多。
    [3] 當你複習天父所賜的這些觀念時，
    不要忘了，祂是多麼需要你。

第一百一十一課

早晚的複習方式：

1.（91）**奇蹟只顯現於光明之中。**

²我無法在黑暗中看見。³願聖潔與真理之光照亮我的心靈，願我看到自己心內的純潔無罪。

2.（92）**奇蹟只顯現於光明之中，而光明與力量是同一回事。**

²我的眼光會透過上主所賜的力量去看。³祂把自己的力量賜給了我，取代我的軟弱無能，驅散我的黑暗。

3. 每個小時：
²奇蹟只顯現於光明之中。

³每半小時：
⁴奇蹟只顯現於光明之中，而光明與力量是同一回事。

第一百一十二課

早晚的複習方式：

1.（93）**光明、喜悅與平安都活在我內。**

> [2]我是光明、喜悅與平安的家園。[3]我歡迎它們進入我與上主同在的家園，因為我是祂的一部分。

2.（94）**我仍是上主所創造的我。**

> [2]我永遠是我受造時的模樣，因為我是按照上主永恆不變的肖像所造的。[3]我與祂一體，祂也與我一體。

3. 每個小時：
   [2]光明、喜悅與平安都活在我內。

   [3]每半小時：
   [4]我仍是上主所創造的我。

第一百一十三課

早晚的複習方式：

1.（95）**我是一體自性，且與我的造物主一體不分。**

> ² 莊嚴寧靜與圓滿的平安非我莫屬，因為我是一體自性，全然完整，與一切造化及上主渾然一體。

2.（96）**救恩來自我的一體自性。**

> ² 源自我一體自性的真知依舊在我心中，從那兒，我看到上主對我的完美救恩計畫早已圓滿完成。

3. 每個小時：
   ²我是一體自性，且與我的造物主一體不分。

   ³每半小時：
   ⁴救恩來自我的一體自性。

第一百一十四課

早晚的複習方式：

1.（97）**我是靈性。**

> ²我是上主之子。³身體容納不了我的靈性，它也無法違反上主創造的初衷而限制我的生命。

2.（98）**我接受自己在上主救恩計畫中的那份任務。**

> ²我的永恆實相既然出自上主的創造，除了接受上主之言以外，我還會有什麼其他的任務？

3. 每個小時：
   ²我是靈性。

   ³每半小時：
   ⁴我接受自己在上主救恩計畫中的那份任務。

第一百一十五課

早晚的複習方式：

1.（99）**救恩是我在世的唯一任務。**

> [2]我在世上的任務就是為自己造出的一切錯誤而寬恕世界。[3]整個世界就這樣和我一起由錯誤中解脫出來了。

2.（100）**我的任務乃是上主救恩計畫中不可或缺的一部分。**

> [2]我是上主的救恩計畫中不可或缺的一部分。[3]因祂已把救恩計畫託付於我，要我去拯救世界。

3. 每個小時：
   [2]**救恩是我在世的唯一任務。**

   [3]每半小時：
   [4]**我的任務乃是上主救恩計畫中不可或缺的一部分。**

第一百一十六課

早晚的複習方式：

1.（101）**上主願我活得圓滿幸福。**

2上主的旨意就是願我活得圓滿幸福。3我之所以會
受苦，只因我相信在祂旨意之外還有其他的選項。

2.（102）**我與上主一樣願自己幸福。**

2我身負天父對我（即其聖子）的旨意。3祂所賜我
的一切，才是我唯一之所需。4祂所賜我的一切，
也是唯一的實存。

3. 每個小時：
2上主願我活得圓滿幸福。

3每半小時：
4我與上主一樣願自己幸福。

第一百一十七課

早晚的複習方式:

1.(103)上主既是愛,故也是幸福。

> [2]願我記得,愛就是幸福,此外沒有任何東西能帶來喜悅。[3]因此,我決心不再沉溺於任何虛擬的愛中。

2.(104)我只願追求在眞理內原屬於我之物。

> [2]愛是我的天賦資產,還有隨之而來的喜悅。[3]這是天父賜我的禮物。[4]我願接受在真理內屬於我的一切。

3. 每個小時:
   [2]上主既是愛,故也是幸福。

   [3]每半小時:
   [4]我只願追求在眞理內原屬於我之物。

第一百一十八課

早晚的複習方式：

1.（105）**上主的平安與喜悅非我莫屬。**

> ² 今天我要接受上主的平安與喜悅，欣然用它替換
> 自己營造的假幸福與假平安。

2.（106）**願我靜下心來聆聽真理。**

> ² 願我那虛弱的聲音靜止下來，讓我聽見真理雄偉
> 之音的保證：「我是上主完美的聖子。」

3. 每個小時：
² 上主的平安與喜悅非我莫屬。

³ 每半小時：
⁴ 願我靜下心來聆聽真理。

第一百一十九課

早晚的複習方式：

1.（107）**真理會修正我心念上的所有錯誤。**

> ²我以為自己可能受到傷害，我錯了。³我是上主之子，他的自性萬無一失地安息於上主的天心裡。

2.（108）**施與受在真理內是同一回事。**

> ²今天我要寬恕一切事情，這樣我才會懂得如何接受我內在的真相，進而認清自己的無罪本質。

3. 每個小時：
²真理會修正我心念上的所有錯誤。

³每半小時：
⁴施與受在真理內是同一回事。

第一百二十課

早晚的複習方式：

1.（109）**我安息於上主內。**

²今天，我要安息於上主內；願祂在我寧靜而篤定
的安息中，在我內且透過我而進行祂的工作。

2.（110）**我仍是上主所創造的我。**

²我是上主之子。³今天我要放下所有對於自己的
病態幻覺，而讓天父來告訴我，我究竟是誰。

3. 每個小時：
²我安息於上主內。

³每半小時：
⁴我仍是上主所創造的我。

第一百二十一課

寬恕是幸福的關鍵

1.　　你此生追求的平安，答案在此。²你想在一個狀似荒謬的世界中發掘意義，關鍵在此。³當危機四伏，你全心寄望的平安與寧靜搖搖欲墜時，安全之計亦在於此。⁴一切問題的答案都在這一句話，它保證所有的疑懼都會到此結束。

2.　　不寬恕的心充滿了恐懼，使愛無處容身，也無處展翅，難以安心地翱翔於動盪的世界之上。²不寬恕的心是悲哀的，沒有休養生息的機會，也沒有解脫痛苦的希望。³它在困境中受苦受難，在黑暗中東張西望；縱然一無所見，卻認定那兒危機四伏。

3.　　不寬恕的心深受疑懼所苦，既認不清自己，也認不清眼前的一切，內心充滿害怕、憤怒、脆弱、恫嚇。既不敢前進，又不敢留在原地；既害怕清醒，又害怕睡著；它怕任何的風吹草動，更怕寂靜無聲；它懼怕黑暗，卻更怕接近光明。²不寬恕的心所看到的，盡是報應與懲罰。³眼之所見，全是自己罪孽深重的佐證。

4.　　不寬恕的心所看到的不是過錯，盡是罪惡。²它是以盲目的眼睛看世界，當它看到自己投射之物起身反擊它那可憐又虛假的生命時，便哀號不已。³它想要活下去，卻常感到生不如死。⁴它想要寬恕，卻看不到任何希望。⁵它想要逃避，卻找不到出路，因為它眼中盡是有罪之人。

5.　　不寬恕的心感到絕望，它可想見的未來只會陷它於更深的絕望。²然而，它不允許任何人為它心目中的世界觀翻案，毫不自覺正是這個評判將自己打入了絕望的深淵。³它認為這一切是無法改變的，因它所見的一切，全都證明了自己的評判正確無誤。⁴它不會向人請益，因為它認為自己知道真相。⁵它也不會反躬自問，因它堅稱自己是對的。

6.　　寬恕是後天學習來的功夫。²它不是心靈本有之物，因為心靈是不可能犯罪的。³罪乃是你灌輸給自己的一個觀念；為此，寬恕成了你非學不可的一課。但你不應再求教於自己，而應就教於那位代表你的另一自性的內在聖師。⁴祂會教你如何寬恕你自

以為營造出來的那個自我，並讓它自行消逝。⁵你的心便這樣回歸了祂，與祂合一，而祂原是你那絕對不可能犯罪的自性。

7.　　每個不寬恕的心靈，都成了教你的心如何寬恕自己的機會。²每個心靈都等著經由你而得以從地獄中脫身，它懇求你讓天堂降臨於此時此地。³它本身沒有希望，你成了它的希望。⁴你一成為它的希望時，也成了你自己的希望。⁵不寬恕的心必須透過你的寬恕才會明白自己已經由地獄中脫身了。⁶你就是靠著教導救恩而學到救恩的。⁷然而，你所教導與學習的一切並非出自於你，而是來自那位內在聖師，祂是上天賜你的指引迷津者。

8.　　今天我們要學習寬恕。²只要你願意，你今天就能學會如何領受幸福之鑰，並且用在自己身上。³我們將在早上練習十分鐘，晚上再練十分鐘，學習如何給出和接受寬恕。

9.　　不寬恕的心不會相信施與受是同一回事。²為了教你看出兩者真是同一回事，我們今天要練習同時寬恕你心目中的一個仇敵以及一個朋友。³當你學會將兩者一視同仁時，再把這練習沿用到自己身上，你便會看到自己已跟他們一起解脫了。

10.　　開始「長式」練習時，先想出一個你不喜歡的人；他好似常惹你生氣，或是你只要想到見他就懊惱，或是你打從心底鄙視的人，或是你一心想要迴避的人。²不論你的怨忿是以何種形式流露。³你大概已經選定一個對象了。⁴好，就是他。

11.　　現在閉起眼睛，在心內看著他，凝視他一會兒。²試著在他內看到某種光明，即使是你從未注意到的一點微光也好。³試著找到那明亮的光點，由他在你心目中的醜陋形象後透照出來。⁴然後繼續凝視著這一幅圖像，直到你真能在圖像的某處看到一點光明為止，再讓這光明向外擴展，直到籠罩了他整個人而使這幅圖像變得美好無比。

12.　　再凝視一會兒這煥然一新的他，然後把你的心轉向心目中的一位朋友。²試著把你先前在「仇敵」身上看到的光明轉投到他身上。³現在，把他看成超乎朋友的朋友，因為他的神聖本質在那光明中向你顯示了他是你的人間救主；他不只已得救，還能救人，因他已經療癒，且重歸完整。

13.　　然後，讓他將你在他內所見到的光明回饋給你，讓你的「仇敵」與朋友也聯手用你給他們的禮物來祝福你。²如今，你已與他們一體了，他們也與你一體。³如今，你已經寬恕了自己。⁴在這一天內，當你把幸福帶給每一顆不寬恕的心（包括你自己的心在內）時，不要忘了寬恕這個關鍵因素。⁵每個小時都告訴自己一遍：

> ⁶寬恕是幸福的關鍵。⁷我願由那活得朝生暮死且充滿墮落與罪惡的噩夢中覺醒過來，全然了知自己仍是完美的上主之子。

第一百二十二課

寬恕會給我想要的一切

1. 　你所要的東西，有什麼是寬恕所不能給的？²你想要平安嗎？³寬恕會給你平安。⁴你想要幸福、平靜的心、明確的目標、超越世界之上的尊嚴與美感嗎？⁵你想要得到關心，感到安全，以及隨時受到穩妥的保護那種溫馨的感覺嗎？⁶你想要那不受侵擾的寧靜、永遠不受傷害的溫柔、深刻而持久的慰藉，以及不受攪擾的完美安息嗎？

2. 　寬恕會給你這一切，甚至更多。²當你甦醒時，它就在你眼前閃耀，讓你滿懷喜悅地迎向這一天。³當你入睡時，它輕撫你的額頭，安歇於你的眼瞼，使你不再夢見恐懼與邪惡、敵意與攻擊。⁴當你再度甦醒時，它又為你帶來一天的幸福及平安。⁵寬恕會給你這一切，甚至更多。

3. 　若以不寬恕的眼光去看世界，你是看不見基督聖容的，唯有寬恕能夠揭去那障眼的面紗。²它會幫你認出上主之子，清除你記憶中所有致命的念頭，如此，你對天父的記憶才會浮上心頭。³你還有什麼需求是寬恕所不能給的？⁴除了這些禮物，人生還有什麼其他東西值得你去追求？⁵那些如夢如幻的價值、微不足道的成果，或是稍縱即逝的許諾，豈能比寬恕給你更大的希望？

4. 　你為什麼還想在一切問題最終的答覆之外尋求其他解答？²針對世間不完美的問題、無謂的要求、心不在焉的聆聽、虎頭蛇尾的努力，以及片面的信任等等，沒有比這更完美的答覆了。³答案就在這裡！⁴不要再東尋西覓了。⁵你不會找到其他答案的。

5. 　上主對你的救恩計畫是不可能改變，也不可能失敗的。²你應為上主計畫的永恆不渝而稱謝不已。³它千古不易地立於你前，有如一扇敞開的門，門後傳來的歡迎之聲如此溫馨，你應邀而入，有如置身家中，這才是你當在之處。

6. 　這就是一切問題的答覆！²整個天堂都在裡面等候你，你豈願繼續置身於其外？³寬恕他人並接受寬恕吧！⁴你就在給予之際，同時領受到了。⁵除此之外，上主之子沒有其他的救恩計畫。⁶讓

我們今天一起來慶祝這一事實，因我們在此所得的答覆如此清晰，如此單純，讓你無從扭曲。⁷世上所交織成的錯綜複雜之網是如此不堪一擊，它一面對眞理單純無比卻具無上權威的宣言，便銷聲匿跡了。

7.　　這就是一切問題的答覆！²不要再迴避而漫無目的地流浪了。³現在就接受救恩吧！⁴它是上主的恩賜，超乎世界之上。⁵只要是接下上主恩賜且納爲己有的心靈，世界再也無法給它更貴重的禮物了。⁶上主願你今天就領受救恩，你便不難看清那錯綜複雜的人生夢境的虛無眞相。

8.　　今天就張開眼睛瞻仰那安全而和平的幸福世界吧！²寬恕是幸福世界得以取代地獄之苦的不二法門。³當亙古常新的眞理由你意識中升起時，寬恕便會靜靜前來，向你開啓的雙眼致意，你的心會洋溢著深湛的寧靜。⁴那時，你所憶起的境界，絕非筆墨所能形容。⁵這正是你的寬恕要給你的禮物。

9.　　我們一邊記住寬恕的禮物，一邊懷著希望與信心進行今天的練習，相信我們今天就會獲得救恩的。²今天我們要歡欣熱切地起身追尋，而且充分意識到這把鑰匙就在我們的手中，讓我們接下天堂對我們自己營造出來卻不願活在其中的地獄之答覆。

10.　　我們每天早晚都歡喜地騰出一刻鐘的光景在心中搜尋一下，這保證會結束你的地獄之苦。²滿懷希望地啓程吧，因我們已經抵達轉捩點了，此後必會水到渠成，一帆風順的。³如今，前程已經在望。⁴我們眞的很接近夢境所註定的終點了。

11.　　當你開始作此練習時，不妨讓自己沉浸於幸福感內一會兒，因爲只要你肯接受這一答案，這些練習必會帶給你疑慮盡消的賞報，以及你接受這答案之後必享的幸福。²今天，你必然感受得到寬恕帶給人的平安，以及揭開面紗後的喜樂。

12.　　今天，世界會在你接受的光明之前悄然隱退；你會看到另一個筆墨難以形容的世界浮現眼前。²讓我們現在就昂然步入光明之中，接下那太初之始即爲我們保留且等著我們領回的禮物。

13.　　寬恕會給你所要的一切。²你想要的一切，今天都會賜給你。³在這一天，縱然你還得回頭面對那變化無常又荒蕪貧乏的世界，

切莫讓這一禮物由你心中消逝。⁴設法把這份禮物保存於你清晰的意識裡，只要你能在變化的核心看到那不變之物，在表相之後看到真理之光。

14.　　試著別讓你的禮物悄悄滑入遺忘之境，每一刻鐘至少用一分鐘的時間想起它們，且牢記心中。²你不妨用下面的話來提醒自己這一禮物的珍貴性，它會幫你在這一天中隨時覺察到自己的禮物的：

> ³寬恕會給我想要的一切。
> ⁴今天我已接受了這一事實。
> ⁵今天我已領受了上主的恩賜。

第一百二十三課

感謝天父賜我的禮物

1.　　今天讓我們懷著感恩的心。²我們已經踏上了更為平坦的人生道路。³你再也不會起退轉之心，也不願頑強地抵制眞理了。⁴雖然你有時難免還會搖擺不定，或偶有異議及遲疑，但只要你想起那超乎你理解的收穫，你會更加感恩的。

2.　　今天你若更用心地感恩，有助於你開啓慧眼，讓你看到你所有成長與種種恩賜所延伸出去的無盡寶藏。²今天，歡樂吧！以愛心感謝你的天父從未把你交到你自己的手中，也不曾讓你孤獨地徘徊於陰暗幽谷。³感謝祂將你由自己為了取代祂及其造化而打造出來的自我中救拔出來了。⁴今天，向祂獻上你的感恩吧！

3.　　感謝祂從未遺棄過你，感謝祂的聖愛永遠照耀著你，永恆不易。²同時也為你自己的永恆不易而感謝祂，因祂所鍾愛之子如祂一般永恆不易。³為你的得救而感恩吧！⁴為你在救恩中所負的使命而歡欣吧！⁵你應慶幸自己的價值遠超過你賜給自己的菲薄禮物，也超過你對上主視為己出之聖子的褒貶臧否。

4.　　今天，我們要高舉感恩之心，超越絕望，抬起感謝的眼神，不再一味俯視地上的塵土。²今天，我們要唱出感恩之歌，向我們的自性致敬，那是上主願我們活在祂內的本來面目。³今天，我們要向遇到的每一個人微笑，踏著輕快的腳步去做我們被指派的工作。

5.　　我們絕非踽踽獨行於人間。²感謝那位道友，他向孤獨的我們說出了上主的救贖之言。³也感謝你聆聽了祂的聲音。⁴若非你的聆聽，那聖言便會落得暗啞無聲。⁵就在感謝祂之際，那感謝也會落回你的身上。⁶無人聆聽的信息是拯救不了世界的，不論那天音多麼響亮，不論那信息多麼慈愛。

6.　　感謝你這聆聽者，因你已成了傳送天音的使者，它會隨著你而迴響於世界每一角落。²今天，就在你感謝祂之際，同時接納上主的感謝吧！³因祂會用你獻出的感謝回謝於你；祂會慈愛而感激地收下你的禮物，再千倍萬倍地回贈於你。⁴就在祂與你分

享之際，你的禮物受到了祝聖。[5]這禮物的威能所向無敵，直到整個世界都洋溢著歡樂與感恩爲止。

7.　　今天請練習兩次，接受祂的感謝，並向祂獻上你的感謝，每次大約十五分鐘。[2]如此，你會豁然明白自己所感謝的究竟是誰；而當你向祂致謝時，祂又在感謝誰。[3]你所獻給祂的這神聖的半小時，每一秒都會轉爲數年的回報；也因著你對祂的感恩，這拯救之力會爲世界省下好幾劫。

8.　　接受祂的感謝吧！你就會明瞭祂是多麼慈愛地將你護守於天心中，祂對你的關愛深不可測，祂對你的感恩又是如此完美無瑕。[2]每個小時都想起祂來，感謝祂賜給聖子的這一切，聖子才可能置身於世界之上而憶起他的天父及自性。

第一百二十四課

願我記得自己與上主是一體的

1.　　今天，我們要為自己在上主內的本來面目而謝恩。²不論我們做什麼，我們真正的家保證安全無虞；不論從事何種工作，我們都會有足夠的威能與力量。³我們絕不會失敗。⁴凡事只要碰到我們，都會蒙受祝福與治癒的光輝。⁵與上主一體，與宇宙一體，我們就這樣歡欣地啟程，因為我們知道上主隨時隨地與我們同行。

2.　　我們的心靈是何等的神聖。²我們所見到的一切，也會反映出心靈與上主及自身一體不分的神聖本質。³一切過錯就這樣輕而易舉地一筆勾消了，死亡也會讓位給永恆的生命。⁴我們光輝的足跡朝向真理邁進，因上主還會親自陪伴我們暫留人間片刻。⁵尾隨我們而至的後人，也會認出這條道路的，因為我們隨身攜帶的光明一邊留下為他們照路，一邊繼續伴隨我們前進。

3.　　我們所領受的一切，成了我們給來者、逝者或同時代人的永恆贈禮。²上主不分軒輊地愛著我們，我們在這愛中受造；祂微笑著俯視我們，並且把我們給出的幸福回贈我們。

4.　　今天我們不再懷疑祂對我們的愛了，也不再質疑祂的眷顧與關懷。²那些無謂的焦慮再也阻礙不了我們對祂臨在的覺知與信念。³今天我們就在這份領悟與記憶中與祂合一了。⁴我們在心中感受到祂的臨在。⁵我們的心靈保存了祂的聖念，我們的眼睛能在一切事物上目睹祂的美善。⁶今天我們只願矚目於那慈愛以及可愛之物。

5.　　我們若能在痛苦的表相下認出這個愛來，痛苦便會拱手讓位給平安。²我們若能在瘋狂、悲哀及苦惱、孤獨與害怕的人身上看到這個愛，他們也能回歸心靈在受造之初的平安與寧靜。³我們若在生命垂危，甚至亡者身上看到這個愛，他們便會重獲新生。⁴我們會看到這一切的，只要我們能在自己心內先看到這個愛。

6.　　凡是知道自己與上主一體的人，生命中不可能沒有奇蹟。²他們的每一念都具有治癒所有人及一切苦的能力，不論是為過去或未來的人，或是此刻與他同行的，對他都一樣容易。³他們

的意念是超越時空的，既不受時間的限制，也不受地域的影響。

7.　　當我們說，我們與上主一體時，便已加入了這一意識。²因為在這句話裡，我們不只聲明了自己的得救與治癒，同時也宣稱自己有拯救與治癒他人的能力。³我們既已領受到了，如今我們也願分享出去。⁴這樣才能保住天父賜給我們的禮物。⁵今天，我們會體驗到自己與祂一體，如此，世界才分享得到我們對實相的領悟。⁶我們所經驗到的世界已經自由了。⁷只要我們能否定自己與天父的分裂，世界便與我們一起得到了治癒。

8.　　今天，平安與你同在。²你只要練習隨時覺知自己與造物主的一體性，一如祂與你的一體性，你的平安就更穩固了。³今天，在你認為最合適的時間，騰出半小時來，默思「你與上主一體」的觀念。⁴這是我們首次嘗試在這類「長式」練習中，不作任何規定，也不提供冥想字句。⁵我們信賴上主的天音今天會伺機向你發言，我們相信祂不會食言的。⁶與祂共度這半個小時吧！⁷祂會照料一切的。

9.　　即使你認為自己沒有任何體驗，絲毫不減它為你帶來的益處。²今天，你也許還未準備好接下這些益處。³然而，它終會在某時某刻出現於你眼前，當它屹立不搖地光照你的心靈時，你不會認不出它來的。⁴這半個小時就像一面鑲金的鏡框，每一分鐘的練習好似為你在鏡框上鑲入一顆鑽石。⁵你會在這鏡框內看見自己臉上反映著基督的聖容。

10.　　也許今天，也許明天，你就會在這神聖的半小時為你架起的明鏡裡，看到自己的聖容正凝視著你。²只要你準備好了，你會在那兒找到它的，它正在你心裡等著你將它尋回。³於是，你就會憶起這半小時所練習的主題，你會心滿意足地覺得每一分鐘都很值得。

11.　　也許今天，也許明天，當你照這鏡子時，就會明白眼前這清白無罪的光輝本來就是你的，你所看到的美善也非你莫屬。²把這半小時當作你獻給上主的禮物吧！祂肯定會回報給你那超乎意想的愛、深不可測的喜樂，以及超乎肉眼所能看見的神聖景象。³然而，你放心，總有一天，也許今天，也許明天，你會明白，你會理解，你會看到的。

12.　　今天，每小時向自己複誦一下下面的句子，這等於在祂賜你
　　的金框上鑲入更多的珠寶：

　　　　^{2}願我記得，我與上主一體，也與所有弟兄及我的
　　　　自性一體地活在永恆聖潔的平安中。

第一百二十五課

今天我要靜靜地接受上主之言

1.　　讓今天靜止下來，靜下心來聆聽吧！²你的天父願你今天就聽到祂的聖言。³祂住在你心內，在你心靈深處頻頻呼喚。⁴今天，聆聽祂吧！⁵除非祂的聖言傳遍普世，否則和平不可能來臨；除非你的心靈能夠安靜聆聽並且接受世界必須聆聽的信息，否則，世界是不可能眞正太平的。

2.　　這世界會因著你而轉變。²此外沒有其他的救恩途徑了，因上主的計畫就是這麼簡單：上主之子有拯救自己的自由，他有上主的聖言爲嚮導，且永遠在他心中、在他身旁、萬無一失地引領他回歸天父的家園，這是他自己的意願，永遠與上主旨意一般自由。³沒有外力迫他就範，只有愛在前引導。⁴沒有神在審判他，只會祝聖他。

3.　　在寂靜中，沒有任何雜念或個人慾望的騷擾，你也不再妄自評判祂的聖言時，我們便會聽見上主的聲音。²我們今天不再評斷自己，因我們的存在本質是外人無法置一詞的。³世界加在上主之子身上的一切評判，絲毫搖撼不了我們。⁴它根本就不認識上主之子。⁵今天我們不再聆聽世界，只靜靜地等候上主聖言的來臨。

4.　　上主的神聖之子，諦聽你的天父向你發言。²上主的天音傳來祂的聖言，讓你把救恩的喜訊與神聖的平安傳播到全世界去。³今天，我們聚集在上主的寶座前，那是祂在你心靈中永在的寧靜之地，是祂一手創造且永不離棄的神聖之所。

5.　　祂無需等你回心轉意之後才把聖言託付給你。²即使在你棄祂而去、浪跡天涯之際，祂也從未對你深藏不露。³祂毫不在意你心目中對自己的種種幻覺。⁴祂深知自己的聖子，不論他在作什麼夢，即使他瘋狂到身不由己的地步，祂依舊接納他爲自己生命的一部分。

6.　　今天，祂會向你發言。²祂的天音正等著你靜下來；你必須平息那些無謂的欲望，讓自己的心靜止片刻，才可能聽到祂的聖言。³靜靜地等候祂的聖言吧！⁴今天我們要請出你內在的平安，

為你那無比神聖的心靈作準備，它才聽得見造物主的發言。

7.　　今天選個最適合靜心的時段作三次練習，每次十分鐘；切斷世界的雜音，決定以溫柔的心聆聽上主之言。²祂在比你的心離你還近的地方向你說話。³祂的聲音比你的手還接近你。⁴祂的聖愛就是你的生命真相，也是祂的生命真相；祂與你、你與祂擁有同一生命。

8.　　當祂向你發言時，你其實是在聆聽自己的心聲。²祂所說的其實是你真心想說的話。³那是自由與平安之言，也是你的願心與目的聯合發出的聖言，它在天父與聖子的同一天心內，兩者無二無別。⁴今天，靜靜地聆聽你的自性吧！讓祂告訴你，上主從未離開過祂的聖子，你也從未離開過你的自性。

9.　　你只需靜下心來。²此外，你不需要任何其他指示，今天的練習會將你提升到世俗思維之上，使你的慧見不再受肉眼所限。³你只需靜下心來聆聽。⁴你會聽見聖言的；在此聖言中，聖子的旨意融入了天父的旨意，兩者一體無間且全然真實，沒有任何幻覺能夠插足其間。⁵今天，每過一小時就靜止片刻，提醒自己今天的特殊任務，且靜靜地領受上主的聖言。

第一百二十六課

我所給的一切，都是給我自己的

1. 今天的觀念，就小我與世俗的想法而言簡直不可理喻，它卻是扭轉小我思維的樞紐，也是本課程的宗旨。²你若相信這一說法，那麼，全面寬恕、目標明確、方向篤定，對你均非難事。³你會了解救恩將藉由何種管道降臨於你，且會毫不遲疑地把握機會加以善用。

2. 讓我們反省一下你所相信的另一套與此相對的觀念。²你覺得其他人與你是分立的，他們的所作所為，與你的想法毫不相干，你的作為對他們的想法也是如此。³因此，你的心態對他們不起任何作用，他們的求助形式與你自己的求助完全無關。⁴而且，你認為他們所犯的罪影響不到你的自我觀念；你能判他們的罪，自己卻不受這罪罰的波及而活得心安理得。

3. 當你「寬恕」了一個罪時，對你並沒有直接的利益。²你只是對一個卑微無用的人大發慈悲而已，它不過顯示你的優越感，比你所寬恕的人高出一等。³他原本不配接受你的慈悲與寬容，那只是你對這卑微之人網開一面而已，他因著自己的罪過已低人一等，不配與你平起平坐。⁴他沒有權利要求你寬恕。⁵那純是你對他的施捨，不能算是你給自己的禮物。

4. 如此，寬恕基本上是沒有道理的事，是一種心血來潮式的善意，是他不配得到的恩惠，是有時可能給有時不必給的禮物。²由於它不是應得的，故扣留不給反倒合乎情理，你若為此而受苦受罰，才是不公平的。³你所寬恕的並非你自己的罪。⁴而是你身外的他所犯的。⁵你若出於仁慈而給他不配得到之物，那禮物就會跟他的罪一樣都歸他所有，不再是你的了。

5. 果真如此的話，寬恕就失去了足以令你信賴的穩定基礎。²那是一種特立獨行，你只是對那不配受你寬恕的人暫且放他一馬而已。³然而，你仍有權利要求這罪人為自己的罪付出相稱的代價。⁴你真認為天堂之主會把世界的救恩建在這樣的基礎上嗎？⁵祂給你的救恩若純粹出於心血來潮，表示祂對你關心的程度實在低得可憐。

6.　　　你並不了解寬恕。²在你的眼中，它最多只會讓你公然發動攻擊時有所顧忌而已，你的心靈並不需要修正。³在你的觀點中，寬恕並不會帶給你平安。⁴它無法幫你擺脫自己在他人身上而非由自己身上所看到（且深受其苦）的一切。⁵更沒有能力幫你覺悟到你與他的一體性。⁶這絕不是上主有心賜給你的寬恕。

7.　　　你若不獻給祂所要求的禮物，你就無法認出祂的禮物，還以為祂沒有給你。²若不是為了你好，祂豈會向你要求這種禮物？³祂怎會滿足於其他空洞的表態，那些無謂的禮物怎麼配得上祂的聖子？⁴救恩之禮遠大於此。⁵真寬恕才是獲得救恩之道，它必能治癒那慨然寬恕的心靈，因施與受是同一回事。⁶你若還未領受到，表示你尚未給出；你若已經給出，你必已領受到了。

8.　　　今天我們要試著了解施者與受者其實是同一人這一真理。²這真理與你的慣常思維可說是南轅北轍，你需要外援來幫你看出其中深意。³而你所需要的神聖助援就在那兒。⁴今天便向祂獻上你的信心吧！祈求祂與你一起練習今天的真理。⁵你若能看出今天的觀念所給你的解脫力，即使只是驚鴻一瞥，這一天就成了全世界的凱旋之日。

9.　　　今天練習兩次，每次十五分鐘，深入體會今天的觀念。²這個觀念會幫你釐清寬恕在你心目中的重要性。³這個想法能幫你清除內心每一道障礙而明瞭寬恕的真諦，且認清它對你的價值。

10.　　　靜靜地閉上眼睛，不再著眼於那毫不了解寬恕為何物的世界，在這寧靜中尋找你的聖所；那兒，你的思維開始轉變，你會放下自己的錯誤信念。²好好地複誦今天的觀念，祈求祂幫你了解其中深意。³虛心受教吧！⁴欣然聆聽真理與治癒之聲向你所發之言，你不僅會了解祂的話，還會認出祂所說的原來就是你自己想說的話。

11.　　　盡可能隨時提醒自己今天的目標，這個目標使得這一天對你及弟兄們彌足珍貴。²不要讓你的心靈遺忘這目標太久，不妨這樣向自己說：

　　　　³我所給的一切，都是給我自己的。⁴此刻學到這一真理
　　　所需的神聖助援就在我身邊。⁵我願全心信賴祂。

⁶然後安靜一會兒，敞開你的心，接受祂的修正及聖愛。⁷你會相信祂向你說出的一切，只因你願接受祂所賜你的一切。

第一百二十七課

除了上主的愛以外，沒有其他的愛存在

1. 　　也許你認爲人間還有各式各樣的愛。²也許你認爲，有一種愛專爲這個，而另一種愛專爲那個；有一種方式愛這一個，又有另一方式愛那一個。³其實愛只有一個。⁴它既沒有部分之別，也沒有程度之分，亦無種類或層次，更沒有分歧與差異。⁵它就是自己的樣子，千古不易。⁶不會因人事環境而有所改變。⁷它是上主的心，也是聖子之心。

2. 　　凡是認爲愛是可能改變的人，是不可能明白愛之眞諦的。²他看不出根本沒有「會改變的愛」這種東西。³爲此，他會以爲自己有時能愛，有時可以恨。⁴他還認爲只給這人而不給那人的愛，也能稱之爲愛。⁵相信這一類愛的人根本不了解愛。⁶如果愛能如此厚此薄彼，表示它已作了罪人與義人的分別取捨，而把上主之子視爲分裂的生命體了。

3. 　　愛是不可能分別取捨的。²它自成一體，因此，萬物在它眼中自然也成了一個。³它的意義就存於這一體性內。⁴凡是視愛爲偏私或局部的心靈，必然不識愛的廬山眞面目。⁵除了上主的愛以外，沒有其他的愛存在，一切愛都在祂的愛內。⁶即使在無愛之處，愛的法則依舊運作其間。⁷愛是唯一的法則，它沒有對立。⁸它的整體性乃是維繫萬物一體的力量，也是維持天父及聖子同一生命體的永恆聯繫。

4. 　　任何課程若以教你憶起自己眞相爲宗旨的話，必會再三重申你的眞相與愛的本質之間毫無差別這一事實。²愛的意義就是你生命的意義，也是上主自身的意義。³因你的生命眞相就是祂的眞相。⁴除了祂的愛以外，沒有其他的愛存在，而祂之所是其實就是萬物之所有。⁵祂的存在不受任何限制，你也與祂一樣的無限。

5. 　　世間任何法則均不足以幫你了解愛的眞諦。²世界所相信的那一套，原本就是爲了隱藏愛的眞諦而營造出來的，它存心將愛打入不見天日的冷宮。³人間奉爲圭臬的運作法則，也沒有一個不與愛的眞相以及你的眞相背道而馳。

6. 　　　不要企圖由這世界找回你的自性了。²你是無法在黑暗與死亡中找到愛的。³對於眼睛看得見而耳朵聽得見愛的聲音之人，這是最顯然不過的事了。⁴今天的練習，就是要把你的心由你以為不能不遵守的一切法則中解放出來，打破你日常生活的種種限制，並幫你超越你認為人類註定要承受的無常之苦。⁵今天我們就要朝著本課程所預定的目標，踏出它所要求的最大一步。

7. 　　　今天你若能驚鴻一瞥愛的真諦，你在解脫道上所跨出的一大步，是無法用距離衡量，也無法用光陰來估計的。²讓我們今天一起歡欣地獻給上主一些時間，並且明白這是最上乘的利用時間的方式。

8. 　　　今天練習兩次，每次十五分鐘，試著擺脫你此刻所相信的每一條金科玉律。²開放你的心靈，讓它安息吧！³這狀似囚牢的世界，任何人只要不再執迷於它，便能脫身而出。⁴只要你撤回自己在它那卑微又無意義的獻禮上所賦予的價值，上主的恩賜便能取而代之。

9. 　　　呼求你的天父吧！你放心，祂的天音必會答覆你的。²祂親自作了這一許諾。³你每放棄一個錯誤的信念，放下你對自己實相與愛之真諦的陰森幻覺時，祂就會親自在你心中播下真理的火花。⁴今天，祂的光明會穿透你無謂的雜念，幫你了解愛的真相。⁵祂會溫柔慈愛地與你同在，只要你允許祂的天音向你純淨而開放的心靈傳授愛的真諦。⁶祂的聖愛必會祝福你今天的練習。

10. 　　　你今天所學的一課會給你一種超時空的體驗，足以一筆勾消那仍在未來等候救恩的無盡歲月。²今天，我們要由衷地感恩自己從此不再受制於那與過去同出一轍的未來。³今天，我們要把過去拋於身後，不再留戀往昔的一切。⁴我們著眼的是一個嶄新的現在，由它衍生而出的未來會與過去大相逕庭。

11. 　　　剛剛誕生的世界，還在它的嬰兒期。²我們將看著它健康地成長茁壯，它會祝福所有前來就教的人，他們也在學習捨棄那個存心與愛為敵而營造出來的仇恨世界。³如今，他們與我們一起同獲自由了。⁴如今，他們全是我在上主之愛內的弟兄。

12. 　　　在這一整天裡，我們要記得他們，因為我們若想悟入自性境

界，就不能將自己的任何一部分遺棄在我們的愛之外。²每個小時至少想起與你一起踏上這段人生旅程的人三次，他也是來修你必修之課的。³當你想到他時，請你由自性中傳給他這一信息：

⁴弟兄，我以上主的聖愛祝福你，我願與你共享此愛。
⁵因為我要學習這一喜悅的課程：除了上主的、你的、我的及每個人的愛以外，沒有其他的愛存在。

第一百二十八課

眼前的世界沒有我真正想要的東西

1.　　眼前的世界無法給你所需的任何東西，沒有一物你能真正派上用場，也沒有任何一物能帶給你喜樂。²你若相信這一觀念，將會免除你漫長的痛苦歲月，數不盡的失望，以及遲早會陷你於絕望的希望。³任何人若想出離世界，飛越它狹隘的視野與卑微的途徑，他必須先接受今天這觀念的真實性。

2.　　你在此所珍惜的每一樣東西，都成了將你束縛於人間的桎梏，這是它對你的唯一用處。²因世上任何東西，只要你賦予它某種目的，它就會有某種作用；直到你能在它們身上看出其他目的為止。³這世界只有一個值得你心靈重視的目的，就是讓你在這原無指望的世界看到另一種希望，且讓你刻不容緩地穿越過去。⁴不要再受它蒙蔽了。⁵你眼前的世界沒有你真正想要的東西。

3.　　只要你還想在世上尋找救恩，你的心靈就會受困於此；今天，由這桎梏中脫身吧！²因為你珍惜什麼，它就會成為你心目中的自己的一部分。³凡是讓你恃物以自重的一切，只會加深你的束縛而看不清自己的價值，在你邁向覺悟自性的路上，平添重重障礙。

4.　　不要讓任何與身體相關的念頭延誤了你的救恩，別再相信世界擁有你想要的東西，更別讓這誘惑耽擱你的前程。²這兒沒有值得你珍惜之物。³這兒沒有任何東西值得你流連片刻，值得你繼續承受片刻之苦、片刻的彷徨及迷惑。⁴本身毫無價值之物是不可能給你任何價值的。⁵你無法在無價值之物中找到經久不變的價值。

5.　　今天，我們要練習放下自己賦予世界價值的一切念頭。²撤回我們對世間各部分、各階段夢境所賦予的任何目的。³撤銷它在我們心中的任何目的，放掉我們以前對它的一切期望。⁴如此，我們等於解開了那阻礙我們由世界解脫的種種桎梏，超越了它所有微不足道的價值及目標。

6.　　讓自己靜止片刻吧！看看你一旦解開心靈的桎梏而任它回歸

自己的本來境界時，你究竟能超乎塵外多遠。²它會感激你給它的片刻自由。³它知道那才是它的歸宿。⁴你一解開它的翅膀，它就會振翅高飛，充滿信心與喜悅地飛向它神聖的目的地。⁵讓它安息於造物主內吧！在那兒它才能恢復清明的神智，回歸自由與愛。

7.　　今天，讓心靈安息三次，每次十分鐘。²當你的眼睛再度睜開時，你就不會像以前那樣重視眼前的一切了。³每當你的心靈擺脫桎梏一次，你的整個世界觀也會隨之轉變一點。⁴世界不是你心靈的歸宿。⁵你的心靈所在之處，才是你的歸宿；你一卸下塵俗之累，它便能安息其中。⁶你的神聖嚮導屹立不搖。⁷向祂開啓你的心扉吧。⁸你可以靜下心來安息了。

8.　　此外，在這一天內，你也要好好護守自己的起心動念。²你一旦看到自己開始在意世間的某些觀點或外在表相時，即刻抵制它對你心靈的束縛，只是平靜而肯定地告訴自己：

　　　　³我不願受此誘惑而延誤自己的前程。
　　　　⁴眼前的世界沒有我真正想要的東西。

第一百二十九課

我所渴望的世界，超乎塵世之上

1.　　今天的主題將繼續發揮昨天練習的觀念。²你不可能只停留在世界毫無價值的觀念上，除非你能從中看見另一種希望，否則它會使你陷於消沉。³我們的重點不在於放棄世界，而是用它來換取一個令人更滿意、洋溢著喜悅，且讓你活得心安理得的世界。⁴你不妨想一想，眼前的世界可能帶給你這一切嗎？

2.　　也許你值得多花一點時間再次想一想這個世界的價值。²如此你才會承認，捨棄你賦予此世所有的價值觀念，也許根本算不上一種損失。³你眼前的世界其實相當不仁，它變化不定、殘酷無情、對你漠不關心、因果不爽且處處與你為敵。⁴它的給予都是有代價的，凡是你珍惜的，它都會索回。⁵你找不到持久的愛，因為世間沒有這種愛。⁶這個在時間中形成的世界，遲早會在時間中結束。

3.　　你若找到另一種世界，它既不可能失落，愛又永存其間，仇恨無處容身，也無報應的觀念，這豈能算是一種損失？²你若能找到自己真正想要的一切，並知道它們不會轉眼即逝，永遠保持著你所願的樣子，這豈能算是一種損失？³連這些特質，最後都會被一種超乎言詮的境界所取代；因你由此前往之境，言語道斷，化為一種無語無聲的寂靜，你卻全然了知於心。

4.　　那種溝通，毫不曖昧隱晦，朗如光天化日，綿延無盡，且永恆如是。²上主親自向祂的聖子發言，一如聖子向上主發言。³祂們的言語無需文字，因祂們所說的一切不落言詮，也不待象徵。⁴祂們的真知如此直接，完全共享，渾然一體。⁵仍受世界羈絆的你，離此境界何其遙遠。⁶然而，當你開始用塵世來換取自己真心想要的世界時，它又近在咫尺。

5.　　如今，最後一步踏得如此篤定；如今，你離超時空之境也只有剎那之隔了。²在此，你只可能向前瞻望，再也不會回頭返顧那原非你想要的世界了。³此地有個世界即將取代它的位置，只要你肯放下世間有意束縛你心靈的卑微事物。⁴你一旦不再重視它們，它們就會銷聲匿跡的。⁵你一看重它們，它們對你便會顯得

眞實無比。

6.　　　這就是你的抉擇所在。²你若決心不再重視虛無之物，對你有何損失？³這世界沒有你眞正想要之物，你的另一選擇才是你眞心之所願。⁴祝你今天就能如願以償。⁵它正等著你選擇，才好前來取代你苦心追求卻非眞心想要的一切。

7.　　　今天，早晚各練習十分鐘，中間再加練一次，鞏固你有意改變的心願。²開始時，不妨這樣說：

　　　³我所渴望的世界，超乎塵世之上。⁴我決心著眼於那
　　　個世界，而非這個世界，因為此地沒有我眞正想要的
　　　東西。

⁵然後閉起眼睛，不再著眼於眼前世界；在寧靜的黑暗中，你會看到一種超乎塵世的光明，一個一個地亮起，直到它們不再明滅閃爍而融為一個光明為止。

8.　　　今天，天堂之光垂顧了你，它照在你的眼瞼上，讓你安息於黑暗的塵世之上。²這種光明不是你的肉眼所能看見的。³然而，你的心靈卻看得一清二楚，而且心領神會。⁴今天是天降大恩於你之日，我們為此感恩不已。⁵今天，我們會明白，你害怕失去的，原來只是失落而已。

9.　　　如今，我們已經了解根本沒有失落這一回事。²我們終於看清了它的反面眞相，而為自己所作的抉擇感到慶幸。³每小時再試著回想一下你這個決定，騰出片刻的時間，放下所有的雜念，重申你的抉擇，並且深入體會這兩句話：

　　　⁴眼前的世界沒有我眞正想要的東西。
　　　⁵我所渴望的世界，超乎塵世之上。

第一百三十課

我不可能同時看見兩個世界

1. 　　知見是一貫性的。²你所見到的不過反映出你的想法而已。³而你的想法不過反映出你決心想要看到什麼罷了。⁴你的價值取向決定了你之所見；因你重視什麼，必會設法看到它，並且相信你所看到的眞實不虛。⁵沒有人會看到他內心毫不重視的世界。⁶只要他相信這是自己想要的，他一定看得見它。

2. 　　有誰能眞正地恨一個人，同時又愛他？²又有誰會把自己不想要的東西弄假成眞？³誰會故意去看一個令他害怕的世界？⁴恐懼令人目盲，你絕對看不到自己害怕看到之物的，這是恐懼最厲害的一招。⁵因此，愛與知見會攜手前進；恐懼則會把明明擺在眼前之物掩藏於黑暗中。

3. 　　那麼，恐懼會在世界上投射出什麼來？²在黑暗中，你能看到什麼眞實之物？³眞相一被恐懼侵蝕之後，所剩下的只是一堆錯覺幻想。⁴那些出於驚恐的盲目幻想，又可能眞實到哪裡去？⁵在這些幻想中，你究竟想找到什麼？⁶在這樣的夢裡，你還能期待什麼？

4. 　　你自以爲看見的一切，都是恐懼爲你營造出來的假相。²世界就是靠著你所相信的一切分裂、分別及多元分歧性而架構起來的。³其實它們並不存在。⁴那是愛的對頭所營造出來的幻相。⁵然而，愛不可能有仇敵，於是，世間的一切便失去了存在之因；它既不存在，自然無法產生任何後果。⁶不論你如何重視，它們依然虛幻如故。⁷不論你如何努力追尋，它們依然杳無蹤跡。⁸今天，我們不再無謂地追求了，不再浪費今天的時光去尋覓那不可能尋獲之物。

5. 　　你不可能同時看見兩個毫無交集的世界。²你若尋求其中一個，另一個就會消失於眼前。³你只能保留一個。⁴你的決定無法超越這個選擇範圍。⁵你只能在眞實與虛妄之間作一選擇，此外別無選擇的餘地。

6. 　　今天，我們不再存心妥協了，因爲其間沒有妥協的餘地。

²你眼前的世界證明了你已經作了一個選擇，而這選擇與它的反面一樣都是全面性的。³我們今天所學的課程，不只告訴你不可能同時看見兩個世界。⁴它還會教你，你所看到的這一個世界，由你著眼的那個立場來看，頗能自圓其說。⁵它自成一格，因為它源自同一情緒，而這一源頭會反映在你在它內所看到的一切事物上。

7. 今天，練習六次，每次都懷著歡欣且感激之心，騰出五分鐘的時間體會一下這個觀念，它能消除你所有的妥協及疑慮，一舉而全面地超越過去。²我們再也不去作種種無謂的分別取捨，也不想保留任何一點虛妄，我們只願全心致力於發掘真相。

8. 當你開始尋求另一世界時，不妨先祈求那超乎你個人的力量，看清你所追求的究竟是什麼。²你要的絕不是一堆幻相而已。³在這五分鐘內，放下手中一切微不足道的世間珍寶。⁴等候著上主的助援，同時這樣說：

> ⁵我不可能同時看見兩個世界。⁶願我接受上主賜我的力量，
> 不再珍惜塵世的一切，我才可能找到我的自由與解脫。

9. 上主必會來臨的。²因你所呼求的乃是那偉大全能的力量，祂會心懷感激地與你一起邁出這一大步。³你一定也會在有形可見之物以及無形真理之境看見祂對你的感謝。⁴你不會懷疑自己的所見，雖然它仍屬於一種知見，卻與你以前肉眼所見的不可同日而語。⁵在你作此抉擇之際，你會知道上主的力量始終支撐著你的生命。

10. 今天，只要記得你抉擇的限度，任何誘惑都會在你眼前煙消雲散。²你所看見的不是虛妄，就是真實；不是錯誤，就是真理，這正是你所能看到的限度。³你的所知所見是隨著你的抉擇而來的，不論是地獄或天堂，它們一來就是全面性的。

11. 你一旦誤把某一小部分的地獄當真，你的眼睛與耳朵就會像中了蠱一般，於是你所見的準是地獄無疑。²然而，天堂的蹤影仍在你的選擇範圍之內，它仍能取代你眼中所見的地獄。³不論地獄以何種形式顯示，你只需向它的任何一個魅影說：

> ⁴我不可能同時看見兩個世界。⁵我要追尋我的自由
> 與解脫，這件事與我真正想要的東西無關。

第一百三十一課

尋求真理的人，絕不會徒勞無功

1.　　你若追尋一個不可能完成的目標，註定一敗塗地。²你想在一個無常之地尋找恆常，在無愛之處尋找愛，在危險之境尋找安全，在死亡的陰森幻夢中尋找不朽的生命。³有誰能在這自相矛盾的追尋下，尋到真正的安定？

2.　　荒謬無稽的目標是不可能達成的。²你無法完成那些目標，因為你致力的方法與目標本身一樣荒謬無稽。³有誰能從如此荒謬的途徑尋獲任何東西？⁴它們能夠把你領向何處？⁵它們豈能帶給你任何具有真實價值之物？⁶追求幻夢世界只會將你導向死亡，因為它追尋的是虛無；外表上你好似追求生命，其實你在自取滅亡。⁷即使在你追求安全保障之際，你的內心深處其實期待著危機的到來，藉此保全自己營造的那個小小夢境。

3.　　然而，人生在世，不能不追尋。²你既為此而來，必會致力於你來此世的目的。³然而，世界無法操控你所追尋的目標，除非你賦予它這個權力。⁴否則，你仍有自由選擇那超乎世界以及每個俗念之上的目標；這目標雖然一度遭人遺忘，如今你終於憶起了；它既古老又恆新，它只是你長久遺忘的天賦遺產之餘響，那才是你真正想要之物。

4.　　為你此生註定的追尋而歡欣吧！²也同樣慶幸自己終於看清了：你追尋的是天堂，而且你必會完成這一真實目標的。³凡是以此為目標者，絕不可能失敗，必會完成。⁴縱使上主之子存心耽誤前程，不惜自欺，誤以地獄為目標，這一追尋過程仍不會徒勞無功的。⁵他若犯了錯誤，自會得到修正。⁶他若陷入迷途，遲早會被領回他註定要完成的使命。

5.　　沒有人會一直陷於地獄的，因為沒有人遺棄得了他的造物主，也沒有人改變得了祂那完美而永恆不渝的愛。²你終會找回天堂的。³除此之外，其他任何的追尋都會逐漸消退。⁴不是因為有人由你手中強行奪走。⁵而是因為你自己不想要了，它才離你而去。⁶你必會完成你真心追尋的目標的，這與上主在清白無罪中創造了你同樣的必然。

6. 　　為什麼你還在等待天堂？²今天它就在此地。³時間只是一個大幻相，是它幻化出了過去與未來。⁴如果上主願意聖子活在天堂的話，過去與未來便不可能存在。⁵上主的旨意怎麼可能活在過去，或是猶待未來？⁶凡是祂所願之事必然當下即是；既沒有過去，也不會有未來。⁷它與時間的距離，就像小小的火燭與天邊的星光那般遙遠，又像你此生選擇的與你真心想要之物那般天壤之別。

7. 　　你所營造的怪異世界充滿了怪異現象，比如：變化莫測的存在模式，飄搖不定的目標，以及悲劇式的苦中作樂；除此之外，你其實還有另一選擇，即是天堂。²上主不會自相矛盾的。³凡是自我否定或是自我攻擊之物，絕非出自祂的創造。⁴祂也不曾造出兩種心靈，一個讓它享有天堂的幸福結局，另一個只能承受與天堂完全相反的悲哀人間。

8. 　　上主不受矛盾之苦。²祂的造化也不會分裂為二。³上主已親自將祂的聖子置於天堂內，他怎麼可能陷身地獄？⁴他怎麼可能失去那永恆旨意所賜給他的天鄉？⁵願我們別再設法在上主的唯一目的上硬加些其他古怪的意願。⁶祂就在這兒，因為祂願意在此；凡是祂願意之事，必發生於當下此刻，不受時間的束縛。

9. 　　今天，我們決心不再用一個似是而非之物來取代真相了。²上主之子所造出的時間怎麼竄改得了上主的旨意？³於是，他只好否定自己，故意與那超乎矛盾對立之境大唱反調。⁴認定自己已造出了一個與天堂對立的地獄，而且相信自己就活在那並不存在的地獄裡；天堂對他反而顯得虛無飄渺，無跡可尋。

10. 　　今天，就把這類愚昧的想法拋諸腦後吧！把你的心靈轉向真實的觀念。²凡是存心尋求真理的人，是不可能失敗的，而我們今天所尋求的就是這個真理。³今天，我們要朝著這一目標練習三次，每次十分鐘；祈願自己得以看見真實世界的來臨，取代我們所執著的無聊幻影；讓真實的觀念取代那些既無意義又無作用、在真理內既無緣起也無實質的一切雜念。

11. 　　這就是我們開始練習時所要強調的。²開始時這樣說：

　　　　³我願看見一個不同的世界，我願想出一個異於自己
　　往昔所造的念頭。⁴我所尋求的世界，不是我個人營

造出來的，而我願想的念頭也不是我自己想出來的。

5 觀察自己的心態幾分鐘，即使眼睛是閉著的，你想到的那個荒謬世界仍然顯得真實無比。6 再檢視一下與這個世界沆瀣一氣而且被你當真的念頭。7 然後，將它們一起拋諸腦後；讓自己沉潛到那些妄念之下，去到它們無法侵擾的聖地。8 在你心裡的諸般雜念之下有一扇門，你是無法全面封鎖那隱藏在門後的真相的。

12.　把那扇門找出來吧！2 在你開啓它之前，不妨先提醒自己：凡是存心尋求真理的人，絕不會徒勞無功的。3 這就是你今天的祈求。4 如今，只剩下這一個有意義的目標了；如今，你不再重視、也不去追求其他目標了；門前的一切均非你真心想要的，你所尋求的乃是門後的真相。

13.　伸出你的手來，你就會發現，只憑你一個穿越的意念，這門便會應聲而開。2 天使會為你照亮前程，所有的黑暗會自行隱退，你頓時立於晶瑩剔透的光輝下，一目了然眼前的真相。3 也許你還會驚愕片刻，但很快的，你會恍然大悟，其實你早已知道眼前的光明世界所反映出來的真相；即使在流浪的夢中，你也不曾完全遺忘。

14.　今天，你絕不會失敗。2 上天派遣了聖靈與你同行，你終有一天會抵達這扇門前的。藉祂之助，你會輕鬆過關而匯入光明之境。3 今天，這個日子已經來臨。4 今天，上主對聖子的千古許諾已經應驗了，聖子也憶起了他對上主的承諾。5 這是值得高興的一天，因時辰已至，我們會在上主預定之處尋獲你畢生追求的目標；你在人間所有的追尋就在你通過這扇門之際一併告終了。

15.　你要隨時記得，今天是一個特別值得高興的日子，你應盡量遠離各種令你不悅的念頭及無謂的感傷。2 救恩的時辰已至。3 今天是上天親自為你和世界制訂的天恩佳節。4 你若忘了這快樂的事實，不妨這樣提醒自己：

> 5 今天我要追尋並且找回我想要的一切。
> 6 只要目標專一，我的追尋不會落空。
> 7 尋求真理的人，絕不會徒勞無功。

第一百三十二課

我要把世界由我所認定的模樣中釋放出來

1.　　除了你的信念以外，還有什麼束縛得了世界？²除了你的自性以外，還有什麼拯救得了世界？³信念的能力確實可觀。⁴你心中的想法具有強大的能力，幻相所導致的後果和真相一般強大。⁵瘋狂的人認定自己眼中的世界千真萬確，且堅信不疑。⁶你若質疑他想法所導致的後果，他絕不會為之所動。⁷唯有從那些後果的起因去質疑，他才有解開這一枷鎖而重獲自由的可能。

2.　　其實，救恩並不難獲得，因為任何人都有改變心念的自由，他的想法自然隨之改變。²如今，念頭的起因已經開始鬆動了；因為改變你的心念，意味著你已改變了造成你現在、過去或是未來所有想法的那個源頭觀念。³你已把過去由往昔的想法中釋放出來了。⁴你也把未來由那慫恿你追尋自己並不真想得到之物的遠古思維中解放出來了。

3.　　如今，只有當下這一刻才是唯一存在的時間。²世界只可能在當下此刻重獲自由。³當你揚棄了過去，又把未來由古老的恐懼中釋放出來以後，你不但找到了解脫，也為世界打開了一條生路。⁴你一直都在奴役這個世界，你以所有的恐懼、疑慮及煩惱，痛苦及眼淚，以及你烙在世上的哀傷，使世界淪為你信念的階下囚。⁵它隨時隨地都在承受死亡的打擊，只因你心中懷著死亡的悲戚之念。

4.　　世界本身是徹底的虛無。²必須靠你的心靈賦予它意義。³而你在世上所看到的一切，都是按照你自己的意願而呈現的模樣，為此，你不只會親眼看到它存在，還會信以為真。⁴你也許會想，你從未造過這個世界，你也不是自願地來到這個在你出生以前就已形成的世界，它哪裡需要你的想法來賦予意義！⁵其實，當你來到此世時，你所看到的確實是你想要看到的。

5.　　沒有一個世界不是出自你的願望，這正是你最後的解脫關鍵。²只要你從心裡改變自己想要看的，整個世界必會隨之改觀。³觀念離不開它的源頭。⁴這是本書〈正文〉中反覆重申的主題；

你若想要了解今天的課程，必須記住這一觀點。⁵你眼前的世界是你營造出來的，只要改變你的心意，世界就會隨之改觀；這種說法絕非出自傲慢。

6.　　辯稱你所在的世界與你自身根本是兩回事，它不受你想法的牽制，與你心中認定的世界也毫不相干，那才是傲慢。²世界根本就不存在！³這是本課程一直想要傳達的中心思想。⁴這觀念不是每一個人都能即刻接受的，他在眞理道上肯接受多少指引，他就會進步多少。⁵他仍會不時後退幾步，而後再向前推進幾步，有時還會退轉好一陣子，才會再度回心轉意。

7.　　凡是準備好認清世界並不存在，而且當下便能接受這一課程的人，便會獲得治癒的恩典。²他們的心靈一旦準備好了，這一課程便會以他們所能了解及領悟的形式出現。³有些人在瀕死之際突然看到了，便起身傳揚這一眞相。⁴也有一些人是在某種超時空經驗中學來的，他們在彼處瞥見了這世界確實不存在，因爲他們所看到的境界如此眞實，顯然與眼前的世界相互牴觸。

8.　　有些人則會在本課程中，或在我們今天所作的練習裡找到這一眞理。²今天的觀念眞實不虛，因爲世界確實不存在。³如果它眞的只是出自你的想像，那麼你只需改變當初賦予世界表相的那些念頭，就能夠把世界由你所認定的模樣中釋放出來。⁴只要你眞能放下所有支持疾病的念頭，疾病便會痊癒；只要你讓生命之念取代所有的死亡之念，死人也會復生的。

9.　　現在，我們必須再次重申先前練習過的一課主題，因它爲今天的觀念奠定了穩固的基礎。²你仍是上主所創造的你。³沒有一個地方能讓你受苦，也沒有任何時間改變得了你的永恆地位。⁴你若仍是上主所創造的你，受時空限制的世界怎麼可能眞的存在？

10.　　今天這一課不過是「了知你的自性，世界就會得救」的另一種說法而已。²你只需改變心裡對自己的看法，世界就由各種痛苦中解脫了。³沒有一個世界脫離得了你的觀念，因爲觀念離不開它的源頭，整個世界都是根據你內在的意念而維繫下去的。

11.　　然而，你若是上主所創造的你，那麼，你的想法也脫離不了祂的聖念，你不可能造出一個沒有祂的永恆及聖愛這種世界的。

² 你在世界中看到了這些特質嗎？³ 它能夠像上主一般創造嗎？⁴ 除非它能夠如此，否則它就不是真的，連存在都不可能。⁵ 你若是真的，你所見到的世界就是假的，因上主的造化與你眼前的世界毫無相似之處。⁶ 你是他的聖念所創造出來的；世界則是你的念頭妄造出來的，因此，唯有你的念頭能夠釋放它，如此你才可能悟入你與上主共有的聖念。

12.　　釋放這世界吧！² 你真正的創造正引頸盼望著解脫，它才能尊你為「父」（我指的不是幻相世界的父親，而是真理之境的天父）。³ 你是他的聖子，他讓你分享他的天父身分，他從不在「他自己的生命」以及「仍是他自己的生命」之間作任何區分。⁴ 他所創造的一切，從未離開過他，你絕對找不到天父的盡頭以及聖子獨立出去的那一點。

13.　　世界不存在，因為它是個與上主之境毫不相干的念頭，當初只是為了離間天父及聖子而造出的，它不惜撕裂上主的一部分來破壞他的完整性。² 出自這種觀念的世界怎麼可能是真實的？³ 它怎麼可能存在任何地方？⁴ 否認幻相而接受真相吧！⁵ 否認自己只是一道陰影走過一個瀕死的世界而已。⁶ 你一旦釋放了自己的心靈，就會看到整個世界也隨之解脫了。

14.　　我們今天的目標，就是要把世界以及芸芸眾生由我們對它們所懷的無稽妄念中釋放出來。² 他們不可能存在那兒的。³ 我們也不可能。⁴ 因為我們正和他們一起安住在天父為我們準備的家中。⁵ 依舊是他所創造出來的我們，今天就要把這世界由我們的每一個幻覺中釋放出來，如此，我們才可能重獲自由。

15.　　我們今天要作兩次練習，每次十五分鐘，開始時請這樣說：

　　² 依舊是上主所創造的我，願把世界由我所認定的模樣中釋放出來。³ 我是真實的，因為世界不是真實的；我終會悟見自己的實相的。

⁴ 而後純然安息片刻，保持清醒，卻不過度緊繃，讓你的心靈在寧靜中悄悄地轉變，世界便與你一起重獲自由了。

16.　　當你送出這些念頭祝福世界時，你無需意識到遠在天涯海角

的弟兄會與近在眼前的無數弟兄一併獲得治癒。²但你仍然感受得到自己的解脫,即使你未必完全了解自己是不可能獨自解脫的。

17.　　在這一天,你透過這些觀念傳給世界更多的自由;當你發覺自己不願相信「只需改變自己的心念」所具的威力時,請這樣說:

　　²我要把世界由我所認定的模樣中釋放出來,我決心接受自己的實相。

第一百三十三課

我不再重視毫無價值之物

1.　　當學生學完了一套理論性似乎相當濃厚、又與他往昔所學大異其趣的教材之後，若能再把他領回具體應用的層面，這種教學的效果會更大。²這就是我們今天所要做的。³我們不再說一堆放諸四海皆準的高超觀念，只著重於對你實用的部分。

2.　　你對人生的要求不只不高，反而低得可憐。²當你讓自己的心靈陷於身體的掛慮、購買的物品，以及世人所重視的名位時，你其實是在自尋煩惱，而非追尋幸福。³本課程並無意奪走你所擁有的那一點寶貝。⁴它也不想用烏托邦的理念來取代這世界所給你的滿足感。⁵然而，世界是不可能滿足任何人的。

3.　　今天，我們要提出一個眞實的評估標準，來測試一下你心目中渴求之物。²除非它們符合這些合理的條件，否則就不值得你去追求，因爲還有更好的禮物可以取代它們。³抉擇的運作法則不是你能置一詞的，可供選擇的對象也不是你造得出來的。⁴你所能做的，只是選擇；而且，你不能不選擇。⁵你若聰明的話，應先搞清楚自己在選擇之際所玩的遊戲規則，以及你所面對的幾種選項。

4.　　我們已經強調過，不論外表上看起來有多少選項，實際上只有兩種選擇。²選擇的範圍已經設定，這不是我們改變得了的。³如果給你無限的選擇，那才是最慳吝之舉，因你得在有限的時間內考慮每一種可能性，而延誤了你的最後抉擇，使你錯失機緣，無法看清你其實只有一個必然的選擇。

5.　　另一個相關的仁慈法則即是：你作什麼抉擇，就會承受什麼後果，因果不爽。²它不可能只給你一點這個或一點那個，因爲沒有中間地帶。³你所作的每個選擇，不是給你一切，就是給你虛無。⁴因此，你若能由這些測試學會分辨一切與虛無的不同，你才能作出更好的選擇。

6.　　第一，你若選擇一個無法永存之物，你所選擇的就毫無價值。²只有短暫的價值，其實等於沒有價值。³只要是眞有價值之物，時間是無法奪走它的。⁴凡是會消逝的，表示它不曾眞正存在

過，選擇它的人不可能從中獲得任何益處的。⁵他只是被自以爲喜歡的某種虛無表相所欺騙罷了。

7.　　其次，你若想由別人那裡奪取任何東西，你就會喪失一切。²這是因爲你一旦否定了他擁有一切的權利，無異於否定你自己這一權利。³於是，你再也認不出自己原本擁有之物，因而抹殺了它們的存在。⁴凡是企圖奪取之人，已被幻相所蒙蔽，以爲損失能帶來另一種利益。⁵其實，損失只會帶來損失，僅此而已。

8.　　下一個有待反省的觀念，它會衍生出其他的問題。²爲什麼你把自己的選擇看得那麼重要？³它有什麼東西這樣吸引你的心靈？⁴它眞正的用意何在？⁵這是你最容易受到蒙蔽之處。⁶因小我認不出自己要的是什麼。⁷即使它眞看到了什麼，也不會說出眞相的；它需要那個光環來保護自己的目標不受污損，保持它在你眼中「純潔無罪」的模樣。

9.　　然而，它那層薄薄的保護膜虛有其表，只騙得了那些甘心受騙的人。²它的意圖在有心人的眼裡昭然若揭。³這是一種雙重的欺騙，因爲受騙的人看不出自己不僅沒有獲得任何益處。⁴他還會相信自己助長了小我的私心。

10.　　然而，不論他如何緊盯著這光環不放，一定看得見它污損的邊緣以及鏽蝕的核心。²那本來無足輕重的錯誤，在他眼中卻成了罪過，因爲他把那個污點看成了自己的污點，把鏽蝕的核心視爲自己內在毫無價值的標誌。³凡是把小我的目標當成自己的目標，且爲它效命之人，在他所服膺的嚮導眼中，他所犯的絕不是「錯誤」而已。⁴這一嚮導還會告訴他，把罪過視爲錯誤，是不對的；如果只是錯誤，那麼誰該爲他的罪受苦受罰呢？

11.　　此刻，我們即將進入令人最難相信的一個測試選擇的標準了，因爲它顯而易見的眞相已被覆蓋在重重的掩飾之下。²你若對自己的選擇感到內疚，表示你已讓小我的目標在那些眞實的選擇對象之間作祟了。³它會使你無法看清你其實只有兩種選擇，而且使你自以爲選出之物顯得面目猙獰，充滿威脅，因而它不可能是虛無的；其實它確實虛無無比。

12.　　世上的一切不是有價值就是無價值，不是值得追求就是不值得

追求，不是令人衷心嚮往就是完全不值得你費心爭取。²正因如此，選擇原是一件極其容易的事。³它的複雜性只不過是一種障人眼目的煙幕罷了，它要隱瞞一個最簡單的事實，就是：沒有一個決定是困難的。⁴你一旦明白了這一點，對你會有多大的益處？⁵絕對不只讓你輕而易舉且毫無痛苦地作選擇而已。

13.　　空出雙手，敞開你的心，一無所有地前來尋求一切，然後納為己有，你就已經接近天堂了。²今天，我們就要試著進入這一境界，放下所有的自欺，眞心誠意地只珍惜那眞實而有價值之物。³我們要作兩次「長式」練習，各十五分鐘，開始時，請這樣說：

> ⁴我不再重視毫無價值之物了，只願追求真有價值之物，因為唯有那個才是我渴望找到的。

14.　　然後接下它一直等候著人們前來領取的恩典，只要你能心無掛礙地前來，天堂之門便會應聲而開的。²當你開始有一點庸人自擾的傾向，或是感到自己進退失據時，請立刻用這簡單的一念去回應：

> ³我不再重視毫無價值之物了，因為真有價值之物才非我莫屬。

第一百三十四課

願我看清寬恕的眞相

1. 　　讓我們一起來複習一下「寬恕」的眞諦，因它極易被人曲解爲：硬被壓制下去的正義怒火、不合情理也毫不值得的施捨、對眞相的全面否定。²由此觀之，寬恕必然成了反常而愚蠢之舉，而本課程豈會把救恩建築在這種婦人之仁的基礎上？

2. 　　並不難修正這類曲解的寬恕觀念，只要你能接受一個事實：凡是眞實的，不需要你的原諒。²只有不眞實的，才需要原諒。³原諒只有在幻相世界才有意義。⁴然而，眞理屬於上主的造化，原諒在此變得毫無意義。⁵一切眞理都屬於祂，反映祂的天律，散發聖愛的光輝。⁶這一境界豈需要任何原諒？⁷你怎麼可能寬恕清白無罪及永恆美善之物？

3. 　　你發覺自己最難眞心寬恕的原因，是你仍然認定需要你寬恕的是眞相，而非幻相。²你心目中的原諒，只是要你漠視眼前事實的徒勞之舉，存心罔顧眞相；這種把幻相當眞且違反常情之舉，只是自欺而已。³這種曲解的觀點又反映了一個事實：當你面對自己時，心裡一定仍有根深柢固的罪的觀念。

4. 　　由於你認定自己眞的有罪，才會把原諒他人視爲一種欺騙。²你不可能一邊把罪惡當眞，一邊相信寬恕不是一種謊言。³於是，寬恕反而成了一種罪，和其他的罪沒有兩樣。⁴它好似在說：眞理是虛妄的，它把敗壞之物視如青草一般無瑕、雪花一般潔白地笑臉相迎。⁵它自恃能夠完成的目標，純屬一種妄想。⁶明明是錯誤的，它硬看成對的；明明是令人不恥的，在它眼中卻成了善。

5. 　　根據上述的觀點，原諒他人稱不上是一種出路。²反而更凸顯出罪是不可寬恕的，最多只能加以掩飾，予以否定或是將它改頭換面，因爲原諒他人其實違背了眞相。³而內疚是寬恕不了的。⁴只要你犯了罪，你的內疚便存留到永遠。⁵你若視對方眞的有罪而寬恕他，那麼，被寬恕者實在被愚弄得很可憐，他被定了兩次罪：先是被自以爲犯了罪的自己定罪，又被那些原諒他們的人定罪。

6. 　　唯有看出罪本身的不眞實，寬恕才會成了極其自然而且合情合理之事；寬恕的人會感到如釋重負，被寬恕者則受到無聲的祝

福。²寬恕不會爲那些幻相撐腰，它只是若無其事地把它們聚集在一起，輕輕地一笑而置於眞相的腳下。³幻相便會當下消失了蹤影。

7. 　　在幻相世界裡，寬恕是唯一能夠代表眞相之物。²它能看出幻相的虛無，一眼識破千變萬化的虛幻表相。³它正視謊言，卻不受其欺騙。⁴它不會聽信那些被內疚沖昏了頭的罪人自我控訴的哀鳴。⁵它只會靜靜地看著他們，這樣說：「我的弟兄，你認爲的那些事情，都不是眞的。」

8. 　　原諒的力量出自它的誠實，因著它的眞實無僞，故能視幻相爲幻，而不至於指鹿爲馬，以幻爲眞。²正因如此，它才能面對謊言而不受蒙蔽，負起那單純眞理的偉大復興力量。³由於它能夠視而不見根本不存在之物，故能一掃內疚的夢魘，打開眞理的道路。⁴如今你能自由地踏上眞寬恕爲你開啓的路了。⁵只要有一位弟兄接受了你的這份禮物，大門就爲你開啓了。

9. 　　有一種極簡單的方法幫你找到眞寬恕之門，而且看到它正向你伸出歡迎之手。²當你感到自己想要責怪別人某種罪行時，不要讓自己的心念停留在你認爲他所做的事情上，因爲那只是自我欺騙而已。³不妨反問自己一下：「我會爲這種事情而定自己的罪嗎？」

10. 　　如此，你就會看到另一種可能性，讓你作出更有意義的選擇，使你的心靈免於內疚與痛苦，這正是上主之所願，也是終極的眞相。²只有謊言才能定人之罪。³一切在眞理內都是純潔無罪的。⁴寬恕立於幻相與眞相之間，在你眼前世界與那超越世界之間，也在內疚之地獄與天堂的大門之間。

11. 　　這座橋樑在愛的祝福下強而有力，所有邪惡、仇恨以及挑釁的夢境，都會越過此橋，靜靜地向眞理邁進。²那些夢境再也無法虛張聲勢、叫囂恐嚇那些愚昧地把夢當眞的夢中人了。³他一旦了解自己眼前的一切其實並不存在，他就會由夢中緩緩甦醒過來。⁴如今，他再也不會感到自己走投無路了。

12. 　　他用不著起身奮戰來拯救自己。²他也不必逞能，充當屠龍英雄。³他更不用築起銅牆鐵壁來保護自己的安全。⁴他可以撤去自己打造出來的沉重而無用的盔甲，釋放困鎖於恐懼與痛苦中的心靈。⁵從此，他可步履輕盈地大步向前，身後還不忘留下一顆

明星，爲後來者指引迷津。

13.　　寬恕是有待練習的，因爲世界無法認出它的眞諦，也沒有嚮導爲你解說它的效益。²世間的思維方式對寬恕的運作法則都莫測高深，更不用說它所反映的聖念了。³世界對寬恕感到無比陌生，一如世界對你的本來面目那般陌生。⁴唯有寬恕能把你的心靈再度結合於你的生命實相裡。

14.　　今天，我們要練習眞寬恕，不再存心延誤結合的時辰了。²我們要在自由平安中與自己的實相相會。³我們的練習也會爲所有弟兄照亮腳下的旅程，他們方能尾隨在後，直到我們共同抵達實相之境。⁴爲了完成這一目標，讓我們今天與那神聖嚮導共度一刻鐘的光景，一天兩次；祂深知寬恕的眞諦，祂來此世即是爲了教導我們這一課程。⁵讓我們這樣向祂祈求：

　　　　　　⁶願我看清寬恕的真相。

15.　　然後按照祂的指示，選出一位弟兄，一一舉出你能想起他所犯的「罪過」。²切記，不要停留在任何一條罪過上，你很清楚自己只是利用他的「過犯」把世界從一切罪惡觀念中救拔出來。³簡短地想一想你認爲他所做的一切壞事，每想出一個，就反問自己：「我會爲這種事情而定自己的罪嗎？」

16.　　讓他由你認爲他有罪的念頭中脫身吧！²那表示你也準備好同享自由了。³你若能眞心且誠實地練習到如今，你必會感到身輕如燕，如釋重負，如此的深刻而篤定。⁴剩下的時間不妨體會一下你由那沉重桎梏中脫身的感覺；那桎梏原是你想加害弟兄卻落回自己身上的。

17.　　在這一天，你要不斷地練習寬恕，因你還會不時地忘記它的眞義而打擊了自己。²一旦發生此事，不妨用下面的話提醒自己，它會幫你的心靈看穿這些幻相的：

　　　　　³願我看清寬恕的真相。⁴我會為這種事情而定自己
　　　　的罪嗎？⁵我再也不願這樣囚禁自己了。

⁶不論你做什麼，只要記住這一點：

　　　　　⁷沒有人是獨自被釘在十字架上的，也沒有人能夠
　　　　獨自進入天堂。

第一百三十五課

自我防衛表示我受到了攻擊

1. 除非有人先認定自己受到了攻擊，不只視此攻擊為千眞萬確的事，而且認定唯有自衛方能自保，否則，誰會起身自衛？²這就是自衛的荒謬之處，它先賦予幻相全面的眞實性，然後又當眞地與它周旋。³這樣幻上加幻以後，使得修正之途加倍的困難。⁴只要你一開始計畫未來，讓過去還魂，或是把現在重整爲你希望的樣子，你就是在幻上加幻。

2. 你一定先感受到了外境的威脅，才會認定有自衛的必要；你的應對方式都是據此信念而發的。²憂患意識，等於承認自己天生的軟弱無能，它認定眼前的威脅逼著你不得不起身做合理的自衛。³整個世界都是建立在這類神智不清的信念上。⁴世上所有的組織、想法、疑慮、懲罰制度、武裝軍備、法律規範與條文、道德標準、領袖及神明，全都是爲了防衛這一威脅而設的。⁵世上沒有一個全副武裝的人心裡不是飽受恐懼威脅的。

3. 自衛是令人害怕的事。²它出自恐懼，每增加一道防衛措施，恐懼隨之加深一層。³你以爲它會帶給你安全感。⁴其實，是它把恐懼顯得眞實無比，使你更有理由驚惶失措罷了。⁵奇怪的是，當你處心積慮地策畫，加厚你的盔甲，扣緊門栓時，你從不停下來問問自己，你究竟在保護什麼？以什麼方式防範？你究竟在抵制什麼？

4. 讓我們先反省一下你在保護什麼。²那一定是十分脆弱、不堪一擊之物。³一定像個待宰的羔羊，無法保護自己，才需要你來防衛。⁴有什麼比身體更脆弱的東西，隨時需要你的保護與照顧，隨時需要你爲它的小命操心？⁵還有什麼東西會比身體更不堪一擊，根本不配成爲上主之子的居所？

5. 然而，會害怕的並不是身體，它也不是一個可怕的東西。²它所有的需求都是你爲它指定的。³它並不需要複雜的防衛措施，也無需保健藥品，它更不需要你爲它操心。⁴當你保護它的生命，用各種禮物妝扮它，或是建築高牆來保護它時，你其實是在聲明：你的家隨時在受時間竊賊的威脅，它會腐朽，會倒閉，

它是這樣的不安全，你才不得不用自己整個生命去守護它。

6. 這幅景象怎能不令人膽戰心驚？²這種家的觀念能讓你活得安心嗎？³然而，是誰賦予了身體如此對待你的權利，不正是你自己的信念嗎？⁴你在身體上所看到的一切功能，都是你的心靈賦予它的，它在你心目中的價值遠超過一小堆塵土及水分。⁵只要認清了身體的真相，還有誰會想要保護這種東西？

7. 身體本來不需要任何保護的。²我們會不厭其煩地重申這一觀點。³身體本來是健康且強壯的，只要心靈不去虐待它，指派給它無法勝任的角色，賦予超乎它能耐之上的目標，或非它所能完成的高超理想。⁴上述的企圖聽起來荒謬，你卻樂此不疲；你為此而不斷向這身體發動瘋狂的攻擊。⁵只因你認為它辜負了你的期望，未能滿全你的需求、價值及夢想。

8. 需要保護的那個「我」並非真實的。²那毫無價值也不值得你費心防衛的身體，你只需將它視為身外之物，它就能轉為一個健康有用的工具，為心靈效命，直到它功成身退為止。³責任已盡，誰還會抓著它不放？

9. 保護你的身體，其實等於攻擊自己的心靈。²因你必會在它身上看見缺陷、脆弱、限度以及匱乏，而認定這一具身體有待你的拯救。³你再也不會把心靈與身體狀況看成兩回事了。⁴心靈一旦被視為有限而脆弱之物，它不只與其他心靈分開，也與生命根源分裂了；而你便會把所有的心靈之苦都套在身體上。

10. 真正有待治癒的是上述那些觀念；它們一旦獲得修正，恢復了真相，身體自會隨之健康起來。²這是唯一且真實的保護身體之道。³然而，你是這樣來保護自己身體的嗎？⁴你給它的那種保護，對它不僅無益，反而加重了心靈的負擔。⁵你沒有治癒它，反而奪走了它痊癒的希望，因你不知道應把希望置於何處才會得到真實的治癒。

11. 已治癒的心靈不再自行計畫。²它只會聆聽那超乎自身之上的智慧，接受它的計畫，然後用到生活上。³它會等候具體的指示，而後才放手去作。⁴它不再自恃己力，只相信自己有能力完成上天指派給它的計畫。⁵它肯定不疑，沒有任何障礙阻擋得了它完成目標，只要那是利益眾生之大計。

12. 已治癒的心靈放下了自己必須計畫的信念，縱然它並不知道什麼才是最好的結果，也不知道該如何進行，甚至認不出那計畫所要解決的問題。²在它認清上述事實以前，它的計畫必會誤用自己的身體。³直到它接受了上述的眞相，它才算眞正的痊癒，把身體放下了。

13. 尚未痊癒的心靈爲了拯救自己而奴役身體，爲自己的計畫效命，一定會使身體生病。²身體自顧不暇，它無法爲一個超乎它能耐的計畫效力；然而救贖計畫卻需要身體提供短暫的服務。³只要在它的能力範圍內，身體便能確保健康。⁴心靈若能在此範圍內發揮其用，身體勢必運作得無瑕可指，它會竭盡所能地完成你的託付。

14. 想要在那些自編自導的種種計畫中，認清它們的目的不外是自衛而已，恐怕不是那麼容易。²它們只是受驚的心靈爲圖自保，不惜犧牲眞相而使出的手段。³有些自欺的伎倆，你還不難識破，因爲它們否定眞相的用意極其明顯。⁴然而，很少人能認清「計畫」本身即是一種防衛措施。

15. 慣於自行計畫的心靈，總想控制未來的發展。²它不相信上天自會照料一切，它必須未雨綢繆。³爲此，人類的時間都以未來爲焦點，而未來又受制於過去所得的經驗以及以前的信念。⁴它看不見現在，只會根據過去的經驗所教它的觀念，自導自演它的未來。

16. 由是可知，慣於自行計畫的心靈意味著拒絕改變。²它的未來目標都是建立於過去經驗這一基礎上。³所以，過去的經驗限制了它所選擇的未來。⁴它不明白，只有把握當下這一刻，才能保證一個與過去截然不同的未來，全然不受過去的舊觀念與病態信念所染。⁵指望未來，發生不了任何作用的，因爲在前導航的是你此刻的信心。

17. 你的種種計畫不過是企圖抵制眞相的防衛措施。²它們的目的只是挑出你所認同之物；凡是與你認定的現實不合的，你都視若無睹。³而你所挑選出的那一切毫無意義可言。⁴因爲眞正「威脅」到你的是那個實相，那才是你的防衛措施所要攻擊、隱藏、決裂、釘死的對象。

18. 你一旦知道了，過去、現在及未來所發生的每一件事，都

是「那一位」處處爲你著想的貼心計畫，你怎麼可能拒而不受？
²你很可能誤解了祂的計畫，因祂絕對無意讓你受苦。³是你的防衛措施使你看不見祂正以愛的祝福光照著你的每一步路。⁴即使在你自掘墳墓之際，祂仍溫柔地領你邁向永恆的生命。

19.　　你目前對祂的信賴，可說是另一種防衛措施，只是它許諾給你的是一個平安無虞的未來，那兒沒有一絲哀傷，只有無盡的喜悅，它會使你的一生轉爲神聖的一刻，即使身處於時間的洪流中，你仍衷心嚮往著那不朽的境界。²別再防衛了，讓你此刻的信賴之心引導你的未來；如此，你這一生才會充滿意義，因爲你會親眼看到自己的防衛措施想要隱瞞你的眞相。

20.　　沒有那些防衛措施，你本身便成了一道光明，上天會欣喜地前來相認你這自家人。²它會按照太初之始爲你制訂的原始計畫，領你邁上幸福之路。³追隨你的人也會將自身的光明融入你的光明內，彼此相映增輝，直到整個世界都大放光明，洋溢著喜悅。⁴我們的弟兄便會欣然放下那些嚇人又累人卻一無所用的防衛措施了。

21.　　今天，秉持著此刻的信賴之心，預想那一刻的來臨，因爲這原是上主對我們的一個計畫。²今天，我們敢肯定地說，上天早已賜給我們完成這一大業所需的一切。³我們無需步步爲營，只需明白，自己一旦放下所有的防衛心態，眞理便會蒞臨於我們的心靈。

22.　　今天練習兩次，每次安息十五分鐘，放下那些無謂的計畫以及阻礙眞理進入心靈的每個念頭。²今天我們不再計畫，只是接受；如此，我們無需費心張羅，便能給予。³我們一定會領受到上天恩典的，只要這樣說：

　　　⁴自我防衛表示我受到了攻擊。⁵唯有不設防，才會
　　　堅強，我會看到防衛措施想要隱瞞我的眞相。

23.　　僅僅如此就夠了。²如果需要計畫，自會有人告訴你的。³即使那並不是你認爲需要的計畫，即使它並未答覆你自以爲面臨的問題。⁴其實，它們是在答覆另一類的問題，也就是那尙未答覆而亟需答覆的問題；而那終極答覆總有一天會降臨於你的。

24. 你所有的防衛措施會千方百計地阻擋你接受今天的恩典。²你會在這單純信賴的光輝及喜悅中百思不解,當初自己怎麼會生出抵制解脫的那種念頭。³天堂對你一無所求。⁴只有地獄才會要求你付出極大的犧牲代價。⁵今天的練習不會要你放棄任何東西的,你只是毫不設防地在造物主前活出自己的眞相罷了。

25. 祂始終記得你。²今天,我們也要記得祂。³因這正是你救恩中的復活佳節。⁴你在狀似死亡及絕望之地重生了。⁵如今,希望之光會由你的心中再度燃起,因爲你已放下了防備,開始學習接受你在上主計畫中的角色。⁶當你由上主的天音接下自己的任務之後,你豈會珍惜其他的無聊計畫或那些純屬怪力亂神的信念?

26. 試著不要按照你認爲最有益的方式來安排這一天。²因那些不經你計畫而降臨的種種幸福絕對超乎你意想之上。³今天好好地學習。⁴全世界都會跟你邁出一大步,與你共度這一復活佳節。⁵在這一天,若有任何無聊俗事快要激起你的自衛心態且慫恿你謀策計畫時,記得提醒自己,今天是個特殊的學習日子,並用下面的話重申這一意願:

> ⁶這是我的復活佳節。⁷我願保持它的神聖。⁸我不再自我防衛了,因爲上主之子無需以自衛來抵制自己的眞相。

第一百三十六課

生病乃是抵制眞相的防衛措施

1.　　唯有了解疾病的企圖的人，才有治癒的能力。²因他會了解那一企圖毫無意義。³它既無眞正的起因，動機又極荒謬，根本就不可能存在。⁴一旦看清這一眞相，治癒就自然發生了。⁵它會以同樣的方式驅除那些無意義的幻相，也就是將所有的幻相一併帶到眞相前，任其自然消失。

2.　　生病不是偶發事件。²它和所有的防衛措施一樣，都是一種神智不清的自欺伎倆。³它的目的和其餘的防衛措施同出一轍，不外乎隱藏實相，攻擊它，改變它，視它無用，故意誤解扭曲它，甚至把實相支解爲一小堆互不相屬的碎片。⁴所有的防衛措施都是爲了防止眞理回歸它的完整。⁵它將每一部分都視爲各自爲政的個體生命。

3.　　防衛措施絕不是無心插柳，在你不知不覺中造出來的。²當眞相好似威脅到你所執著的信念時，它們就成了你手中揮舞的神秘魔術棒。³只因你發動防衛措施時乃是瞬間之事，故顯得像是一種無意識之舉。⁴其實，在你決定的那一瞬間，你完全清楚自己的意圖所在，然後又進一步將它想成別人對你做的事。

4.　　是誰在評估當前的威脅而判定自己必須逃避，並且建立一連串的防衛措施來減低那已被你弄假成眞的威脅？²這一切不可能是無意識的舉動。³而是後來，你的計畫要求你必須忘卻自己是始作俑者，使整件事變得好似與你的意圖無關，也不是你的心念所能左右的；你不只影響不了它，它反而會在你身上造成極其眞實的後果。

5.　　正因你如此快速地忘卻了你是營造這一「眞相」的始作俑者，你才會對自己的防衛措施裝出一副束手無策的模樣。²然而，只要你願意回顧一下那隱藏在雙重遺忘下的決定，你便會憶起自己存心遺忘的一切。³你若記不得眞相，表示你仍受制於那個決定，你的欲望在爲它撐腰。⁴不要誤把這一決定當成事實了。⁵防衛措施不可能不對你隱瞞眞相。⁶不達目的它是不會甘休的，因爲這是它的本能。

6. 每個防衛措施都是從整體中取一些碎片，卻完全不按照它們原來的真實關係加以重組；這樣組成的整體只是一個幻相，不可能真的存在。²真正構成威脅的是這一重組過程，而不是它所組成的後果。³當部分硬被扯離了整體，且被視為各自為政的個體生命時，它們的存在本身不只象徵著它對整體生命的攻擊，且還意味著計謀已經得逞，它們從此再也不被視為那一整體了。⁴然而，你卻忘了它們只代表你心目中認定的真相，為的是取代那原本的真相。

7. 生病是出於你的決定。²它不是不請自來、害你欲振乏力且吃盡苦頭的意外事件。³它是當真相乍現於你錯亂的心中而使你的整個世界頓時搖搖欲墜時，你所作的一個選擇，你所想出的一個應對計畫。⁴此刻，你若病倒了，也許真相會知趣地離開，不再威脅你所營造的那個世界。

8. 你怎麼會認為疾病能夠防止你看清真相？²因為它證明了身體不是你的身外之物，那麼，真理必成了你的身外之物了。³你受苦是因為身體會痛，就在這痛中，你與它結為一體。⁴你就這樣保全了自己的「本來」面目；冥冥中你感到自己的生命也許大於這一撮塵土的奇特想法便被消音了。⁵因為你看到，這撮塵土能使你受苦，扭曲你的肢體，停止你的心跳，將你打入萬劫不復的死亡結局。

9. 由此可見，身體比真理還強大，要你活下去的真理戰勝不了你自取滅亡的抉擇。²如此看來，身體也比永恆的生命更為強勢，天堂比起地獄反倒顯得不堪一擊，上主為聖子設計的救恩計畫就這樣被一個比上主旨意還強大的決定推翻了。³於是，聖子淪為塵土，天父的生命不再完整，渾沌無明從此君臨天下。

10. 這就是你為自己設計出來的防衛措施。²你相信天堂會在你瘋狂的攻擊下知難而退，上主會被你的幻相弄得眼昏目盲，真相搖身一變成了謊言，整個宇宙被奴役在你的防衛措施的遊戲規則。³然而，誰會相信那些幻相？只有製造幻相的人。⁴此外有誰會把它們當成真相而與它周旋？

11. 上主對你存心改變祂旨意的計畫一無所知。²宇宙也不會服膺於你自以為是的人生法則之下。³天堂不會屈服於地獄，生命

也不會屈服於死亡。⁴你有權利去相信自己是會死的，也能受疾病之苦，甚至還有任意扭曲眞相的自由。⁵但是，上主的造化不受這一切所動。⁶你的防衛措施企圖打倒那凜然不可侵犯之境。⁷然而，凡是永恆不易之物是不會改變的。⁸徹底清白無罪的人是不可能犯罪的。

12.　　眞理就是如此簡單。²它不藉助威權，也不追求勝利。³它不要求服從，也無意證明你企圖改變它所作的種種防衛措施是多麼無聊而可憐。⁴眞理一心想要給你幸福，這是它的唯一目的。⁵當你拋棄它的禮物時，也許它會嘆息一聲，然而它深知，且極其肯定，上主願你擁有之物，你一定會得到的。

13.　　這個事實證明了時間只是幻相。²因時間會讓你感到，上主所賜你的一切並不是當前的眞相；其實，它必在當下。³上主的聖念與時間毫不相干。⁴因時間也是你爲了抵制眞理而造出的另一個荒謬的防衛措施。⁵然而，祂所願之事必然在此，你仍是祂所創造的你。

14.　　眞理的能力遠遠凌駕於防衛措施之上，只要你讓眞相進來，幻相便無立足之地。²任何心靈只要願意放下它的武器，不再玩那幼稚的遊戲，眞理便會降臨。³今天，只要你決心去迎接眞理，你隨時都會找到它的。

15.　　我們今天就以此爲目標。²一天練習兩次，每次十五分鐘，祈求眞理降臨且釋放我們。³眞理必會來臨的，因爲它從未離開過我們。⁴它一直等待著我們今天所發出的邀請。⁵我們用下面這個治癒祈禱作爲練習的開始，它會幫助我們擺脫自衛的心態，讓眞理呈現它始終如一的面貌：

> ⁶生病乃是抵制真相的防衛措施。⁷今天，我願接受自己的真相，並讓我的心靈徹底痊癒。

16.　　當平安及眞理取代了鬥爭及無謂的幻想時，療癒會靈光一閃地劃過你開放的心靈。²疾病再也無法掩飾或保護任何黑暗的角落，抵制眞理之光的來臨。³你夢裡再也不會鬼影幢幢，你的心也不再致力於那些曖昧又無聊的追尋，神智不清地追逐自相矛盾的雙重目標。⁴於是，一向命令身體去服膺那些病態願望的心靈，

也就痊癒了。

17.　　　如今，身體已經痊癒，因為疾病之源願意解脫了。²你若明白了「身體不該有任何感覺」這一道理，表示你練習有成。³如果你練習得法，就不會有健康或生病，痛苦或快慰的特殊感受。⁴你心靈不會對身體狀況作任何反應。⁵身體只會繼續發揮它的功能，如此而已。

18.　　　也許你還未意識到，這會解除你以前因賦予身體的種種目的而構成的身體限度。²你一旦放開這些限制，身體自有力量為那些真實而有用的目的效命。³這才是徹底保證身體健康之道，因為它不再受制於時間、氣候，或疲勞、飲食，或你以前為它制訂的健康法則。⁴如今，你無需作任何事情來維護它的健康了，因為身體在這種情況下是不可能生病的。

19.　　　然而，你必須時時覺醒，身體才會有保障。²你若讓自己的心靈窩藏任何攻擊念頭，屈服於批評論斷，或是苦心策畫以抵制不可知的未來，你就會再度步入歧途，與身體認同；心靈一旦生病，身體便遭池魚之殃。

20.　　　你一覺察這一傾向，請即刻調整過來，別讓你的防衛心態繼續傷害自己。²你也不再混淆了真正有待治癒的對象，你只需這樣提醒自己：

　　　　　³我已經遺忘了自己的真相，因我已誤把身體當成了自己。⁴生病乃是抵制真相的防衛措施。⁵然而，我並不是一具身體。⁶我的心靈不可能發動攻擊。⁷因此，我也不可能生病。

第一百三十七課

當我痊癒時，我不是獨自痊癒的

1.　　今天的主題仍是救恩所依據的核心觀念。²因治癒的觀念與世間建立在疾病和分裂上的整套思維正好背道而馳。³疾病本身即是將自己從他人抽離之舉，它封閉了結合的可能性。⁴它好似一扇門，把一個生命關在門內，將它孤立，與外隔絕。

2.　　疾病本身即是一種孤立手段。²它好似把自己與他人隔絕，因它身受的疾苦，別人無法感受得到。³這是身體最後一道殺手鐧，使分裂狀態變得真實無比，將心靈囚禁於一個孤島；而那使它欲振乏力的有病之身，好似一道堅固的牆，硬生生地將它與其他心靈隔離，活得支離破碎。

3.　　即使整個世界都臣服於疾病之律下，它絲毫影響不到治癒的運作法則。²沒有一個人可能獨自痊癒的。³疾病一定會使他與人隔絕而且感到孤立。⁴但只要他願意，他仍可選擇治癒而回歸一體，接受自己的自性，自性中的每一部分也因而恢復了完整，而且凜然不可侵犯。⁵當他生病時，自性好似被支解了，失去了那賦予它生命的一體性。⁶他一旦看清了身體並沒有能力侵犯上主之子共有的一體性時，他便會不藥而癒。

4.　　疾病不過想要證明上述的謊言真實不虛。²治癒則顯示出：只有真理才是真的。³疾病所導致的分裂狀態，其實從未真正發生過。⁴所謂治癒，不過是接受那一向如是而且永恆如是的單純真相。⁵然而，早已習慣幻相的眼光必須先認清眼前一切的虛妄本質才行。⁶為此，真理雖然不需要治癒，疾病卻需要治癒來證明它的虛假不實。

5.　　因此，治癒可以稱作反制之夢，它本身不屬於真理境界，只是藉真理之力，解除疾病的夢魘。²寬恕只是視而不見一切有名無實的罪過，同樣的，治癒也只是解除那從未發生的幻相而已。³真實世界會取代那從未存在之境，同樣的，治癒也會清除夢中想要摻入真相的種種幻相，讓真理重新復位。

6.　　不要以為治癒不配當作你此世的任務。²因為對於那些在夢

中把世界當眞的人而言，「反基督」的能力遠大於基督。³身體也顯得比心靈更實在且可靠。⁴當恐懼成了有目共睹、又能自圓其說、而且形同身受的唯一現實時，愛，反倒淪爲一種幻夢了。

7.　　寬恕會驅散所有的罪過，眞實世界則會收復你所有的妄造；因此，治癒必須先取代你擋在單純眞理前的疾病幻相。²即使人間所有的自然律都堅稱疾病眞的存在，然而，只要疾病之相一在你眼前消逝，所有的問題便已得到了答覆。³從此你再也無需重視或遵守這些疾病之律了。

8.　　治癒等於自由。²因它證實了夢境是戰勝不了眞理的。³治癒具有分享的能力。⁴這一特性顯示了，治癒法則遠比它的病態對手更有潛力，它一舉否定了「疾病乃是天經地義」之見。⁵治癒充滿了力量。⁶因它溫柔的手征服了軟弱無能，使得囚禁於身體內的心靈得以自由地與其他心靈結合，恢復原有的堅強。

9.　　聖靈殷殷催促你追隨他的道路，祂要你發揮治癒、寬恕，且樂於獻出人間的涕泣之谷，來換取那哀傷無法入侵的世界。²祂的課程溫柔地教你看出，擁有救恩是多麼容易的事，只需要一點點練習，祂的天律就能取代你爲了囚禁自己而制訂的死亡之律。³祂只需要你幫祂一點兒忙，別再自找苦吃，祂的生命便成了你自己的生命。

10.　　自己一旦大獲痊癒，你就會看見身邊的人，或是心中想到的人，或是你接觸到的人，甚至與你好似漠不相關的人，都與你一同痊癒了。²在你接受治癒之際，你未必認得出那些人，也未必體會到你對整個世界的偉大貢獻。³然而，你絕不是獨自痊癒的。⁴成群結隊的人都會領受到你痊癒時所蒙受的天恩。

11.　　凡是已痊癒的人，自然成了治癒的管道。²在他們痊癒的一刻與他們把領受到的治癒恩典分施出去之刻，其間沒有任何時間的間隔。³凡是與上主對立的，都不可能存在；任何人只要心裡不接受這種對立，他便成了勞累虛弱者的安息之所。⁴因眞理會降臨於此，所有的幻相都在此地面對了眞相。

12.　　你難道不願作爲上主旨意的居所？²那等於是你邀請你的自性回家罷了。³有誰能拒絕這個邀請？⁴你在祈求一件勢必發生之

事，必會如願以償的。⁵另一個選擇卻是要求不可能的事，當然註定失敗。⁶今天，我們祈求只讓眞理盤據自己的心中，也祈求治癒之念今天就由已痊癒的心傳到必會痊癒的心中，並且明白這兩件事其實是同步發生的。

13.　時辰一到，我們就會憶起，我們的任務只是讓自己的心靈治癒，如此方能將治癒帶給全世界，將詛咒轉爲祝福，痛苦轉爲喜樂，分裂轉爲上主的平安。²能夠領受這樣的禮物，每小時拿出一分鐘的時間豈不是很值得嗎？³這一點點時間比起那會給你一切的贈禮，豈不是極小的代價？

14.　然而，我們必須準備好去接受這份禮物。²我們要以此作爲一天的開始，用十分鐘的時間反省一下下面的觀念；晚上再同樣地以這一句話作爲今天的結束：

　　³當我痊癒時，我不是獨自痊癒的。⁴我願將自己的
　　痊癒與世界共享，使疾病在上主唯一的聖子心中一
　　逝不返，祂就是我的唯一自性。

15.　在這一天內，讓治癒通過你而來。²在寧靜的安息中，你已準備好將自己領受的禮物分享出去，這樣，你才能擁有自己給出之物，也才領受得到上主的聖言，取代你幻想出來的一切愚昧念頭。³此刻，讓我們一起幫助有病之人恢復健康，且爲充滿糾紛爭鬥之地帶來祝福。⁴每小時都用下面的觀念來提醒我們這一目的，免得我們忘卻了今天的任務：

　　⁵當我痊癒時，我不是獨自痊癒的。⁶我願祝福我的
　　弟兄，因我願與他們一起痊癒，他們也會與我一起
　　痊癒的。

第一百三十八課

天堂是我必然的選擇

1.　　在世上，天堂只能算是一個選項而已，因爲我們相信此地還有其他的選擇。²我們認爲世間萬物都是相對的，我們要什麼，就可選什麼。³如果天堂存在，地獄必也存在，因我們就是透過對立矛盾而造出眼前的世界，而且視以爲眞。

2.　　上主的造化對相對之物一無所知。²然而，在人間，唯有相對之物才算是「眞的」。³這種對眞理的怪異知見，使得選擇天堂與消除地獄好似成了同一回事。⁴事實絕非如此。⁵然而，上主的造化不論多麼眞實，除非它以世人所能了解的形式出現，否則無法進入世界。⁶眞理不可能來到一個對它避之猶恐不及之地。⁷想把眞理帶入幻境之舉是錯誤的。⁸因相對的世界必會排斥眞理，使它無法現身。

3.　　選擇，顯然能使人由相對的窘境中脫身。²決定，能使一個原本矛盾的目標，成爲你投入精力及時間的對象。³無此決定，時間只是一種浪費，精力也會虛耗。⁴你的人生只是徒勞無功，虛度光陰而已。⁵沒有任何成就可言，因爲它既未完成任何事情，也沒有學到任何經驗。

4.　　你必須隨時提醒自己，你眼前似有上千種選擇，其實眞正的選擇只有一個。²即使這一個，也只是看起來像個選擇罷了。³不要被那無數選擇所引發的疑惑蒙蔽了。⁴你只有一個選擇。⁵唯有作出那個選擇，你才會看清原來自己根本沒有選擇的餘地。⁶因爲只有眞理是眞的，其他都不是眞的。⁷那兒沒有相對之物供你挑三揀四。⁸因爲根本沒有與眞理相反之物。

5.　　選擇有賴於學習。²眞理卻不是學來的，它靠的是領悟。³領悟中含有接納，接納之後你才會眞正知道。⁴眞知的境界超越了本課程的教學範圍。⁵我們的宗旨不過是教你如何達到目標，認清那目標究竟是什麼，以及它所帶給你的益處。⁶你的決定乃是出自你的學習成果，因這些決定顯示出你所接受的存在眞相以及你的眞正需求是什麼。

6.　　在這複雜又瘋狂的世界裡，天堂好似成了一種可供選擇的對象，而非它的永恆眞相。[2]在你企圖作的一切選擇裡，這是最簡單，最明確，而且是最典型的選擇，這一個選擇左右了你所有的決定。[3]即使你作了其餘的決定，而這一個仍不得其解。[4]但你若解決了這一個，其餘的抉擇問題便一併解決了，因所有的選擇或決定不過是爲了掩飾這一個決定的花招而已。[5]這最後且唯一的抉擇即是：你究竟要接納或拒絕眞理。

7.　　因此，我們今天就要開始反省這個抉擇，時間原是爲了幫助我們作此抉擇而形成的。[2]這才是時間的神聖目的，它終於由你所賦予的目的中脫胎換骨了；你以前企圖用時間來證實地獄之眞實性，使希望淪爲絕望，讓生命不得不屈服於死亡。[3]因爲只有死亡能夠解除一切對立，因此結束對立就等於死亡。[4]於是，在世人眼中，救恩與死亡之間便劃上了等號，因爲他們把生命與矛盾對立視爲同一回事。[5]解決了所有的衝突矛盾，無異於宣告生命可以結束了。

8.　　這種瘋狂的信念在你潛意識中如此根深柢固，使你的心靈陷入強烈的恐懼與焦慮，絕不輕言放棄自我保護的觀念。[2]它必須由救恩中逃生，在威脅下求生，因此不能不以各種怪力亂神來武裝自己，抵制眞理。[3]這些決定還要作得神不知鬼不覺，才能迴避你心靈的質問、分析及懷疑而活得高枕無憂。

9.　　天堂則是一種有意識的抉擇。[2]你必須先正確地看見並了解這些選項背後的意義，才可能作出這一抉擇。[3]換言之，這回藉著上天之助，你終於看清了隱藏於陰影下的一切，得以重新評估。[4]心靈以前所作的錯誤評判，一經眞理判爲無稽且無因，它便修正過來了。[5]它們的後遺症，如今也一筆勾消。[6]只因你已識破了它們的虛無面目，使它們無處藏身。

10.　　心靈終會有意識地選擇天堂的，就如地獄的恐懼必有終了的一天，只要它敢掀去地獄那一套無意識的保護機制，將恐懼帶到光明之中。[2]誰能在昭然若揭與曖昧不明之物間作一選擇？[3]如果只有兩種可能性，一個已經看出了價值，另一個不只無價值而且是罪咎及痛苦的虛幻淵藪，誰會猶豫不決？[4]面對這類抉擇，誰會舉棋不定？[5]那麼，我們今天還要猶豫不決嗎？

11.　　一早醒來，我們就選擇天堂，拿出五分鐘的時間肯定一下我
們所作的選擇是唯一神智清明的決定。²我們也十分明白，這是
在真實的存在與狀似真理的虛無之間所作的一個有意識的抉擇。
³它的虛偽本質一被帶到真理的光明中，便顯得淺薄而且空洞。
⁴如今它驚嚇不到你了，因為出於仇恨的殘酷報應這個龐然怪物，
必須若隱若現才能製造恐怖效果。⁵如今，你已認出它不過是個
微不足道的愚昧錯誤而已。

12.　　今晚在你閉上眼睛以前，我們再重申一次白天每隔一小時所
作的抉擇。²我們要用清醒時刻的最後五分鐘，回到今天初醒時
的決定。³每過一小時，我們都重申一遍這個抉擇，靜靜地騰出
片刻獻給我們清明的神智。⁴最後，再以這句話作為一天的結束，
肯定我們所選的正是自己想要之物：

　　　⁵天堂是我必然的選擇。⁶現在我就選擇它，我的意
　　　念不再動搖，因為這是我唯一想要之物。

第一百三十九課

我願親自接受救贖

1.　　抉擇到此結束。²因爲，此刻，我們終於決定接受上主所創造的自己了。³何謂抉擇？不正表示我們還不確定自己的本來眞相嗎？⁴人生的一切疑慮莫不源自於此。⁵世間的一切疑問所反映的也不過是這一個問題罷了。⁶人心內哪一種衝突矛盾不是指向這單一的問題：「我究竟是什麼？」

2.　　然而，提出這一問題的人，表示他已經拒絕認識自己了。²正因他拒絕接受自己的眞相，才會使他提的問題顯得非常眞誠。³有情眾生唯一而且必然知道之事，就是他的眞相。⁴人必須從這一千古不易的必然性出發，才可能看出芸芸眾生所具有的同一必然性。

3.　　不肯定你自己的必然眞相，這一自欺之舉牽涉之廣、影響之鉅超乎你的想像。²活在世上，卻不知道自己的眞相，這與相信自己已死又有何異？³除了活出眞實的自己以外，還有什麼人生可言？活在此地的，除了你以外，還會是誰？⁴是誰在懷疑？⁵他在懷疑什麼？⁶他在質問誰？⁷誰會答覆他？

4.　　這一懷疑其實只是一種聲明：他不是他自己；他既成了其他東西，才能反過來質問那個東西。²然而，除非他知道答案所在，否則他根本無法活下去。³他若假裝不知情地提出此問，這不過表示他無意成爲原來的自己罷了。⁴他既然活著，表示他已經接受了這個自己，同時又存心抵制它，否定它的價值，寧可不知道那使他得以活在此地的唯一必然性。

5.　　從此，他對自己的生命感到極不肯定，因他已否定了自己的生命眞相。²就是針對這個否定，你才需要救贖。³你的否定並未改變你的眞相。⁴只是你的心靈已經分裂爲二了，一部分知道眞理，另一部分毫不知情。⁵你就是你自己。⁶這一點毫無疑問。⁷然而，你卻對此存疑。⁸你不敢去追究哪一部分的你才可能懷疑自己。⁹提出這問題的那一部分絕不可能是眞的你。¹⁰因它在質問知道答案的那一部分。¹¹它若眞是你的一部分，那麼你生命千古不易的必然性便永遠失落了。

6.　　救贖就是為了治療「人是可能懷疑自己而且無法肯定自己的」這種怪異心態。²這可說是瘋狂到了極點。³然而這問題卻成了普世的人生大問。⁴這表示世界顯然已經瘋了。⁵你何苦加入它的瘋狂陣容，而且悲哀地相信「這既是普世共有的問題，一定是真的」。

7.　　人間所有的信念，沒有一個是真實的。²世界存在的目的就是為了收容這一批聲稱不知道自己是誰的人，提供他們一個探索自己真相的地方。³他們會不斷回到此地，直到自己接受救贖，悟出人是不可能懷疑自己或意識不到自己真相的。

8.　　由於你的真相是千古不易的，你唯一需要作的，只是接受它而已。²它在上主的天心以及你的心靈內早已定案了。³絲毫不受任何懷疑及質問所動搖；你若質疑它的必然真相，不過顯示出「你相信自己不知道你不可能不知道的事情」這一矛盾心態罷了。⁴這算得上是一個疑問嗎？還是一種自我否定的聲明？⁵不要再讓這種荒謬的論調充斥我們聖潔的心靈吧！

9.　　我們在世負有一個使命。²我們來此絕非為了鞏固自己過去所相信的瘋狂世界。³願我們不要忘記自己所接受的人生目標。⁴我們所追求的不只是自己的幸福而已。⁵我們若能接受自己的真相，就等於再度重申了每一個人與我們共有的真相。⁶不要辜負你的弟兄了！這等於辜負了你自己。⁷唯有慈愛地看待他們，他們才會知道自己原是你的一部分，你也是他們的一部分。

10.　　救贖要教你的就是這個，它要證明給你看，自認為不知道自己真相的那個信念，侵犯不了上主之子的一體性。²今天就接受救贖吧！你無需改變實相，只需接受自己的真相，並在上主無盡的愛中欣然上路。³我們唯一需要做的，僅此而已。⁴我們今天所要做的，也僅此而已。

11.　　我們早晚各用五分鐘，全心致力於今天指定的功課。²開始時，我們先用下面的話再次提醒自己的使命：

³我願親自接受救贖，
因為我仍是上主所創造的我。

⁴我們從未失落上主按照祂的肖像創造我們時所賦予的那個真知。

⁵我們能夠為所有的人憶起它來,因為在上主的造化裡,所有的心靈原是一個。⁶我們依稀記得那一真相:弟兄與我們原是何等親密,每個心靈原是自己多麼重要的一部分,他們對我們又是如何忠心耿耿,天父的愛又如何眷顧著他們。

12.　　因著造物主之名,也因祂與整個造化一體之故,我們向全體造化獻上感恩。今天,撇開所有干擾我們這一神聖目標的雜念,每小時都重申一次我們對這使命的承諾。²世界會編出各種愚蠢的念頭來網住上主之子,願你的心靈在這幾分鐘內不受其擾。³你便會明白,那令你覺知不到自己真相的桎梏其實脆弱不堪,只要你願這樣說:

> ⁴我願親自接受救贖,
> 因為我仍是上主所創造的我。

第一百四十課

只有救恩堪稱爲治療

1. 　　「治療」這兩個字，不該與世間視爲有益的任何藥方混爲一談。²世人心目中的療效，不外是把身體弄「好一點」。³當它試圖治療心靈時，自然會把心靈與身體視爲一物，因它認爲心靈是活在身體內的。⁴因此，它的治療方式勢必會用一個幻相來取代另一個幻相。⁵當原有的疾病信念換上另一套形式之後，病人便以爲自己康復了。

2. 　　其實他並沒有痊癒。²他只是夢見自己生病，又在夢中找到了一帖神奇的藥方而恢復了健康。³然而，他並未由夢中甦醒，因此他的心靈依舊在原地徘徊。⁴他尚未見到那能喚醒他而結束一切夢境的光明。⁵不論他夢到什麼，對實相豈能產生任何影響？⁶人不是睡著了，就是清醒的。⁷沒有中間地帶。

3. 　　聖靈帶給人的幸福之夢，與世界之夢迥然不同；活在夢裡的人最多只能夢見自己是清醒的。²寬恕顯示給心靈的夢境，不會導入另一種昏睡狀態而延續下一個夢。³幸福之夢乃是真理即將來臨的先兆。⁴它幫人由睡夢中緩緩甦醒，使夢境一逝不返。⁵這種治療才有永恆的效用。

4. 　　救贖的療效是萬無一失的，它能治療所有的疾病。²心靈若已明白疾病只不過是一個夢，便不會被夢的外形所蒙蔽。³它無法侵入無罪無咎之處，因疾病本身只是內疚的一種化身。⁴救贖的目的不在治癒病人，因那稱不上是一種治療。⁵救贖能除去導致疾病的內疚。⁶那才算是真正的治癒。⁷如今，疾病已經一逝不返，再也沒有捲土重來的機會了。

5. 　　已在上主內痊癒而且不再徘徊於夢境的人，願平安歸於你。²痊癒必然來自生命的神聖本質，你一執著於罪的蹤影，神聖性便無跡可循。³上主住在神聖的殿宇內。⁴只要是罪所涉足之處，祂就被攔阻於外。⁵然而，上主原是無所不在的。⁶因此，罪不可能找到一個能夠迴避祂慈愛的地方落腳。⁷祂的神聖性既然無所不在，罪及疾病必然無處安身。

6.　　　就是這一思維具有治療的力量。²它不會在虛幻表相之間分別取捨。³它也無意治療那根本無病之物，而錯失了真正有待治癒的對象。⁴它不搞怪力亂神。⁵它只是訴諸真相，那才有治癒的能力，也才有永恆的療效。⁶這種思維不會根據幻相的大小、表面嚴重性，或任何外在形式而妄加評判。⁷它只是把焦點對準真相，而且深知眼前的幻相沒有一個是真實的。

7.　　　今天，我們不再設法治療那根本就不可能患病之物。²我們必須先找出疾病的癥結所在，然後在病源上痛下針砭，才有治癒的可能。³世上所提供的藥方，根本無法帶來任何改變。⁴真正改變的只有那將幻相帶入真相的心靈。⁵這是唯一可能改變的。⁶試想，一個幻相與另一幻相之間，除了一堆毫無實質，又無真實內涵，亦無真正差別的特徵以外，它們有何不同？

8.　　　今天，我們要設法改變自己對疾病的看法，因為我們所追尋的是治療一切幻相的藥方，而不只是把一種幻相改成另一種幻相而已。²今天，我們要設法找到治癒的源頭，它就在我們的心內，因為那是天父將它安置於此的。³它比我們和自己的距離還近。⁴它與我們的念頭如此之近，我們是不可能失落它的。⁵只需去找，我們必能找到它。

9.　　　今天，我們不再被那些好似有病的表相所誤導。²今天，我們要超越表相，進入那足以治療一切的源頭。³非真之物與同樣非真之物兩者之間不可能有真實的差別，我們對這一道理體會得多深，成功的把握就有多大。⁴在不真的世界裡沒有程度之分；這個信念不會比那個信念真實到哪裡去，反正都不存在。⁵一切幻相全是虛妄的，正因為它們不是真的，才有治癒的希望。

10.　　　因此，讓我們放下所有的護身符、藥方、咒語，以及種種怪力亂神的法寶。²靜下心來，聆聽神聖的治癒之聲，唯它能一舉治癒所有疾病，使上主之子的神智恢復清明。³唯此天音能帶來治癒之效。⁴今天，我們會聽到那唯一的天音向我們說明真相，所有的幻相便在此告終了，平安將再度降臨於上主永恆而安寧的家園。

11.　　　今天，一早醒來就開始聆聽，讓祂在一日之始向我們說五分鐘的話，臨睡之前再聆聽祂五分鐘，作為一日的結束。²我們唯一

應作的準備，只是放下那些令人分心的雜念；你不用一個一個地放下，只需把它們當作一個東西，一放就全放了。³它們原是同一回事。⁴我們無需個別處理，這會耽擱了聆聽天父說話的時光。⁵讓我們現在就聆聽祂。⁶今天，讓我們一起來到祂的跟前。

12.　　讓我們高舉自己的心靈，雙手空空且一無所執地懷著聆聽的意願，如此祈求：

> ²只有救恩堪稱為治療。
> ³天父，請發言，我們便會痊癒的。

⁴我們會感到自己被救恩溫柔地護擁著，它帶來的平安如此深沉，再也沒有幻相侵擾得了我們的心靈，我們也不再聽信它提出的任何證據。⁵這就是我們今天要學的課程。⁶每一小時都複誦一遍治癒的禱詞，且在每一小時之始，騰出一分鐘的光景，以寧靜與喜樂的心情聆聽天賜的答覆。⁷今天，是治癒降臨我們心中的日子。⁸今天，是分裂結束的日子，我們會憶起自己的終極真相的。

複習四

導　言

1.　　又到了複習的時刻，這回我們有意識地準備進入第二階段，學習把眞理具體運用在日常生活上。²今天我們要集中心力爲後面的課程作準備。³這是本次複習的目的，也是後面課程的目的所在。⁴因此，我們複習最近幾課的中心思想時，所採取的形式都是爲了幫我們達此目標而作的準備。

2.　　在這複習中，我們將用同一主題貫穿每天的練習，它可濃縮爲一句話：

²我的心靈只懷有與上主共同的想法。

³這句話不只是個事實，它還表達出你與天父的終極眞相。⁴天父就是根據這一念而把整個造化託給了聖子，把聖子當成祂的「創造同工」。⁵聖子得救的全面保障也全憑這一念。⁶因爲在他的心中，只有天父與他共有的意念。⁷但是若無寬恕之助，他無法覺醒於這一念。⁸即使如此，這一念永遠不失其眞實性。

3.　　在開始預備工作之前，得先了解一下我們設法掩飾自己缺乏眞寬恕的幾種花招。²這些隱瞞伎倆既然只是幻相，我們不必受它們的表相蒙蔽，它們只是企圖掩飾不寬恕之念的防衛手段罷了。³它們故意引開你的視線，存心用自欺來取代修正，使你錯失了修正的機會。

4.　　然而，你的心靈只懷有與上主共同的想法。²你的自欺取代不了眞相。³這好比小孩投在大海裡的一根樹枝，絲毫改變不了潮汐的往返，也改變不了陽光灼熱的水溫以及夜間照在海面的銀色月光。⁴因此，我們要在本複習的練習之初，備妥我們的心田，它才可能了解我們所讀的課文，認出這些練習的宗旨所在。

5.　　每一天之始，你都拿出一點時間來預備自己的心田，在自由平安的氣氛中體會每個複習的觀念所帶給你的訊息。²打開你的心扉，清除所有自欺的念頭，只讓這一念徹底發揮它的大用：

³我的心靈只懷有與上主共同的想法。

⁴你只需沉浸在這一念中五分鐘，便能把這一天帶回上主指定的正軌，讓天心來調整你今天所起的一切念頭。

6. 這些念頭絕非單獨出於你的，因爲它們全是你與上主共有之念。²因此，每一念都會帶給你聖愛的訊息，再將你的愛的訊息帶回祂那兒去。³就這樣，你已承行了上主的旨意，與眾神之神融爲一體了。⁴身爲祂的圓滿的你，一旦與祂結合，祂也就與你結合了；當你與祂結合，祂也與你結合，你的生命便已重歸完整。

7. 當你備妥這一心態之後，你只需誦念當天指定的兩個複習觀念。²然後，閉起眼睛慢慢地向自己讀出來。³記住，要念得從容不迫，因你已把時間用在它原本的目的上了。⁴讓每個字都溢出上主所賦予的意義，好似祂的天音親自向你訴說一般。⁵願當天所複習的觀念帶給你祂爲你備妥的禮物，也就是祂自己。⁶因此，我們的練習只採取下面這一種形式：

8. 在這一天，每小時都回想一下你在一天之始所複習的那一主題，並且靜靜地沉思一會兒。²然後從容不迫地複誦當天的兩個觀念，給自己充分的時間去看看它們爲你帶來的禮物，然後在它們指定之處接收下來。

9. 我們不再添加其他的觀點，就讓這兩個觀念成爲今天的訊息。²這一訊息足以帶給我們幸福與安息，還有無邊的寧靜，全然的肯定，以及天父願我們由祂那兒承繼的產業。³每天結束的複習與一早開始的練習方式一樣，先複誦一遍使這一天特別充滿了祝福與幸福的主題；因著我們忠實的練習，黑暗的世界會重見光明，苦惱轉爲喜悅，痛苦轉爲平安，連罪過都會恢復神聖。

10. 上主感謝你如此地練習，信守祂的聖言。²睡前，不妨再讓心靈回到當天的主題上，你便能安息於祂的感恩中，永享平安的恩典；此刻，你已經開始學習領回你的天賦產業了。

第一百四十一課

我的心靈只懷有與上主共同的想法

（121）寬恕是幸福的關鍵。
（122）寬恕會給我想要的一切。

第一百四十二課

我的心靈只懷有與上主共同的想法

（123）我感謝天父賜我的禮物。
（124）願我記得自己與上主是一體的。

第一百四十三課

我的心靈只懷有與上主共同的想法

（125）今天我要靜靜地接受上主之言。
（126）我所給的一切，都是給我自己的。

第一百四十四課

我的心靈只懷有與上主共同的想法

（127）除了上主的愛以外，沒有其他的愛存在。

（128）眼前的世界沒有我真正想要的東西。

第一百四十五課

我的心靈只懷有與上主共同的想法

（129）我所渴望的世界，超乎塵世之上。

（130）我不可能同時看見兩個世界。

第一百四十六課

我的心靈只懷有與上主共同的想法

（131）尋求真理的人，絕不會徒勞無功。

（132）我要把世界由我所認定的模樣中釋放出來。

第一百四十七課

我的心靈只懷有與上主共同的想法

（133）我不再重視毫無價值之物。
（134）願我看清寬恕的眞相。

第一百四十八課

我的心靈只懷有與上主共同的想法

（135）自我防衛表示我受到了攻擊。
（136）生病乃是抵制眞相的防衛措施。

第一百四十九課

我的心靈只懷有與上主共同的想法

（137）當我痊癒時，我不是獨自痊癒的。
（138）天堂是我必然的選擇。

第一百五十課

我的心靈只懷有與上主共同的想法

（139）我願親自接受救贖。

（140）只有救恩堪稱為治療。

第一百五十一課

萬物都是上主天音的迴響

1.　　沒有人能憑著片面的證據而作判斷的。²那根本稱不上判斷。³只是出自無知與懷疑的一種觀點而已。⁴它裝出肯定的樣子，其實那不過是掩飾內心不確定的一襲外衣罷了。⁵它本身缺乏理性的基礎，故需要非理性的措施加以保護。⁶它的防衛措施顯得強大而有說服力，不給你懷疑的餘地，只因它自己私底下充滿了懷疑。

2.　　你好似從不懷疑自己所見的世界。²你也從未認真地質問過肉眼顯示給你的一切。³縱然你明知自己常受感官的蒙蔽，你卻不反問自己為什麼仍然那麼相信它。⁴更奇怪的是，你只要靜靜回想一下，那些證據有多少次證實是錯的，你仍相信它們所報導的每一個細節。⁵為什麼你會對它們如此深信不疑？⁶不正是那隱藏心底的懷疑，使你不得不裝出一副肯定不疑的模樣來掩飾這一事實？

3.　　你怎麼作判斷？²你的判斷完全依靠感官所提供的證據。³沒有比這更虛妄的見證了。⁴然而，除此以外，你還能怎樣去評判眼前的世界？⁵你那可憐的信心只能依賴眼睛耳朵的報導。⁶你以為自己親手摸到了實物，便掌握了真相。⁷其實，你所了解的只是自己的知覺，它在你心目中比上主的永恆天音所給的見證更為真實。

4.　　這能算是一種判斷嗎？²你常聽到「不可論斷別人」的勸諭，那不是企圖剝奪你的權利。³而是因為你根本沒有判斷的能力。⁴你只能相信小我的評判，而那是徹頭徹尾的錯誤。⁵它會謹慎地引導你的感官，證明你是何等的軟弱無能，何等的無助，你理當擔憂那罪有應得的懲罰，你已被罪污染得漆黑，被內疚壓得抬不起頭來。

5.　　小我所說且為之辯護的這個東西會告訴你，那就是你。²你冥頑不靈地相信這一事實。³然而內心仍會暗暗懷疑它所顯示給你的現實，雖然它裝得信心十足，其實連它自己都不相信。⁴它所詛咒的只是它自己。⁵因它在自己內看到了罪咎。⁶它在你身上看到的其實是自己的絕望。

6.　　別再聆聽它的聲音了。²它所派出的虛假見證，只是爲了把它的邪惡推到你的身上；它們盡說些自己根本不知道的事情，還說得如此肯定。³你對它的信念變得如此盲目，因爲你不想承受連它的主人都擺脫不了的懷疑之苦。⁴你認爲懷疑它的爪牙，無異於懷疑你自己。

7.　　然而，你必須學習懷疑那些證據，才可能認出自己的眞相，只讓上主的天音來爲你評判什麼才是值得相信之物。²祂絕不會叫你按照肉眼之見，或是你們口耳相傳的話，或是你能觸摸到的一切，來評判你的弟兄。³祂會越過這些無謂的證據，因爲它們全是上主之子的假見證。⁴祂只認得上主所愛的人；透過祂神聖的光明，你在小我夢境裡的所有面目都會在祂莊嚴的眼神下銷聲匿跡。

8.　　讓祂來評判你的眞相，在祂內一切如此確定，沒有一絲懷疑能藏身其間，因爲它所依據的永恆不易性是如此偉大，所有的懷疑在它面前頓失意義。²基督不可能懷疑自己。³上主的天音只會向祂致敬，爲祂的完美及永遠清白無罪而歡欣不已。⁴經祂「審判」過的人，面對罪咎只會一笑置之，再也不受罪的玩弄；他在基督聖容的極樂中，再也不會聽信身體顯示的一切證據了。

9.　　這就是祂對你的「審判」。²接受聖言告訴你的眞相吧！因爲祂會爲你的美妙造化作證，還有那創造出你實相的天心與聖念。³身體對於徹底了知天父及聖子之榮耀的基督還有何意義？⁴祂豈會去聽小我的私語？⁵祂豈會相信你眞的有罪？⁶讓祂來評判你在世的一切遭遇吧！⁷祂的課程能幫你在幻相與眞相之間搭起一座橋樑。

10.　　祂會撤去你對痛苦、災難與死亡所持的所有信念。²祂會賜你慧見，越過這些悽慘的表相而看見基督的安詳面容。³從此，你不再懷疑自己是上主的愛子，只有好事才會發生在你身上，因祂會幫你重新評估一切經歷，並讓你學到所有事件背後要教你的唯一課題。

11.　　祂會從中挑出一些合乎眞理的部分，揚棄那些只反映無聊夢境的倒影。²祂還會根據渾然一體且千古不易的唯一思想座標，重新詮釋你所見到的一切，所有的經歷、外境，以及好似影響到

你的每一事件。³於是，你就會在仇恨之上看到愛，在變化中看出一貫性，在罪中看見純潔，你會看到人間充滿了上天的祝福。

12.　　這就是你的復活，因你的生命不再屬於眼前所見的一切了。²它超乎身體與世界之上，凌駕所有不聖潔的見證；它在神聖本體內，如本體一般神聖。³祂的天音透過所有的人事物向你說的一切，不外乎你的自性及與祂同體的造物主。⁴使你得以在萬物中目睹基督的聖容，在萬物中，你只聽到上主天音的迴響。

13.　　今天，除了最開始與上主同在的那段時間以外，我們的練習不再加入任何話語。²每次練習只要在開始時複誦一遍今天的主題。³然後便靜觀我們的念頭，默默地轉向祂，祂會在這些念頭中看出符合真理的部分。⁴讓祂來評估腦海中每一個念頭，祂會除去夢的成分，將它還原為潔淨之念，不再與上主的旨意對立。

14.　　把你的念頭交還給祂吧！祂會把它們轉為奇蹟再回贈於你，欣然向你宣告上主願聖子享有的圓滿與幸福，以證明祂永恆不易的愛。²每個念頭經此轉換，變得煥然一新，負起了天心的治癒之力，讓你看到念頭內真實的一面，不再被你妄自摻入的謊言所蒙蔽。³所有的錯覺幻想就這樣消失了蹤影。⁴剩下的真實部分便融入那完美的聖念，讓你處處看到完美之所在。

15.　　今天初醒之際，就這樣練習十五分鐘；臨睡之前，再歡喜地練習十五分鐘。²念頭一經淨化，你的牧靈使命就開始了。³你需先受教，才能教導上主之子這神聖的課程，看出他自己的崇高神聖。⁴只要你聽得到上主的天音向聖子致敬，所有的人都會聽到它的。⁵每一個人也會分享到祂在你心中重新詮釋過的念頭。

16.　　這就是你的復活節。²你藉此向世界獻上了雪白的百合，取代所有罪惡與死亡的見證。³世界因著你的脫胎換骨而得救了，欣然由罪咎中解脫。⁴如今我們歡欣地高舉復活的心靈，向恢復我們清明神智的祂致謝。

17.　　我們每小時都要憶起祂來，因祂本身即是救恩與解脫。²就在我們感恩之際，世界會與我們結合為一，欣然領受我們因修正而淨化了的聖潔念頭。³我們的牧靈使命就在這一刻開始了，向世界傳布這個喜訊：真理內沒有任何幻相，上主的平安會透過我們回歸每一個人的心中。

第一百五十二課

決定的能力操之於我

1. 　　沒有人會受失落之苦，除非他自己決定受苦。²沒有人會受痛苦的煎熬，除非他自己選擇這種處境。³沒有人會哀傷、恐懼或認爲自己有病，除非這是他自願承受的後果。⁴沒有人能夠不經自己的同意就死亡。⁵沒有一件發生的事不是出自你的願望，只要是你選擇要的，你一樣都不會缺。⁶你的世界就是這樣形成的，分毫不差，因果不爽。⁷這就成了你所謂的現實世界。⁸你得救的樞紐即在於此。

2. 　　你也許認爲上述的說法過於極端，如此一概而論，不可能是眞的。²然而，眞理豈有例外？³如果上天賜你「一切」這個大禮，你怎麼可能失落任何東西？⁴痛苦豈能成爲平安的一部分？哀傷豈能成爲喜樂的一部分？⁵恐懼及疾病豈能進入一個洋溢著愛及完美神聖的心中？⁶眞理若要成爲眞理，必然涵括一切。⁷不要接受任何對立及例外，否則你等於是全面與眞理作對。

3. 　　救恩不過是認清了只有眞理是眞的，此外沒有任何眞的東西。²你以前也聽過這種說法，但未必能同時接受前後兩句話。³沒有前半句，後半句顯得毫無意義。⁴然而，沒有後半句，前半句就無法成立。⁵眞理不可能有對立。⁶這句話再怎麼常說或常想都不嫌多。⁷如果非眞之物變得像眞實之物那樣眞的話，表示眞理中必有一部分錯了。⁸那麼，眞理便失去了它的意義。⁹只有眞理才是眞的，錯誤就是錯的。

4. 　　然而，沒有比這更簡單卻又令人混淆的區分了。²不是因爲這種區分多麼難以辨認。³而是因爲它隱藏在一大堆的選擇之後，而那些選擇又好像不是你能掌控的。⁴於是，眞理中的某些部分顯得很不一致，而那種矛盾也不像是你所導致的。

5. 　　你既是上主所創造的，必然永遠不變才對；由此類推，無常之境必然是一種錯誤或是虛妄。²我們指的是所有感覺情緒、身心狀態及一切覺知反應上的變化無常。³就是眞理涵攝一切的本質，使眞理與虛妄兩者變得涇渭分明且勢不兩立。

6. 你認爲相信眼前的世界是你造出來的，是一種傲慢，這不是很奇怪嗎？²世界絕不是上主創造出來的。³這一點我敢跟你保證。⁴祂怎麼可能知道這無常、有罪、害怕、痛苦、孤獨的世界，還有那活在終歸一死的軀殼內的心靈？⁵你控訴祂神智不清，竟然造出這樣虛實難辨的世界。⁶然而，祂並沒有發瘋。⁷說實話，只有瘋子才會造出這樣的世界。

7. 你認爲上主會違反自己的旨意，造出這個無明亂世，又發明一堆與眞理相悖之物，以死亡之苦來戰勝生命，這類想法才是眞的傲慢。²謙遜的人一眼便能看出這一切絕不可能出於祂。³你怎麼可能看見上主從未創造之物？⁴認爲自己看得見，等於相信自己能看見非上主所願之物。⁵還有什麼比這更傲慢的事？

8. 今天，讓我們眞正謙虛一下，接受我們所造之物的全面眞相。²決定的能力操之於我們。³只要你決心接受自己是宇宙的「創造同工」這一正確位置，那麼你以爲是自己營造出來的那一切，就會消失於無形了。⁴於是，你開始覺醒於那原本如是而且永恆如是的那一切。⁵取代那企圖篡奪天父及聖子之祭壇的自欺之舉。

9. 今天，我們練習一下眞正的謙虛，摒棄小我想要證明謙虛是傲慢的虛假僞裝。²唯有小我才可能如此傲慢。³當眞理認清了自己的大能，千古不易，永恆圓滿，無所不容，它是天父給祂的愛子的完美禮物時，這才是眞的謙遜。⁴我們該放下那聲稱自己是個罪人，活得內疚又恐懼，並以自己的眞相爲恥的傲慢心態；而應懷著眞正的謙遜向祂開啓我們的心，因爲是祂將我們創造得純潔無罪，且如祂自身一般充滿能力與愛心。

10. 決定的能力操之於我們。²我們從祂那兒接受了自己的本來面目，謙遜地認清自己原是上主之子。³認出上主之子的身分，意味著我們已經放下了其他的自我觀念，且認出它們的虛妄。⁴你也看清了它的傲慢自大。⁵讓我們懷著謙遜之心，喜悅地接受聖子光輝，他的溫柔親切、他的全然無罪、天父的愛，以及他重歸天堂、揮別地獄的天賦權利，且納爲己有。

11. 此刻，讓我們一起歡欣地承認那些謊言的虛妄，只有眞理才是眞的。²早上一起身，我們就一心念著眞理，並花五分鐘的時間熟悉一下它的內涵，且用下面的話鼓舞你驚惶不安的心靈：

³決定的能力操之於我。⁴今天，我要接受天父旨意所創造出來的我。

⁵然後留在靜默中等候，放下所有的自欺，謙遜地要求我們的自性將祂自己啟示給我們。⁶從未離開我們一步的祂，必會再度降臨於我們的覺知之中，滿懷感激地重歸天父願祂所在的家園。

12.　　在這一天，耐心地等候祂，每一小時複誦一遍早晨所說的那一句話，迎請自性的來臨；再以同樣的方式作為一天的結束。²上主的天音必會答覆你的祈求的，因祂是你及天父的代言人。³祂會以上主的平安取代你所有的浮躁念頭，以上主的真理取代你的自欺，以上主之子取代你心目中的自我幻相。

第一百五十三課

不設防就是我的保障

1.　　你若覺得這個無常世界充滿了威脅，它只是一連串的機運，一場辛酸的鬧劇，倏忽變化的人際關係，以及註定會被索回的「禮物」，你就需要好好學習今天的課程。²世界不會提供你任何保障的。³它既由攻擊起家，所有狀似安全可靠的「禮物」也只是虛幻的騙局。⁴它隨時攻擊，而且不斷攻擊。⁵在這朝不保夕之地，人心是不可能平安的。

2.　　世界只會引發人的防衛。²因為威脅激起憤怒，而憤怒使攻擊顯得理所當然；既然情非得已，自我防衛之舉遂成了師出有名。³其實，設防反而帶來了雙重的威脅。⁴因它透露了當事人的脆弱，他所建立的防衛系統也不堪一擊。⁵這對弱者形成了雙重的傷害，他不只得面對外來的叛逆，還得面對更深的自我叛逆。⁶於是心靈陷入迷惘，不知該向何處求助才擺脫得了這些假想敵。

3.　　心靈好似被一個箍環緊緊地箍住，箍環上又套著另一個箍環，環環相套下去，直到你放棄了逃生的希望。²攻擊復防衛，防衛復攻擊，每天、每時、每刻就這樣惡性循環下去，周而復始地將心靈囚禁於銅牆鐵壁內。³心靈的枷鎖愈扣愈緊，幾乎看不見任何可供逃生的缺口或盡頭。

4.　　防衛措施乃是小我向你強制徵收的最高代價。²它們瘋狂的程度讓人不寒而慄，使得神智恢復健全的希望成為渺茫的空想。³世界慫恿你應該具備的憂患意識，其瘋狂及強烈的程度，遠遠超出你的想像，你對它的破壞力可說是一無所知。

5.　　你一生為這憂患意識做牛做馬。²你已害怕到不知道自己在做什麼的地步了。³你並不了解自己被迫做了多大的犧牲，只感到自己的心在它鐵掌的控制下動彈不得。⁴你也不明白，自己的防衛措施對上主的神聖平安之境已構成多大的傷害。⁵因上主之子在你眼中只是一個受害者，他在妄想、夢境，以及自己營造的幻相中發動攻擊；然而，又在這些幻相前顯得如此無助，只好求助於更多的妄想、夢境等等防衛措施，帶給自己一些虛幻的慰藉與保障。

6. 　　不設防就是力量。[2]它證明了你已認出活在你內的基督。[3]也許你還記得〈正文〉所說的話：你的抉擇一向是在基督的力量及你的軟弱無能（因你以爲自己與基督分裂了）之間作選擇。[4]不設防之境是不會受到攻擊的，因爲不設防表示已認清那力量的偉大；相形之下，攻擊顯得極其愚昧，猶如疲倦的孩子所玩的無聊把戲，他已經睏得記不得自己究竟要什麼了。

7. 　　防衛代表了軟弱無能。[2]它聲明你已否定了基督，開始害怕天父的憤怒。[3]你一旦相信自己看到了憤怒的神在邪惡世界所呈現的猙獰面目，那麼，還有誰能將你由自己幻想出來的憤怒之神中拯救出來？[4]你交戰的對象既然都是幻相，自然只能靠幻相來保護你了。

8. 　　今天，我們不再玩這幼稚的遊戲了。[2]我們真正的目的既是拯救世界，自然不會讓這愚昧的遊戲取代了此生任務給予我們的無窮喜樂。[3]我們不會因著腦海中無謂夢境的浮光掠影而讓幸福溜走，也不會把夢中的角色誤認爲上主之子，或把黃粱一夢當成了永恆。

9. 　　今天我們要越過所有的夢境，並認清自己無需設防，因爲我們受造的生命是凜然不可侵犯的，絕不會有任何認同攻擊的念頭、希望，或夢想。[2]從此，我們不再害怕，因爲我們已經拋棄了所有可怕的念頭。[3]在不設防之下，我們立場堅定，活得心安理得，相信自己安全無虞，必會得救，也必會完成自己選擇的目標；如此，我們的牧靈使命便已將它的神聖祝福推恩到世界的每一個角落。

10. 　　安靜片刻吧！默想一下你的目標何其神聖，你的安息在它的光照下多麼安穩，無驚無憂。[2]上主的牧者已經選擇要與真理同在了。[3]還有誰會比他們更加神聖？[4]有誰能比他們更肯定自己的幸福具有全面的保障？[5]有誰會比他們受到更強大的保護？[6]凡是被上主揀選的人（那不只是出自祂的揀選，也是他們自己的選擇），豈會需要任何防衛措施？

11. 　　上主牧者的任務即是幫助弟兄作出與自己類似的選擇。[2]上主揀選了所有的人，但只有少數人明白祂的旨意原是自己的意願。[3]你若不去教人你所學到的一切，救恩只好佇足等候，眼看著黑暗

勢力無情地蹂躪世界。⁴而你也無由得知光明已經來臨，你也已經解脫了。⁵因在你把光明帶給所有的弟兄以前，你是不會看見光明的。⁶直到他們由你手中接到光明，你才會認出自己真的擁有這一光明。

12.　你可以把救恩想成快樂的孩子所玩的遊戲。²是深愛祂兒女的天父設計出來的，祂會用歡樂的遊戲來取代他們可怕的玩具，教他們看出恐怖遊戲已經結束了。³祂的遊戲方式洋溢著歡笑，因為沒有人會輸。⁴參與遊戲的每一個人都會贏；而且只要有一人贏了，所有的人都會共蒙其利。⁵當孩子們看到救恩所帶來的好處時，他們自然樂於放下以前的恐怖遊戲。

13.　你過去一直在玩的遊戲是：希望破滅，被天父遺棄，孤獨而恐懼地活在一個由罪與咎交織而成的瘋狂恐怖之世界裡；如今，你可以歡樂了。²因那遊戲已經結束。³如今，太平的日子已經來臨，我們可以放下罪咎的玩具，永遠不讓那古怪幼稚的罪惡念頭進入天堂兒女及上主之子聖潔的心靈中。

14.　我們仍需在人間逗留片刻，演完最後一場快樂的遊戲。²然後，便可回歸我們真正的家鄉，也就是真理所在之地；所有的人間遊戲一到那兒便失去了意義。³故事也就到此結束。⁴讓我們在這一天把世界拉向它的結局，使所有的人逐漸明白：他在故事裡所讀到的可怕的宿命、破滅的希望、令他難以招架又無處可逃的報應，這一切全是他自己的錯覺幻想而已。⁵上主的牧者已經喚醒了他的陰森之夢，也就是那扭曲的神話故事在你心中留下的記憶，再由那陷於混亂與迷惑的記憶演繹出來的故事情節。⁶上主之子一旦明白了這一切都不是真的，他的臉上才可能再度展現笑容。

15.　我們今天的練習形式，日後還會繼續沿用一段時間。²在一天之始，我們盡可能專注於當天的觀念上，愈久愈好。³如今，救恩成了我們唯一的目標，五分鐘的練習乃是最起碼的要求。⁴最好十分鐘，十五分鐘更好。⁵當我們的練習不再分心走意時，我們就會發現，和上主相處半個小時都嫌短了一點。⁶到了晚上，我們也會心甘情願又喜悅感恩地投入同樣長的時間。

16.　只要我們記得忠於自己與上主共有的旨意，我們的平安會隨著每一小時的練習而更加深沉。²每一小時之始，我們也許只

能練習一分鐘或更短的時間。³有時，我們根本忘了。⁴又有些時候，我們會被俗務纏住，連想要抽身半晌將念頭轉向上主的時間都沒有。

17. 然而，只要能力所及，我們必會履行自己已接受的上主牧者之職，每一小時都憶起我們的使命與他的聖愛。²我們會靜靜地坐下，等待他的來臨，聆聽他的聲音，認出下一個小時他要我們做的事，同時也感謝他在上一小時給我們的一切禮物。

18. 練習到了某個階段，你就再也不會忘記祂了，你會隨時聽見祂慈愛的天音領你邁上寧靜之路，毫不設防地前進。²因你知道，整個天堂與你同行。³縱然在你忙著帶給世界救恩之際，你的心也不會遠離祂片刻的。⁴當你決心實現祂為你和世界所設的救恩計畫時，你想祂會不助你一臂之力嗎？

19. 今天的主題就是不設防。²我們要披戴這件護身衣迎接這一天的來臨。³我們屹立於基督內，只要記得祂在我們內的力量，脆弱感便會煙消雲散。⁴我們要隨時提醒自己，今天祂會始終陪伴在旁，以祂的力量為軟弱無能的我們撐腰。⁵我們一旦感到自己的防衛措施開始危及我們堅定的目標時，立即呼求祂的力量。⁶當我們聽到祂答覆說「我在這裡」時，讓我們靜止片刻。

20. 從此以後，你的練習需要藉助於愛的熱忱來幫你的心靈堅定意向。²不要害怕，也不用膽怯。³你必會完成最終的目標，這是毋庸置疑的。⁴上主的牧者絕不可能失敗，因為他光照在所有弟兄身上的愛心、力量與平安，都來自於上主。⁵這一切全是祂賜你的禮物。⁶你只需以不設防來回報祂。⁷你只要放下那根本不存在的障礙，你就會在基督面容看到祂的清白無罪。

第一百五十四課

我身在上主的牧者之列

1. 　　今天，我們不再傲慢自大，也不必假裝謙虛。²我們可以超越這類愚昧之舉了。³我們無法評判自己，也無需如此。⁴這些舉動不過有意耽擱我們的決定，延誤我們獻身於自己的任務。⁵評斷自己的價值，不是我們分內之事；我們也不可能知道，在那更大的計畫中，什麼角色最適合自己，我們該做什麼才對，因為我們無法看清那計畫的全貌。⁶我們的任務已經刻在天上了，而非寫在地獄裡。⁷我們認為的弱點，很可能是長處；我們自以為是的長處，反而可能是傲慢自大。

2. 　　不論你被指定什麼角色，都是上主的天音為你選定的，他的使命就是代你發言。²他為你決定並代你接受任務，因他看得出你真正的長處，同時深曉它在何處、在何事、對何人，以及何時方能發揮最大的作用。³他不會不經你同意去做任何事的。⁴但他絕不會被你的表相所蒙蔽，他只聆聽他在你內的聲音。

3. 　　你必須藉助於他的能力才會聽到他那唯一的天音，終有一天，你會意識到那其實就是心內的唯一聲音。²你的任務是他指定的，他不只託付你這一任務，還會賜你了解它以及實現它的能力；只要是與此有關之事，他都會幫你圓滿完成。³上主與聖子就在執行這一任務中結合了，聖子也因此成了宣揚這一體生命的使者。

4. 　　天父與聖子透過這一天音合而為一，這一結合使救恩由世界中脫穎而出。²與世界反其道而行的天音，向你許諾了它會將你由一切罪惡中拯救出來，也會為上主所造的無罪心靈清除所有的內疚。³唯有如此，心靈才可能再度覺醒於它的造物主，以及他與自己永遠一體不分的生命。⁴它的意願與上主旨意就這樣在它的自性、也是唯一的實相內合一了。

5. 　　傳遞信息的使者不是書寫信息的人。²他不會質問寫信人有什麼權利寫這封信，也不會反問為什麼要傳送給那個人。³他只是接下信函，傳遞給指定的收件者，就算完成了他的任務。⁴如果他自行決定信息的內容或傳送的目的，或是該送給何人，他就沒有善盡傳遞聖言的任務。

6.　　　天堂使者的角色與人間的信差之間有一個基本的不同處。²他們傳遞信息的首要對象乃是自己。³唯有自己先接納這些信息，他們才能傳遞信息，將它送到指定之處。⁴那些信息並非出自他們之手，這與人間信差一樣；不過，他們的的確確是第一個收信人，而收信的目的只是準備再傳出去而已。

7.　　　人間的信差只要送出所有的信息，就算完成了任務。²上主的使者卻必須先親自接納祂的信息，然後給予出去，這才表示他們真正了解這一信息而完成了使命。³他們只會扮演祂所指派的角色。⁴如此，他們才能從給出去的每一個信息中獲益。

8.　　　你願接收上主的信息嗎？²唯有如此，你才能成為祂的使者。³此刻，你已接受了任命。⁴但你卻遲遲未將所接收到的信息傳給別人。⁵這表示你還不明白這些信息，不知道它們是給你的。⁶除非你將它給出去，才表示你已收到而且了解這一信息。⁷因為只有在給出之際，自己才真正領受到所接收的信息。

9.　　　如今，身為上主使者的你，接下祂的信息吧！²因為那是上天指派給你的任務。³上主不會不供應你的一切所需，你也不會接收不到的。⁴然而，你必須先完成你那一部分的任務才行。⁵代你接收上主信息的那一位，願你也能收下這些信息。⁶這樣，你才算與祂認同而且領回你原有的一切了。

10.　　　我們今天所要體認的就是這種合一境界。²我們的心靈不再企圖逃避那為我們發言的天音，因為當我們聆聽祂時，所聽到的其實是自己的心聲。³只有祂能夠向我們發言，同時為我們發言，於是，上主聖言的「領受與施予」以及上主旨意的「施予與領受」就在這天音內合一了。

11.　　　讓我們練習獻上祂真正想要的東西，我們才會認出祂賜給我們的禮物。²祂需要藉用我們的聲音，才能透過我們發言。³祂需要我們的雙手承載祂的信息，帶給祂所指定的人。⁴祂需要我們的雙腳把我們帶到祂願我們去的地方，使那些在苦難中等待的人終於有了解脫的希望。⁵祂需要我們的意願與祂的旨意結合，如此我們才算真正接收到祂的禮物了。

12.　　　今天，我們就練習這一課：唯有給出去，我們才會認出自己

接到的禮物究竟是什麼。²這個道理，我以不同的方式說過幾百次，你也聽過幾百次了，然而，你的信心仍然不足。³我敢保證，即使你接受了上千個、上萬個奇蹟，除非你真心相信，否則你不會知道上主賜你的禮物沒有一樣不是你早已擁有的，祂也從未撤回祂對聖子的一切祝福。⁴除非你與祂以及聖子認同，否則這一切對你也不會有任何意義的。

13.　　我們今天的課程可以一言以蔽之：

　　²我身在上主的牧者之列，且由衷感恩得此妙法，
　　認出自己原是自由之身。

14.　　只要我們一照亮自己的心，明白上述神聖語句的真義，世界便從此隱退。²這就是造物主今天所傳給我們的信息。³今天我們要向世界顯示這信息如何改變了我們對自己以及所負任務的看法。⁴當我們證明了我們所接受的旨意沒有一樣不是自己的意願，造物主所給我們的無盡恩惠就會湧現於眼前，甚至跳到我們的手中，讓我們認清自己所接受到的禮物。

第一百五十五課

我要退讓下來，讓祂指引前程

1.　　有一種方式能幫你活在狀似此世又非此世的世界。²你不必改變外在的生活形態，只是臉上更常掛著微笑。³你的面容安詳，眼神寧靜。⁴與你同道的人間過客都會認出你是自家人。⁵至於那些尚未找到人生方向的人，他們也會認出以前的你，並相信你和他們沒有兩樣。

2.　　世界只是一個幻相。²決定來此之人，就是爲了尋找一個能讓自己活出幻相的地方，以逃避自己的實相。³然而，他們一旦發現自己竟能在此地找到實相，便會自動退讓下來，接受它的指引。⁴除此之外，他們還有什麼更好的選擇？⁵只有瘋狂的人才會讓幻相引導眞相。⁶神智清明的人必會讓幻相退居眞相之後，讓眞理呈現其眞實的面目。

3.　　我們今天就要作這簡單的選擇。²至於那些決定來到此世卻無緣發現自己作了錯誤選擇之人，那些瘋狂的幻相必然歷歷在目。³他們無法直接由眞理受教，因爲他們已經否定了眞相。⁴因此，他們需要一位「聖師」，祂既能看出他們瘋狂的一面，又能超越這一幻相而認出他們內在的單純眞相。

4.　　眞理若命令他們放棄這個世界，他們會感到眞理在要求他們犧牲某個眞實的寶貝。²不少決心放棄世界的人，仍相信世界的眞實性。³他們深受失落之苦，因此並未眞正解脫。⁴其餘仍執迷此世的人，所感受到的失落之苦更深，只是仍不自覺而已。

5.　　在這兩者之間還有另一途徑，不會帶給人任何失落之苦，因他很快就會忘懷那些犧牲及剝削感的。²這就是今天要爲你指出的路。³踏上這條路的你，就像其他的凡夫俗子，外表看起來毫無不同之處，其實你們大不相同。⁴唯有如此，你才能自利而利他，帶領他們踏上上主爲你開啓的道路；他們的路也因著你而開啓了。

6.　　外表看來，你仍混跡於龍蛇雜處的幻相世界中，如此你與他們才有一個交會點。²其實，幻相對你已經不起作用了。³他們從你那兒所聽到的，已非幻相；你讓他們眼睛看到的，讓他們心靈

感受到的，也非幻相。⁴當你邀請他們跟你一塊兒上路時，在前導航的真相，不會透過幻相而向他們發言，因為你這條路如今已遠遠超越幻相之上了。

7.　　　所有的路最後都會導入這一條路。²那些犧牲與剝削之路終歸白忙一場，註定失敗，最後空手而回。³只要你讓內在的真相出頭，引領弟兄遠離死亡之途，邁上幸福之路，你就不會誤入歧途了。⁴他們的痛苦純屬幻相。⁵但他們真的需要一位嚮導，引領他們脫離苦海，因他們已把幻相與真相混淆了。

8.　　　救恩召喚你的目的僅此而已。²它要求你接納真理，讓它在前導航，照亮那將你由幻境中贖回之路。³它不要求任何贖金。⁴你無需付任何代價就能大獲其利。⁵既然，神聖的上主之子只是好似囚禁在幻相中。⁶因此，他也只需要從幻相中得救。⁷幻相一旦知難而退，他就再度找回了自己。

9.　　　如今，你可以安心地走下去；只是仍需警覺，因為你對這條路相當陌生。²你會發現自己常身不由己地想走在真理前面，接受幻相的引導。³只要你能一心不亂地邁向真理，你會發現上天賜你的那群神聖弟兄正循著你的足跡前進。⁴只要你追隨真理，他們便能在你身上看到一個似曾相識又能認同的指路人。

10.　　　到了旅途的終點，真相與你之間便再也沒有任何間隙與距離了。²徘徊在旅途上的幻相也會離你而去，再也沒有任何東西阻撓真理回歸「上主的圓滿」，它如上主本身一般神聖。³懷著信心退讓下去吧！讓真理在前引路。⁴你不知道該往何處。⁵但全知全能的那一位會與你同行。⁶讓祂繼續引領你的前程。

11.　　　夢境一旦結束，時間便會關閉一切無常之物，奇蹟也失去了存在的意義，神聖的上主之子再也不會自訂旅程了。²他再也不願繼續活在幻相而不活在真相內了。³讓我們向真理邁進，沿著它標示的路途前進。⁴這是我們最後的一段旅程，我們為所有的人而走。⁵我們絕不會迷失的。⁶真理不只在前引導我們，它會同樣地指引尾隨而至的那些弟兄的。

12.　　　我們正向上主邁進。²你不妨靜止片刻，沉思一會兒它的意義。³還有哪一條路會比這個更神聖，更值得你投入精力、愛心

以及你所有的意向？⁴哪一條路可能給你比一切還多的東西？而任何少於一切的禮物豈能滿足神聖的上主之子？⁵我們正向上主邁進。⁶走在我們前面的眞理，如今已與祂合而爲一，領著我們進入祂永遠臨在之地。⁷除此道路以外，你還有什麼更好的選擇？

13. 　你的雙腳安然踏上的路，正引領著世界邁向上主。²不要去看其他好似指向不同歸宿的路。³因你是上主之子，幻相不配做你的嚮導。⁴不要忘了，祂已把自己的手放在你的手中，並且把弟兄託給了你，因祂認爲你是值得信任的。⁵沒有任何事情欺瞞得了祂。⁶祂的信任使得你的腳步堅定，目標穩固。⁷你絕不會辜負弟兄及你自性的期待的。

14. 　如今，祂只要求你每天想祂片刻，使祂得以向你訴說祂的愛，重申祂對你的信任之深，以及祂無條件的愛。²因著你的名，以及祂自己的聖名（兩者其實是同一回事），我們歡欣地練習今天的觀念：

　　　³我要退讓下來，讓祂指引前程，
　　　因為我願踏上祂的道路。

第一百五十六課

我與上主同行於完美神聖之境

1.　　今天的觀念只是闡明一個使罪念無從孳生的單純眞理。²它保證罪咎沒有存在的理由；罪咎既無存在之因，故不可能存在。³這一課重申了〈正文〉再三強調的一個基本觀念：觀念離不開它的源頭。⁴若眞如此，你怎麼可能與上主分離？⁵你怎麼可能踽踽獨行於世間，與你的生命之源分道揚鑣？

2.　　我們的課程裡絕無自相矛盾的觀點。²眞理若是眞的，必須徹頭徹尾的眞實才行。³它不可能自相矛盾，也不可能有一部分肯定，另一部分卻不確定。⁴你不可能活在上主之外的世界，因爲沒有祂，你根本無法存在。⁵祂就是你的生命。⁶你所在之處，祂一定也在。⁷只有一個生命。⁸就是你與祂共享的生命。⁹沒有一物能夠離開祂而存在的。

3.　　祂所在之處，必有生命，必也是神聖的。²每一個有情生命都享有祂每一個屬性。³凡是有生命的，必與祂一般神聖，因爲凡分享祂生命的，必也享有祂的神聖性，故他不可能有罪，就如太陽不可能決心變成冰雪，海洋不可能決定離水而存在，青草也不可能懸在空中生長一樣。

4.　　你內有一種光明是永不消逝的，它的臨在如此神聖，整個世界都因著你而受到了祝聖。²一切有情生命都會前來獻禮，懷著感恩與喜悅之心將禮物置於你腳下。³芬芳的花朵是他們給你的禮物。⁴海浪向你俯首致敬，樹木伸出枝椏爲你遮蔭，並以綠葉爲你鋪路，讓你款步其上，連輕風也縈繞在你神聖的耳邊輕語。

5.　　整個宇宙都在引頸企盼著你的光明。²一切有情生命均肅立於你眼前，因爲他們認出了祂正與你同行。³你所披戴的光明，亦是他們的光明。⁴爲此，他們會在你身上看到自己的聖潔，把你當成人間的救主甚至上主一般致敬。⁵接納他們的致敬吧！因爲神聖生命理應受此尊重；與你同行的神聖本體會以溫柔之光潛移默化一切萬物，使它肖似自己，且純潔如己。

6.　　救恩就是這樣運作的。²你一退讓下來，你內在的光明就會

脫穎而出，擁抱整個世界。³它不會向你預報一切罪終會在懲罰與死亡中結束這類訊息的。⁴你只需淡然一笑，所有的罪就一筆勾消了，因為它怪異荒謬的面目已經暴露無遺。⁵它不過是一個愚昧的念頭，無聊的夢境，沒有什麼好怕的，倒是荒謬可笑得很；誰會把邁向上主的寶貴時間浪費分秒於這稀奇古怪的念頭上？

7.　　　然而，你已經在這愚昧的念頭上浪費了無數的歲月。²逝者已矣，所有的幻夢也隨之而去。³它們再也束縛不了你。⁴你離上主愈來愈近了。⁵在這短短的過渡期內，懷疑仍然難免，你也許還會忘卻你的神聖道友，或將祂誤認為那早已過去的無聊舊夢。

8.　　　「是誰與我同行？」²今天應該這樣問你自己幾千遍，直到你的肯定清除了所有的疑慮，恢復內心的平安為止。³今天，釐清你所有的疑慮吧！⁴代你發言的上主會如此答覆你的：

　　　　　⁵我與上主同行於完美神聖之境。⁶我照亮了世界，
　　　　　也照亮了自己以及其他的心靈，它們在上主的造化
　　　　　中原是同一個生命。

第一百五十七課

此刻，我就要進入祂的臨在

1.　　今天是靜默與信賴的日子。²是你的日曆上充滿許諾的特殊時辰。³上天特別揀選了這一天，以超越時空的光芒照耀其上，你聽到了永恆之境的迴響。⁴這是神聖的一天，因它為你開啓了嶄新的經驗，給你一種另類的感受與意識。⁵你曾以無數漫長的日夜來慶祝死亡。⁶今天，你要學習感受一下生命的喜悅。

2.　　這是本課程另一個關鍵性的轉捩點。²我們在此又添加了一個新的層面，這一新經驗不只會光照我們已學過的一切，還進一步為我們以後要學的課程鋪路。³它將我們帶到了學習的盡頭，在這門檻上，我們會驚鴻一瞥那超越所有學習之上的境界。⁴它會讓我們在此繼續逗留片刻，然後一起跨越過去，氣定神閒地邁向此生的唯一目標。

3.　　今天，你會嚐到一點兒天堂的滋味，雖然你不時還得回到學習的路上。²然而，這一條路你已經走得夠遠了，你有能力轉化時間，超越時間律而一窺永恆片刻。³只要忠實地練習每一課，你這能力就會愈來愈純熟，愈來愈快進入這一聖地，與你的自性同在一會兒。

4.　　今天，祂會親自指導你的練習，因為你此刻的要求與祂的旨意不謀而合。²你的意願既已結合於祂的旨意內了，今天，不論你要求什麼，必會獲允的。³今天你只需要這一觀念來光照你的心靈，讓它安息於寧靜的等待及無言的喜樂中，而且你會迫不及待地把世界拋諸腦後。

5.　　從今以後，你才會心悅誠服地獻身於自己的牧靈使命，你的光輝會由指尖傳給你所接觸的人，祝福了你視線所及之人。²你的慧見還會傳到你所遇到、想到或是想起你來的每一個人那裡去。³今天的經驗會徹底轉化你的心靈，使之成為上主聖念的一塊試金石。

6.　　今天，連你的身體都會受到聖化，如今，它的唯一目的即是藉你此刻體驗到的慧見來照亮整個世界。²這種經驗本身是無法直

接給人的。³然而，我們卻能將它帶來的慧見分享給每一個人，讓他更快地經驗到你的境界，悄悄地把世界遺忘，霎時憶起了天堂。

7.　　當這種經驗愈來愈強，你對其他的目標也會愈來愈不屑一顧，你嚮往的世界逐漸向時間的盡頭推進，使它在某方面與天堂更爲相似，解脫的日子就近在咫尺了。²你一旦把光明帶到世界，光明對你便更加顯著，慧見也會益發清晰。³當時辰一到，你不會以現有的身形回歸這世界，因你不再需要它了。⁴但目前爲止，身體還有存在的目的，它會繼續爲你效力的。

8.　　今天我們所要進入的境界，超乎你的夢想之外。²然而，那位賜予生命幸福之夢、將知見轉譯爲眞理、且領你回歸天堂的神聖嚮導，已親自爲你夢見了今天所要開始的旅程，並賜你今天課程所給你的經驗，使它變成你自己的經驗。

9.　　我們現在就要進入基督的臨在，放下其他的一切，全神定睛於祂的光輝聖容及圓滿之愛。²你的慧見所瞻仰的聖容會與你同在；不時，你還會驚鴻一瞥那超乎所有慧見（包括這最神聖的慧見在內）所能目睹的境界。³這經驗不是你能傳授給人的，因爲它不是由學習而得的。⁴然而，這慧見會讓你回憶起你不僅此刻知道而且遲早必會知道的眞相。

第一百五十八課

今天我要學習給出自己領受的一切

1.　　上天究竟賜給了你什麼？²就是「你是心靈，活在天心之內，純粹唯心，永遠無罪，一無所懼，只因你是出自愛的創造」這個真知。³你從未離開過自己的生命源頭，你還是受造之初的模樣。⁴這天賜於你的真知，你是永遠不可能失落的。⁵它同樣賜給了每一個有情生命，它們的存活也是基於這一真知。

2.　　你已經領受了這一切。²凡是活在世上的人必然都領受到了。³這真知不是你所能給的，唯有上主的造化才能給出。⁴這一切也非後天學得的。⁵那麼，今天你要學習給的究竟是什麼？⁶前一課提到〈正文〉的一個重要觀念。⁷經驗是無法像慧見那樣能夠直接與人分享的。⁸「天父與聖子是一個生命」這個啟示遲早會進入每個人的心中。⁹然而，那個時刻是由心靈自己決定的，不是靠別人教它的。

3.　　時辰已經註定了。²這話聽起來相當突兀。³然而，每個人在人生道路上踏出的每一步，沒有一步是偶然的。⁴即使他還未正式上路，其實那條路他早已走過了。⁵只因時間看起來好似單向進行的。⁶其實，我們所踏上的是一條早已結束的旅程。⁷只是看起來好似還有一個不可知的未來而已。

4.　　時間只是一種把戲，一種巧妙的手法，一個場面盛大的幻相，台上人物來來去去，好像魔術表演一樣。²然而，在這人生假相之下，藏有一個永恆不變的計畫。³劇本已經寫定了。⁴某個經驗何時會來終結你所有的懷疑，早已註定。⁵我們只是在旅途的終點回首整個旅程，假想自己再走一趟，在腦海裡重溫一遍陳年往事而已。

5.　　老師無法給人經驗，因為那並非學習來的。²那經驗會在註定的時刻親自啟示給他。³但是，慧見卻是他擁有的禮物。⁴這是他可以直接給人的，因他從未失落過基督的真知；正因這是基督自己的慧見，故能隨時賜給向祂祈求的人。⁵天父和基督的旨意便在真知中結合了。⁶這也是聖靈的慧見，因那正是基督之心的眼界。

6.　　充滿懷疑及陰影的世界就在這兒與那無形無相的世界結合

了。²這就是被寬恕與愛所聖化的人間淨土。³所有的衝突在此和解，因這兒乃是旅程的終點。⁴那無法學習、無法傳授又前所未見的經驗，已歷歷在目。⁵它超越我們的目標之上，因爲那境界不是我們修出來的。⁶我們的焦點應放在基督的慧見上。⁷這才是我們能力所及的範圍。

7.　　基督的慧見只有一條法則。²就是它絕不著眼於身體，也不會把身體誤認爲上主創造的聖子。³它看到的是超乎身體的光明，超乎一切形相的理念；它所見到的純淨本質，遠非錯誤、瑕疵，甚至罪之夢魘裡的可怕罪咎所能污染。⁴在它眼中沒有分裂的生命。⁵它是以永不失色的光明看著每一個人、每一境遇、每一件事。

8.　　這是可以教人的，也是所有追求慧見的人必須教人的。²若想獲此慧見，他必須明白兩件事：人間任何禮物無一足以和慧見相提並論，而且世界自訂的目標只要一碰到慧見就會銷聲匿跡。³這就是你今天要給的禮物：不再把任何人看成一具身體。⁴尊他爲上主之子，並且接受「他在神聖之境中與你原是同一生命」這一事實。

9.　　他的罪就這樣被寬恕了，因基督的慧見具有罔顧一切罪惡的能力。²罪就在祂的寬恕下消失了。³祂既然看不見罪，罪只好遁形，而藏身其後的神聖慧見便會即刻取而代之。⁴不論罪惡如何變化多端，看起來多麼罪大惡極，或是彷彿眞的傷害了某人，全都無關緊要。⁵它們已不復存在。⁶它外表導致的後遺症，也會隨之消逝、一併化解，再也無法滋生事端了。

10.　　你就是這樣學會給出自己領受的一切的。²基督的慧見也因此臨幸於你了。³這一課一點兒都不難學，只要你記得，你在弟兄身上看到的不過是自己而已。⁴他若在罪中迷失了，你必然也迷失了；你若在他內看見光明，你就已寬恕了自己的罪過。⁵你今天所遇到的每個弟兄，都會給你一個新機會，讓基督的慧見光照你的心靈，賜你上主的平安。

11.　　啓示何時來臨，並不重要，因那已超乎時間領域之上。²然而，時間還能給人一個禮物，即是：道地的眞知能極其精準地反映在時間領域內，連它的倒影都能分享前所未見的神聖本質，閃耀著不朽的愛。³今天，我們就要練習用基督的眼光去看。⁴因著我們給出的神聖禮物，基督的慧見也會同樣地臨幸於我們。

第一百五十九課

我要給出自己領受的奇蹟

1.　　沒有人能夠給出自己尙未得到的東西。²要給出一樣東西，自己必須先擁有。³天堂及人間世界都同意這一法則。⁴但也就是在這一點上，兩者分道揚鑣。⁵世界相信，若要擁有一樣東西，必須緊抓不放。⁶救恩所教的恰恰相反。⁷只有給出去，你才會認清自己已經得到了。⁸唯有如此，才能證明你所擁有之物眞的屬你所有。

2.　　當你治癒他人時，才會明白自己已經痊癒了。²當你寬恕他人時，你才會接納你在自己身上完成的寬恕。³認出弟兄就是你自己，你才可能看出自己的生命終於完整了。⁴你能帶給人任何奇蹟，因上天已把這一切賜給了你。⁵現在就接受它們吧！開啓你內心的寶庫，所有的奇蹟都在那兒，等著你把它們分施出去。

3.　　基督的慧見就是奇蹟。²它來自一個遠超乎自身的境界，因它所反映的乃是永恆的聖愛，以及生生不已、永世不朽，卻塵封已久的愛。³基督的慧見會爲你勾勒出天堂的景象，因祂眼中的世界與天堂如此肖似，足以反映出上主的圓滿造化。⁴透過世界的墨鏡，你只會看到支離破碎而且扭曲了的人間魅影。⁵眞實世界才能向你顯示出天堂的純潔無罪。

4.　　所有的奇蹟都是從基督慧見這一奇蹟中誕生的。²它是一切奇蹟的源頭，寄身於你給出的每個奇蹟中，而它始終屬你所有。³它有一種結合力，使施者與受者藉著推恩，在人間合而爲一，有如在天堂一樣。⁴基督不會在任何人身上看到罪的蹤影。⁵在祂眼中，那些清白無罪的人都屬於同一個生命。⁶他們的神聖性乃是出自天父及基督的恩賜。

5.　　基督的慧見成了兩個世界間的橋樑。²你能安心地信賴它的力量，它會領你由這個世界進入那個已受寬恕聖化了的世界。³在人間顯得十分實在的東西，一到那兒變得好似魅影，透明空洞，似有非有，常遭人遺忘，它絕對遮掩不了照耀其上的光明的。⁴於是慧見再度定睛於神聖本體，盲者終於重見光明。

6. 　　　這是聖靈唯一的禮物，也是唯一的寶庫，你必然能夠由此獲得幸福所需的一切。²一切全都為你安置於此了。³只要你開口，就會獲得這一切的。⁴它的門從不上鎖，不論你要求的東西多麼微不足道或迫切需要，它都會慷慨應允的。⁵在基督的寶庫內，沒有治不好的病，沒有彌補不了的匱乏，也沒有滿足不了的需求。

7. 　　　在這兒，世界會想起它誕生之際所失落之物。²因為在這兒，它已被修復，在另一種光明下重生了。³於是，罪的故居變成了救恩中心及仁慈之家，所有受苦之人都在這兒得到救治，受到歡迎。⁴這個新家從不拒絕任何人，救恩一直在此等候著他的來臨。⁵沒有人會視他為陌生人。⁶也沒有人會向他索求任何東西，他只需要接受自己是受歡迎的這一禮物即可。

8. 　　　基督的慧見為寬恕的百合提供了神聖的生長土壤。²這是它們的家園。³你能將它們由此地帶回人間，但它們無法在世間貧瘠和澆薄的土地上生長。⁴它們需要基督之愛所帶來的光明、溫暖及愛心照顧。⁵它們需要祂愛的垂顧。⁶如此，它們才能成為祂的使者，給出自己領受的禮物。

9. 　　　從祂的寶庫中盡量取用吧！這樣寶物才會愈拿愈多。²祂的百合縱然帶回人間，並沒有離開它們的家園。³它們的根仍留在那兒。⁴它們離不開自己的源頭，只會隨身攜帶祂的恩澤，將世界美化得好似家中的花園；當它們再度重返家門時，只會更加馥氣芬芳。⁵它們在此受到了雙重的祝福。⁶基督的信息不只傳播出去了，還會回到它們這兒來。⁷最後再欣然地將這些信息奉還給祂。

10. 　　　請看這座為了供你施捨而為你準備的奇蹟之庫。²那既是上主指定賜給你的，你怎麼可能不配接受此禮？³不要評判上主之子了，你只需亦步亦趨地遵循祂所安排的道路。⁴基督夢到了一個已被寬恕的世界。⁵這是祂的禮物，如此，你才可能安詳自在地由死亡渡向生命之境，由無望渡向希望之地。⁶讓我們與祂一起作夢片刻。⁷祂的夢會將我們喚回真理之境。⁸祂的慧見為我們指出一條道路，回歸那在上主內從未失落過的永恆聖地。

第一百六十課

我已安居家中，恐懼從此成了陌路

1. 在愛的道路上，恐懼有如一位陌生人。²你一與恐懼認同，你對自己也成了陌生人。³如此，你對自己便一無所知了。⁴你的自性對那自以為存在又與你不同的那一部分生命極其陌生。⁵活在這種狀態下的人，怎麼可能活得神智清明？⁶除了瘋子以外，誰會相信那個不是自己的自己而與自己為敵？

2. 在我們中間有個不速之客，他來自真理所不認識的觀念，操著完全不同的語言，著眼於真理毫不知曉的世界，所了解的盡是真理視為荒謬之事。²更奇怪的是，他認不出自己面對的是誰，卻聲稱那人的家是屬於他的，真正安居家中的人此刻反而成了不速之客。³然而，要你說出「這是我的家，⁴這是我的地方，我不會因為瘋子要我出去，我就出去的」這一句話，又有多難？

3. 是什麼原因使你說不出這話來？²原因只有一個，你已引狼入室，任它鳩佔鵲巢，而你反而淪為不速之客。³沒有人會如此輕率地任人霸佔自己的家園，除非他認為還有另一個家更適合自己的品味。

4. 誰才是不速之客？²是恐懼呢？還是那不配居住在上主為聖子所預備的家園的你？³恐懼怎麼可能是祂按自己的肖像所造出來的自家人？⁴愛所圓滿且被圓滿的，豈是靠這個恐懼？⁵沒有一個家能同時收容愛與恐懼。⁶它們是無法並存的。⁷你若是真的，恐懼必是幻相。⁸恐懼若是真的，表示你根本不存在。

5. 這問題就這樣簡單地解決了。²凡是心懷恐懼的人，等於否定自己說：「我在此只是一個不速之客，³因此我要把我的家留給那個比我更像我自己的人，把我心目中擁有的一切全獻給他。」⁴如今，他不得不自我放逐，再也不知道自己是誰了；只有一點他敢肯定：他已不再是他自己，他已被摒棄在自己的家門外了。

6. 到了這一地步，他還敢尋求什麼？²他又能找到什麼？³對自己形如陌路的人，不論往哪兒去找，都不可能找到家的，因他已斷絕了自己的歸路。⁴他已經迷失了，只有奇蹟才能把他找回來，

讓他看到自己如今不再是不速之客。⁵這奇蹟遲早會來的。⁶因他的自性仍留在家中。⁷祂從不讓陌生人進入，也不會接受任何外來的怪異念頭。⁸祂必會認出誰才是自家人而喚他回歸自己的。

7.　　誰才是不速之客？²不正是自性從不召喚的那傢伙？³你此刻還無法在自己內認出這個陌生人，因你已把自己的真實身分轉讓給他了。⁴然而，你的自性卻十分清楚誰才是祂的自家人，就如上主十分清楚誰才是自己的兒子那般肯定。⁵祂不會搞不清自己的造化的。⁶祂十分確定什麼才是屬於祂的。⁷沒有任何不速之客能夠橫梗在祂的真知及聖子的實相之間。⁸祂對那陌生人一無所知。⁹祂對自己的兒子卻肯定不疑。

8.　　只要有上主的肯定，就已足夠了。²只要祂知道那是自己的兒子，他就擁有上主為聖子所準備的永恆居所。³「誰才是不速之客？」祂已經答覆了你的問題。⁴聆聽祂的天音寧靜而肯定的保證吧！你不是天父家中的陌生人，你的造物主也不是你的陌生人。⁵凡是上主結合的，永遠一體，與祂安居家中，你不是祂家裡的不速之客。

9.　　今天，我們感謝基督來到世界找回屬於祂的人。²在祂的慧見中沒有一個陌生人，祂所見到的都是自家人，樂於與他們合而為一。³然而，他們卻會視祂為不速之客，因他們連自己都認不出來。⁴只要他們一向祂表示歡迎，就會憶起這一真相的。⁵祂便會溫柔地領他們回家，那才是他們真正的歸宿。

10.　　基督不會遺忘任何一個人。²祂也會讓你憶起所有的人來，如此，你的家才重歸完整而且圓滿如初。³祂從未遺忘過你。⁴但除非你能如祂一般看待所有的人，否則你是無法憶起祂的。⁵凡是否定弟兄的，就是否定祂，也就等於拒絕接納天賜的慧眼；唯在慧眼下，他才可能清晰地認出自己的自性，憶起自己的家園；於是，救恩便來臨了。

第一百六十一課

祝福我吧！神聖的上主之子

1.　今天的練習有所不同，我們下定決心，抵制自己的憤怒，如此，恐懼才會消除，為愛騰出空間。²我們今天練習的觀念，言簡意賅地道出了救恩的內涵。³這一句話，也是對誘惑的一種答覆，它等於是迎請基督進入先前充滿恐懼與憤怒之處。⁴在這句話中，救贖圓滿地完成，你也逃過了世界的劫運，天堂得以重現它的原貌。⁵這一句話，是上主的天音給你的答覆。

2.　心靈的本來境界，是徹底抽象的。²如今，它有一部分已經違背了自己的本性。³不再視萬物為一體。⁴它只能看見整體中支離破碎的片段，為此，它才可能打造出你眼前這個支離破碎的世界。⁵它的「看」，不過是讓你看到自己想要看的東西而已。⁶它的「聽」，也只是讓你的心聽到它想要聽到的聲音罷了。

3.　形相世界就是為此目的而造出來的。²為此，我們的練習必須藉助於這些具體之物。³我們只需將它獻給聖靈，讓祂來發揮大用，它的用途與我們原先賦予它的目的已截然不同。⁴祂能利用我們營造的一切，教我們從另一個全然不同的前提，看出萬物的另一種用途。

4.　一位弟兄就等於所有的弟兄。²一個心靈包含了所有的心靈，因每個心靈都是同一生命。³這就是真理實相。⁴然而，這些觀點是否為你澄清了萬事萬物的存在意義？⁵這些說法，你可徹底明白它的真義？⁶它們很可能只是一些空洞的說詞，聽起來好似言之成理，其實，你並不了解，你還會感到那根本是不可能了解的事。⁷自從心靈教會自己具體的推理思考之後，它再也無法領悟那無所不包的抽象意境了。⁸我們只需看清這一點，所學到的就已不可限量了。

5.　我們好似感到，是身體限制了我們的自由，使我們受苦，最後也是它結束了我們的生命。²其實，身體只是一種象徵，是恐懼的有形化身而已。³恐懼若沒有具體的象徵，就沒有回應它的必要，因象徵所代表的很可能是毫無意義之物。⁴愛，是如此真實，故無需藉助於象徵。⁵恐懼卻如此虛妄，不能不依附於具體之物。

6.　　身體會攻擊，心靈卻不會。²這個觀念再度重申了〈正文〉反覆強調的觀點。³為此之故，身體輕而易舉地便成了恐懼的象徵。⁴我們一再提醒你，超越形體之上去看事情，因為肉眼之見為你呈現的，只會是愛的「仇敵」之象徵；基督慧見對它們一向視若無睹。⁵於是，身體成了攻擊的對象，因沒有人會認為自己在恨一顆心靈。⁶然而，支使身體發動攻擊的，不正是心靈嗎？⁷除了那充滿恐懼之念以外，還有什麼可能成為恐懼的溫床？

7.　　恨是十分具體的。²它不找到攻擊對象是不會罷休的。³仇敵在它的眼中必然具有某種外形，是它摸得到、看得到而且聽得到，最後還能殺得掉的。⁴瞋恨一旦選中了對象，必會置之於死地，這與上主天音必會宣告死亡不存在是同樣的道理。⁵恐懼是個無底的深淵，它眼光所及之物，都會被它吞噬；它還會在每件事物上看到自己的影子，最後，矛頭不得不轉向自己，同歸於盡。

8.　　凡是視弟兄為一具身體的人，等於視他為恐懼的象徵，²這人必會發動攻擊。因為他會看到自己的恐懼正站在對面，隨時伺機攻擊，叫囂著要與他復合。³不要低估了恐懼必然反射出來的強烈怒火。⁴它憤怒地嘶吼，瘋狂地張牙舞爪，想要逮住那造出它的人，將他一口吞噬。

9.　　這就是你肉眼所看到的他；其實，他是上主的圓滿造化，天堂視之為珍寶，天使對他鍾愛有加。²這才是他的實相。³他的美善，在基督慧見下反映出來的模樣，是如此聖潔美麗，讓你身不由己地屈膝於他腳下。⁴但是，你會牽起他的手，因為看出他真相的慧眼，也會看出你與他一般聖潔美麗。⁵攻擊他，等於與自己為敵，因你再也看不見自己的救恩就握在他的手中了。⁶向他請求這個救恩吧！他必會賜給你的。⁷請求他不要成為你恐懼的象徵。⁸你怎麼可能要求愛去毀滅它自己？⁹難道你不願它將自身啟示給你，使你重獲自由？

10.　　我們今天要繼續你先前的練習方式。²此刻，你更胸有成竹了，離基督的慧見也更近了。³你只要心懷此志，今天必會馬到成功。⁴成功之後，你再也不會輕易聽信肉眼所召來的種種見證。⁵你所見到的任何一物，都會向你吟唱那一首記憶猶新的古老歌曲。⁶天堂並沒有遺忘你。⁷你難道還不想憶起它來？

11.　　現在，選擇一位弟兄，作為所有弟兄的象徵，然後向他祈求救恩。²你先盡可能地看清他，也就是他在你心目中所認定的樣子。³注視他的臉、他的手腳、他的穿著。⁴注視他的笑容，以及他的習慣動作。⁵然後這樣想：你此刻所見到的這一切，遮住了那能夠寬恕你所有罪過之人的真面目，他神聖的手能夠取出刺穿你掌心的釘子，摘下你戴在自己血跡斑斑的頭上那頂荊棘冠冕。⁶他會還你自由的，只要你這樣向他祈求：

　　　　⁷祝福我吧！神聖的上主之子。⁸我願以基督的眼光
　　　　來看你，並在你內看清自己的全然無罪。

12.　　你一呼求，祂就會答覆的。²因祂會聽到你內在的上主天音，然後用你自己的聲音回答。³此刻，好好地仰望這位一直被你視為血肉之軀的人，你才會看清基督已經來到你身邊了。⁴今天的觀念保證能幫你安全地由憤怒與恐懼中脫身。⁵切莫忘記，要隨時把這觀念用出來，尤其是當你在一位弟兄身上看到自己恐懼的象徵，而忍不住想要攻擊他時。⁶那麼，你就會看到你的弟兄轉眼之間由仇敵變成你的人間救主，由魔鬼搖身一變成了基督。

第一百六十二課

我仍是上主所創造的我

1.　　　僅此一念，只需牢記心頭，便足以拯救整個世界。²在我們進入下一階段的學習之前，我們還會不時重複這一觀念。³你愈往前進，這句話對你的意義就會顯得愈深刻。⁴這幾個字極其神聖，因爲它是上主對你所造的世界的一個答覆。⁵世界會因著這一句話而遁形，只要說出這幾個字，你眼中所有如夢幻泡影的幻相，都會消失了蹤影。⁶因爲這一句話來自上主。

2.　　　就憑這一神聖的話，聖子成了天父的喜樂、至愛以及圓滿。²造化的眞相在此重顯它榮耀的面目。³僅憑這幾個字，足以驅散一切夢境以及夢裡所有罪的念頭，一切幻相都在它大能前銷聲匿跡。⁴它是喚醒世人的號角，號音響遍世界。⁵亡者聞聲而甦醒，答覆它的召喚。⁶活人一聽此聲，再也不會看到死亡了。

3.　　　能夠把這一句話當作自己心底的話的人，是何等的神聖！他早晨懷著這一念而醒來，整天將此念銘記心頭，晚間又在這一念中入睡。²他的夢境一定幸福無比，他的休息必定恬然無驚，他會感到安全無虞，身體也健康無比，因爲在他入睡及清醒之刻，所見的無非眞理。³世界會因著他而得救，因他每練習這眞理之言一次，等於將自己領受到的禮物帶給了世界。

4.　　　今天的練習很簡單。²因爲我們的這一句話法力無邊，它無需藉助其他念頭，就足以轉變說出此話之人的心靈。³這一轉變可說是脫胎換骨，因它此刻已成了上主存放祂所有禮物及聖愛的寶庫，透過它而傳送到世界的每一角落；這禮物不只愈給愈多，而且永遠圓滿無缺，因它的分享是無限的。⁴由此，你學會了上主的思維方式。⁵基督的慧見就這樣救回了你的心，恢復了你的眼界。

5.　　　今天我們要向你致敬。²你此刻所接納的完美神聖本質，是天賦於你的權利。³救恩就是透過你的接納而傳到每個人心中的；世界一旦蒙受這神聖的祝福，還有誰會珍惜罪惡的存在？⁴你一旦擁有了圓滿的喜樂，它足以治癒一切人的哀傷、痛苦以及所有

的失落感，它足以將人由罪惡及愧咎中徹底解脫；那麼，還有誰會陷於絕望？

6.　　　你成了拯救他的人間救主，此刻，誰會不想認你為弟兄？²你既然與他一般神聖，他豈能不親切地迎請你進入他心中，與他復合？³你仍是上主所創造的你。⁴這一句話驅散了漫漫長夜，黑暗從此一逝不返。⁵今天，光明已經來臨，祝福了全世界。⁶因你已經認出了上主之子，你的認知遂成了整個世界的認知。

第一百六十三課

死亡並不存在，上主之子是自由的

1.　死亡只是一念，卻有許多化身，令人難以認出它的真面目。²它可能化身為悲哀、恐懼、焦慮、懷疑；也可能化身為憤怒、沒信心、不信任、嫉妒，以及身體的掛慮；它還會化身為所有想要成為「非你」的願望，前來試探你。³這一切念頭不過反映出：你已把死亡供奉為你的拯救者及解放者了。

2.　死亡之念顯得神通廣大，因為它已成了恐懼的化身、罪惡的淵藪、罪人的神明、一切幻相及謊言之主。²世間的有情生命似乎都逃不出它那枯槁的手掌，所有的希望及夢想都得受它的摧殘，所有的人生目標都得透過它盲目的眼睛去看。³脆弱、無助及罹病之人不能不在它的肖像前屈膝，認為只有它才是真的、無可避免的，且應該相信的。⁴因為只有它保證一定來臨。

3.　除了死亡，世間沒有一物是可靠的，不論得之多麼不易，它轉眼成空，還吉凶難卜；燃起的希望隨時會破滅，一切願望與夢想到頭來僅餘一堆灰燼，一撮塵土。²只有死亡最可靠。³因為時候一到，它必會堂而皇之地降臨。⁴絕不放過擄掠一切生命的機會。

4.　你可願向這樣的偶像屈膝？²上主的力量與大能就這樣被塵土所造的偶像篡奪了。³就這樣，上主的對頭被封為造物之主，它的力量大於上主好生之德、無窮的愛，及天堂完美不易的恆常本質。⁴就這樣，天父與聖子的旨意終於一敗塗地；埋葬在死亡的墓碑下的，正是神聖的上主之子的那具身體。

5.　他敗得毫不光榮，他已淪為死亡的俘虜。²死亡會親自在他的墓碑上題字，卻不提他的名字，因為他已經化為塵土。³墓碑上所寫的，不外是：「這裡躺著的是『上主已死』的證人。」⁴它一次又一次地為人寫碑，供奉它的人匍匐於地，滿懷恐懼地低聲附和：真是如此。

6.　只要供奉任何一種形式的死亡，你就不可能只接受它的某些形式，而否認或逃避得了你不喜歡的其他形式。²因死亡是全面

性的。³萬物不是難逃一死，就是永存不朽。⁴兩者沒有折衷的餘地。⁵任何神智清明的人，不能不接受這一不容置疑的論證：只要你能證明某一觀點的反面是假的，那麼，與這假觀念全然相反的觀點必是真的。

7.　　上主已死的觀念如此顛倒是非，連神智不清的人都難以置信。²因它暗示著，那一度活過的上主，不知怎地消失了，顯然是被那些不想讓祂活下去的人給殺了。³這表示那些人的意願強過上主的旨意；從此，永生只好讓位給死亡。⁴聖子只好與天父一起同歸於盡了。

8.　　為此，死亡的信徒不會不害怕的。²然而，這類的想法本身又有多可怕呢？³他們只要看清這不過是自己的信念，當下就能擺脫它的束縛。⁴今天，你要讓他們看到這一點。⁵死亡並不存在；為了他們以及你自己的救恩，讓我們現在就否定它的存在，不論它化身為何種形式。⁶上主不曾創造過死亡。⁷不論死亡化身為何物，都逃不出幻相之列。⁸這就是我們今天要下的功夫。⁹它給我們一個機會，越過死亡而看到它背後的超然生命。

9.　　我們的天父，今天，祝福我們的眼睛吧！²我們是祢的使者，只願瞻仰祢的聖愛映照在萬物之上的光輝倒影。³我們只願在祢內生活及行動。⁴我們從未與祢的永恆生命分開過。⁵死亡不存在，因為死亡不是出自祢的旨意。⁶我們要活在祢無始以來安置我們之處，活出我們與祢及眾生共享的生命；它不僅肖似祢，也永遠屬於祢。⁷我們接納祢的聖念，視為自己的念頭，我們的意願也將永遠結合於祢的旨意內。⁸阿們。

第一百六十四課

如今，我們已與生命之源合一了

1. 除了現在，你還可能在什麼時候認出眞理？²只有當下此刻是唯一存在的時間。³因此，今天，此刻，現在，我們就要看一看所謂的永恆境界，靠的不是我們的肉眼，而是基督的慧眼。⁴祂能越過時間而看到永恆的再現。⁵祂也聽得見這荒謬而忙碌的世界的鼓譟之聲，但只是依稀可聞而已。⁶在那聲音之上，祂所聽到的盡是天堂之歌；上主的天音，愈來愈清晰，愈有意義，也更接近了。

2. 在祂的眼光下，世界自然隱退而去。²它的喧囂也逐漸沉寂。³遠在塵世之外，傳來一曲旋律，日漸清晰可聞，那是上主對人間古老的祈求所給的古老答覆。⁴你會同時認出兩者，因它們不過是你自己對天父召喚的答覆而已。⁵基督爲你作此答覆，一了你自性的心願，又用你的聲音表達出祂的欣然同意，並爲你領受你自己的解脫。

3. 今天的練習是何等的神聖！基督賜給了你祂的眼光，祂爲你而聽，且以你的名義來答覆祂所聽到的天堂呼喚。²你放下世界而與祂共處的那段時間，又是何等的寂靜！³你輕易地忘卻了自己好似犯過的罪，以及所有的傷痛。⁴今天，你會放下一切痛苦，看見那來自比世界還近的景象與聲音，且清晰無比，因爲今天你會接下祂所賜的禮物。

4. 有一種寂靜是世界無法侵犯的。²有一種亘古常存的平安，一直存於你的心中，從未失落過。³你心裡有一種神聖的意識，絲毫不受罪的污染。⁴今天，你會憶起這一切來。⁵今天，只要你切實練習，就會獲得極大的回報，它與你以前所追求的種種，有如天壤之別；你便會明白，這兒才是你的寶藏，這兒是你的安息之所。

5. 在這一天，無謂的幻想會像窗簾一般拉開，讓隱蔽於幕後的眞相得以現身。²此刻，始終眞實之境終於昭然若揭了，先前遮住它的一切陰影就這樣消逝了。³如今，審判的天平交回那公正的審判者手中，一切終於平衡過來了。⁴在祂的審判下，世界會在你

眼前展現出它的純潔無罪。⁵此刻,你能以基督的眼光去看它了。
⁶此刻,你終於看到一個煥然一新的世界。

6.　　弟兄,今天是世界的神聖之日。²那來自世間萬物之上的慧
見,給了你新的眼光回顧人間紛紜萬象。³而你之所見,能為世
界帶來治癒與救恩。⁴不論是有價值或無價值的,你都認清了它
們的真相。⁵凡是配得到你愛的,就會得到,再也沒有東西能嚇
得了你。

7.　　今天,我們不再判斷。²我們只接受那超越世界之上的判決
所帶給我們的禮物。³今天的練習,成了我們感謝自己得以由盲
目及煩惱中脫身的獻禮。⁴從此,我們所見到的一切,只會增長
我們的喜樂,因為它的聖潔反映出我們的聖潔。⁵整個世界在我們
的眼中獲得了寬恕,我們也在基督的眼中得到了寬恕。⁶只要我們
能以「那位」救世主看待我們的眼光來看世界,我們就已祝福了
這個世界,且將祂寬恕的慧眼(而非自己的眼光)所帶給我們的
自由,獻給了世界。

8.　　在練習中,只要你放得下自以為想要之物,那片窗簾就拉開
了。²收起你那些微不足道的寶貝吧!清理出一塊清淨而開敞的
心田,基督便會來臨,帶給你救恩的寶藏。³祂需要你那神聖無
比的心靈來拯救世界。⁴這難道不配作為你的人生目標嗎?⁵基督
的慧見不比世上難以饜足的目標更值得你去追尋嗎?

9.　　別再錯失了今天所帶給你的禮物,它正等著你的同意與接納。
²只要你認可它們,我們就能一起改變世界。³你也許還看不出,
自己接下這一禮物對世界的影響何其深遠。⁴然而,有一點必是
你想要的,它會把你今天的一切痛苦轉為喜樂。⁵認真地練習吧!
這禮物非你莫屬。⁶上主豈會欺騙你?⁷祂的許諾豈會落空?⁸祂
已把整個救恩交託給聖子了,你怎麼可能還死守著那些微不足道
之物?

第一百六十五課

願我的心不再否定上主的聖念

1.　　若非你先否定了那超越世界之上的真相，否則，世界豈會顯得如此真實？²若非你心中的死亡及痛苦之念，天父願你擁有的圓滿幸福及永恆生命豈會變得如此曖昧不明？³除了幻相以外，還有什麼遮蔽得了那根本隱藏不了之物？⁴若非你決心不去看它，且否定它的存在，你怎麼可能得不到自己早已擁有的東西？

2.　　上主的聖念創造了你。²它從未離開過你，你也未曾離開過它片刻。³它是你的。⁴你靠它而活。⁵它是你的生命之源，與你繫爲一體，萬物都與你一體，只因它從未離開過你。⁶上主的聖念保護著你，照顧著你，使你的安息之所柔軟舒適，使你的道路順暢無阻，它以幸福與愛光照著你的心靈。⁷使你的心靈透出永恆生命的光輝，因爲上主的聖念從未離開過你，始終與你同在。

3.　　任何人一旦認清了自己的安全、和平、喜樂、治癒、心靈的平安、寧靜的休息、安詳的甦醒，都在這兒，誰會捨得放棄？²他豈能不即刻動身前往這一福地，放下其餘相形之下毫無價值之物？³一旦找到這些福氣，他豈能不千方百計地與它們長相廝守？

4.　　不要再拒絕天堂了。²今天，只要你開口要求，它就是你的。³即使你尚未認出這恩賜何其偉大，即使你的心境尚未提升到某一程度，它仍會應聲而來。⁴只要你求，就會得到，它是上天賜你的禮物。⁵信念必須由內萌生。⁶除非你欣然將它納爲己有，否則徬徨不定之感永遠揮之不去。⁷然而，上主是公平的。⁸只要你肯接受，即使還未堅定到不移的地步，你仍會收到這份禮物的。

5.　　懷著渴望之心祈求吧！²你甚至無需那麼肯定自己所要求的確是你唯一想要之物。³等你接到它時，你便能肯定手中的寶貝正是你夢寐以求的。⁴那麼，你豈捨得用任何東西與它交換？⁵此刻，還有什麼能夠慫恿你，任那寶貝由那喜樂至極的慧見中消失？⁶你的慧眼本身即已證明，你已將自己的盲目換成基督之眼了，你的心靈開始放下否定的心態，接納上主的聖念，且視爲你的天賦遺產。

6.　　　如今，一切疑慮都已煙消雲散，旅程的終點已經在望，救恩已經賜給了你。²如今，你心內的基督就在你獲得治癒之際，施展了治癒別人的大能。³如今，你已躋身於人間救主的行列。⁴這才是你的天命，別無其他命運。⁵上主豈會眼看著自己的聖子拒絕他活命所需的養料，永受饑渴之苦，而袖手旁觀？⁶一切富裕都在聖子心中，任何剝削都無法切斷上主始終支持著他的聖愛，更不可能將他逐出家門。

7.　　　今天，滿懷希望地練習吧！²因爲你有理由這麼樂觀。³你的懷疑才是沒道理的事，因爲上主永恆不變。⁴祂的聖念無時無刻不在你的身邊。⁵你既是祂的居所，心內必有這種肯定感。⁶是你的懷疑在祂與你對祂的肯定之間作祟，而本課程會幫你清除所有的疑慮。

8.　　　上主會賜給我們這種肯定性，我們信賴的是祂而非自己的能力。²因祂之名，我們遵照祂聖言的指示勤加練習。³祂的肯定超越了我們所有的疑慮。⁴祂的愛也凌駕於我們的每一個恐懼之上。⁵祂的聖念始終超乎一切夢境，且深藏於我們心中，因爲這是祂的旨意。

第一百六十六課

上主將祂的禮物託付了我

1.　　一切都已賜給了你。²上主對你懷有無限的信任。³祂深知自己的聖子。⁴祂的給予一視同仁，只要是有助於你幸福的，祂絕無保留。⁵然而，除非你的意願與祂的旨意一致，否則你接收不到祂的禮物。⁶究竟什麼緣故使你認為，除了祂的旨意，還有其他的旨意存在呢？

2.　　世界的形成就是建構在這個似是而非的弔詭上。²這個世界既非出自上主的旨意，它就不可能是真的。³凡認為它真的存在的人，必已相信上主旨意之外還有另一旨意存在，而且與它背道而馳。⁴這雖然是不可能的事，但任何人，只要內心一把世界看成必然、實在、可靠而且真實，就等於相信世間有兩個創造者；或是他只相信一位創造者，就是他自己。⁵絕不會是唯一無二的真神——上主。

3.　　懷有這種怪異信念的人，是無法接納上主恩惠的。²不論上主的恩惠是多麼顯而易見，不論上主多麼熱忱地呼喚他領回自己的天賦，他的心裡依舊會認為，接受上主的恩惠等於被迫背叛自己。³因此，他不能不否定這些恩惠，與真理對抗，即使吃盡苦頭也要守住自己打造出來的世界。

4.　　這是他心目中所知道的唯一家園。²這是他認定自己所能找到的唯一保障。³一旦失去他親手打造出來的世界，他就成了畏首畏尾、無家可歸的流浪者了。⁴他不明白，這兒才是真正令他害怕的地方，害他無家可歸，淪落異鄉；時日一久，他不自覺地忘了自己從何而來，往何處去，甚至忘了自己是誰了。

5.　　在他孤獨又無聊的流浪中，上主的恩惠始終伴隨左右，他卻一無所知。²他不可能失落這些禮物的。³卻能故意不看上主給他的禮物。⁴他繼續流浪，舉目望去，一切都是白忙一場；眼看腳下的彈丸之地日益萎縮，只好不知所終地遊蕩下去。⁵縱然上主與他同在，縱然他擁有使萬事萬物形如廢鐵的曠世鉅寶，他依舊孤獨地在痛苦與貧困中流浪。

6.　　他看起來如此辛酸疲憊，意氣消沉，衣衫襤褸地走在亂石路上，每一步都血跡斑斑。²世上所有的人，與他同是天涯淪落人，追隨著他的步伐，像他一樣受盡挫折，感到絕望。³他只需明白是「誰」正在與他同行，他只需開啓自己的寶藏，就能重獲自由；你卻眼看著他硬要走自己的路，沒有比這更可悲的事了。

7.　　這就是你為自己選擇的「我」，為了取代真實的你而打造出來的贋品。²你不惜違反一切理性、證據，蠻橫地護衛著這個自我，儘管所有的證人都向你證明，那不是你。³你一概置之不理。⁴執意去走自己選擇的路，雙眼下垂，深恐一不小心就會瞥見一線真理，而讓自己由自欺中脫身，重獲自由。

8.　　你惶恐地蜷縮成一團，以免覺出基督在拍你的肩膀，或看見祂的手溫柔地指給你看那些禮物。²那麼，你就沒有理由堅稱自己在放逐之地一貧如洗了。³祂會讓你對這種自我觀念感到荒謬可笑。⁴你還有什麼理由顧影自憐呢？⁵上主只願聖子活得幸福快樂，你卻故意為他製造種種悲劇，結果呢？

9.　　如今，你的千古恐懼已經臨頭了，「天」網恢恢，正義終於逮住了你。²基督的手輕拍著你的肩膀，讓你感到自己並不孤單。³你甚至敢這樣想：也許，自己心目中那個可憐蟲並不是真正的你。⁴也許，上主的聖言比你自己的話要真實得多。⁵也許，祂所賜你的禮物才是真的。⁶也許，祂並沒有中你的計，即使你企圖徹底遺忘上主之子，決心放棄你的自性而為所欲為。

10.　　上主的旨意不會跟任何人作對的。²它只是永恆如是而已。³你企圖放棄自性的計畫，所陷害的不是上主。⁴祂對自己旨意之外的計畫一無所知。⁵雖然祂不了解你那些需求，仍會予以答覆的。⁶如此而已。⁷你一旦得到了祂的答覆，就再也不會希罕任何東西了。

11.　　如今，我們總算活過來了，因為我們不可能死亡。²祂答覆了你的死亡之願，此刻的慧見已經取代了你過去的死亡之見；它終於看清了，你並非那個假裝出來的自己。³與你同行的「那一位」溫柔地答覆了你所有的恐懼，祂只會憐惜地說，「事實並非如此」。⁴每當你被貧乏之念所困時，祂會為你指出你所擁有的禮物；每當你看到自己孤獨害怕時，祂會告訴你，祂就在你身旁。

12.　　祂還會提醒你已忘記的另一件事。²因著祂在你身上的「一觸」，祂已將你變得像祂一樣了。³你所擁有的禮物，不是給你一個人的。⁴如今，你必須學習把祂的恩典給出去。⁵這就是祂的恩典帶給你的功課，因為祂已經將你由當初想要逃避祂而造出的孤獨之地拯救出來了。⁶祂讓你憶起了上主賜你的一切。⁷祂還會告訴你，當你接下這些禮物，並且認出它們本來就屬於你的之後，你會生出何種願心來。

13.　　這些禮物都給了你，而且託你管理，祂要你把這禮物帶給那些仍孤獨地重蹈你覆轍的人。²他們不明白自己是在自作孽。³如今，輪到你去教他們了。⁴因你已經由基督那裡為他們找到了另一條可行的路。⁵你只需讓他們在你身上看出，唯有感受到基督的「一觸」而認出上主恩惠的人，才可能活得幸福。⁶願你不再受悲哀所惑，辜負了自己受託的重任。

14.　　如今，你的一聲嘆息，會讓那些期待你解救的人希望破滅。²你的眼淚，成了他們的眼淚。³你若病了，也會延誤他們的痊癒。⁴你的恐懼，好似證明了他們的恐懼是天經地義的。⁵你的手能夠帶給他們基督的「一觸」，你轉化了的心靈，也證明了凡接納上主恩賜的人，是不可能受苦的。⁶將世界由痛苦解脫的重任，已經託付於你了。

15.　　不要辜負這一託付吧！²你要以身作則，向人證明基督的「一觸」帶給人的恩惠。³上主已將所有的禮物都託付了你。⁴你應以自己的幸福向人作證：凡是決心接受上主恩惠，受到基督觸摸之人，其心靈會發生多大的變化。⁵這就是你目前的任務。⁶上主託付所有接納這一禮物的人，將祂的禮物給出去。⁷祂已與你分享了祂的喜樂。⁸此刻，輪到你把這喜樂分享給世界了。

第一百六十七課

只有一個生命，就是我與上主共享的生命

1.　　生命就像眞理一樣，沒有類別之分。²也沒有程度之別。³只有一種生命狀態，就是上主造化所共享的境界。⁴它一如上主的聖念，沒有對立存在。⁵死亡不存在，因爲上主的創造必享有祂的生命。⁶死亡不存在，因爲與上主相反之境不可能存在。⁷死亡不存在，因爲天父與聖子原是同一生命。

2.　　在這世上，與生命相反之境似乎也存在。²你稱之爲死亡。³然而，我們已經意識到了，死亡的觀念會化身爲各種形式。⁴它藏身於所有不夠圓滿的快樂感覺之下。⁵只要你的反應不是全然的喜樂，就是死亡之念的預警。⁶所有的悲哀、失落、焦慮、痛苦，甚至疲乏的一聲輕歎，身體的微恙，或蹙個眉頭，你都在爲死亡作保。⁷它其實在否定你活的權利。

3.　　你認爲死亡是肉體的事。²其實，它只是一個觀念，與它外在呈現的種種形象毫不相干。³念頭存在心靈內。⁴它遵照心靈的指示運作。⁵若想改變，必須從源頭上改起。⁶觀念離不開它的源頭。⁷本課程一直反覆強調這一句話，因爲這是我們想要改變你對自己看法的關鍵所在。⁸你之所以能夠治癒別人，原因即在於此。⁹它是治癒的源頭。¹⁰也是你不可能死亡的原因。¹¹這一眞理奠定了你與上主一體的事實。

4.　　死亡即是你與造物主分裂之念。²死亡的信念認定，外境無常以及情緒起伏不定乃是天經地義的事，因爲你控制不了它們的起因，它們既非你所造，因此也不是你改變得了的。³你這絕不妥協的信念，顯示出觀念不僅離開了它的源頭，還搞出了源頭所沒有的特性，不論在類別、距離、時間、外型上，都與自己的源頭大異其趣。

5.　　死亡不可能來自生命。²觀念始終與它的源頭結合在一起。³它能夠將源頭所有的內涵延伸出去。⁴爲此，觀念能夠超越自身而無遠弗屆。⁵但是它無法生出它的源頭不曾賦予它之物。⁶它是如何造出來的，便會如何營造下去。⁷它是如何誕生的，就會如何繁衍出去。⁸它來自何處，必將回歸何處。

6.　　　心靈最多只能認為自己睡著了。²它無法改變自己原有的覺醒狀態。³它不可能造出身體，也不可能住在身體內。⁴凡是與心靈無關或相異之物，是不可能存在的，因它沒有存在之源。⁵心靈創造了一切存在，只是無法賦予它們自己所沒有的屬性，也改變不了自己永恆覺醒之境。⁶它是不可能造出物質世界的。⁷看起來會死之物，不過表示心靈已經睡著了而已。

7.　　　生命的反面只可能算是另外一種生命。²如此，它與創造它的主人才有重新復合的可能，因在真理內，它並非其反面。³它的形式可能千變萬化，甚至呈現出它所不是的樣子。⁴然而，心靈畢竟還是心靈，不論是沉睡還是清醒的。⁵它創造不出與自身相反之物，即使在他自以為的夢中，也沒有這個本事。

8.　　　上主只創造過一個覺醒的心靈。²祂自己既不睡覺，祂的造化亦不可能擁有祂未給之物，也造不出祂從未賦予造化的有限狀態。³死亡之念並非生命之念的反面。⁴上主的一切聖念永遠沒有相反或對立的存在，它們永恆不易；縱有永恆不易的延伸能力，也延伸不出自己的範圍，因它們無所不在。

9.　　　那狀似與生命相反的境界，只表示生命陷入了昏睡狀態。²當心靈決定成為「自己不是」之物，又賦予自己本無的怪異能力，進入它不可能進入的異域，或是活在它的根源之外的虛妄之境，不過表示它好似昏睡了一會兒而已。³它只是夢見了時間；在那好似出現、其實從未發生的一段時間裡，不論發生何種變化，皆無實質或實效可言，最後都是白忙一場。⁴當心靈甦醒過來以後，它只是繼續本來的存在狀態而已。

10.　　讓我們今天成為真理的兒女，不再否定自己的神聖天賦。²我們的生命並不像自己想像的那樣。³有誰閉起眼睛就能改變生命的狀態？或是睡了一覺，在夢中看到與自己完全相反的模樣，自己就變成另一個人了？⁴我們今天再也不願著眼於任何一種形式的死亡。⁵我們也不讓與生命相反的幻想在心中逗留片刻，因為上主已親自在那兒安置了永恆生命的聖念。

11.　　我們今天將努力把祂的神聖家園維護成祂所設定的原貌，並願它永遠保持不變。²祂是我們今天一切念頭之主。³在祂永無對立的聖念裡，我們明白了，只有一個生命，就是我們與祂，及一

切造化，及他們的念頭所共享的生命，因他們都是祂在一體生命中創造出來的；這生命不會因死亡而分裂，也離不開它所來自的生命源頭。

12.　　我們分享同一生命，因為我們來自同一生命之源；我們的完美本質也是來自這一源頭，它永遠存留在上主所創造的完美神聖的心靈內。²我們原本如何，如今仍是，且永遠如此。³當沉睡的心靈看到了自己的完美反映出生命之主時，必會甦醒過來的，那完美的倒影會使心靈陶醉於它完美的本體中。⁴如今，它已不只是一個倒影。⁵它變成了那個被反映的主體，以及反映時不可或缺的光明。⁶在此，慧見已無存在的必要了。⁷因為覺醒的心靈已經了知它的根源、它的自性以及自己的神聖本質。

第一百六十八課

祢賜給我的恩典，我現在就要領回

1.   上主向我們發言了。²我們能不回應嗎？³祂就近在咫尺。⁴祂從來無意迴避我們。⁵是我們故意躲著祂，並為此自欺而深受其苦。⁶祂一直留在你的身邊。⁷祂愛自己的聖子。⁸這個愛是千古不渝的，僅僅這一點就足夠了。⁹祂永遠愛著自己的聖子。¹⁰即使他的心沉睡不醒，上主愛他依舊。¹¹直到他的心靈甦醒，祂的聖愛始終不變。

2.   你若知道聖愛的真諦，「希望」與「絕望」的心情便不可能出現。²既然「希望」已經獲得永遠的滿足，「絕望」自然成了不可思議的事。³祂以自己的恩典答覆了所有的絕望，人們會在此天恩內憶起祂的聖愛。⁴祂豈會不樂意幫人認出祂的旨意？⁵只要你認清這一點，天恩就來臨了。⁶只要你肯向祂祈求結束夢境之法，你的心靈就會甦醒而憶起祂的。

3.   上主小心翼翼地將禮物保存在我們心底，等著我們去認領，今天我們祈求的正是這一份禮物。²上主透過這一份禮物，垂顧了我們，提昇了我們，為我們親自踏出救恩的最後一步。³除了這一步以外，其餘該學的一切，上主的天音自會教導我們。⁴最後，祂會親自現身，為我們撥開夢境中的塵網，將我們擁入祂的懷中。⁵祂所賜的恩典不只是一個答覆而已。⁶還會喚起心靈在昏睡中所遺忘的一切記憶，也就是千古不渝的聖愛。

4.   上主愛祂的聖子。²現在就求祂指引迷津吧！世界便會失去了蹤影；慧見一開始現身，真知便尾隨而至。³在天恩中，你會看到整個世界都籠罩在愛的光明裡；你還會看見人們高舉自己的心，將光明納為己有，恐懼從每個人臉上消失了。⁴如今還有什麼理由耽擱天堂的來臨，即使只是片刻之久？⁵世界萬物既已蒙受你的寬恕，還有什麼有待化解的呢？

5.   今天是嶄新且神聖的一天，因我們接受了上主早已賜給我們的一切。²我們信賴的是那位「施主」，而非自己的接受。³我們承認自己的過錯，即使祂對所有的錯誤一無所知，仍會給我們一

個答覆,且賜我們種種方法放下這些錯誤,懷著感恩與愛來到祂的跟前。

6.　　當我們走向祂時,祂必會紆尊就卑地前來迎接。[2]因祂有意給予而我們也會領受的一切,早已為我們準備妥當。[3]這就是祂的旨意,因為祂愛自己的聖子。[4]今天我們要向祂祈禱,且用祂的話予以回應,這些話都是透過天音、聖言與聖愛所賜給我們的:

> [5]祢賜給我的恩典。[6]我現在就要領回。[7]天父,我
> 來到祢的跟前。[8]祢也會來到我這祈求者這裡。[9]因
> 為我是祢的愛子。

第一百六十九課

我靠天恩而活，我靠天恩而自由

1.　　天恩乃是上主聖愛的一面，極其近似那洋溢著一體的眞理之境。²它是人間最高的嚮往，因它徹底超越了世界。³這種境界絕非學習所能企及，卻是學習的最終目標，因爲天恩必須等待心靈眞正準備好接納它時，才會來臨。⁴只要你爲天恩備妥潔淨而神聖的祭壇，誠心供奉且歡欣接納，天恩不可能不來臨的。

2.　　所謂天恩，就是在這狀似充滿瞋恨與恐懼的世界中，仍能接納上主的愛。²天恩一到，瞋恨與恐懼必然遁逃，因天恩的境界與世間的一切全然相反；任何心靈，一旦受到天恩的光照，便不可能相信這個充滿恐懼的世界是眞的。

3.　　天恩不是學來的。²最後一步必然超越任何學習過程。³天恩並不是本課程致力的目標。⁴我們只是爲天恩準備一顆開放的心，讓它得以聽到天恩的召喚而覺醒過來。⁵再也不會故步自封，抵制上主的天音。⁶它開始意識到自己在某些事上的確一無所知，而預備接納一個嶄新的境界了，縱然那與自己習以爲常的往日經驗全然不同。

4.　　這與我們先前的說法，「天父與聖子的一體已成定局」這個啓示好似有所矛盾。²可是，我們也曾說過，啓示的時辰操之於心靈的決定，而心靈也已作了這個決定。³我們只是鼓勵你挺身而出，爲上主的聖言作證，使眞理的經驗加速來臨，更快打入那些能在你身上看出眞理對你的效益的心靈。

5.　　「一體性」言簡意賅地道出了上主的本質。²祂的本體涵括一切。³心靈所擁有的一切，唯祂而已。⁴我們只能說：「上主永恆如是。」然後便緘默不語，因任何言語在那眞知之前完全失去了意義。⁵沒有唇舌配談論它，它此刻所領悟的全然超乎自己的境界，也不是心靈任何一部分的感知能力所能體會的。⁶它已經與那生命之源結合了。⁷它與生命之源一樣：它就是它而已。

6.　　這一境界不是我們所能談論、描述，甚至推理的。²當人心徹底悟出「它的意願即上主的旨意」，而且全面接受這一天恩時，

這一啓示方能浮現於人心中。³它會將心靈帶入無邊無際的當下，再也沒有過去與未來的概念。⁴它超越救恩之上，凌駕了時間、寬恕以及基督聖容這一切觀念。⁵上主之子就這樣消融於天父之內，一如天父消融於聖子內一樣。⁶世界，從來不曾眞正存在過。⁷永恆，方是千秋不易之境。

7. 　　這不是我們所能催生出來的經驗。²只有透過教與學而得的寬恕經驗，才能見證這一時辰的來臨，心靈已經決心爲此而放下一切了。³我們並非催促這個時辰的來到，否則就表示你比傳授寬恕眞諦的「那一位」更清楚該怎麼做。

8. 　　一切學習早已存於天心之中，且早已圓滿完成了。²祂很清楚時間的意義，並教給所有的心靈，使每個心靈都能由時間的終點，自行決定什麼時候才願把時間釋回啓示與永恆之中。³我們已經說過好多次了，你在此只是重走一遭早已完成的旅程罷了。

9. 　　一體性必然也存在於此。²不論心靈決定什麼時候接受啓示，絲毫影響不到那永恆不變的境界，過去一向如此，未來也如現在一樣永遠如此。³我們只是接下無始以來早已指定的任務，而且心裡徹底明白，祂已圓滿完成了那任務；「祂」就是奉造物主及其聖子之名而寫出救恩劇本的那一位。

10. 　　我們不必在世人無法了解的事上多費唇舌了。²當你準備好接受一體眞相的啓示時，你自會悟出它的深意。³如今，很多工作等著我們去做，爲了那些雖活在時間領域中卻能領會超越之境，而且還聽得懂「即將來臨的其實早已過去」這類道理的人。⁴至於那些還在計數著光陰，按時起床、工作、睡覺的人，多談這類道理對他們又有何意義？

11. 　　你的本分就是盡好自己那一份任務，這就夠了。²在你完成自己的任務之前，你是不可能看清最後結局的。³這也無傷大雅。⁴你的任務仍是所有人的希望所繫。⁵尤其是那些心跳頻率與上主不一致，始終猶豫不決的心靈，只要你扮演好指派給你的角色，救恩就會離它們更近一點了。

12. 　　寬恕是貫穿救恩的中心思想，它串連起救恩每一部分的意義，寬恕爲救恩指出了途徑，它的結局萬無一失。²此刻，讓我們一起

祈求天恩，它是救恩的最後一份禮物。³天恩的體驗會隨著時間的結束而告終，它只是預告天堂的來臨，最多只能取代一下時間的領域。

13. 　即使只是一小段時間，已經綽綽有餘了。²它成了奇蹟的溫床，等著你在神聖一刻中接納它，再透過你的天恩經驗，將它交還給所有在你臉上看到光明的人。³什麼是基督的聖容？不正是那些在瞬間體驗到超時空之境，又能將瞬間的一體經驗的倒影清晰地帶回人間，而祝福了世界的人嗎？⁴只要還有一部分的你被遺忘在外，不被人所知，也尚未覺醒，仍等著你為真理作證，你怎麼可能證入那個終極境界而一去不返呢？

14. 　你在那一瞬間欣然領受天恩之後，再懷著感恩之心回到此地吧！²更好說，你是把禮物帶回給你自己的。³啟示很快就會隨之出現的。⁴它的來臨指日可待。⁵我們祈求天恩，還有那來自天恩的經驗。⁶我們同時欣然接下它帶給每一個人的自由解脫。⁷我們要求的，並非一件不可求之物。⁸我們也不奢望天恩之外的任何東西。⁹這正是上天賜給我們的恩典，也是我們所能給出的禮物。

15. 　我們今天的學習目標只有這一段禱詞。²在這世上，還有什麼能夠勝過我們今天的祈求？祂會把自己領受到的恩典，如數地賜給我們。

³我靠天恩而活。⁴我靠天恩而自由。
⁵我靠天恩而給。⁶天恩幫我釋放人。

第一百七十課

上主不是殘酷的，我也不是

1.　　凡是發動攻擊的人，不可能沒有傷人的企圖。²絕無例外。³你若認為自己是為了自衛才起身攻擊的，這等於說：殘酷無情乃是一種自衛，而且殘酷成了你的安全保障。⁴這也等於說，你相信傷害他人會帶給你自由。⁵又等於說，攻擊別人能夠為你爭取到更好、更安全以及更大的保障，它能保證你不再受恐懼的威脅。

2.　　為了避免恐懼而發動攻擊，這種想法簡直神智不清到了極點。²這等於是用鮮血來孳生及餵養恐懼，助長它的淫威。³你其實在保護恐懼，而非擺脫恐懼。⁴我們今天所學的功課，能使你不再耽擱前程，飽受無謂之苦，它為你省下的時間，遠超乎你的想像。⁵這一課就是：

> ⁶你愈想抵制的，你愈助長它；因著你的抵制，它會顯得更真實，使你難以脫身。⁷放下你的武器吧！如此你才能認出它不是真的。

3.　　你所攻擊的敵人原本好似在你身外。²你一抵制它，便把敵人引進自己的窩裡，這個來路不明的念頭開始與你交戰，剝奪了你的平安，你的心被分割為兩個不共戴天的陣營。³如今，愛出現了「仇敵」，成了它的死對頭；這來路不明的恐懼，竟然反過身來要求你奮起抵制你的真相對它造成的威脅。

4.　　你只要仔細反省一下，你在想像中所發動的種種自衛花招，就不難看出這觀念所假定的幾個前提。²首先，觀念顯然已經離開了它的源頭；發動攻擊的既然是你，那麼第一個感受到它的，必然也是你。³然而，你攻擊的卻是一個外在對象，於是，你的心與攻擊對象分裂為二了，你還深信不疑自己營造出來的這種分裂狀態本來就是真的。

5.　　其次，原屬於愛的屬性被轉到它的「仇敵」身上了。²於是，恐懼成了你的保障，是你平安的保護者，你必會向它尋求安慰，逃避你對自己能力的懷疑，期待它給你一個無夢無驚的安息之地。³原本只屬於愛所有的屬性，一旦遭到撤換，恐懼的屬性便會轉嫁

於愛之上了。⁴因愛會要求你放下所有愚昧的自衛手段。⁵你的武器會化爲灰燼。⁶其實，它們本來就如灰燼。

6.　　愛一旦成了仇敵，殘酷必會被奉爲神明。²神明會要求他的信徒服從指令，不准質問他的權威。³誰敢質問那些指令是否有道理，甚至是否正常，必會受到殘酷無情的懲罰。⁴眞正不講道理且神智瘋狂的是他的那些仇敵，至於他自己，永遠是仁慈而正義的。

7.　　今天我們要冷靜地正視這一位殘酷的神明。²縱然我們看到他唇邊沾著血跡，身上冒著火焰，其實他只是一具石像而已。³他一無所能。⁴我們不用抵制他的力量。⁵他根本沒有能力。⁶凡是向他尋求保障的，反成了無依無靠的人，危急時求助無門，也沒有勇士會前來解圍的。

8.　　看清眞相的這一刻也許很可怕。²但也可能是你由卑賤的奴役之境解脫的大好機會。³你有選擇的餘地，你可以站在這偶像前，看清他的眞相。⁴你可願將自己以前千方百計由愛奪走而獻給無情石像之物歸還給愛？⁵還是寧願再造一座偶像來取代它的地位？⁶殘酷的神明能有各種不同的化身。⁷你隨時都能造出另一位神來。

9.　　切莫以爲恐懼能幫你擺脫恐懼。²讓我們回想一下〈正文〉中「邁向平安的障礙」。³最後一個障礙——對上主的恐懼，外表看來好似堅實無比、不易穿透、極其恐怖且難以跨越，實在令人難以相信它根本稱不上是個障礙。⁴恐懼之念，就在這一前提下，被推上了神明的寶座。⁵由於恐懼深受它的信徒擁戴，愛，反被套上了一副殘酷的面具。

10.　　供奉這位報復之神的瘋狂信念，究竟來自何處？²愛從未把自己的屬性與恐懼的屬性混爲一談。³那麼，一定是恐懼的信徒把自己的混淆與困惑投射到恐懼的「仇敵」身上了；它自己的殘酷如今成了愛的一部分。⁴那麼，還有什麼會比「神之愛」更可怕的東西？⁵祂的雙唇溢出鮮血，身上冒著火焰。⁶祂比世間任何東西都可怕，殘忍得不可思議，祂無情地凌虐所有尊祂爲神的人。

11.　　你今天所作的選擇一定更加篤定。²因爲這是你最後一次注視自己雕出的石像，從此你再也不會尊它爲神了。³你以前雖也歷經此境，你卻選擇了保留這殘酷之神，最多只是換個外形而已。

⁴結果，你對上主的恐懼又復發了。⁵這回，記得把你對上主的恐懼留在原地。⁶隻身返回新的世界，你不必背負它的重擔，也不再透過它的盲眼去看，而是透過你的抉擇所恢復的慧見去看一切。

12.　　如今，你的眼睛屬於基督所有，祂會透過你這雙眼睛去看。²如今，你的聲音也屬於上主，與祂的天音相呼應。³如今，你的心永歸平安之境。⁴因為你已選了祂取代偶像的地位，你終於領回了造物主所賜你的屬性。⁵上主聽到了你對祂的呼喚，祂已答覆了你。⁶如今，恐懼總算讓位給愛，上主前來取代了殘酷之神。

13.　　天父，我們肖似於祢。²我們不是殘酷的，只因祢不是殘酷之神。³祢的平安就在我們內。⁴我們只會用從祢那兒領受的禮物來祝福世界。⁵我們願重新選擇，且為所有弟兄作此選擇，因為我們知道他們與我們是一個生命。⁶我們要把此刻領受的救恩帶給他們。⁷我們也感謝他們使我們重歸完整。⁸在他們之內，我們看見了祢的榮耀，在他們之內，我們找到了自己的平安。⁹我們是如此的神聖，因為祢的神聖本質恢復了我們的自由。¹⁰我們在此獻上感恩。¹¹阿們。

複習五

導　言

1.　　又到了複習的時刻。[2]這回我們準備在這些練習投入更多的時間與精力。[3]我們明白,這是爲下一階段的認知鋪路。[4]在這一階段,我們要全力以赴,使下一段路走得更加肯定、更加誠心,信心也更加穩固。[5]回想我們剛進入本課程時,一路上,步伐搖擺不定,滿腹疑慮,走得很不安,且進度緩慢。[6]現在,我們可以加快腳步了,因我們的肯定愈來愈深,目標也更爲堅定了。

2.　　我們的天父,堅定我們的腳步吧![2]撫平我們的疑慮,讓我們神聖的心靈寧靜下來,請向我們發言吧![3]我們不再向祢嘮叨。[4]只願聆聽祢的聖言,且將它視爲自己的話。[5]請指導我們的練習,一如父親指導他不懂事的孩子那般。[6]他會亦步亦趨地跟隨祢的,他知道自己安全無虞,因爲在前引路的是他的父親。

3.　　因此,我們將這些練習帶到祢這兒來。[2]我們若失足了,祢會將我們扶起。[3]我們若忘了回家的路,仍能仰賴祢萬無一失的記憶。[4]我們若步入歧途,祢絕不會忘記喚我們回家的。[5]此刻,我們要加快腳步,更肯定、更快速地向祢邁進。[6]我們複習祢教我們的這些觀念,就等於接納了祢賜給我們的聖言,它將所有的練習都串連爲一體。

4.　　我們應把下面這個中心思想放在所複習的每個觀念前。[2]它們只是從不同的角度爲我們澄清這個中心思想,凸顯它的某個意義,或是使它更貼切眞實,也更清晰地說明了我們共有的神聖自性;此刻我們已經準備好深入它的眞諦了:

　　　　　　　[3]上主是愛,因此,我也是愛。

[4]只有這個自性知道什麼是愛。[5]也只有這個自性裡的神聖念頭是完美一致的:它不只知道自己的造物主,也徹底了解自己;它的眞知與愛心圓滿無缺,而且永恆不易地活在它與天父的合一之境。

5.　　在旅途的終點等待著我們的,正是這個。[2]我們所踏出的每一步都會使我們離它更近一點。[3]這個複習爲你省下難以估計的時

間，只要我們牢牢記住這是我們的唯一目標，而且所有的練習也都指向這一目標。⁴我們的心就會由塵世舉向生命，只要我們記住上主的許諾，明白這一課程就是爲我們開啓這光明之道而來的，它便能一步一步地引導我們回歸原以爲早已失落的永恆自性。

6.　　我會伴隨你踏上這一旅程的。²因我一度經歷過你的懷疑及恐懼，你可以向我求助，我很熟悉這一條路，知道如何克服一切恐懼及疑慮。³讓我們一起上路。⁴我必然了解徬徨與痛苦是怎麼一回事，雖然我知道它們毫無意義。⁵人間的救主必須留在他的學生身邊，看見他們之所見，心中對那條曾經帶領自己出離的道路清晰無比，此刻才能帶你一起脫身。⁶除非你與我一起踏上此路，否則，上主之子就難逃十字架的劫數。

7.　　每次只要我領一位弟兄平安抵達終點而後忘卻這一旅程，我等於又復活了一次。²只要有一位弟兄學到這條脫離苦海之路，我就更新了一次。³只要有一位弟兄的心靈轉向自己內在的光明來尋找我時，我就重生了一次。⁴我從未忘記過任何一人。⁵現在就讓我領你回到旅程的起點，和我一起重新再作一次選擇吧！

8.　　每當你重複練習我由祂那兒帶給你的觀念時，你等於釋放了我；只有祂看得見你的迫切需求，且深知上主託付給祂的答覆。²讓我們一起來複習這些觀念。³一起爲它們投入我們的精力與時間。⁴再一起把它們帶給我們的弟兄。⁵上主不願天堂有任何不圓滿的遺憾。⁶它與我一樣等待著你的回歸。⁷缺了你這一部分，我就不算圓滿。⁸我一旦重歸完整，我們便能一起回到古老的家園，那無始以來已爲我們準備好的地方；時間無法改變它，它始終純淨無染，安全無虞，直到時間的終結。

9.　　把這複習當作你給我的禮物吧！²這是我唯一的要求；你會聽到我說的話，再將它們帶回人間。³你是我的聲音、我的眼睛、我的手足，我必須藉著它們才能拯救世界。⁴我對你的召喚，其實出於你的自性。⁵讓我們一起向祂邁進。⁶牽起你弟兄的手，因爲我們不可能獨行於這一條路上。⁷我是在他內與你同行的，你也是這樣與我同行的。⁸天父願聖子與祂一體。⁹那麼，還有什麼生命不是與你一體的？

10.　　願這複習給我們一個機會，與你共享這個嶄新的經驗，其實

它與時間一般古老，甚至更老。[2]願你的聖名受人頌揚。[3]願你的光榮永不受輕藐。[4]願你的完整性此刻終於圓滿，如同上主創造你時一樣。[5]你是祂的聖子，因著你的推恩，使祂的生命更圓滿地延伸出去。[6]我們所練習的只是一個古老的真理，這真理早在世界被幻相控制以前，我們便已知悉。[7]我們每說一遍下面的話，就等於提醒世界，它已擺脫幻相而重獲自由了：

[8]上主是愛，因此，我也是愛。

11.　　我們要以這一句話來開始每一天的複習。[2]以這句話作為每個練習的開始及結束。[3]我們懷著這一念入睡，唇上唧著這一句話甦醒過來，迎向新的一天。[4]複習中的每個觀念都繞著這一句話打轉，幫我們整天都把這一句話守在心頭，清清明明地留在我們的記憶裡。[5]如此，當我們作完整個複習時，必然能體會出這句話的真實不虛。

12.　　然而，這句話本身只是一個輔助工具而已，它是給你運用的。除了練習的開始及結束以外，它還會隨時提醒心靈這一句話的目的所在。[2]我們的信心靠的是練習所得的經驗，而不是靠工具本身。[3]我們等待經驗，因為我們明白，信念需要以經驗為基礎。[4]我們利用這些話，卻不斷地練習超越它們，直探那音聲文字後面的意義。[5]我們愈接近意義的「源頭」，它的聲音就愈微弱，終至不復可聞的地步。[6]於是，我們終於找到了安息。

第一百七十一課

上主是愛，因此，我也是愛

1.（151）萬物都是上主天音的迴響。

  ²上主是愛，因此，我也是愛。

2.（152）決定的能力操之於我。

  ²上主是愛，因此，我也是愛。

第一百七十二課

上主是愛，因此，我也是愛

1.（153）不設防就是我的保障。

  ²上主是愛，因此，我也是愛。

2.（154）我身在上主的牧者之列。

  ²上主是愛，因此，我也是愛。

第一百七十三課

上主是愛，因此，我也是愛

1.（155）我要退讓下來，讓祂指引前程。

^{2}**上主是愛，因此，我也是愛。**

2.（156）我與上主同行於完美神聖之境。

^{2}**上主是愛，因此，我也是愛。**

第一百七十四課

上主是愛，因此，我也是愛

1.（157）此刻，我就要進入祂的臨在。

^{2}**上主是愛，因此，我也是愛。**

2.（158）今天我要學習給出自己領受的一切。

^{2}**上主是愛，因此，我也是愛。**

第一百七十五課

上主是愛，因此，我也是愛

1.（159）我要給出自己領受的奇蹟。

²上主是愛，因此，我也是愛。

2.（160）我已安居家中。²恐懼從此成了陌路。

³上主是愛，因此，我也是愛。

第一百七十六課

上主是愛，因此，我也是愛

1.（161）祝福我吧！神聖的上主之子。

²上主是愛，因此，我也是愛。

2.（162）我仍是上主所創造的我。

²上主是愛，因此，我也是愛。

第一百七十七課

上主是愛，因此，我也是愛

1.（163）死亡並不存在。²上主之子是自由的。

³上主是愛，因此，我也是愛。

2.（164）如今，我們已與生命之源合一了。

²上主是愛，因此，我也是愛。

第一百七十八課

上主是愛，因此，我也是愛

1.（165）願我的心不再否定上主的聖念。

²上主是愛，因此，我也是愛。

2.（166）上主將祂的禮物託付了我。

²上主是愛，因此，我也是愛。

第一百七十九課

上主是愛，因此，我也是愛

1.（167）只有一個生命，就是我與上主共享的生命。

  ²上主是愛，因此，我也是愛。

2.（168）祢賜給我的恩典。²我現在就要領回。

  ³上主是愛，因此，我也是愛。

第一百八十課

上主是愛，因此，我也是愛

1.（169）我靠天恩而活。²我靠天恩而自由。

  ³上主是愛，因此，我也是愛。

2.（170）上主不是殘酷的，我也不是。

  ²上主是愛，因此，我也是愛。

導言（第181課至200課）

1. 　　下面幾課是專門為鞏固你的願心而設的，它們能重振你三心兩意的承諾，將你渙散的目標凝聚為一個意向。[2]我們目前還不會要求你矢志不渝地作出全面承諾。[3]只是，你應該開始練習了，才可能經驗到那一貫的承諾所帶來的平安，即使那平安之感仍然斷斷續續，時有時無。[4]然而，你需要這平安的體驗，才會全神貫注地追隨本課程為你指出的道路。

2. 　　這幾課也是特別幫你開拓視野而寫的，它針對那些局限你視野的具體障礙而痛下針砭，因為它們會遮蔽這一目標的重要性。[2]我們現在就試著撤除這些障礙，即使只是片刻的功夫也好。[3]障礙撤除之後，那種如釋重負之感，絕非文字所能形容。[4]只要你放得下自己對眼前事物的嚴密操控心態，隨之而來的自由及平安本身，便是它最有力的證據。[5]你的動機會變得高昂無比，文字解說反倒顯得無足輕重。[6]因你已非常肯定，什麼是自己想要的，什麼是你不屑一顧的。

3. 　　因此，讓我們把精力先集中在阻礙你進步的因素上，我們才能一起踏上這超乎言詮的旅程。[2]遠在你自衛系統之上的經驗，經你一否認，會變得可望而不可及。[3]即使它仍在那兒，你卻已無法感到它的存在。[4]因此，我們每天都試著放下自己的防衛措施片刻。[5]此外我們一無所求；你只要做到這一點，便已綽綽有餘了。[6]其他的一切保證會水到渠成的。

第一百八十一課

我信賴我的弟兄，他們與我是同一生命

1.　　信賴你的弟兄，是你建立自信的關鍵，它能幫你克服自我懷疑以及缺乏自信的毛病。²當你攻擊弟兄時，你等於聲明，他就是你眼中的那副德行。³你的眼光不僅無法超越他所犯的錯誤。⁴還會渲染放大，大到使你再也意識不到自己的自性；其實那自性既不受你個人的過錯所染，也不會為他與你好似犯下的罪行所動。

2.　　知見必有一個著眼的焦點。²這個焦點會將你所見的一切連貫起來。³只要改變這個焦點，你眼前的景象也會隨之改變的。⁴如今，你的眼界開始轉而支持新的意向，取代你舊有的意向。⁵把你的焦點由弟兄的罪上移開吧！你便會感到平安的，它是出自你對無罪本質的信心。⁶你唯有視而不見他人之罪，這個信心方能保全。⁷你的眼光若仍盯著他們的過錯，它便成了你自己的罪證。⁸那麼，你的眼光就無法超越表相而看出它後面的無罪本質了。

3.　　因此，在今天的練習裡，我們要先放下自己的狹隘心眼，轉向我們更深的需求，也就是顯示自己的無罪本質。²我們隨時提醒自己的心靈，說這才是我們所追尋的，也是唯一的目標，即使只是瞬間的經驗。³我們不在乎未來的高超理想。⁴我們在這段練習中要全心致力於改變自己的意向，不再為此刻之前的所見所聞而操心掛慮。⁵我們追尋的，只是純潔無罪之境。⁶我們的追尋所著眼的，也只是當下這一刻。

4.　　成功最大的障礙，就是與過去及未來的目標糾纏不清。²本課程所揭示的目標與你以前的目標簡直有天壤之別，這是最讓你不安的原因。³你心裡擔心，就算你成功了，遲早還會迷失的；這一消極的念頭使你終日眉頭深鎖，難展歡顏。

5.　　這有什麼好操心的呢？²過去的已經過去了，未來只在想像之中。³這些掛慮不過是你不想改變目前想法的一種自衛反應罷了。⁴此外無他。⁵讓我們暫且把這些無謂的束縛丟到一邊。⁶不再回顧過去的信念，至於以後會相信什麼，現在還干擾不到我們。⁷在這練習時段裡，我們謹守這一意向，就是著眼於自己心內的無罪本質。

6.　　　我們十分清楚，不論是哪一種怒氣擋在自己的眼前，都會使我們偏離這個目標。²弟兄的罪過一出現於眼前，我們的眼光即被狹隘的焦點局限，它不僅會轉向自己的過失，還會把它渲染為自己的「罪」。³因此，在這一刻中，我們不妨暫且忘卻過去或未來；眼光一旦受到它們的蒙蔽，立即穿越過去，用下面的話來提醒自己的心──改變焦點：

　　　　⁴這不是我想要看到的。
　　　　⁵我信賴我的弟兄，他們與我是同一生命。

7.　　　在這一天裡，我們要用這一念頭來保護自己。²不再著眼於任何長程目標。³只要一有障礙好似遮掩了我們的無罪本質，我們當下就設法擺脫那因為著眼於罪而產生的痛苦；那障礙若不加以修正，痛苦就會繼續下去。

8.　　　我們也不再求助於任何幻相了。²因我們全心想要看到之物真實無比。³只要我們的焦點能越過那些過錯，就會看到一個全然無罪的世界。⁴如果這一眼界是我們唯一想要看到的，如果這個正知見是我們唯一想要找到的，那麼，我們不可能沒有基督的慧眼的。⁵祂對我們的愛，必會成了我們自己的愛。⁶這愛成了我們在世界與自己內所看到的唯一倒影。

9.　　　以前老是數落我們罪狀的世界，如今成了我們無罪的見證。²我們對眼前眾生的愛，證明了我們仍然記得自己的神聖自性；它對罪一無所知，任何有罪之物對它都是不可思議之事。³我們今天的練習，就是用心找回這個記憶。⁴別再瞻前顧後了。⁵眼光只盯著當下這一刻。⁶而且全心信賴此刻所帶給我們的經驗。⁷我們的無罪本質純粹出自上主的旨意。⁸這一刻，我們只有一個意願，即是與上主的旨意合而為一。

第一百八十二課

我願安靜片刻，回歸家園

1.　　你好似活在其中的世界，並不是你眞正的家。²你的心冥冥中知道這一事實。³家的記憶始終縈繞於你心裡，好似有個地方一直在喚你回去，即使你認不出那個聲音，也不清楚那聲音究竟在提醒你什麼。⁴你一直感到自己是個異鄉人，來自某個不知名之處。⁵雖然沒有任何證據足以讓你肯定自己是被放逐到這裡來的。⁶那只是一種揮之不去的感覺，有時僅是一陣輕微的悸動，有時連想都想不起來；你刻意要忘掉它，但它遲早還是會回到你心中來的。

2.　　每一個人都知道我們說的是什麼。²然而，有些人終日沉溺於遊戲裡，企圖迴避那些傷痛。³有些人根本不承認他們的悲傷，連自己的眼淚都認不出來。⁴還有些人聲稱我們所說的這一切都是幻覺，最多只能把它當成一場夢。⁵然而，只要誠實以對，放下自衛及自欺，誰能否認這人其實了解我們在說什麼。

3.　　今天這番話是爲所有遠離家鄉而在世間流浪的人而說的。²他漫無目的地尋尋覓覓，想在黑暗中找出他不可能找到的東西，他甚至不清楚自己在找什麼。³他造過千百個家，沒有一個安撫得下他動盪忐忑的心。⁴他不了解，不論他建造什麼，最後都是白忙一場。⁵他眞正在找的家，不是他所造得出來的。⁶沒有任何東西取代得了天堂。⁷他自己營造的一切，結果都成了地獄。

4.　　你也許會認爲，你遲早會尋回你兒時家園的。²那曾經庇護過你童年身軀的家，如今只剩下一個失眞的記憶；過去那一切其實不曾發生過。³然而，你內卻有一個神聖小孩，正在尋找天父的家園，這小孩知道自己在此是個異鄉人。⁴這一童年是永恆的，它永遠不可能失落自己的純眞本質。⁵這個神聖小孩所要去的地方，是個聖地。⁶祂的神聖本質照亮了整個天堂，它純淨無染的天光又反射回人間，人間與天堂就這樣在它內合而爲一了。

5.　　你內在的神聖小孩，就是天父深知的聖子。²這位小孩也知道自己的天父。³祂回家的渴望如此之深，一刻不停地呼求你讓祂安息片刻。⁴祂只要求片刻的歇息，給祂一點時間，再度呼吸一下

天父家裡神聖清新的空氣。⁵你也是祂的家。⁶祂會回來的。⁷但是請給祂一點自己的時間，讓祂得以在自己的家裡，安息於寂靜、平安及愛中。

6.　　　這神聖的小孩需要你的保護。²祂遠離家鄉。³祂如此幼小，好像很容易被你關到門外，祂那微弱的聲音隨時會被壓下去，祂求助的呼聲，在世間粗厲而刺耳的聲浪中，幾乎難以辨聞。⁴然而，祂知道你仍是祂最後的保障。⁵你不會辜負祂的期望。⁶祂終會回到家的，還要帶著你一起回去。

7.　　　這神聖小孩就是你的不設防，也是你的力量所在。²祂如此信任你。³祂來到你這裡，因為祂知道你不會辜負祂的期待。⁴祂不停地在你耳邊輕訴祂的家園。⁵因祂要帶你一起回去，如此，祂才能常留家中，不必返回這個不屬於祂的異域，在一些古怪念頭投射出來的世界中苟延殘喘。⁶祂具有無限的耐心。⁷祂等待你終有一天會在自己心中聽見祂溫柔地呼喚著你，讓祂平安地帶你回歸祂的家園，也是你與祂同在之地。

8.　　　只要你能夠安靜片刻，讓世界慢慢隱退到你身後，當你忐忑不安的心不再重視那些無謂雜念時，你就會聽見祂的聲音了。²祂的呼喚如此痛切，使你不忍抗拒。³就在那一刻，祂會把你帶回祂的家中，讓你與祂一起享受完美的寂靜，那種安寧和平，妙不可言，不含一絲恐懼及疑慮；你會無比的肯定，自己終於到家了。

9.　　　今天盡可能抽出一段時間與祂安息吧！²因祂甘願變成一個小孩，教你由祂身上看出，能夠不設防地將愛的信息傳達給敵視自己的人，才是真正的偉大堅強。³天堂的大能盡在祂的手中，祂不只稱他們為友，還會把自己的力量賜給他們，使他們看出祂才是真正的「朋友」。⁴祂需要他們的保護，因祂的家遠在他鄉，而且祂是不會單獨返鄉的。

10.　　　每當一位浪子有意離開自己的家時，基督就重生為一個小孩。²他必須學習看出，只有這個神聖小孩值得他的保護；祂毫不設防地進入他內，而這「不設防」成了祂的保障。³今天，一有時間就和祂一起回家吧！⁴你和祂一樣，在此原是異鄉人。

11.　　　今天，花一點時間卸下你無用的盔甲，放下你的攻擊武器，

因那些敵人全是虛構的。²基督始終視你爲朋友及弟兄。³今天，祂甚至前來請你帶祂重返家園，使祂恢復完整，回歸圓滿之境。⁴祂來時有如一個小孩，期待父親的保護與疼愛。⁵祂身爲宇宙之尊，一刻不止地喚你與祂一起回家，請你別再把幻相奉爲神明了。

12.　　你從未失落自己純潔無罪的本性。²那才是你眞正嚮往之物。³也是你心的渴望。⁴這就是你所聽見的聲音，這個呼喚不是你能抹滅的。⁵這神聖小孩依舊與你同在。⁶祂的家就是你的家。⁷今天，祂把自己的「不設防」送給了你，你已接納了它，取代你戰爭遊戲裡所有的自製玩具。⁸如今，道路已經爲你開啓了，旅程的終點終於在望。⁹請你安靜片刻，與祂一起回家，享受這一刻的安寧吧！

第一百八十三課

我要呼求上主及我自己的聖名

1.　　上主之名是神聖的，但並不比你的神聖。²呼求祂的聖名就等於呼求你自己的名字。³為人父者將自己的姓氏給了兒子，兒子便成了自家人。⁴他的弟兄因具同一姓氏，也結合在同一血脈關係下，由此取得了自己的身分。⁵你天父的聖名也會讓你想起自己是誰的，即使在這個蒙昧無知的世界裡，即使你尚未憶起自己的身分。

2.　　你不可能只聽到上主聖名而不答覆的，你也不可能口稱此名，心中不起迴響而喚起你的記憶的。²你一說出祂的聖名，有如迎請天使前來，翱翔於你所在之地，在歌聲中展著雙翅保護你，防止任何世俗念頭侵犯你的神聖之境。

3.　　你只要一複誦上主聖名，整個世界都會拋下幻相，與你呼應。²世界所珍惜的一切夢境，霎時成了過眼雲煙；你會在虛幻之地，找到那一顆明星，也就是天恩的奇蹟。³於是，病人復原了，所有疾病之念得到了療癒。⁴瞎子看見了，聾子也會聽見。⁵哀傷的人停止了呻吟，拭去痛苦的眼淚，因為那快樂的歡笑者已經來臨，祝福了世界。

4.　　你只要一複誦上主聖名，其他卑微的名字便失去了意義。²所有的誘惑，在上主聖名前都成了無名小卒，不值一提。³你只要複誦祂的聖名，便會看出，要你忘卻先前所重視的眾神之名，竟是這麼輕而易舉。⁴你只要撤銷自己賦予他們的眾神之名。⁵他們對你便成了無名且無用之物；雖然在此之前，你曾讓那些無名小卒取代了上主的聖名，且對他們崇拜無比，奉為神明。

5.　　複誦上主聖名，並且呼求你的自性吧！你自性之名與上主聖名無異。²一複誦祂的聖名，你才會認出世上所有無名小卒的面目。³凡是呼求上主聖名的人，不可能把無名之物與那聖名相混淆的，也不會把罪惡與恩典，把身體與神聖的上主之子混為一談的。⁴只要你與弟兄靜靜地坐在一起，心裡與他一起默念上主的聖名，你就等於在建造一座直通上主與聖子的祭壇。

6.　　今天就這樣練習，緩緩地複誦上主的聖名。²除了祂的聖名

以外，徹底忘卻一切名字。³也充耳不聞其他任何名字。⁴讓你所有的念頭繫於聖名之上。⁵除了在練習之始誦念一遍當天的觀念以外，我們不再使用其他文字。⁶讓上主聖名成為我們唯一的意念、唯一的字句、盤據心中的唯一念頭、唯一的願望、唯一有意義的聲音，它代表了我們渴望看見的一切，也是我們想要擁有的一切。

7.　　這樣，我們等於下了一道請帖，上主是絕不會推辭的。²祂必會來臨，親自答覆你的邀請。³你若想用俗世崇拜的偶像之名來呼求祂，祂是聽不見那些無謂禱詞的。⁴它們也不可能由此上達天聽。⁵祂怎麼可能聽見「要祂成為祂所不是之物」，或是「要聖子接受不屬於祂的名字」這類祈求！

8.　　複誦上主的聖名，承認祂才是實相的唯一創造者。²這也表示你承認了聖子屬於祂的一部分，且在此聖名下繼續創造。³靜靜地坐下來吧！把祂的聖名當成一個無所不容的觀念，盤據你整個心田。⁴讓其他念頭全都靜止下來，心中只存一念。⁵並用此念來回應你所有的雜念，你就會親眼目睹上主聖名取代了你過去想出來的千百個無謂的名稱（只因你那時仍未明白世間只有一個聖名，也只有它是千秋萬世的）。

9.　　今天你會達到一種心境，得以體驗天恩的臨在。²你能擺脫世間的一切束縛，並將自己所獲得的解脫帶給全人類。³你會記起這世界已遺忘的事，還會把自己憶起的真相獻給世界。⁴今天，你願接受你在世界及自己的救恩大業中所扮演的角色。⁵你會圓滿完成你這兩種任務的。

10.　　向上主的聖名祈求解脫吧！那是上天賜你的禮物。²你只需要這一個禱詞，人間所有的祈求盡在其中。³只要聖子一呼求天父的聖名，文字立即顯得無足輕重，其他一切祈求也會顯得多此一舉。⁴他會以天父的聖念充當自己的念頭。⁵又把天父在過去、現在及未來所賜的禮物，全都認領下來了。⁶此刻，他只求天父把自己過去營造的一切變回無名之物，讓上主的聖名出面評斷它們的一文不值。

11.　　所有卑微之物開始銷聲匿跡。²它們的無謂雜音此刻變得悄然無聲。³世間微不足道之物也逐漸消失蹤影。⁴整個宇宙只剩下那一位呼求天父的上主之子。⁵天父之音會透過自己的聖名來答覆

的。⁶在這永恆寂靜的關係中，蘊含了永恆的平安，祂們的交流超乎一切言詮，其深遠崇高之境，亦非任何文字所能表述。⁷今天，因天父之名，我們必會親身感受到這一平安的。⁸這是祂的聖名賜給我們的禮物。

第一百八十四課

上主的聖名是我的天賦產業

1.　　你活在象徵之中。²你每見到一樣東西，就給它一個名字。³它便成了一個獨立的個體，靠這個名字辨認身分。⁴就這樣，你把它由整體中切割出去了。⁵就這樣，你賦予了它特殊的屬性，凸顯它特有的存在空間，藉此與其他東西劃分開來。⁶你把這空間置於被你賦予不同名字的萬物之間，置於一切發生於時空的事件之間，置於你認識的每一個形體之間。

2.　　就是這個使你眼前萬物顯得壁壘分明的空間，架構起了世間所有的知見。²你在虛無之地看到了某物，卻在一體之境看到了虛無；你所看到的，只是隔離萬物並使萬物與你隔離的那個空間。³因此，你當真認為你們的生命各有來頭。⁴而且，在此分立的前提下，你會認為自己是一個具有獨立意志而且自成一體的運作主體。

3.　　究竟是哪些名字使得世界變成了一連串的個別事件、各自為政之物、互不相屬的形體，各自擁有一點心靈，各具一些分別意識？²你賦予它們這些名字，按照自己想要看的，建立你的知見。³本來無名之物，你一旦賦予它名字，便等於賦予了它一個存在現實。⁴因在定名之際，你同時賦予意義，它便成了有意義之物，成為某個存在之「因」，會帶來真實的後果，而且這「果」好似來自它本身。

4.　　你這片面的眼界就這樣營造出一種現實，其目的不過是為了抵制那本來真相。²為此，整體性成了它的天敵。³它的所見所聞盡是些餖飣小事，還以此為尚。⁴它不能不設法征服、抗拒及否認那渾然無間的一體生命或是另一種慧眼，因為它們威脅到它的存在。

5.　　其實，這種另類慧見，原是心靈獲取知見最自然的方式。²你想教給心靈成千上萬個陌生的名字，那才是艱辛的工作。³然而，你卻相信那才稱得上是一種「學習」，它最主要的目的是讓你與人溝通觀念，進行有意義的交流。

6.　　這是你由世界繼承之物的總和。²凡是學習接受這類觀念的

人，等於接受了一切標誌與象徵，確保了世界的真實性。³象徵的真正目的即在於此。⁴只要是有名可指之物，它的存在便不容你質疑。⁵你會親眼看到自己想要看到的一切。⁶它成了如假包換的現實，有意否定它的真實性的，才是幻相。⁷只有瘋子才會質疑它的存在；唯有接受它的存在，才能證明你是正常人。

7.　　這就是世間的學問。²它是每一個來到世上的人必須接受的教誨。³他愈早認清它背後隱藏的理念，它的前提多麼靠不住，後果又多麼可疑，他就能愈快質疑它的作用。⁴任何學習，若以世間的學問劃地自限，就會失落它的意義。⁵充其量也只能充當另一種學習的起點，成為新知見之始；至於世界妄加其上的名目，只要你一開始質疑，它們就不敢造次了。

8.　　不要以為你造出了世界。²你造的，只是一個幻相而已。³存於天地之間的真實生命，不是你能命名的。⁴當你呼喚弟兄時，通常也是針對他的身體而發的。⁵你認定他是什麼，這一信念會使你再也辨認不出他的本來面目。⁶而他也會由身體的層面來答覆你對他的要求，因他心裡已經接受你給他的名字，且把它當成自己了。⁷如此，他的一體性受到了雙重的否定：你先把他視為一個在你之外的個體，他又進一步把這個別名字視為自己。

9.　　我們若要求你超越世上所有的象徵之物，且與它一刀兩斷，同時，又要你負起教學的任務，這確實有些強人所難。²你目前還須藉助世間的象徵物。³但是你必須不受它們的蒙蔽才行。⁴它們不代表任何東西；今天的練習觀念，就是幫你突破它們的限制。⁵這些象徵，為你提供了世間所能了解的溝通工具；但你心裡卻很清楚，這種溝通與合一之境的交流根本是兩回事。

10.　　因此，你只需要在每一天中拿出幾段時間，看清世間的學習只是一種過渡階段，有如一座黑暗的牢獄，你必須將它拋諸腦後，才能邁向光明。²如此，你方能了解那個聖言；祂是上主賜你的聖名，也是萬物所共有的本來面目，亦是對生命真相的一種肯定。³然後，你再回到黑暗之中，不是因為你認為它是真的，反之，你只借用黑暗世界所能了解的詞彙，揭發它的虛假不實。

11.　　你可隨意使用黑暗世界所有的無聊名相及象徵。²只是切勿接受它們為你的人生真相。³聖靈能夠利用人間所有的名相，卻

須臾不忘整個造化只有一個聖名、一個意義、一個終極源頭，萬物都在祂內匯為一個生命。⁴你只是為了方便起見，才使用人間的種種名目，但你一刻不敢忘記，它們和你只有一個上主的聖名。

12.　　上主其實沒有名字。²然而，祂的聖名卻成了「萬物皆為一體」的最後一課，所有的學習階段到此結束。³所有的名字在此合而為一，所有的空間都反映出真理的倒影。⁴每個間隙都彌合了，每種分裂也都癒合了。⁵上主已把自己的聖名賜給了他們（也就是一度以世間學問取代天堂之見的人），作為他們的天賦產業。⁶這也是上主給你的答覆，因你一直認為祂的愛子只配接受你所造出的那一點兒可憐的遺產；我們要在今天的練習中接受祂的恩典。

13.　　凡是想要真正了解上主聖名的人，是不會空手而回的。²你必會得到某種經驗，與祂的聖言相呼應。³但你必須先為一切眾生接受這個聖名，而且心知肚明，你強加在它每個部分的不同名目，只會扭曲你之所見，卻絲毫無損於真相。⁴我們要把這唯一聖名帶入練習之中。⁵用此聖名來統一自己的所知所見。

14.　　即使我們得用不同的名字，指稱上主之子內的每個分別意識，我們心中了了分明，他們只有一個名字，就是上主所賜的聖名。²我們今天的練習，也只用此聖名。³經此練習，那些令我們愚昧又盲目的分裂狀態就會消失了蹤影。⁴我們已有能力超越它們去看一切了。⁵如今，我們的眼光已蒙受祝福，所領受到的恩惠足以祝福所有的人。

15.　　天父，我們的聖名即是祢的聖名。²在此聖名內，我們與萬物合為一體，也與祢，唯一的造物主，合而為一了。³我們自己打造出來而且賦予種種名目之物，不過是我們企圖遮蔽祢本體實相的一道陰影而已。⁴我們多麼慶幸自己是錯的。⁵我們將一切過錯都交託給祢，不再為它們外表的遺害所苦。⁶我們接受祢所賜的真理，它自會取代每一個遺害。⁷祢的聖名就是我們的救恩，使我們得以從自己打造的世界中脫身。⁸祢的聖名已將我們合而為一，而這一體生命正是我們的天賦遺產與平安所在。⁹阿們。

第一百八十五課

我要的是上主的平安

1.　　　只說這一句話，不算什麼。²但真心說出這一句話，則代表了一切。³只要你能真心說出這一句話，即使只是短暫的一刻，你是不可能陷入任何一種哀傷的，不論是何時或處於何境。⁴天堂會全面重現於你的覺識之中，你會徹底憶起上主，你會親眼看到整個造化的復活。

2.　　　若能真心說出這一句話，表示這人已療癒了。²他不可能沉迷於夢境，也不可能把自己當成一個幻夢。³他不可能造出一座地獄，還把它當真。⁴他要的是上主的平安，而這原是他的天賦權利。⁵只要這是他所要的一切，上天就會賜給他這一切。⁶不少人說過這一句話。⁷但很少人是真心的。⁸你只需抬眼看看周遭的世界，就能確定這種人實在少得可憐。⁹世上只要有兩個人，能夠異口同聲地藉這一句話說出自己唯一渴望的話，這個世界就會徹底轉變了。

3.　　　兩個心靈只要同心一意，他們的願力就會變得強大無比，直抵上主的旨意。²因心靈只可能結合於真理之內。³在夢境裡，不可能有兩個人同心一意的。⁴每個人都在追逐自己的夢中英雄，期待著不同的結局。⁵輸方及贏方風水輪流轉，輸輸贏贏，全憑機率；只是外在形式會因時因地而有所不同而已。

4.　　　人在夢境中最多只能委曲求全。²它有時會裝出與人結合的模樣，那只是外在形式而已。³夢境容不下真正的意義，因為作夢的目的，就是要你苟且偷生，委曲求全。⁴心靈是無法在夢裡結合的。⁵它們只會討價還價。⁶試問，世間有哪一種討價還價的交易，能夠帶給人上主的平安？⁷幻相必會侵入其內而鳩佔鵲巢。⁸昏睡的心靈，既然只能苟且偷生，為了維護自己的利益又不能不犧牲他人，這種人還能聽到上主真正想要說的話嗎？

5.　　　你若真心想要得到上主的平安，這等於聲明你願放棄一切夢境。²凡是追求幻相，而且想盡辦法打造幻相的人，不可能真心說出這一句話的。³他會追尋幻相，直到看出它們全都差強人意

爲止。⁴如今,他總算有意超越它們了,因他已看清,另一個夢並不比其他的夢好到哪裡去。⁵所有的夢對他都是換湯不換藥而已。⁶他終於明白了,它們只是形式上有所不同,結果都是同樣的痛苦與絕望。

6.　　　眞心渴望平安甚於一切的心靈,必須與其他的心靈結合,因那是獲得平安的唯一途徑。²只要平安的願望是出於眞心,上天必會指引迷津,而祂所給的指示必是每個誠心尋求它的人都能懂的。³只要他的祈求是誠心的,不論他需要哪一種課程,上天都會爲他量身打造,使他絕無誤解的可能。⁴他的祈求若非誠心誠意,不論課程採取哪一種形式,他都不會接受,也不會學到任何東西的。

7.　　　我們今天的練習就是確認一下,我們說這一句話時是否發自肺腑。²我們要的是上主的平安。³這並不是癡人說夢。⁴說這一句話,絕非追求另一種夢境。⁵它不再委曲求全,也無意討價還價,或心裡存著幾分僥倖:也許在所有夢境幻滅之後,還有一種夢想是可能成眞的。⁶眞心說出這一句話,就等於承認所有的幻相都是一場空,等於祈求永恆來取代這變幻莫測之夢;人間夢境好似能帶給人不同的東西,其實全是同一回事,徹底的虛無。

8.　　　今天好好地練習,仔細省察一下內心,找出你仍然執迷的夢想。²你心中究竟在求什麼?³不論你祈求時,說得多麼動聽。⁴只需反省一下,你究竟相信什麼會帶給你慰藉及幸福。⁵但也不要爲了揮之不去的幻相而暗自神傷,因爲不論它們外表看起來如何,如今已影響不到你了。⁶更不要覺得某些夢境尙可接受,而把其餘令你羞愧的夢隱藏起來。⁷它們都是同一回事。⁸既是同一回事,你只需反問它們全體一個問題:「我可願用它來取代天堂與上主的平安?」

9.　　　這是你必須作的選擇。²不要自欺了,你沒有其他選擇的。³在這事上沒有折衷的餘地。⁴你不是選擇上主的平安,就是追求夢境。⁵只要你求,各式各樣的夢境都會應你之請而來。⁶同樣的,上主的平安也會應邀而至,且永遠與你同在。⁷它不會因著路上的迂迴或起伏而跟你捉迷藏;你也不會因著自己每一步的改變而認不出上主平安的。

10. 你要的是上主的平安。²所有好似仍在作夢的人要的也是這個。³為了他們，也為了自己的緣故，你提出這唯一的祈求，而且發自肺腑。⁴如此，你才能進入他們真心的渴望（即使他們並不知道自己渴望什麼，你卻了然於心），並把你的意願融入了他們最深的渴望內。⁵你也不時感到欲振乏力，目標搖擺不定，不敢確定自己要什麼，該去哪兒尋找，該向何處求助才對。⁶其實，助援早已來臨了。⁷你難道不願透過與人分享，使它得以在你身上發揮大用？

11. 凡是真心尋求上主平安的人，絕不會空手而回的。²因他不過是要求自己別再自欺，也不再排斥上主對他的旨意。³他所要求的，如果是自己已經擁有之物，這一願望怎麼可能落空？⁴他想要的答案，如果正是他要給人的禮物，怎麼可能得不到答覆？⁵上主的平安真的非你莫屬。

12. 平安是為你而造的，是造物主給你的恩惠，是祂的永恆禮物。²你所求的，不過是祂本來就要給你的，你怎麼可能求而不得？³而且，你祈求之物豈會只給你一人？⁴上主的禮物必然是人人共蒙其利的。⁵這一屬性，使得上主的恩賜與其他企圖取代真理的夢境顯得涇渭分明。

13. 只要有人祈求，而且接下了上主的禮物，所有的人都會因他而獲益，無人會受失落之苦。²上主的恩惠只有結合的能力。³奪取，對祂而言是個毫無意義的觀念。⁴當這觀念對你也失去意義時，你方能肯定，自己已分享了祂的唯一旨意，而祂亦分享了你的旨意。⁵那時，你會知道，你與其他弟兄也共享同一旨意，他們的意向成了你的意向。

14. 今天，我們就要找出這一意向；它把我們的渴望，與人心的每個需求、每個心靈的呼喚、隱身在絕望之下的希望、隱藏在攻擊背後的愛，以及瞋恨企圖切斷的手足之情，都結合在一起了；我們的手足情深，一如上主創造之初那樣，始終未變。²有這種神聖助援伴隨在旁，今天，我們若向上主祈求平安，祂豈會不滿全我們之所願？

第一百八十六課

世界的救恩操之於我

1.　　這一句話，終有一天會驅逐人心內所有的傲慢。²只有這一念，堪稱為眞正的謙遜，因它只把天賜的任務視為自己的任務。³它顯示你接受了上天爲你指定的任務，不再堅持其他的角色。⁴這一句話，不會爲你決定哪個角色適合你。⁵它只是重申「上主旨意承行於世，如同在天堂一樣」的大願。⁶人間所有的意願都因著這一句話而融入了天堂的大業中，世界由此得救，終於恢復了天堂的平安。

2.　　願我們不再抵制自己的任務。²它既不是我們制定的。³也不是根據我們的想法。⁴上天自會賜給我們圓滿完成任務的道具。⁵祂只要求我們謙遜地接受自己那一部分任務，不再傲慢自欺，否定自己配得這一任務。⁶凡是上天要我們做的事，祂一定會賜我們力量完成的。⁷祂深知我們的眞相，沒有比我們的心靈更能勝任祂所指派的任務了。

3.　　今天的觀念，你只要深思一下它的眞義，就不會感到震撼了。²它只不過是說，你的天父依舊記得你，且向你表達祂對自己聖子的完全信任。³它不會要求你活出一個不眞實的你來。⁴除了眞實的你以外，謙遜還會要求你什麼？⁵除了眞實的你以外，傲慢還會否定你什麼？⁶今天，我們絕不以「有違謙虛之道」這種似是而非的藉口，逃避自己的使命。⁷只有傲慢才會拒絕上主的親自召喚。

4.　　今天我們要放下所有的假謙虛，才可能聽見上主的天音要我們做的事。²我們毫不懷疑自己是否擔當得起祂所指派的任務。³我們只肯定一事，即：祂知道我們的力量、智慧，而且神聖無比，這就夠了。⁴只要祂認爲我們配得上，我們就配。⁵只有傲慢的人才會作出其他的論斷。

5.　　只有一個方法能使你從你企圖以假亂眞而作繭自縛的陷阱中解脫出來。²接下那非你所能杜撰的計畫吧！³不要妄自評斷你對它有沒有用處。⁴只要上主的天音確定，救恩需要你的參與，而且救恩的完整有賴於你這一小部分，你就敢肯定，事實一定如此。

⁵傲慢的人非常執著於文字，深怕越過文字之後，會撞到與他們的觀點或立場相牴觸的經驗。⁶謙虛的人反倒能自由地聽到天音告訴他們的真相以及該做的事情。

6. 　　傲慢為你營造出一個虛幻的自我形象。²當上主的天音向你保證，你有能力、智慧，神聖無比，而且超越那一切形象時，這個自我形象自然驚駭莫名，設法退卻推辭。³其實，你並不像你的自我形象那般軟弱無能。⁴你既非無知，也非無助。⁵罪惡污損不了你的真相，痛苦也威脅不到上主的神聖家園。

7. 　　上主的天音要告訴你的，就是這一真相。²祂一發言，自我形象便會戰慄不已，搖搖欲墜；它不知威脅來自何方，只會慌亂地反擊。³隨它去吧。⁴世界的救恩所靠的是你，而不是它那一堆塵土。⁵它豈有資格對上主的神聖之子妄置一詞？⁶它哪裡值得你為它操心？

8. 　　如此，我們便找回了自己的平安。²我們會接受上主所賜的任務，因為所有的幻相都是基於「我們能夠營造出另一種自己」這個怪異念頭。³我們杜撰出來的角色變幻莫測，始終在哀悼以及愛與被愛的狂喜這兩極之間來回擺盪。⁴我們歡笑，我們哭泣；有時懷著期待，有時含著眼淚迎接一天的來臨。⁵自己的生命似乎也隨著心情的千變萬化而有所改變；這些情緒有時帶給我們騰雲駕霧之感，有時則將我們拋入絕望的深淵。

9. 　　上主之子怎麼可能是這樣的？²上主豈會創造出如此不穩定的兒子，還視為己出？³祂既是永恆不變的，豈會不與自己的造化分享這一生命特質？⁴聖子打造出來的種種形象，絲毫影響不了他的本來真相。⁵那些形象有如疾風中的落葉，橫掃過他的心靈，偶爾還會拼湊出某些圖像似的；它們分分又合合，最後隨風而去，莫知所終。⁶它們又像是沙漠上憑空而起的海市蜃樓。

10. 　　只要你願接納上天賜你的任務，這些虛無飄渺的形象便會離你而去，讓你的心靈重歸清明與寧靜。²你打造出來的形象，會給你種種矛盾的目標，它們無常、曖昧、猶豫不決，又模稜兩可。³誰有精力持續專注在這類目標上？⁴世人所器重的任務是如此的不定；即使在最穩定狀態下，一小時還會變個十來回。⁵你能期待這類目標帶給你什麼益處？

11.　你的眞實任務卻是一個美妙的對比，它清晰明澈，且如旭日必會東昇而驅逐黑夜那般天經地義。²它的效力是無可置疑的。³因它出自不可能犯錯的「那一位」，祂的天音又對自己的訊息極其肯定。⁴那些訊息既不會改變，也不會自相矛盾。⁵它們全都指向一個目標，而且是你能夠完成的目標。⁶你自己的計畫也許難以完成，可是上主的計畫絕不可能失敗，只因這一計畫源自於「祂」。

12.　你應按照天音的指示而行事。²如果它提出的要求好似強人所難，不妨提醒自己：提此要求的是誰？而拒絕它的又是誰？³然後想一想，誰比較可能是對的？⁴是那代表造物主且深知萬物眞相的天音？還是你那扭曲、徬徨、迷失、自相矛盾又不確定的自我形象？⁵別再聽信小我的指示了。⁶你應聆聽那肯定不疑的天音才對，它會告訴你造物主賜你的任務；告訴你祂對你念念不忘，它還驅策著你即刻憶起祂來。

13.　祂的天音由眞知之境溫柔地向無知之人發出呼喚。²雖然祂不知道哀傷爲何物，但祂仍會安慰你。³雖然祂已圓滿無缺，仍會彌補你一切；雖然祂知道你已擁有一切，還會繼續給你禮物。⁴雖然祂根本不看聖子心目中的種種需求，仍會以聖念答覆你。⁵因愛必須給予，凡是因祂的聖名而給出之物，必會按照對世人最有益的形式出現的。

14.　這些形式絕不會蒙蔽人的眼目，因爲它們出自無相的本體境界。²寬恕是愛在人間的表達形式，愛在天上原是不具形式的。³然而，這兒需要什麼，上天就會按此地的需要而給什麼。⁴你在世上，仍需藉此形式來完成你的任務，縱然當你回歸那無相之境時，愛對你的意義遠超乎此。⁵世上的救恩仍然有待你這類懂得寬恕的人。⁶這就是你在世的任務。

第一百八十七課

我祝福了世界，因我祝福了自己

1.　　沒有人能夠給出自己沒有的東西。²事實上，「給予」本身證明了「擁有」。³我們以前提過這一點。⁴令人難以置信的並不是這一點。⁵沒有人會懷疑：你想要給出什麼，自己必須先擁有才行。⁶世俗知見與真知見的分歧點，在於前半句。⁷給出自己擁有之物後，世界就斷言，你已經失去了你擁有之物。⁸真理卻堅稱，你的給出只會使你擁有更多。

2.　　這怎麼可能？²你若給出某個有形之物以後，無庸置疑的，你的肉眼再也不會把它看成是你的了。³然而，我們已經學過了，東西所代表的只是那些造出它們的念頭而已。⁴觀念，一經你給出之後，在你心中必會更加根深柢固，你一定不乏此類經驗。⁵也許，那念頭的外在象徵，在給予過程中會發生變化。⁶然而，它必會回到施者這兒的。⁷而且在形式上，絕不會更難收回。⁸反而會變得更容易接受了。

3.　　觀念必然先屬於你，你才可能給出去。²你若要拯救世界，自己必須先接受救恩才行。³但是，除非你親眼看見救恩在眼前每一個人身上產生的奇蹟，否則，你不會相信自己已經得救了。⁴這一句話為你澄清了給予的觀念，也賦予了它真實的意義。⁵你會在這一刻，親眼看見自己的財寶因著給予而日增。

4.　　將你心愛之物給出去，才是保全它們之道；從此，你可放心，自己再也不會失去它們了。²你以前認為自己所缺的，如今已證明它全是你的。³只是，千萬不可重視它的外在形式。⁴因為不論你如何努力護守著它，它的外形必會隨著時間的推移而變得難以辨認。⁵沒有一種形式能夠持久。⁶唯有構成外在形式的那一念始終沒有變過。

5.　　快樂地給吧！²這對你百利而無一害。³那一念會因著你的給出而歷久彌堅。⁴那些念頭也因著分享而得以延伸出去，再也不會失落。⁵施者與受者的觀念，並非世人所認為的那樣。⁶施者這一方仍保有一切，受者其實也一樣有所付出。⁷在這給與受的交易

中，雙方都會受益，因為那一念會以最有利的形式，各自顯示給他們的。⁸施者表面上失去的，其價值遠比不上他必得的回報。

6.　　　切勿忘記，你給出的一切都是給你自己的。²凡是了解給予真諦的人，必會嘲笑犧牲的觀念。³他能看穿犧牲所化身的種種形式。⁴他對痛苦與失落、疾病與哀傷、貧窮饑荒與死亡，只會一笑置之。⁵他一眼即能識破在它們後面作祟的犧牲觀念；而那些觀念會在他溫柔的一笑下，獲得療癒。

7.　　　幻相一被你識破，它只好銷聲匿跡。²只要你不接受痛苦，你便撤除了痛苦之念。³只要你決心正視一切痛苦的真相，每個受苦的人都會受到你的祝福。⁴是犧牲之念滋生出各式各樣的痛苦的。⁵犧牲的觀念可謂瘋狂至極，正常的人根本不屑一顧。

8.　　　切勿相信你能作犧牲。²凡是真正有價值之物，犧牲無法涉足其間。³犧牲之念一出現，不過證明你認知有誤、有待修正而已。⁴只有你的祝福能夠修正這一錯誤。⁵你先祝福了自己；待你擁有這一祝福之後，方能給出祝福。⁶只要是懂得寬恕並祝福自己的人，沒有一種犧牲及痛苦能夠久留在他身邊的。

9.　　　你弟兄獻給你的百合，與你給他的百合，已經並列於你的祭壇上了。²誰會害怕看到這神聖而可愛的景象？³「畏懼上主」這個大幻相，會在你純淨的視野中消失了蹤影。⁴不要害怕去看。⁵你所看見的祝福，會一舉除盡你執著於形式之妄念，留給你一份完美的禮物；它永遠常存，永增不減，永屬於你，也會永遠分享出去的。

10.　　恐懼既已消逝，如今，我們在意念中結合了。²在唯一上主、唯一天父、唯一造物主及唯一聖念的祭壇前，我們以上主唯一聖子的身分並肩而立。³我們又與祂一體不分，因為祂是我們的生命之源；我們與弟兄一體無間，因為他們是我們自性的一部分；祂純潔無罪的本質，已將所有的人結合為一個生命；蒙受祝福的我們，必會給出自己領受的一切恩典。⁴上主的聖名終日掛在我們的唇間。⁵只要我們敢向內看去，就會看到天父的愛反映於自己身上，正與純潔無瑕的天堂相輝映。

11.　　此刻，我們蒙受了祝福；此刻，我們也要祝福世界。²我們

看到什麼，自然會推恩什麼，因為我們也渴望隨時隨地看到它的蹤影。³我們願看到這一祝福在每個人身上透射出天恩的光輝。⁴我們不願看見任何一物失落這一光輝。⁵我們若想保全自己的神聖眼界，需先將此光輝賦予眼前的每一物上。⁶無論我們在何處看到它，它都會化為百合，回到自己這兒來；我們將它供在祭壇上，作為那「純潔無罪者」的安身之地；祂不只安居在我們內，還賜給我們祂的神聖生命。

第一百八十八課

上主的平安此刻在我心中照耀

1.　　你爲什麼還在等待天堂？²那些仍在尋找光明的人，只因自己蒙住了眼睛而已。³光明此刻已在他們心內。⁴悟道不過是一種體認，它不曾改變任何東西。⁵光明不屬於這個世界，而懷著光明的你，在此也是一個異鄉人。⁶光明從你的本家隨你前來，始終與你同在，因爲它原是你的光明。⁷它是你由生命之源那兒帶出的唯一寶物。⁸它在你心中照耀，因爲它會照亮你的家，並領你回到它所來自之處；而你也回到了家。

2.　　你不可能失落這一光明的。²你爲什麼總認爲將來才能找到光明，或認爲自己早已失落了它，甚至認定它根本就不存在？³看見這一光明，原是易如反掌之事；那些證明它不存在的論調，反而顯得荒謬無比。⁴誰能否定他在自己內所看到的東西？⁵往心內看去，原非一件難事，它是一切慧見之始。⁶所有的景象，不論是在夢中，或來自更眞實的「源頭」，都不過是你心靈的慧見下的一道陰影而已。⁷知見就是從那兒生出的，也會在那兒結束。⁸除此以外，它沒有其他的來源。

3.　　上主的平安此刻正在你心中照耀，它從你心裡一直延伸到整個世界。²它會停下來撫慰每個有情生命，留下永恆不滅的祝福。³它所賜的一切必然永遠長存。⁴它能消除人心中所有飄忽不定且毫無價値的念頭。⁵它所經之處，疲憊之心頓時煥然一新，整個視野豁然明朗起來。⁶一切天恩已經賜給了每一個人，而所有的人也都會聯合起來，同聲感謝這位施主，也就是先行領受天恩的你。

4.　　你心內的光輝會使世界重新憶起它已遺忘的舊事，世界也會同樣幫你恢復記憶的。²救恩從你那裡散佈出去的恩典，難以計數，且不斷在給出與還報的循環下生生不已。³上主親自向你這送禮之人致謝。⁴你內在的光輝在祂的祝福下更加燦爛，也爲你所獻給世界的禮物增添了更多的光彩。

5.　　上主的平安是永遠關不住的。²任何人只要在心中體會到這一平安，必會給出平安的。³因爲「給」的方式就包含在他的平安體驗之內。⁴他之所以能夠寬恕，只因他已認清了自己的內在眞相。

⁵上主的平安此刻正在你以及一切有情生命內照耀。⁶整個宇宙靜靜地見證它的臨在。⁷因為你心靈的慧見所看到的一切，其實就是你眼中的宇宙。

6.　　　靜靜地坐下來，閉起你的眼睛。²你心裡擁有足夠的光明。³僅憑它，就足以讓你耳清目明。⁴讓你的意念遠離外在的世界，飛進內在的平安吧！⁵它們知道這一條路。⁶因為真誠的意念，只要不受外在俗世夢境的污染，它便是上主的神聖使者。

7.　　　這些意念就是你與祂共有的想法。²它們認得自己的家。³它們腳步堅定地邁向自己的存在源頭，也就是天父及聖子一體不分之境。⁴上主的平安照耀著這些意念，而它們必然仍在你內，因為它們出自你的心靈，就如你的心必然出自天心一樣。⁵這些意念會把你領回平安之地，它們就是從那兒回頭提醒你這一條必然的歸途的。

8.　　　在你拒絕聆聽天父之音的那一刻，它們已代你聆聽了。²它們還會溫柔地敦促你，接受那道出你生命真相的聖言，切勿理會那些幻相及陰影。³它們也會提醒你，你是創造一切有情生命的「創造同工」。⁴因為上主的平安在你內照耀之際，必也照耀到他們身上了。

9.　　　今天，我們要練習接近自己內在的光明。²收回紛飛的雜念，平心靜氣地將它們導入我們與上主共有之念中。³不再縱容雜念四竄。⁴讓我們的內在光明指引它們回家之路。⁵我們曾經背叛過它們，甚至命令它們離去。⁶此刻，我們要喚回它們，為它們滌除那些古怪欲望及扭曲的心願。⁷使它們得以恢復天賦的神聖本質。

10.　　　如此，我們的心靈就會跟他們一起煥然一新了；我們知道，上主的平安依舊在我們心中照耀，它會透過我們，照亮所有與我們共享同一生命的有情眾生。²我們願寬恕所有的人，赦免自己心裡認定世界對不起我們的任何事情。³因為這世界是我們按照自己的願望而打造出來的。⁴如今，我們決心把它看成純潔無罪的，不受罪的污染，而且已準備好接受救恩了。⁵讓我們藉用下面幾句話，為世界帶來救恩的祝福：

　　　　　⁶上主的平安此刻在我心中照耀。
　　　　　⁷願萬物也在那平安中照耀著我，
　　　　我願以心內的光明祝福他們。

第一百八十九課

此刻我心中感到了上主的愛

1.　　世界無法看到你內在的光明。²你也無法透過它的眼光看到這一光明的，因世界已蒙蔽了你的眼睛。³但你仍有一雙看得見光明的慧眼。⁴它正等著你去看呢！⁵這光明，既然置於你內，必無迴避你的眼光之意。⁶它正是我們這一練習反射出來的倒影。⁷只要你能在心中感受到上主之愛，你必會看到一個嶄新的世界，它生機盎然，充滿希望，閃爍著純潔無罪的光輝，洋溢著完美且慈悲之愛。

2.　　誰會害怕活在這樣一個世界裡？²它歡迎你，為你的到來而歡欣不已，它向你吟唱讚頌之歌，不讓你受到任何痛苦與威脅。³它會為你準備一個安詳而溫暖的家園，供你來此暫歇。⁴它白天祝福著你，晚上則如一安靜的侍衛守護著你神聖的安眠。⁵它在你內看見了救恩，為你護守內在的光明，因它知道，那也是自己的光明。⁶它在四季為你獻上春花與冬雪，感謝你的仁心善意。

3.　　這就是上主之愛啟示給你的世界。²它與你那充滿敵意與恐懼的陰森眼光所看到的世界，有如天壤之別，而且兩者互為消長。³你只可能看得見其中一個。⁴另一個則會變得毫無意義。⁵凡是看到世界充滿仇恨、蓄意攻擊、伺機報復、謀害與毀滅的人，必然無從想像一個處處洋溢著寬恕的光輝，人人享有平安祝福的世界。

4.　　凡是心中已感受到上主之愛的人，也同樣不可能見到或想像出一個充滿仇恨的世界的。²他們的世界只會反映出自己心內散發的寧靜與和平，以及圍繞身邊的溫柔與純真，還有那發自內在喜樂之源而形之於外的喜悅。³他們目光所及之處，見到的一切必然反映出自己心裡對它們的感覺。

5.　　你想看到什麼？²這選擇操之於你。³你需要好好的學習，不讓你的心靈忘記這個「看」的法則：眼之所見，繫之於內心所感。⁴只要一讓瞋恨在心中落腳，你就會看到一個可怕的世界，受制於死亡那白骨嶙峋的魔掌下。⁵你若在心中感到上主之愛，就會在外面看到一個充滿仁慈及愛心的世界。

6.　　　今天，我們越過種種幻相，設法進入心內的眞實之境，感受一下它包容一切的溫柔，以及那深知我們如它一般完美的愛，再感受一下聖愛賜你的慧見。²今天，我們就要作此練習。³它猶如聖愛一般明確肯定，並以聖愛作爲它的歸宿。⁴它的單純性，幫你躲開了世上複雜又愚昧的推理，即使它說得振振有詞，不過想要隱瞞眞相而已。

7.　　　你只需這樣做：靜下心來，放下所有你對自己以及上主眞相的看法，放下你後天學來的一切世界觀，放下你所執著的種種自我形象。²放空心中所有的念頭，不論它是眞是假，是好是壞，不論它是你珍愛的想法或是羞於啓齒的觀念。³全都放下吧！⁴不要執著你過去學來的任何想法，或任何經歷帶給你的信念。⁵忘掉這個世界，忘掉這個課程，雙手空空地來到上主面前。

8.　　　祂豈會不知道通往你那兒的路？²那麼，你就無需知道通往祂那兒的路。³你的任務，只是容許自己把你先前擋在天父與聖子間的障礙悄悄地一舉除盡。⁴上主自會盡祂的那一份責任，立即欣然答覆的。⁵求吧！你必會得到。⁶但請別提出一堆條件，也不要規定祂應該循哪一種方式顯示。⁷通往祂的唯一途徑，就是讓祂做祂的事情。⁸那麼，你的眞相也會因此而昭然若揭的。

9.　　　因此，今天，我們不再自行決定如何到祂那裡去。²只是決心讓祂來臨。³這個選擇會帶給我們心靈的安息。⁴祂的聖愛會在我們寧靜而開放的心中，如火焰一般照亮通往自己的路。⁵凡是未遭否定之物，一定仍在原處；凡是眞實之物，必然近在咫尺，伸手可及。⁶上主深知自己的孩子，也知道通往他那兒的路。⁷祂不需要聖子爲祂指引迷津。⁸祂的聖愛會從你心靈之家向外放光，穿越每一扇開啓的門戶，照亮那個純潔無罪的世界。

10.　　　天父，我們不知道通往祢的道路。²但我們已經呼求了祢，而祢也予以答覆。³我們不再插手干預。⁴救恩之道不是出自我們，它原屬於祢的事。⁵我們只能從祢那兒尋找到它。⁶我們已空出了雙手，等著接受祢的禮物。⁷我們沒有一個念頭是在祢之外想出來的，我們也不再執著任何有關自己眞相或是造物主的信念。⁸我們願尋找並追隨祢的道路。⁹祢的旨意，也是我們自己的意願，我們只求它能承行於我們心中以及世界之上，讓世界在這一刻即能回歸天堂。¹⁰阿們。

第一百九十課

我選擇上主的喜樂，我不願受苦

1.　　痛苦只能算是一種錯誤的妄念。²不論你經驗到哪一種苦，都證明了你已落入自欺的陷阱。³它絕非實情。⁴不論哪一種形式的痛苦，只要看得真切，它就會遁形而去。⁵因為痛苦等於宣告上主的殘酷。⁶這怎麼可能是真的？不論它呈現為何種形式。⁷痛苦等於證實了天父對聖子的憎恨，判定他惡貫滿盈，祂才會神智失常地予以報復，欲置他於死地。

2.　　這種投射，究竟能證明什麼？²它只可能是徹底的虛妄不實！³痛苦最多只能證明聖子誤解了自己的真相。⁴它只是一個夢，夢見一個不可能犯出的罪行所受的兇殘報復，夢見一個凜然不可侵犯的境界受到了攻擊。⁵在這噩夢中，他夢見原本在愛中創造出來的聖子，竟被那寸步不離的永恆聖愛所遺棄了。

3.　　痛苦，不過顯示出幻相已經取代了真相的主導地位。²它證明了，遭人否定的上主已被視為一個恐懼的象徵，瘋狂地背叛了自己的身分。³上主若是真的，痛苦就不可能存在。⁴痛苦若是真的，上主就不存在。⁵報應，不能算是一種愛。⁶恐懼根本否定了愛，用痛苦來證明上主已死，而且死亡已戰勝了生命。⁷於是，身體一下躍升為上主之子；它會在死亡中腐朽，和被他殺害的天父一樣，難逃一死的厄運。

4.　　願平安降臨於這種愚昧的念頭！²如今，我們可以對這神智失常的觀念一笑置之了。³你無需把它視為野蠻的罪行，或是遺害無窮的祕密罪惡。⁴除了瘋子以外，誰會認為那種瘋狂念頭能生出什麼後果？⁵為它撐腰的苦難見證，與那些念頭本身一般瘋狂，也與那些庇護著它且企圖弄假成真的瘋狂幻相一樣，不足為懼。

5.　　只有你的念頭會帶給你痛苦。²在你心靈之外，沒有一物傷害得了你。³除了你自己以外，也沒有什麼原因欺壓得了你。⁴只有你有左右自己的能力。⁵世上沒有一物能夠害你生病或悲哀，讓你虛弱不堪。⁶唯你才有駕馭眼前萬物的能力，只要你已認清了自己的真相。⁷你必須先看出萬物的無害本性，它們方能接受你的神聖意願，當成自己的意願。⁸於是，你以前眼中的毒蛇猛獸，搖身

一變，成了純潔與神聖之源。

6. 　　我神聖的弟兄，不妨深思一下這句話：你眼前的世界什麼也沒有做。²也不會帶來任何後果。³它只是反映出你的想法。⁴只要你決心改變自己的心念，選擇上主的喜樂作爲你的心願，世界便會全面改觀了。⁵你的自性會在神聖的喜悅中光芒四射；它從未改變，絕不改變，也永永遠遠不可能改變的。⁶你難道不願給你那一小塊心靈它原有的天賦？你豈能把它當成收容痛苦的診所或是眾生終將到此一死的病院？

7. 　　這世界看起來帶給了你不少痛苦。²其實，世界本身既是無中生有，它沒有能力成爲任何事物之「因」的。³它只是一個「果」，不可能生出其他的「果」來。⁴它只是出自你的願望的一個幻相。⁵你無謂的願望透露了它的痛苦。⁶你的古怪欲望造成了它的噩夢。⁷你的死亡之念將它籠罩在恐懼之下，它其實一直活在你仁慈的寬恕中。

8. 　　痛苦乃是邪惡之念的化身，企圖破壞你神聖的心靈。²痛苦是你甘心爲不自由所付的贖金。³痛苦表示上主拒絕了祂所愛的聖子。⁴痛苦表示恐懼好似戰勝了愛，時間佔領了永恆及天堂。⁵世界變成了殘酷而悲慘的地方，受哀傷的統治，痛苦會如凶神惡煞一般，伺機破壞你的喜悅，就連小小的歡樂也難逃它的魔掌。

9. 　　放下你的武器，放下你的自衛，進入寧靜之中吧！萬物終於在天堂的平安裡靜下來了。²放下一切憂患之念。³也不要讓攻擊念頭潛回你的身邊。⁴放下你正抵著自己脖子的那把無情的判斷之劍，撤去你想要隱藏自己的神聖本質而發動的無謂攻擊。

10. 　　這一刻，會讓你了解痛苦眞的不存在。²這一刻會讓上主的喜樂重歸於你。³今天，你會眞正明白這包含了救恩所有德能的一課。⁴它就是：痛苦是虛幻的，喜悅才是眞實的。⁵痛苦只出現於夢中，喜悅表示你的覺醒。⁶痛苦是騙局，唯有喜悅才是眞的。

11. 　　此刻，我們再度面臨了此生唯一可能作出的選擇，也就是在幻相與眞相、痛苦與喜悅、地獄與天堂之間的抉擇。²就在我們自由地選擇喜悅而非痛苦，選擇神聖而非罪過，選擇上主的平安而非衝突，選擇天堂的光明而非世界的黑暗之際，心中必會油然升起我們對那位「聖師」的感恩之情。

第一百九十一課

我是上主的神聖之子

1.　　這是你掙脫世界束縛的解放宣言。²整個世界也會隨你一起重獲自由。³當你指派世界作爲上主之子的獄卒時，你並未意識到自己犯了什麼大錯。⁴其實那是出自兇惡恐懼，害怕魅影，報復與野蠻，缺乏理性，而且盲目仇恨得精神錯亂之舉。

2.　　你究竟犯了什麼錯，而陷身於這樣的世界？²你究竟犯了什麼錯，竟會目睹這樣的情景？³你一旦否定了自己的本來面目，這就是你的下場。⁴你先看到了這無明亂世，然後宣稱這就是你的世界。⁵從此，你所見的一切，無一不爲這世界作證。⁶你所聽見的一切聲音，無一不提醒你心裡心外的脆弱不堪；你所吸進來的每一口氣，無一不將你推向死亡；你所懷有的每個希望，無一不化爲滴滴淚水。

3.　　你否定了自己的本來面目之後，不可能不陷於瘋狂，你才會生出這種有辱造化、嘲弄上主的反常又陰險的念頭。²否定了自己的本來面目，你等於與宇宙孤軍奮戰，舉目無援，好似一粒塵沙在抵抗敵人的千軍萬馬。³否定了自己的本來面目，你自然會看到邪惡、罪過及死亡，你會眼看著絕望一點一點地吞噬你僅存的希望，使你最後落得一無所有，生不如死。

4.　　然而，只有在你自己編造的遊戲裡，你才否定得了自己的本來面目。²你仍是上主所創造的你。³除此之外，沒有一件事值得你去相信。⁴僅此一念，便足以釋放所有的人。⁵一切幻相就在這一真理中銷聲匿跡了。⁶這一事實宣告了上主的無罪本質在萬物內永存不替，它是萬物存在的核心，也是萬物不朽的保證。

5.　　只要把今天的觀念打入你的思想裡，你不僅能夠超脫這一世界，還能超越那束縛世界的一切世俗念頭。²然後，你會由這安全無虞的解脫之境返回，帶給世界自由。³凡能接受自己本來面目的人，便真正得救了。⁴他會將自己的救恩轉贈給每一個人，以報答「那一位」指出的幸福之路，改變了他對整個世界的觀點。

6.　　「你是上主的神聖之子」，這一神聖之念足以讓你重獲自由。

²你也會逐漸明白，僅憑這神聖的一念，你已釋放了世界。³你再也不會無情地利用世界，然後反過身來指責世界的野蠻。⁴你已將它由你的桎梏下釋放出來了。⁵從此，你不會看見自己戰戰兢兢地走在人間，一副窮途末路的模樣；你的恐懼曾為世界貼上了死亡的標籤，但你再也不想與這麼悲慘的世界同行了。

7.　　　今天為此而歡樂吧！地獄竟如此輕而易舉地化解了。²你只需對自己說：

> ³我是上主的神聖之子。⁴我不可能受苦，也不可能感到痛苦，更不可能承受失落之苦，我絕不會辜負自己的救恩任務。

⁵僅憑這一念，你眼前的一切便會徹底改觀的。

8.　　　一個奇蹟足以照亮世上所有的陰森古穴，驅逐無始以來迴盪其間的死亡咒音。²因時間再也控制不了世界。³上主之子已在榮耀中降臨，他要贖回迷途的羔羊，拯救無助的人們，且把自己的寬恕轉贈給世界。⁴上主之子終於再度來臨，且釋放了世界，從此，誰還會把世界看成一個罪孽深重的地方？

9.　　　你若自認為軟弱無能，心中只有落空的希望與破滅的夢想，生來註定要受苦受難、哭泣死亡，那麼請你仔細聆聽這一句話：天上人間的一切能力都已賜給了你。²世上沒有一件你做不到的事。³你目前只是在玩死亡及束手就擒的遊戲而已，在無情的世界裡承受灰飛煙滅的悲慘命運。⁴只要你肯視世界為有情之物，它的恩情就會照耀在你身上。

10.　　讓上主之子由睡夢中醒來吧！張開他神聖的雙眼，回頭祝福自己所營造的世界。²這世界雖然源自一個錯誤，卻會在自己神聖的倒影下告終。³他從此不再沉睡，也不會夢見死亡。⁴今天，就加入我的陣容吧！⁵你的榮耀成了拯救世界的光明。⁶不要再耽擱救恩的來臨了。⁷環顧一下世界，看看那兒的苦難吧！⁸你怎忍心不去幫助疲憊的弟兄安息？

11.　　他們不能不等待你的解脫。²除非你先獲自由，否則，他們只好繼續活在桎梏中。³除非你能從自己心裡找到仁慈，否則，他們是不可能看到一個仁慈世界的。⁴除非你已擺脫了痛苦的束

縛，否則，他們只能繼續受苦下去。⁵除非你親自接受了永生，否則，他們只有死亡一途。⁶你是上主的聖子。⁷記住這一點，整個世界就自由了。⁸記住這一點，天上人間就合一了。

第一百九十二課

上主願我完成祂賜我的任務

1.　　天父的神聖旨意就是要你使祂重歸完整，並願你的自性成爲祂神聖之子，永遠如祂一般無瑕可指，在愛中受造，在愛中長存，在愛中推恩，且在愛的名義下繼續創造，永遠與上主及你的自性一體不分。²然而，這種任務，對那充滿嫉妒、瞋恨與攻擊的世界，又有多大的意義？

2.　　爲此之故，你在世的任務必須遷就世界的遊戲規則。²否則，誰能了解那非他所能懂得的語言？³你在世的任務，一言以蔽之，即是寬恕。⁴它雖非上主所創，卻成了化解不眞實之境的工具。⁵天堂哪裡需要寬恕？⁶然而，在世上，你卻需要這一工具，才消除得了幻相。⁷上主的造化不待你來完成，它只需你回過頭來認可它的存在。

3.　　創造的概念，對這世界而言是不可思議的。²它在世上毫無意義。³只有寬恕，可說是在世間最貼近創造的觀念了。⁴它既源自天堂，必然無形無相。⁵然而，上主創造的「那一位」卻有能力把徹底無形無相之物轉化爲某種形式。⁶祂在人間造出的一切，仍屬於一種夢境，但它如此接近覺醒的境界，因爲白日的光明已經開始在夢中照耀，開啓的雙眼得以欣賞美夢中的歡樂景象了。

4.　　寬恕溫柔地俯視不爲天堂所知的人間景象，它們終將在寬恕的眼下逐漸消逝，於是，世界恢復爲一塊清淨無染的石板，上主之言得以取代過去那些無謂的象徵而銘刻其上。²寬恕乃是克服死亡恐懼的工具，因爲死亡如今已不具蠱惑的魅力，內疚也消逝了蹤跡。³寬恕使人得以看清身體的原有目的，它只是一種教學工具；學成之後，就應捨棄，但它絲毫改變不了學習者本身。

5.　　沒有身體的心靈，是不可能犯錯的。²它也不可能認爲自己會死，或淪爲無情攻擊的受害者。³憤怒既不可能發生，那麼，驚恐又從何而起？⁴對於已失去攻擊的藉口、焦慮的核心以及恐懼的淵藪之人，恐懼豈傷害得了他？⁵只有寬恕能夠消除心靈以身體爲家的妄念。⁶只有寬恕能夠恢復上主願祂聖子所擁有的平安。⁷只有寬恕能說服聖子重新正視自己的神聖本質。

6.　　憤怒消逝之後，你必會看出這一事實：基督的慧見及眼界從不要求任何犧牲，它只會幫受盡折磨的病態心靈撤除一切痛苦。²有誰不想要這份禮物？³有誰會對它退避三舍？⁴它可不可能正是人心期待已久、由衷感謝且會欣然接納之物？⁵我們是同一個生命，因此不可能有任何失落。⁶反之，我們早已由上主那兒獲得了一切。

7.　　然而，我們必須寬恕，才可能看清這一事實。²沒有它仁慈的光照，我們只會在黑暗中摸索，找盡理由為自己的憤怒與攻擊辯護。³我們的了解是如此有限；自以為了解的事，常常只是出自誤解的一團迷惘而已。⁴我們已經迷失於變化莫測的夢境以及恐怖念頭的濃霧之中，為了迴避光明而不惜緊閉雙眼，我們的心靈則忙著膜拜那不存在的偶像。

8.　　除了寬恕自己所見、所思，甚至想像中的人以外，有誰能在基督中重生？²只要他還想囚禁任何一個人，怎麼可能享受自由？³獄卒並非自由的，因他與囚犯綁在一起了。⁴為了確保囚犯不致逃脫，他所有的時間都忙著看守囚犯。⁵監禁囚犯的鐵窗變成了獄卒和囚犯的共生世界。⁶他們兩人能否一起解脫，全憑囚犯能否獲釋而定。

9.　　因此，別再囚禁任何人了。²釋放他們吧！如此，你才能享受自由。³這條路其實很簡單。⁴每當你怒氣攻心時，你心裡明白，一把劍正舉在自己的頭上。⁵它會落下，或是挪開，就看你想要定自己的罪或是重獲自由。⁶為此，每個看似讓你生氣的人，都成了將你由死亡囚牢救出的人間救主。⁷因此，你虧欠他的是感激，而不是痛苦。

10.　　今天，請仁慈一點。²上主之子值得你仁慈相待。³他請你在這一刻就接受這條通往自由之路。⁴別再拒絕他了。⁵天父對他的愛也屬於你的。⁶你在世的任務就是寬恕他，如此，你才可能接納他為你的本來面目。⁷他仍是上主所創造的他。⁸而你正是那個真實的他。⁹現在就寬恕他的罪過吧！你便會看出自己與他原是同一個生命。

第一百九十三課

一切事情都是上主要我學習的課程

1.　　上主對於學習層面的事情一無所知。²但祂的旨意仍然能夠延伸到祂不知道的事情，只因祂願聖子由祂那兒承繼來的幸福不致受到任何侵犯，而且永存不替，綿延不盡，在圓滿造化的喜樂中延伸至無窮，且在祂內拓展至無限。³那是祂的旨意。⁴因此祂的旨意也提供了一個保證它會完成的途徑。

2.　　上主眼中是沒有矛盾與衝突的。²祂的聖子卻會把眼中的衝突當真。³因此，他需要「那一位」來修正他錯誤的眼光，賜他慧見，將他領回知見的終點。⁴上主不靠知見去看任何事情。⁵祂卻有辦法幫人把知見變得如此真實而美妙，吸引天堂的光輝迴光返照。⁶是「祂」，答覆了這位背道而馳的聖子，而且永保他的清白無罪。

3.　　這就是上主要你學習的課程。²祂的旨意就反映在這些課程內，而這些課程處處反映出祂對愛子的慈悲大愛。³每一課都有一個中心思想，其實它們全都一樣。⁴只是為了遷就不同的環境及事件，不同的個性及特質，而在形式上作了一些變化；它們的不同只是形式上的，而非實質。⁵它們的基本內涵完全一致。⁶就是：

　　　　　⁷寬恕吧！你對這事就會有不同的看法。

4.　　你內心所有沉重的負擔，無疑地透露了你的不寬恕。²那才是藏在「形式」下的「內涵」。³因著內涵的同一性，成了你一定學得會的保證；這一課程簡單到令你難以回絕到底的地步。⁴沒有人能夠永遠躲避得了如此明顯的真理，即使它化為無數的形式；只要是有心人，不難在所有的外在事件下認出這一單純的課題。

5.　　　　　寬恕吧！你對這事就會有不同的看法。

²這是聖靈針對你所有的憂患及各式各樣的痛苦所說的話。³這一句話，足以消除你所有的誘惑，內疚也會被你棄如敝屣。⁴這一句話，結束了罪之夢魘，驅逐了人心的恐懼。⁵救恩藉著這一句而進入了世界。

6.　　當我們忍不住相信痛苦眞的存在，相信死亡（而非生命）才是我們的唯一出路時，我們怎能不趕緊試著說出這一句話？²我們若了解這句話足以釋放所有的心靈，我們怎能不試著說出這一句話？³這句話會給你足夠的能力，解決所有好似糾纏著你的問題。⁴只要你能隨時覺知這一句話，而且運用到你自己或弟兄看走了眼的任何事上，你一定能夠看清問題的眞相的。

7.　　你怎麼知道自己的看法有誤，或是他人錯過了他該學的這一課？²痛苦在那知見中是否顯得很眞實？³如果是，表示你們一定還沒學會這一課。⁴暗藏心中的不寬恕，便會透過那種心眼而看到了痛苦。

8.　　上主不會讓你這樣受苦的。²祂願幫你寬恕自己。³上主之子已經忘了自己是誰了。⁴上主不願他繼續忘記天父之愛，以及聖愛所賜他的一切禮物。⁵此刻，你難道還想拒絕自己的救恩？⁶你難道願意辜負天堂的「聖師」爲你準備如此簡單的課程？你難道不想消除所有的痛苦而讓聖子憶起他的上主？

9.　　一切事情都是上主要你學習的課程。²祂不會讓任何不寬恕的念頭喪失了修正的機會，也不允許一根荊棘或刺釘傷及祂的聖子。³祂會確保聖子終能安息於永恆的家園，無驚無擾，無所掛慮。⁴祂會拭乾所有的眼淚，無論是尚未流出的或是即將流出的任何一滴淚水。⁵因上主要以歡笑取代所有的眼淚，使聖子重享自由。

10.　　在今天這一天裡，我們要試著克服上千個好似阻擋平安的障礙。²讓仁慈盡快來到你的身邊。³不要企圖拖延了，縱然只是一天，一分鐘，甚至刹那的光景。⁴時間原是爲此而設的。⁵今天就朝此目標而發揮其用吧！⁶從早到晚，盡可能把時間善用於它正當的目的上，讓時間爲你最深的需求效力。

11.　　獻出你所有的時間，不妨再增加一點。²因我們馬上就要起身邁向天父的家鄉。³我們已經走了很長的一段路，再也不願踟躕下去了。⁴練習時，想一想我們故意保留下來，打算自行解決，而不願接受療癒的某些事件。⁵全都交託給祂吧！祂知道如何看待才會使它們遁形的。⁶眞理就是祂的訊息，也是祂的教誨。⁷祂的眞理就是上主要我們學習的課程。

12.　　今天以及今後的日子，每小時都拿出一點兒時間來，利用寬

恕課程當天所呈現的具體形式去練習。²試著把它用在那一小時所發生的事件上，使得下一小時不受上一小時的羈絆。³時間的鎖鏈便這樣輕易地鬆綁了。⁴不讓前一小時的事件在下一小時留下任何陰影：當一小時過去後，讓那一小時所發生的事情也隨之而去。⁵如此，你才能無牽無絆地在時間的領域中活出永恆的平安。

13.　　上主要你學的一課，就是一種看事情的眼光，把每一件事當成你邁向上主以及世界救恩的下一步路。²不論發生什麼令人恐怖的事，你都可以如此答覆：

³我願寬恕，這事就會消失了蹤影。

⁴不論面臨哪一種困擾、煩惱，或痛苦，你都重複同樣的話。⁵你便已掌握了開啟天堂之門的鑰匙；你終於能把天父的愛帶入世界，又把世界提升到天堂那裡。⁶上主會親自踏出最後的一步。⁷勿再拒絕祂要求你的這一小步了。

第一百九十四課

我把未來交到上主的手中

1.　　今天的觀念是邁向救恩捷徑的另一步，而且稱得上是一大步。²這一步所覆蓋的距離如此之廣，能把你保送到距天堂僅僅咫尺之處；你越過了種種障礙，目標已欣然在望。³天堂門前爲你鋪設了綠茵大道，供你在平安寧靜中，安心等待上主踏出祂最後的一步。⁴如今，我們已離人間如此之遠。⁵距那目標如此之近。⁶這趟旅程所剩下的路又何其短！

2.　　接納今天的觀念，你就會越過一切焦慮、地獄的陷阱、憂鬱的黑暗、罪的念頭，以及內疚帶來的絕望。²接納今天的觀念，你等於解開了扣在自由之門上沉甸甸的鎖鏈，而把世界由一切桎梏中釋放出來了。³你已得救，而你的救恩則成了你給世界的禮物，只因你已先行領受。

3.　　沒有一刹那，會讓你感到沮喪，或身受疾苦，或目睹任何失落的。²沒有一刹那，哀傷能夠登上寶座，受到你虔誠的膜拜。³沒有一刹那，會有人死亡。⁴你獻給上主的前一刹那尚未過去，你已獻出了下一刹那；每一刹那都成了你由哀傷、痛苦，甚至死亡中解脫的機會。

4.　　你的未來在上主手中，過去與現在亦然。²對祂來講，它們全是同一回事，對你也應是同一回事才對。³但是，在這世界上，時間的推移仍然顯得十分眞實。⁴因此，我們並不期待你眞能了解，時間並非如你眼中那般綿延相續的。⁵你只需放下未來，將它交到上主手中即可。⁶你會由經驗得知，你已同時將過去與現在一併交託到祂手裡了；因爲過去再也無法懲罰你，未來的憂懼當下也失去了意義。

5.　　釋放未來吧！²因爲過去的已經過去了，當下這一刻，已擺脫了過去所遺留的哀傷、痛苦與喪亡；時間便在這一刻由幻境註定的悲慘命運中脫身了。³原本隱藏在上主之子內的光明，一旦能夠自由地祝福世界，那受盡時間奴役的每一刻，便能在刹那間轉變爲神聖的一刻。⁴如今，他已自由了，他的榮耀照亮了世界，世界也與他一起獲得自由，且分享了他的神聖本質。

6. 你若能在今天這一課裡看出它拯救的能力，便會毫不遲疑地努力讓它在你心裡生根。²當它成了主導你心靈的觀念，成為你解決問題的一貫模式，以及你對誘惑的本能反應時，表示你已把自己所學到的一切推恩給世界了。³當你能在萬事萬物上看到救恩的臨在時，世界便會看到自己也已得救了。

7. 已將未來交託到上主慈愛之手的人，還有什麼煩惱困得住他？²他可能會受什麼苦？³還有什麼事能讓他感到痛苦或失落？⁴還有什麼東西能使他害怕？⁵還有什麼事物不在他愛的眼神之下？⁶凡是無懼於未來之苦的人，自然感受得到當下的平安，那種安全無虞之感絕非世界搖撼得了的。⁷他非常放心，即使自己的知見可能有誤，永遠都有修正的機會。⁸即使他受到蒙蔽，還有重新選擇的自由；不論他犯了什麼錯，必有回心轉意的可能。

8. 那麼，把你的未來交到上主的手中吧！²這樣，你等於喚回了自己對祂的記憶，且以愛的真相取代所有罪過及邪惡的念頭。³世界怎能不與你一同受益？有情眾生豈能不以療癒的知見與你呼應？⁴凡是將自己託付給上主的人，等於同時把世界交託於祂慈愛的手中了，那是他最大的慰藉與保障。⁵他把世界和自己的病態幻覺一併放下，也為雙方一併帶來了平安。

9. 此刻，我們確實得救了。²因我們已能無憂無慮地安息於上主手中，而且篤信不疑只有好事才會發生在自己身上。³我們若忘了這一點，祂必會溫柔地再三叮嚀保證。⁴我們若升起一個不寬恕的念頭，愛的倒影會即刻前來取代它的。⁵心中若起了攻擊之念，我們必會祈求那護守我們心靈安息的「那一位」，幫我們重新選擇，罔顧一切誘惑。⁶世界不再與我們為敵，因為我們已經決心與世界為友了。

第一百九十五課

愛乃是我感恩的道路

1.　　看不清世界眞相的人，是很難學習感恩課程的。²他們最多只會認爲自己比上不足而比下有餘。³他們設法知足常樂，因爲別人的遭遇似乎比他們苦得多。⁴這種想法是多麼卑劣而瞧不起人！⁵有誰會因爲他人缺乏感恩的理由而覺得自己更應感恩的？⁶有誰會因爲看到別人受更多的苦而使得自己的苦相形之下減輕一點的？⁷你感恩的理由只有一個，就是祂，因祂已將整個世界的苦因一掃而空了。

2.　　只有神智不正常的人，才會爲痛苦而感恩的。²但你若對那賜你療癒一切痛苦之祕方、且以幸福及歡笑來取代痛苦的「那一位」毫無感恩之心的話，你也同樣的不正常。³只要是神智稍微正常一點的人，不可能排斥祂的指引，拒絕踏上祂所安排的道路，不願由自己目前走投無路的牢獄中脫身的。

3.　　你的弟兄成了你的「敵人」，因爲你認爲他是破壞你平安的人，剝奪你喜樂的盜賊；是他害你消沉，受盡折磨而陷入絕望的。²此刻，你一心指望報復。³此刻，你只想把他拉來與你同歸於盡，變得像你一樣無用至極，與你一樣空手而回。

4.　　如果你神智正常的話，你不會因爲其他弟兄被虐待得更慘而向上主感恩，也不可能因爲別人活得比你自由而怒氣塡膺的。²在愛中，沒有比較。³感恩之心，必須與愛結合，才可能是眞心的。⁴我們感謝天父，因爲萬物會在我們內找回他們的自由。⁵絕不會有一部分人獲釋而其他人身陷囹圄這種事。⁶有誰能假借愛的名義來討價還價？

5.　　因此，要感謝的話，就要誠心。²讓所有與你同獲自由的人加入你的感恩，生病的、軟弱無能的、有待協助的、心懷畏懼的人，因外在損失而哀傷的，爲身體而受盡疾苦的，飢寒交迫的，或是踏在仇恨及死亡道上的人。³這些人都是與你同行的伙伴。⁴我們與他們、他們與我們原是同一個生命；只要我們一與他們較量，表示他們已被剔除於我們的一體意識之外了。

6. 我們只需感謝天父一件事，即是：沒有一個有情生命與我們是分開的，因此必然也與祂一體。²我們應額手稱慶，沒有任何例外情形破壞得了我們生命的整體性，或是危害，甚至改變得了我們使祂圓滿的任務，雖然祂本身早已圓滿。³我們感謝一切有情眾生，若非他們，我們無從感謝，也無法認出上主對我們的恩典。

7. 那麼，讓弟兄把他們疲憊的頭倚在我們的肩膀上小憩一會兒吧！²我們要為他們獻上感謝。³因為我們若能為他們指出自己所追求的平安之道，那一條道路才會為我們開啟。⁴那扇古老的門終於呀然而開，久遭遺忘的聖言開始在我們的記憶中迴響，且清晰地迴盪在我們再度願意聆聽的耳邊。

8. 懷著感恩之心踏上愛的道路吧！²只要我們放下了比較的心態，便會忘卻所有的仇恨。³那麼，還有什麼阻礙得了平安的來臨？⁴你對「上主的恐懼」終於在此化解了，我們能夠不經比較就寬恕了。⁵如此，我們便不可能厚此薄彼，只願放過某些事，卻緊抓著其他的「罪過」不放。⁶只有全面的寬恕，你才會有全然的感恩，你也才會看到，世間萬物是值得你愛的，因為他們心中有愛，甚至不亞於自性對他們的愛。

9. 今天，我們要練習以感恩的念頭取代忿怒、敵視與報復的心理。²上天已賜給了我們一切。³我們若拒絕承認這一事實，實在沒有理由怨怪別人，哀嘆自己在弱肉強食的社會裡，受盡他人的欺壓與排擠，也無人關心我們或為我們的未來著想。⁴只有感恩之念能夠取代這類神智不清的知見。⁵上主始終眷顧著我們，且視為己出。⁶還有比這更好的命嗎？

10. 感恩為我們鋪平了通往祂的道路，它為我們縮短的學習時間，超乎我們的想像。²感恩與愛一向攜手並進，只要找到其中一個，你必會找到另一個的。³因感恩只是聖愛的一面而已，而聖愛乃是一切造化的終極源頭。⁴上主感謝你這位聖子，因你的圓滿真相，因你與祂一起，成了祂的圓滿以及聖愛之源。⁵你對祂的感恩，與祂對你的，其實是同一感恩。⁶因為，愛只能走在感恩之道上，唯有如此，我們才能踏上上主之路。

第一百九十六課

我只可能把自己釘在十字架上

1.　你若能徹底了解，且能隨時覺知今天的觀念，你就不會心存傷害自己的意圖，也不會把身體當作報復的工具了。²你不會攻擊自己，而且你心知肚明，攻擊他人無異於攻擊自己。³如此，你便擺脫了「攻擊弟兄，方能自保」這類神智不清的信念。⁴你也明白了，他的安全才是你的保障，他的療癒也是你的療癒。

2.　起初你或許還看不出來，今天所練習的觀念怎麼可能帶給人無限的仁慈，且成了萬物的最後保障。²事實上，這觀念很容易被人懂成「人類難逃懲罰的厄運」，因為小我一遇威脅，會立刻引用真理的話來粉飾它的謊言。³它若這般扭曲它，就更不可能了解真理了。⁴但你仍能學習看穿這些愚昧的伎倆，拒絕接受它表面的意義。

3.　這樣，你等於再次告訴自己的心靈：你不是那個小我。²因為小我企圖曲解真理的伎倆，再也瞞不過你了。³你不再相信，自己是那具被釘在十字架上的身體。⁴今天的觀念會幫你看到復活的光明，你的眼光會略過十字架與死亡之念，而看到了解脫與生命之念。

4.　今天的觀念是引導我們掙脫束縛而徹底自由的一步。²讓我們今天就踏出這一步，盡快邁上救恩之道，亦步亦趨地遵循它指示的步驟前進，一點一點地卸下心靈的重擔。³這一條路，需要的不是時間。⁴而是一顆真誠的願心。⁵因為那看起來需要千年才能完成的事，在上主恩典下，只需瞬間的功夫。

5.　你若以為攻擊他人才能使你倖免於難，表示你已經被這可怕又可憫的念頭釘死了。²它外表上看起來像是你的救恩。³其實它不過是為「上主可畏」的信念撐腰而已。⁴那不是地獄，還會是什麼？⁵相信天父是自己的致命大敵，與自己對立，隨時想置人於死地，將他由宇宙中滅跡的人，心中豈能不懷著地獄般的恐懼？

6.　你若也接受「攻擊他人才能使你倖免於難」的想法，表示你已相信了上述那些信念。²你必須先改變它可怕的外形，否則，

你毫無希望可言。³你必須先看清那是絕對不可能的事，否則，你豈有脫身的機會？⁴凡是相信這種想法的人，他對上主的恐懼會變得極其真實。⁵他勢必感受不到其中的愚昧，甚至察覺不出它的存在，而無從向它質疑了。

7. 你若想要質疑一下這種想法，起碼得先改變它的可怕形式，減輕你對懲罰或報應的恐懼，你才可能為此負起一點責任。²然後，你才會有勇氣稍稍反問一下自己，是否還要繼續走這痛苦的人生道路。³除非你能先作這番調整，否則你不可能看出是你自己的想法導致恐懼，也不會相信你的得救完全操之於你。

8. 你今天若能踏出這一步，接下來的路就好走多了。²我們的步伐從此會加快許多。³你一旦了解，除了自己的想法以外，沒有東西傷害得了你，你對上主的恐懼必然煙消雲散。⁴從此你不會相信，恐懼都是外因引起的。⁵這樣，你才會把你一度想要驅逐那不曾離你半步的上主，再度迎回自己神聖的心中。

9. 我們必會在今天所練習的主題中聽見救恩之歌。²既然你所釘死的只可能是你自己，你就沒有傷害到世界，也不用害怕它在後面追著討債。³你更無需驚恐地躲避自己投射出來的一切，它們只是想要隱藏你對上主的恐懼而已。⁴你真正害怕的，其實是你自己的得救。⁵你是強壯的，這也是你一直想要的力量。⁶你是自由的，而且以自由為樂。⁷你過去寧願裝出軟弱無能且受制於外的模樣，因為你害怕自己的自由及力量。⁸其實，那正是你的救恩所在。

10. 有些時刻，你的心靈好似完全被恐懼所攫獲，欲振乏力。²你若當下看清了你害怕的原來是你自己，心靈便會覺察到自身的分裂。³這是你一直不敢正視的事實，你始終相信自己可能對外發動攻擊，外界也可能由外反擊到你內。⁴它好似成了一個你不能不怕的對頭。⁵於是，那在你身外之神便成了你的致命敵人與恐懼之源了。

11. 在這一刻，你終於在自己內看到了一位兇手，是它欲置你於死地，一直設計陷害你，不把你除掉誓不甘休。²而這一刻，也正是救恩來臨之刻。³因為你不再畏懼上主。⁴你敢呼求祂的聖愛，將你由幻相中拯救出來；你尊祂為父，且自稱為子。⁵但願那一刻早日來臨！而且就在今天！⁶讓你由恐懼中抽身，向愛奔去。

12.　　上主的聖念必會與你同行，它不只帶你進入那一刻，還會迅速、肯定且永遠地帶你越過此刻。²你對上主的恐懼一旦消逝，你與上主的神聖平安便再也沒有任何間隙了。³我們今天練習的這個觀念，充滿了悲憫。⁴歡迎它吧！你應如此，因它就是你的解脫。⁵你心裡想要釘死的，眞的只有你自己而已。⁶而你的救恩也同樣來自於你自己。

第一百九十七課

我所掙回的只是自己的感恩

1. 　　這是我們釋放你心靈的第二步：不再相信外面有個勢力在與你作對。²即使你努力試著愛人與寬恕。³一旦未得到他人有形且殷勤的感謝，愛與寬恕就會反身轉爲攻擊。⁴別人若不很尊敬地接受，你也會撤回自己的禮物。⁵那麼，你勢必也會認爲上主的禮物最多也不過是一種借貸，最壞則是騙人的伎倆，騙你放下防衛措施，如此，祂出手打擊時，你必死無疑。

2. 　　不清楚自己念頭有何威力之人，多麼容易把上主與罪咎混爲一談。²你一旦否定了自己的力量，軟弱無能必會搖身一變，成了你的救恩。³你一旦認定自己受制於人，便會習慣以牢獄爲家。⁴而且你也絕不會自動離開這個牢房，重申自己的力量，除非你能看出罪咎與救恩根本是兩回事，自由與救恩才是唇齒相依的，力量就在它們身邊，等著你去尋獲，等著你認領，直到你找到它而且全面肯定它的存在爲止。

3. 　　當你讓世界由你的幻相中解脫出來，它必會感激不已。²而你也該同樣感謝自己，因它的解脫不過反映出你的解脫而已。³一切禮物只等著你以感恩之心去迎請，它們原是這感恩之心的永恆獻禮，使你永遠擺脫地獄的陰影。⁴你豈會因爲這些禮物沒有受到禮遇而撤回，使一切落空？⁵你不僅應向他們致敬，還理當向他們致謝，因爲收到這些禮物的是你。

4. 　　別人若認爲你的禮物毫無價值，沒有關係。²他心靈中有一部分仍會向你致謝。³如果你的禮物好似石沉大海，毫無結果，也沒有關係。⁴它們在哪兒給出的，必會在那兒收到。⁵透過你的感恩，整個宇宙都收到了你的禮物，連上主都會衷心向你致謝。⁶你豈會把祂滿心感謝接下的禮物再度索回？

5. 　　上主祝福了你獻給祂的每一件禮物，每件禮物也是獻給祂的，因爲它們最後都是給你自己的。²凡是屬於上主的，必是祂的一部分。³然而，你的寬恕如果只是爲了進一步的攻擊，你就不可能看清祂的禮物是如此確然、永恆、不變且無限；它因著永恆的給予，延伸了上主的愛，也增添了你無窮的喜悅。

6.　　　你若收回自己的禮物，必會認為上天也收回了祂所給你的禮物。²好好的學習寬恕，讓它消除你在身外所看到的一切罪過吧！你就絕不可能認為上主的禮物只是暫時出借給你而且遲早會藉著死亡奪回的。³因為那時，死亡對你已無意義了。

7.　　　這種信念一旦告終，恐懼從此一逝不返。²為此而感謝你的自性吧！因祂只對上主感恩，而祂也會為你而感謝祂自己。³基督會降臨於每一位活著的人心中，因每個人必然活在祂內，並且在祂內行動。⁴祂在天父內的存在是如此安全而有保障，因為祂們共享同一旨意。⁵祂們對自己的一切創造感恩不已，因感恩始終是愛的一部分。

8.　　　感謝你，上主的神聖之子。²因在你受造之際，你的自性便已一切具足了。³你仍是上主所創造的你。⁴你無法使自己的完美光輝轉為黯淡。⁵上主的天心就在你的心中。⁶祂愛你非常，因為你就是祂自己。⁷因著你的生命真相，天上地下的感恩全歸於你。

9.　　　把你領受到的感恩給出去吧！²願你對所有幫你自性重歸完整的人不再那麼忘恩負義了。³你再也不願把任何一人遺忘於你的自性之外。⁴你要感謝那讓你的自性得以向外推恩的無數管道。⁵你的一切作為都是為自性而發的。⁶你的一切念頭也都合乎祂的聖念，因你與祂共享同一個上主聖念。⁷你曾因遺忘了上主賜你的任務而無法感恩，此刻，為你自己領回這一感恩之心吧！⁸別再懷疑，祂對你的感謝必然永恆不息。

第一百九十八課

只有我定的罪傷害得了我自己

1.　　　傷害原是不可能的事。²但是幻相確有營造幻相的本事。³你若能定人的罪，自己就會受到傷害。⁴你若相信自己能傷害人，你為自己掙來的這種「權利」，也會傷害到你自己，直到有一天，你明白它的不值與虛妄而棄之如敝屣。⁵如此，幻相才會失去作用，它對你似曾有過的影響也就解除了。⁶於是，你自由了，因自由原是天賜於你的禮物，此刻，你終於收到自己藉著給出而獲得的禮物了。

2.　　　你若定人之罪，自己便淪為囚犯。²寬恕別人，自己方能自由。³這就是知見運作的法則。⁴這套法則並不適用於真知之境，因自由本來就是真知的一部分。⁵因此，在真理內，不可能定人之罪的。⁶它表面上所構成的影響及後果，其實從未發生過。⁷但我們仍需把它當作發生過似地周旋一番。⁸幻相會營造幻相。⁹只有一個例外。¹⁰就是寬恕的幻相，它答覆了其他一切幻相的問題。

3.　　　寬恕本身雖僅是一個夢，卻能清除所有的夢境，不再孳生更多的夢。²所有的幻相都會衍生出千百個幻相，只有寬恕這個幻相例外。³只有它能結束所有的幻相。⁴寬恕是一切夢境的結束，因為它本身即是一個覺醒的夢。⁵雖然它無法晉身於真理之境。⁶卻為人指出了真理必在之處；而它這一指，如上主一般明確而肯定。⁷在寬恕之夢裡，上主之子悟入了他的自性以及天父的真相，徹底了知兩者原來無二無別。

4.　　　寬恕是唯一能領你遠離災難，越過痛苦，最後脫離死亡的途徑。²這是上主親定的計畫藍圖，你豈能找到比這更好的路？³你為什麼總想與它作對，與它爭辯，找出上千個理由證明它是錯的，還想找出上千條其他可能的路？

5.　　　何不為自己手中握有一切問題的解答而高興？這不是更聰明的選擇嗎？²向賜予救恩的「那一位」致謝，並懷著感恩之心接受祂的禮物，不是更明智嗎？³聆聽上主的天音，接受祂教的這麼簡單的課程，不再充耳不聞，或用你自己那一套來取代祂的計畫，不是對自己更仁慈一點嗎？

6.　　祂的話一定有效。²祂的話具有拯救的力量。³祂的話含有世人所渴求的一切祝福、喜樂及希望。⁴祂的話出自上主，挾著天堂之愛來到了你這兒。⁵聽見祂的話，就等於聽到了天堂之歌。⁶因爲這些話最後會融匯於一。⁷然後，這「一言」終歸寂靜，上主之言便會取而代之；那時，你會憶起它來，且深愛不已。

7.　　世間好似有不少孤立的場所供人流連，在那兒，仁慈顯得毫無意義，攻擊變得理直氣壯。²其實它們全是同一回事，無非是要置上主之子及天父於死地。³你也許認爲祂們已接受了這一命運。⁴在你以前目睹祂們血跡斑斑之處，只要你敢重新再看一下，你就會看到一個奇蹟。⁵相信祂們可能死亡，是多麼愚昧的想法！⁶相信你能夠攻擊，是多麼愚昧的想法！⁷認爲自己可能受到罪罰，上主之子可能會死，又是多麼瘋狂的念頭！

8.　　你那寂靜的自性絲毫不受這類念頭所動或所染，它從未意識到任何有待寬恕的罪罰。²任何夢境對眞理而言都是異類。³只有眞理才可能有的神聖之念，它爲你架起了一座橋樑，把幻相度到眞相的彼岸。

9.　　今天我們就要練習讓自由與你同在一會兒。²眞理會將這些話刻在你的心版上，它會幫你找到開啓光明的鑰匙，結束一切黑暗：

　　　　　³只有我定的罪傷害得了我自己。
　　　　　⁴只有我的寬恕能讓我重獲自由。

⁵今天切莫忘記一點：每一種苦難都暗藏著一個不寬恕的念頭。⁶只有寬恕能夠療癒每一種痛苦。

10.　　接受這唯一的幻相吧！它重申了上主之子不受任何罪罰，他會在瞬間憶起了天堂，遺忘了世界，連同它那一套荒謬的信念；只有最後這個夢，能重新揭開基督的聖容。²這是聖靈在天父那裡爲你保存的禮物。³願你在世間與天上的家園一起爲今天而慶祝。⁴對祂們雙方都仁慈一點吧！只要你寬恕了你認爲祂們所犯的罪過，就會看到自己純潔無罪的本性正由基督聖容返照在你的臉上。

11.　　此刻，整個世界歸於寧靜了。²從前無謂的雜念狂飛亂舞之處，此刻，呈現一片寂靜。³此刻，祥和的光明遍照著大地，世界

沉入無夢無驚的安眠。⁴只有上主之言存於其中。⁵這是你在最後那一刻所見的一切。⁶緊接著，人間的一切象徵均告寂滅，你以前營造出來的一切會由心中徹底消逝；而此心正是上主永知不忘的唯一聖子。

12. 　　沒有人能定他的罪。²他的神聖本質完美無瑕。³他無需任何人的憐憫之念。⁴一切既然都是他的，他還需要什麼禮物？⁵誰會不自量力地夢想寬恕那全然無罪的聖子？他與天父如此肖似，只要你不再以肉眼之見去看聖子，你等於晤見了天父本身。⁶聖子這個慧見，會讓你驚鴻一瞥那超越時間的永恆之境；你一旦看到自己的真相，便會永遠消融於上主之內。

13. 　　今天，終點已經在望，阻礙我們慧見的障礙快要清除殆盡了。²我們很高興走了這麼遠的路，也明白了，一路引領我們到此的「那一位」永不遺棄我們。³今天，祂會把上主託祂帶給我們的禮物交回我們手中。⁴這一刻就是你得救的時刻。⁵時辰已經來臨。⁶這一時辰，今天，已經來臨了。

第一百九十九課

我不是一具身體，我是自由的

1.　　只要你還把自己視爲一具身體，你就絕不可能自由。²身體即是限制。³想在身體內尋找自由，無異於緣木求魚。⁴只要心靈不再把自己當成一具身體，甘受它的束縛和庇蔭，它就自由了。⁵如果心靈眞得靠身體的庇蔭，那它眞是不堪一擊。

2.　　事奉聖靈的心靈是永遠不受限制的，不論從哪一角度來講；它超越時空的法則，不受制於外在任何成見，它也有能力完成任何要求。²攻擊之念是不可能進入這種心靈的，因它已回到了愛的源頭；凡依止於愛的心靈是不可能恐懼的。³它安息於上主之內。⁴凡是活在純潔無罪之境而且只以愛爲依歸的心靈，怎麼可能害怕任何東西？

3.　　你若想在此課程中進步神速，不只應接受今天的觀念，還要無比地珍惜才行，這是練習的關鍵。²即使這一句話在小我眼中簡直是精神錯亂，不必擔心。³小我對身體也是無比地珍惜，因爲它以身體爲家，自然會與它所營造的家相依爲命。⁴身體本身即是幻相的一部分，它還會掩護著小我，讓它無從看出自身的虛幻。

4.　　這是它的藏身之處，你也只能在這裡認出它的眞面目。²你只需聲明自己的純潔無罪，你就自由了。³身體只好引退，因爲除了聖靈眼中的用處以外，你不再需要它的其他用途。⁴爲祂，身體會呈現出最有用的方式，幫心靈完成它的目標。⁵如此，身體搖身一變，成了幫助寬恕向外推恩的工具，依循上主的計畫而無遠弗屆。

5.　　好好珍惜今天的觀念，用心練習吧，而且持之以恆。²記得把它包含在你的每個練習裡。³那麼，練習中的每一念都會由此而獲得救助世界的能力，對你，你的禮物也會與日俱增的。⁴因著這一念，整個世界開始迴盪著自由的呼聲。⁵你怎麼可能領受不到自己給出的禮物？

6.　　尋求自由的心靈必會以聖靈爲家。²在祂內，心靈找到了夢寐以求之物。³如今身體存在的目的終於明朗起來。⁴它會在最佳狀

態下，為那獨一無二的目標服務。⁵身體只要以自由之念為唯一目標，它便能極其稱職且心無二念地答覆心靈的需求。⁶只要它肯放下奴役的企圖，它便成了那在聖靈內尋求自由的心靈之得力助手。

7.　　　今天，就讓自己自由吧！²把自由當作你的禮物，送給那些自認還在受身體奴役的人。³我們也願你自由，如此，聖靈才能利用你的解脫，來釋放許許多多自認為身陷囹圄而驚惶無助的人。⁴讓愛通過你而取代了他們的恐懼。⁵此刻，就接受救恩吧！祂正向你呼求這一禮物，將你的心靈交託給祂吧！⁶因祂願賜你完美的自由、完美的喜悅，以及只能在上主內圓滿的希望。

8.　　　你是上主之子。²你是永存而不朽的。³你難道不想讓自己的心靈回歸此境？⁴那麼，好好練習今天聖靈賜你的這一念吧！⁵你的弟兄會與你一起在這一念中得到解脫，世界也會與你一同蒙受祝福，上主之子再也不會哭泣，天堂會因你的練習為它增添的喜悅而感謝不已。⁶你每念誦一遍下面的話，上主就會把祂的聖愛與幸福延伸出去：

> ⁷我不是一具身體。⁸我是自由的。⁹我聽見了上主
> 賜我的天音，我的心靈唯它是從。

第二百課

除了上主的平安以外，沒有其他的平安存在

1. 　　不要四處尋覓了。²除了上主的平安以外，你不會找到其他平安的。³接受這個事實，能免除你種種失望與喪志之苦，以及令人心寒的絕望與懷疑。⁴不要四處尋覓了。⁵除了上主的平安以外，沒有什麼好找的，除非你想要的是悲哀與痛苦。

2. 　　這是每個人最後必須經歷的一關，不再指望從沒有幸福的地方尋得幸福，在只會傷人之處期望救恩；把混亂不安當作平安，把痛苦當作喜悅，把地獄當成天堂。²你也不再企圖由失落中求勝，由死亡中求生了。³那只是緣木求魚而已。

3. 　　然而，祈求愛與幸福，祈求平安無盡的永恆生命，對你也是同樣容易的事。²你只要這樣祈求，必會如願以償的。³祈求你已經擁有之物，這一願望豈會落空？⁴只有當你企圖以假亂真時，你的祈求才可能失敗。⁵寬恕你的無謂幻想吧！別再追求徒勞無功之事了。⁶你只需張開眼睛，便會發現，天堂就在眼前，敞著大門歡迎你，而你卻一而再、再而三地往地獄裡鑽，還有什麼比這更愚蠢的事？

4. 　　回家吧！²你不會在異鄉找到幸福的，它詭異的外形，對你也毫無意義，縱然你千方百計想要賦予它意義。³你並不屬於這個世界。⁴你在此是個異鄉人。⁵但上天會教你一個方法，不再把世界視為一座囚禁人們的牢房。

5. 　　你會在原先只有鎖鏈與鐵閘之處，重獲自由之恩。²但你必須改變你對世界之目的的看法，才可能找到這個出路。³除非你已看見，整個世界都在蒙受祝福，每個人受到他應得的敬重，絲毫不受你的錯誤偏見所羈絆；否則，表示你仍困在世界之中。⁴你既造不出他來，也造不出你自己。⁵你只要釋放其中一位，另一位的真相便現形了。

6. 　　寬恕究竟有何作用？²在真理之境，它沒有任何作用，也一無所能。³天堂根本不知道寬恕這一回事。⁴只有地獄才需要它，而且它在那兒具有莫大的使命。⁵幫助上主的愛子由他自己想像出來

且信以為真的邪惡之夢中脫身，難道不算是一個偉大的人生目標嗎？⁶誰能期待比這更有價值的事？縱然外表上你在成功與失敗、愛與恐懼之間好似仍有選擇的餘地。

7.　　除了上主的平安以外，沒有其他的平安存在，因為祂的唯一聖子無法營造出一個與上主旨意相反的世界；因為上主的旨意也就是他自己的意願，兩者無二無別。²在那個世界裡，他能找到什麼？³它不可能真的存在，因為上主從未創造過它。⁴他難道想在這兒找到平安？⁵他必須看出，自己眼前的世界只是一場騙局。⁶而且，他能學習以另一種眼光去看，這樣才會找到上主的平安。

8.　　任何人若想遣世遠去，抵達彼岸，平安是他必經的橋樑。²但他必須先活在世界內，且對世界持有不同的看法，這是平安之始；它能將這新世界觀引到天堂之門，直叩那不可說之境。³平安是針對所有自相矛盾的目標、荒謬的旅程、狂熱而空虛的追求，以及徒勞無功的努力，所給的一個答覆。⁴此後，你的道路變得平坦，它會順勢將你領向那座安息於上主平安的自由之橋。

9.　　願我們今天不再徬徨。²一路直奔天堂，平坦順暢。³除非我們存心耽擱前程，虛度光陰，在遍佈荊棘的歧路上無謂地遊蕩。⁴只有上主永遠屹立不搖，祂會一步一步引導著我們的步伐。⁵祂絕不會遺棄自己有待救助的聖子，也不會任他永遠流浪異鄉。⁶聖子會聽見天父的召喚。⁷這才是世界的究竟真相，雖然表面上它好似一個與上主分離且把身體當真的地方。

10.　　如今，一切都靜止下來了。²別再四處尋覓了。³你所至之處，以前你追尋過的無望之樹，開始灑落它虛妄欲念的枯葉，為你鋪路。⁴如今，它們都被踩在你的腳下。⁵如今，你開始朝著天堂望去，那雙肉眼的用途也為時不久了。⁶你終於認出了平安，感到它的愛正溫柔地撫慰你的心。

11.　　今天，我們不再追逐任何偶像。²我們不可能在它們身上找到平安的。³上主的平安非我們莫屬，也只有它才是我們想要且甘心接受的。⁴今天，願平安與我們同在。⁵因我們已經找到了一條簡單又幸福的路，引導我們離開這曖昧不明的世界；它以那唯一目的取代我們三心兩意的目標，它以忠實的道友取代先前的孤獨之夢。⁶因為平安若來自上主，必有合一的作用。⁷我們不再四處尋

覓了。⁸我們已離家不遠，只要複誦一遍下面的話，我們就會離家更近一點：

> ⁹除了上主的平安以外，沒有其他的平安存在，我為
> 這一事實歡欣且感恩不已。

複習六

導　言

1.　　　這個複習，我們每天只練習一個觀念，而且次數愈多愈好。[2]在一天中，除了早晚至少十五分鐘的練習以及當天每小時的複習以外，盡可能在每小時之間也多多運用這一觀念。[3]只要你用心練習，複習裡的每一個觀念都足以帶給你救恩。[4]每一念都足以幫你與世界一起擺脫束縛，而欣然憶起上主。

2.　　　我們就懷著這一心態開始練習，用心地複習聖靈在前面二十課傳授給我們的觀念。[2]每一個觀念其實包含了整部課程，只要你真正的了解、練習、接受，並將它運用到當天狀似發生的事件上。[3]一個觀念就綽綽有餘了。[4]只要在運用那觀念之際，絕不破例。[5]我們若能如此操練，所有的觀念都會融為一念，而每一念都足以幫我們了解整部課程。

3.　　　這一複習，就像前一個複習一樣，集中在一個主題上，以它作為每一課的開始與結束。[2]它就是：

[3]我不是一具身體。[4]我是自由的。
[5]因我仍是上主所創造的我。

[6]以這一句話作為一天的開始和結束。[7]每隔一小時就重複一遍；並且在這一小時內，深深銘記我們的任務遠超過眼前的世界之上。[8]再來，就是複誦當天的特定主題；除此之外，我們不規定任何固定的練習模式，但你應真心放棄任何蒙蔽心靈之物，那些使你聽不到清明、理性又單純之真理的念頭。

4.　　　在這複習裡，我們要試著超越表面文字及特定格式。[2]因這回我們企圖加快腳步，採取捷徑，向上主平安莊嚴之境邁去。[3]我們只需閉上眼睛，忘卻所有自認為知道與了解的一切。[4]如此，我們才能不受過去並不知道也不了解的事所蒙蔽，我們才算自由了。

5.　　　但在這種沒有固定結構的形式下，有一點需要特別留意。[2]不讓任何雜念逍遙法外。[3]你一注意到某個雜念，立刻拒而不受它的控制，當下就提醒自己，這絕不是你心靈想要之物。[4]然後

把你所否定的那個念頭輕輕地放掉，即刻堅定地用當天練習的中心思想取而代之。

6.　　你一受到誘惑時，盡快用下面這一句話重申你的自由，不受它的誘惑：

²我不想要這種念頭。³我選擇＿＿＿。

⁴然後，再複誦一遍當天的中心思想，讓它取代其他的雜念。⁵除了這樣運用當天的主題以外，我們還會加上幾句正式的解說或某個具體想法來幫助你練習。⁶此外，讓我們把這段寧靜的時光交託給那位內在聖師，祂會默默地引導我們，傳授平安，還會把當天觀念的一切深意灌入我們的意念中。

7.　　我為你將這複習獻給祂。²我也把你託付給祂了，只要你肯轉向祂，祂就會告訴你該怎麼作、怎麼說、怎麼想。³只要你願向祂求助，祂絕不會相應不理的。⁴讓我們把此刻即將開始的複習獻給祂；當我們逐日練習，朝著祂為我們設定的目標前進時，切莫忘記，這是上主賜祂的課程，因此讓祂來教我們怎麼走，我們徹底信任祂會以最好的方式，把每個練習都化為愛的禮物，使世界重獲自由的。

第二百零一課

我不是一具身體。我是自由的。
因我仍是上主所創造的我

1.（181）我信賴我的弟兄，他們與我是同一生命。

　　²所有的人都是我的弟兄。³我身受一體生命的祝福；整個宇宙與上主（也是我的天父，我圓滿自性的造物主）都與我永遠一體。

⁴我不是一具身體。⁵我是自由的。
⁶因我仍是上主所創造的我。

第二百零二課

我不是一具身體。我是自由的。
因我仍是上主所創造的我

1.（182）我願安靜片刻，回歸家園。

　　²上主親自賜我的天音，正頻頻喚我回家，我何苦在這根本不屬於我的地方蹉跎光陰？

³我不是一具身體。⁴我是自由的。
⁵因我仍是上主所創造的我。

第二百零三課

我不是一具身體。我是自由的。
因我仍是上主所創造的我

1.（183）我要呼求上主及我自己的聖名。

　²上主的聖名能將我由每個邪念或罪念中拯救出來，因為我的名字即是祂的聖名。

³我不是一具身體。⁴我是自由的。
⁵因我仍是上主所創造的我。

第二百零四課

我不是一具身體。我是自由的。
因我仍是上主所創造的我

1.（184）上主的聖名是我的天賦產業。

　²上主的聖名提醒了我：我是祂的聖子，不受時間奴役，不受病態又虛幻的世界運作法則所束縛，我在上主內是自由的，而且永永遠遠與祂一體不分。

³我不是一具身體。⁴我是自由的。
⁵因我仍是上主所創造的我。

第二百零五課

我不是一具身體。我是自由的。
因我仍是上主所創造的我

1.（185）我要的是上主的平安。

> ²我只要上主的平安。³上主的平安是我唯一的目標，是
> 我活在世上的目的，亦是我追尋的終點；它是我流落異
> 鄉的一切目的、一切任務與生命之所寄。

> **⁴我不是一具身體。⁵我是自由的。**
> **⁶因我仍是上主所創造的我。**

第二百零六課

我不是一具身體。我是自由的。
因我仍是上主所創造的我

1.（186）世界的救恩操之於我。

> ²上主將祂的恩賜託付於我，因我是祂的聖子。³我會按
> 照祂的意願，給出祂的禮物。

> **⁴我不是一具身體。⁵我是自由的。**
> **⁶因我仍是上主所創造的我。**

第二百零七課

我不是一具身體。我是自由的。
因我仍是上主所創造的我

1.（187）我祝福了世界，因我祝福了自己。

²上主的祝福，從我心內（也是祂的居所）照耀著我。
³我只需轉向祂，接納祂對我說不盡的愛，所有的哀傷都會消融一空。

⁴我不是一具身體。⁵我是自由的。
⁶因我仍是上主所創造的我。

第二百零八課

我不是一具身體。我是自由的。
因我仍是上主所創造的我

1.（188）上主的平安此刻在我心中照耀。

²我要靜止下來，也讓整個大地與我一起靜止下來。³我們就會在那寂靜中找到上主的平安。⁴它始終在我心內，為上主作證。

⁵我不是一具身體。⁶我是自由的。
⁷因我仍是上主所創造的我。

第二百零九課

我不是一具身體。我是自由的。
因我仍是上主所創造的我

1.（189）此刻我心中感到了上主的愛。

²上主之愛創造了我。³上主之愛是我的一切真相。⁴上主之愛宣告我是祂的聖子。⁵在我心內的上主之愛賜我自由。

⁶我不是一具身體。⁷我是自由的。
⁸因我仍是上主所創造的我。

第二百一十課

我不是一具身體。我是自由的。
因我仍是上主所創造的我

1.（190）我選擇上主的喜樂，我不願受苦。

²痛苦是我自己的想法。³不是上主的聖念，它是我離開上主及其旨意後所生出的妄念。⁴喜樂才是祂的旨意，祂只願自己的愛子活在喜悅中。⁵我要選擇上主的喜樂，而非自己營造的一切。

⁶我不是一具身體。⁷我是自由的。
⁸因我仍是上主所創造的我。

第二百一十一課

我不是一具身體。我是自由的。
因我仍是上主所創造的我

1.（191）我是上主的神聖之子。

²我在靜默與真謙虛中尋求上主的榮耀，我也只能在聖
子內瞻仰到這一榮耀，因祂所創造的聖子，與我的自性
不二。

³我不是一具身體。⁴我是自由的。
⁵因我仍是上主所創造的我。

第二百一十二課

我不是一具身體。我是自由的。
因我仍是上主所創造的我

1.（192）上主願我完成祂賜我的任務。

²我所尋找的任務，會幫我擺脫世上所有的虛無幻相。
³只有上主賜我的任務才能釋放我，還我自由。⁴我所追
尋的，僅此而已；我願納為己有的，也僅此而已。

⁵我不是一具身體。⁶我是自由的。
⁷因我仍是上主所創造的我。

第二百一十三課

我不是一具身體。我是自由的。
因我仍是上主所創造的我

1.（193）一切事情都是上主要我學習的課程。

²每個人生課程都是上主賜我的奇蹟，它會取代我所有自找苦吃的念頭。³我由祂那兒學到的一切，都成了我的解脫途徑。⁴因此，我決心學習祂的課程，放下自己原有的那一套。

⁵**我不是一具身體。⁶我是自由的。**
⁷**因我仍是上主所創造的我。**

第二百一十四課

我不是一具身體。我是自由的。
因我仍是上主所創造的我

1.（194）我把未來交到上主的手中。

²過去的已經過去了，未來的尚未來到。³此刻，我已不受過去與未來的束縛了。⁴因為上主的恩賜只會使人獲益。⁵我也只願接受祂的恩賜，因那原本就屬我所有。

⁶**我不是一具身體。⁷我是自由的。**
⁸**因我仍是上主所創造的我。**

第二百一十五課

我不是一具身體。我是自由的。
因我仍是上主所創造的我

1.（195）愛乃是我感恩的道路。

² 聖靈是我唯一的嚮導。³ 祂在愛中與我同行。⁴ 我感謝祂為我指引迷津。

⁵ 我不是一具身體。⁶ 我是自由的。
⁷ 因我仍是上主所創造的我。

第二百一十六課

我不是一具身體。我是自由的。
因我仍是上主所創造的我

1.（196）我只可能把自己釘在十字架上。

² 我所作的一切，都是對我自己而作的。³ 我若攻擊，我就受苦。⁴ 我若寬恕，救恩便會降臨於我。

⁵ 我不是一具身體。⁶ 我是自由的。
⁷ 因我仍是上主所創造的我。

第二百一十七課

我不是一具身體。我是自由的。
因我仍是上主所創造的我

1.（197）我所掙回的只是自己的感恩。

²除了我之外，誰該為我的得救而感恩？³除非透過救恩，我從何找回我的自性，獻上我欠祂的恩情？

⁴我不是一具身體。⁵我是自由的。
⁶因我仍是上主所創造的我。

第二百一十八課

我不是一具身體。我是自由的。
因我仍是上主所創造的我

1.（198）只有我定的罪傷害得了我自己。

²我若定人的罪，只會蒙蔽了自己的視野，盲目的眼光將使我視而不見自己的榮耀。³然而，今天，我終於欣然得見這一榮耀了。

⁴我不是一具身體。⁵我是自由的。
⁶因我仍是上主所創造的我。

第二百一十九課

我不是一具身體。我是自由的。
因我仍是上主所創造的我

1.（199）我不是一具身體。²我是自由的。

³我是上主之子。⁴我的心靈，靜下來吧！沉思一會兒自己的真相。⁵然後，返回人間，心中了了明白，哪個才是天父永遠深愛的聖子。

⁶我不是一具身體。⁷我是自由的。
⁸因我仍是上主所創造的我。

第二百二十課

我不是一具身體。我是自由的。
因我仍是上主所創造的我

1.（200）除了上主的平安以外，沒有其他的平安存在。

²願我不再遠離平安的正道，因為其他的路必會使我迷失。³願我追隨祂的指引，安返家園，它的平安一如上主之愛屹立不搖。

⁴我不是一具身體。⁵我是自由的。
⁶因我仍是上主所創造的我。

下 篇

導 言

1. 今後，文字解說愈來愈不重要了。²我們只把它們當成一種指標，如今我們不必過於仰賴它們。³因爲此後我們的功夫應放在對眞理的直接體驗上。⁴往後的課程只是一個導引，引領我們出離苦難的世界，進入平安之境。⁵本課程的預定目標此刻已經在望，我們的修練階段也趨近尾聲了。

2. 此後，每日練習只爲我們起個頭而已。²然後靜靜地等候上主天父的來臨。³祂許諾過，祂會親自踏出最後的一步。⁴我們毫不疑惑祂會信守諾言的。⁵我們已經走了相當遠的路，此刻只是靜候祂的到來。⁶我們早晚照常與祂共處片刻，長短隨意。⁷如今，時間的長短久暫，對我們已不再是問題。⁸我們需要多少時間才能達到預期的結果，就投入多少時間。⁹每個小時之間我們也要隨時憶念起祂；需要祂時，即刻求助，尤其在逐漸淡忘當天的目標之際。

3. 日後的練習裡，我們會以一個中心思想貫穿一天的作息，用這一念將我們導入心靈的安息，必要時用它撫平我們的心境。²然而，在我們獻給上主的這一年所剩餘的神聖時光中，我們不會以此簡單的練習爲足。³我們先說一段簡短的歡迎詞，然後就安心等待，天父會如其許諾地將自己顯示給我們。⁴我們既已呼喚了祂，而祂許諾過，只要聖子呼求祂的聖名，祂不會充耳不聞的。

4. 此後，我們心心念念懷著聖言來到祂的跟前，等候著祂向我們踏出那一步；因祂親口告訴我們，只要我們發出邀請，祂絕不食言。²祂不會任憑自己的聖子陷於瘋狂之境，也不會辜負聖子對祂的信賴。³難道祂對我們的忠信還不值得我們邀請？祂這麼想讓我們活得幸福。⁴我們願發出這一邀請，而祂必會接納的。⁵然後讓我們與祂共度這段時光。⁶我們要接受聖靈的建議，向祂說出這些歡迎詞，然後，安心等候祂的光臨。

5. 此刻，正是預言開始應驗的一刻。²此刻，正是千古許諾的滿願時刻。³眼看著時間就要結束它的任務了。⁴此後，我們不可能失敗。⁵靜靜地坐下吧！等候天父的來臨。⁶祂早有前來會你之

意，但你必須意識到，你自己也願祂來臨才行。⁷除非你已看出（不論多麼曖昧不明）這也是你自己的心願，否則你不可能抵達今天這一境地的。

6.　　我離你如此近，因此，你不可能失敗。²天父，我們獻給祢這些神聖的時刻，表示我們對「祂」的感恩，因祂引導我們脫離了苦難世界，代之以恩典之境。³從此，我們不再頻頻回首。⁴開始勇於前瞻，定睛於旅途的終點。⁵請祢接納我們微薄的謝禮，我們決心透過基督的慧見，越過自己營造的世界，著眼於那超越之境，全面取代眼前的世界。

7.　　此刻，我們靜心等候，一無所懼，堅信祢會來臨。²我們鍥而不捨地追隨祢派遣給我們的神聖嚮導，找回自己的路。³即使在我們徬徨歧途之際，祢都不曾遺忘我們。⁴我們知道，此後，祢絕不會遺忘我們的。⁵我們只有一個心願，就是請祢實現自己的千古諾言，因這原是祢的旨意。⁶藉此祈求，我們的意願與祢合一了。⁷天父與聖子的神聖旨意，既有創造一切的能力，它絕無閃失。⁸我們堅定不移地向祢踏出最後那幾步路，且滿懷信心地安息在祢的聖愛內，因祢絕不會辜負聖子的呼求。

8.　　在這神聖的一年裡，我們攜手追尋真理以及上主，也就是真理的唯一造物主；如今，我們已邁入最後一個階段了。²我們已找到祂為我們選定的道路，決心從此按照祂的指示前進。³祂神聖的雙手撐托著我們。⁴祂的聖念照亮了我們黑暗的心靈。⁵祂的聖愛遠在時間存在之初即呼喚著我們，至今餘音未歇。

9.　　我們一度希望上主放棄祂為自己創造出來的聖子。²我們要上主把自己改變成我們想要的樣子。³我們竟相信這神智不清的願望就是本來的真相。⁴如今，我們很欣慰，這一切妄想總算化解了，我們不再把幻相當真。⁵上主的記憶正在我們心靈的每一角落閃閃發光。⁶再過片刻，它就會重現於我們的心中。⁷再過片刻，身為上主之子的我們就能安返家園了，那正是祂願我們所在之地。

10.　　此刻，所有的修練快要完成了。²在最後這一階段裡，我們心裡明白，只要呼求上主，所有的誘惑就會知難而退了。³我們只需做一件事，就是感受祂的聖愛，不再憑藉語言文字。⁴我們只需呼求祂的聖名，而非叨念一串禱詞。⁵我們不再妄自評判，

只需靜下心來，讓萬物自行療癒。⁶我們當初接受上主如何開始祂的計畫，如今也會接受祂結束的方式。⁷如今，這計畫已經完成了。⁸這一年已將我們領入了永生境界。

11.　　我們還需繼續借重文字一會兒。²每隔一陣子，我們會針對某個主題，在當日功課以及隨後無言且深沉的體驗之間，穿插一些相關的提示。³每天都要複習一下這些特定的觀念，不可間斷，直到你領受下一個觀念爲止。⁴每個觀念都應該慢慢地念，再默想一會兒，然後才進入你那深受上天祝福的神聖時光。⁵現在，我們就開始第一個提示。

一. 何謂寬恕？

1.　　寬恕就是認清了，你以爲弟兄做了對不起你的事，其實不曾發生過。²寬恕不會因爲原諒他人的罪而反倒把罪弄假成眞。³它在其中看不到任何罪過。⁴而你自己所有的罪過就在這一眼光下一併寬恕了。⁵罪是什麼？它不過是對上主之子的一種誤解罷了。⁶寬恕，不過是看清了這一誤會而放下它而已。⁷上主的旨意也因此得以自由地取代那個誤解了。

2.　　不寬恕的念頭，是指一個人作了一個毫不眞實卻不容他人置疑的評判。²心靈一旦封閉，等於作繭自縛。³這念頭會保護它所投射之物，扣緊鎖鏈，使那層扭曲變得更加隱蔽，難以捉摸，不易質疑，且與理性背道而馳。⁴那麼，還有什麼阻擋得了那一投射所預謀的目標？

3.　　不寬恕的念頭會做出許多事情。²它是不達目的絕不罷休的，一看到任何妨礙它計畫之物，便會立刻加以扭曲或打壓下去。³扭曲眞相，既是它的目的，也是它滿全己願的手段。⁴它打倒實相絕不手軟，任何與它觀點狀似矛盾之物，它皆不屑一顧。

4.　　反之，寬恕是寧靜的，默默地一無所作。²它既不會干犯實相，也不設法把它扭曲成自己喜歡的樣子。³它只是觀看、等待、不評判。⁴至於不寬恕的人，是不可能不評判的，因他必須爲自己的無法寬恕加以辯解。⁵至於決心寬恕自己的人，則需學習接納萬物的本來眞相才行。

5.　　因此，你什麼都不需要做，讓寬恕透過那位神聖嚮導來告訴你該做什麼；祂是你的救世主與守護神，祂對你充滿期許，相信你終會圓滿成就的。²祂已經寬恕了你，因這是上主給祂的任務。³如今，你必須分擔祂的任務，寬恕祂所拯救的人，因祂只著眼於他們的無罪本質，且尊他們爲上主之子。

第二百二十一課

願我心平安,所有的念頭都靜止下來

1.　　天父,今天,我來到祢這裡,尋求唯祢能給的平安。²我靜靜地前來。³在我寂靜無聲的心裡,在我心靈深處的一隅,我等著聆聽祢的天音。⁴我的天父,今天向我發言吧!⁵我在寧靜、肯定及愛中前來聆聽祢的天音,我確信祢會俯允我的呼求。

2.　　此刻,我們靜靜地等候。²上主必然臨在,只因我們一起等候。³我保證祂會向你發言,而你也會聽見祂的。⁴接受我的信心吧!因那也是你的信心。⁵我們的心已結合了。⁶一心一意地在此等候,爲了聽見天父答覆我們的祈求;爲了讓自己的心思靜止下來,得享祂的平安;也爲了親耳聽祂說出我們的眞相,親自將自己啓示給祂的聖子。

第二百二十二課

上主與我同在,我行住坐臥都在祂內

1.　　上主與我同在。²祂是我的生命之源,我的內在生命,我呼吸的空氣,維繫我存活的食物,也是更新我、淨化我的水泉。³祂是我的家,我行住坐臥都在祂內;隨時指導著我行動的聖靈,賜我祂的聖念,確保我不受任何痛苦的打擊。⁴祂慈愛又體貼地照顧著我,以愛的光明照耀著聖子,聖子也同樣返照於祂。⁵凡是了悟今天這一眞理之人,他的心靈必然寂靜非常。

2.　　天父,此刻,我們寧靜無聲地來到祢跟前,唇上及心間除了祢的聖名之外,沒有其他的言詞,我們只願與祢一起安息片刻。

第二百二十三課

上主是我的生命，我別無其他的生命

1.　　以前我誤以為自己活在祂之外，是另一個生命，在此孤軍奮鬥，有如一具遊魂寄居於身體內。²如今，我已知道，我的生命就是上主的生命，我沒有其他的家，也不活在祂之外。³祂的每一個聖念都在我內，而我內沒有一物不是來自於祂。

2.　　我們的天父，讓我們看到基督的聖容，而非我們的過錯。²因我們是祢的神聖之子，清白無罪。³我們願著眼於自己的無罪本質，因心懷愧疚等於宣告我們不是祢的聖子。⁴我們再也不願遺忘祢了。⁵我們在此感到孤單，渴望天堂的家鄉。⁶今天，我們願意回家了。⁷我們的聖名即是祢的聖名，我們承認自己是祢的聖子。

第二百二十四課

上主是我的天父，祂深愛其子

1.　　我的本來面目是如此的安全無虞、高超、無罪、榮耀、偉大、徹底慈悲且不受罪咎所染，天堂深深受它吸引，為它帶來光明。²這一光明同時照亮了世界。³它是天父賜我的禮物，也是我獻給世界的禮物。⁴除此之外，沒有任何禮物值得我給予或接受。⁵這是一切的真相，也是唯一的真相。⁶幻相到此結束。⁷唯真理永存。

2.　　啊！天父，祢始終知道我的聖名。²我早已將它遺忘，也不知道我該何往，或我是誰，我究竟在做什麼。³天父，現在就提醒我吧！因為我已厭倦了眼前的世界。⁴請啟示給我祢願我看見的世界吧！

第二百二十五課

上主是我的天父，祂的聖子深愛著祂

1.　　　天父，我必須回報祢對我的聖愛，因為施與受是同一回事，何況祢已將所有的愛賜給了我。²我必須回報，因為我不僅想要擁有它，還要全面意識到聖愛的臨在，感受它在我心內熊熊燃燒，又以慈光守護我的心靈，使它不受污染，永享愛的幸福；恐懼已成過去，平安欣然在望。³祢的道路何其安寧寂靜，一路引領著愛子回歸於祢！

2.　　　弟兄，我們此刻已找回了那份安寧寂靜。²大道已經開啓了。³此刻，我們要在平安中一起上路，⁴你已將手伸給了我，我絕不會離棄你的。⁵我們原是同一生命；當我們完成最後這幾步路，結束那從未開始的旅程時，所找到的，正是這個一體生命。

第二百二十六課

我的家鄉正等著我，我要趕快啓程

1.　　　只要我肯作此選擇，就能徹底與世界告別。²這一選擇，不必等到死亡之刻，我只需改變內心對世界的看法。³此刻，只要它在我眼中還有任何價值，它就會為我存在下去。⁴我若不再重視眼前世界的價值，也無意把任何東西據為己有，或當作追求的目標，它就會離我而去。⁵因為我不想再以幻相來取代真相了。

2.　　　天父，我的家鄉正等著我欣然歸去。²祢向我張開了手臂，我聽到了祢的天音。³我這麼容易便能獲得天堂，何苦在這充滿虛幻欲望及破碎夢境之地繼續遊蕩？

第二百二十七課

這是我解脫的神聖一刻

1. 　　天父，今天是我的自由之日，因為我的意願就是祢的旨意。²我曾想虛構另一種意願。³然而，在祢之外而想出之物，根本就不存在。⁴正因我的想法是錯的，而且我的幻覺絲毫影響不了我的實相，我才得以自由。⁵此刻，我要放棄所有的幻相，把它們置於真相的腳下，從我心中永遠別除。⁶這是我解脫的神聖一刻。⁷天父，我知道我的意願與祢的旨意原是一個。

2. 　　今天，我們就這樣欣然回歸天堂了，也是我們從未真正離開過的地方。²上主之子會在這一天放下他的夢境。³上主之子會在這一天再度回歸家園，擺脫一切罪惡，重拾神聖的本質，他的心靈終於恢復了原有的正念。

第二百二十八課

上主從未定我的罪，我也不再定罪

1. 　　我的天父知道我是神聖的。²我難道想要否定祂所知道的真相，寧可相信全知的祂認為不可能的事？³難道我願把祂視為虛妄之物當成真理？⁴還是我該相信祂的聖言所道出的生命真相？畢竟，祂是我的造物主，唯祂方知聖子的真實面貌。

2. 　　天父，我看錯了自己，因我絲毫不明白自己生命的神聖源頭。²我並沒有離開那生命之源而進入一具身體中等死。³我的神聖本質仍在我內，因我仍在祢內。⁴我對自己的誤解，只是靈夢一場。⁵我今天就要放下這一人生大夢。⁶我已準備妥當，只願接受我在祢聖言中的真相。

第二百二十九課

創造我的聖愛，才是我的眞相

1.　　我在尋找自己的本來面目，它就在「創造我的聖愛，才是我的眞相」這一句話中。²如今，我已不再追尋。³愛戰勝了一切。⁴它如此寧靜地等著我回家，我再也不願掩面不顧基督的聖容了。⁵我所見之聖容，成了我的本來面目之見證；雖然我曾想要放棄這本來面目，天父卻一直爲我妥善護守著。

2.　　天父，我爲自己的真相而感謝祢，祢從我愚昧的心所虛構的罪惡念頭中，保全了我的本來面目，使它不受污染，始終清白無罪。²感謝祢將我由它們那兒拯救出來。³阿們。

第二百三十課

此刻，我要尋回上主的平安

1.　　我既在平安中受造。²因此，我也永存於平安之中。³我沒有改變自性的權利。⁴天父如此的仁慈，祂在創造之初即已賜給了我永恆的平安。⁵如今，我只求活出自己的本來眞相。⁶這眞相既然永恆不變，我怎麼可能求而不得？

2.　　天父，我所追求的只是祢在創造之初賜我的平安。²祢當初的恩賜，必然至今猶存，因我的受造不受時間所限，它始終不變。³聖子是在平安中由天心生出的，它的光輝千古不滅。⁴我仍是祢當初創造的我。⁵只要我一呼求祢，必能找回祢賜的平安。⁶因爲祢願聖子活在平安中，這是祢的旨意。

二．何謂救恩？

1.　　救恩不過是上主的一個許諾：你終會找到回歸於祂的道路。²這許諾絕不會落空。³它保證時間終將結束，時間境內構思出來的一切想法也會隨之告終。⁴上主已把祂的聖言賜給了每個自以為擁有獨立思想的心靈，又以平安的聖念取代那些自相矛盾的念頭。

2.　　早在聖子心中興起鬥爭念頭之際，上主即已賜下了平安的聖念。²這類聖念本無存在的必要，因為上主既已賜下平安，一切就安了，沒有自相矛盾的可能。³但是，心靈若已分裂，則有療癒的必要。⁴於是，那足以治癒分裂的聖念進入了心靈之內，成為每一碎片的一部分（其實心靈仍是一個整體，只是它已認不出自己的一體性罷了）。⁵如今，它對自己一無所知，以為自己失落了本來面目。

3.　　救恩從某種意義來講，只有化解妄作的功能，它其實什麼也沒作，只是不再為這充滿夢魘及敵意的世界撐腰而已。²它就這樣越過了幻境。³一旦不再為世界撐腰，幻相只好無聲無息地重歸虛無。⁴於是幻相企圖掩飾之物，終於昭然若揭了，成為獻給上主聖名的祭壇，上面刻著上主之言，壇前供著你的寬恕之禮，而你對上主的記憶也離此不遠了。

4.　　願我們每天都能到此聖地一起歡度片刻。²我們一同在此度過最後的一夢。³夢裡再也沒有哀傷，因為它處處洋溢著上主所賜的榮耀。⁴如今，青草已經破土而出，綠樹也已綻放芽苞，鳥兒群棲於繁茂的枝葉間。⁵大地在這嶄新的知見下重生了。⁶黑夜已逝，我們一起進入了光明之境。

5.　　我們必須從這兒把救恩帶回人間，因為我們只能在這兒接受救恩。²我們的歌聲向全世界歡唱：自由已經重返人間，時間即將告終，上主之子只需稍待片刻，就會憶起他的天父；人生大夢已經結束了，永恆的光輝驅散了世界，朗朗乾坤，唯天堂永存。

第二百三十一課

天父，我只願憶起祢來

1.　　天父，除了祢的聖愛以外，我還可能追尋什麼？²雖然我可能認為自己別有他求，且賦予它種種別名。³其實，我一直在尋覓的，只有一物，就是祢的愛。⁴除此之外，別無他物是我真正想要找到的。⁵願我憶起祢來。⁶除了我的真相以外，我還可能想要什麼？

2.　　我的弟兄，這才是你真正的心願。²它是我們共同的願心，也是我們與聖靈及天父共有的大願。³憶起祂來，就是天堂。⁴那才是我們追尋的真正目標。⁵也是唯一等著我們找回的禮物。

第二百三十二課

在這一天內，願天父活在我的心中

1.　　天父，當我一早醒來，請祢活在我的心中，並在這一天內隨時光照著我。²使每一分鐘都成為我與祢同在的時刻。³願我每個小時都不忘感謝祢與我在一起，且隨時聆聽、俯允我的祈求。⁴當黑夜來臨，願我的心仍憶念著祢以及祢的聖愛。⁵當我安然入夢時，願我全心信賴祢的照顧，而且慶幸自己是祢的聖子。

2.　　每一天都應如此度日。²今天，好好地練習，了結你的恐懼。³信任你的天父吧！⁴把一切交託到祂手裡。⁵讓祂向你啟示一切，也願你活得無憂無慮，因為你是祂的聖子。

第二百三十三課

今天，我把生命交由上主帶領

1.　　天父，今天我把所有的念頭都交託給祢。²我寧願沒有自己的想法。³請賜下祢的聖念，取代我的想法吧！⁴我要把今天的所作所為交託到祢手中，使我得以奉行祢的旨意，不再追逐那不可能達成的目標，把大好光陰浪費在無謂的幻想裡。⁵今天，我來到祢跟前。⁶我願退後一步，緊隨祢的身後。⁷請祢作我的嚮導，我願作祢的門徒，不再懷疑祢無限的智慧及聖愛，雖然祢的慈愛超過我的理解，卻是祢給我的最完美的禮物。

2.　　今天，有一位神聖嚮導引領我們前進。²我們在同行之際，毫不保留地把這一天交託給祂。³今天是祂的日子。⁴對我們則是充滿仁慈與無限恩賜的日子。

第二百三十四課

天父，今天我又成為祢的聖子了

1.　　今天，我們指望那充滿罪與咎的夢魘如期消逝，我們再次抵達了自己不曾離開的平安聖境。²在永恆與超時空境界之間，只剩下剎那之隔了。³這微乎其微的間隙，不足以影響它的延續性，也打斷不了那終將匯歸一念的念頭。⁴天父及聖子的平安境界，也不曾受過任何騷擾。⁵這就是我們今天要全面接受的真相。

2.　　天父，我們感謝祢，因為我們不可能喪失對祢及聖愛的記憶。²我們認清了自己的處境安全無比，我們也感謝祢的一切恩賜，以及我們所得到的慈愛與救助，並感謝祢永恆的耐心，以及祢所賜的聖言，為我們帶來了得救的喜訊。

第二百三十五課

仁慈的上主願我得救

1.　　我只需看一看那些好似會傷害我的一切，然後十分肯定地向自己保證，「上主願我從這一事件中得救」，它們就會在我眼前消失了蹤影。²我只需記住，天父的旨意純是為了我的幸福，我就會明白，只有幸福才可能來到我這裡。³我只需記住，上主之愛寸步不離祂的聖子，永遠保全他的清白無罪；因此我敢肯定，自己不只得救了，還永遠安息於祂的懷中。⁴我是祂的愛子。⁵我已得救了，因為這是仁慈上主的旨意。

2.　　天父，祢的神聖生命也是我的生命。²祢的聖愛創造了我，使我的無罪本質永遠成為祢的一部分。³我內無罪也無咎，因為祢內沒有任何罪咎。

第二百三十六課

我的心歸我管轄，也只有我管得了它

1.　　有個國度，必須由我來管轄。²只是，有時我一點君王的風範也沒有。³我該怎麼想、怎麼作、怎麼感覺，好像完全受制於它。⁴然而，上主賜我心靈，就是供我為自己認定的目標而效力的。⁵我的心靈只有服務的功能。⁶今天，我要用它為聖靈效力，讓聖靈按祂認為合適的方式發揮大用。⁷我要這樣訓練我的心靈，只有我能管得住它。⁸如此，心靈才可能自由地承行上主的旨意。

2.　　天父，我的心靈已向祢的聖念開啟，今天，我的心已容不下其他的念頭。²我的心歸我管轄，我將它獻給祢。³接受我的禮物吧！因它乃是祢賜我的禮物。

第二百三十七課

此刻，我願成爲上主所創造的我

1.　　今天，我要接受自己的眞相。²我要在榮耀中現身，讓自己的內在光明今天就遍照世界。³我爲世界帶來了救恩的喜訊，那是我由天父那兒聽來的。⁴我瞻仰基督要我看見的世界，也意識到它已結束了死亡的噩夢，我明白那就是天父對我的召喚。

2.　　今天，基督成了我的眼睛，我的耳朵，因著他，我才聽得見上主的天音。²天父，經由他，我才能來到祢跟前，他是祢的聖子，也是我的眞實自性。³阿們。

第二百三十八課

一切救恩有賴於我的決定

1.　　天父，祢對我的信任如此之深，我必然是值得祢信任的。²祢創造了我，深知我的眞相。³然而，祢卻將聖子的救恩置於我手中，任憑我來決定。⁴我必然深受祢的鍾愛。⁵我必然也堅定不移地活在神聖本質下，祢才如此放心地把自己的聖子交託給我；他是祢的一部分，也是我的一部分，因為他就是我眞實的自性。

2.　　因此，今天，我們要再靜止片刻，體會一下天父愛我們多深。²祂與自己在愛中創造的聖子又有多親，天父的愛因著他而重歸完整。

第二百三十九課

天父的榮耀就是我的榮耀

1.　　　今天別再讓假謙虛蒙蔽了我們的真相。²讓我們向天父的恩賜致謝。³我們豈能在享有上主榮耀的人身上看到罪與咎的痕跡？⁴我們怎能不共享這一榮耀？只因祂永恆不渝的聖愛，也因祂心目中的聖子依舊是當初創造的樣子。

2.　　　天父，我們感謝祢那永遠在我們內照耀的光明。²我們向它致敬，因為是祢把它分享給我們的。³我們原是一個生命，結合在這光明內，與祢合為一體，也與自己及一切造化和平共處。

第二百四十課

你沒有任何恐懼的理由

1.　　　恐懼只是一場騙局。²它不過證明了，你已把自己看成一個根本不可能這樣的你，也把世界看成一個根本不可能那樣的世界。³世上沒有一物是真實的。⁴不論它們化身為什麼形式。⁵它們最多只是為你的自我幻相撐腰的見證而已。⁶願我們今天不再受騙。⁷我們都是上主之子。⁸我們內沒有恐懼，因為我們每一個人都是聖愛本體的一部分。

2.　　　心懷恐懼是多麼痴傻的事啊！²祢豈會讓自己的聖子受苦？³求祢今天賜給我們信心，認清祢的聖子，恢復他的自由。⁴願我們因祢的聖名而寬恕他，如此，我們才能了解他的神聖，感受到自己對他的愛，也是祢的聖愛。

三. 何謂世界?

1. 　　世界是一種虛妄的知見。²它由錯誤中誕生,且始終不離這一源頭。³只要你不再珍惜孳生它的那一念頭,它就失去了立足之地。⁴分裂的觀念一旦改變為真寬恕之念,世界便會在截然不同的眼光下煥然一新;真寬恕之念一旦將人導向真理之境,世界便會轉眼而逝,一併帶走了它所引發的一切錯誤。⁵如今,它的源頭既已消逝,它所產生的後遺症也跟著結束了。

2. 　　世界是為了攻擊上主而形成的。²它是恐懼的象徵。³恐懼是什麼?不過是愛所缺席之處。⁴為此,世界成了上主無法插足之地,聖子在此是可能與上主分庭抗禮的。⁵感官性的知見便在此形成了;真知是不可能產生這種神智不清的念頭的。⁶然而,眼之所見會受到蒙蔽,耳之所聞也屢有失誤。⁷至此,錯誤勢必在所不免,因為存在的千古不易性消失了。

3. 　　幻相的整個運作過程就這樣展開了。²如今,它會找到那些等著它去找的東西。³世界形成的原因,即是為幻相作證且弄假成真,它的最終目的即在於此。⁴於是幻相在它眼中成了真理之所依,足以與謊言相互抗衡。⁵然而,它的所見所聞,離不開幻相,且與真相毫不相干。

4. 　　肉眼之見雖是為了抹殺真相而設的,它仍有調整的餘地。²上主為你指定的那一位「救世主」,能把一般的聲音轉變為上主的召喚,能給知見一個新的目的。³追隨祂的光明吧!以祂的眼光來看世界。⁴你耳中所聞,只有祂的天音。⁵接下祂賜給你平安及篤定的心吧!即使它們已被你拋到九霄雲外,天堂始終為你妥善地保存在祂內。

5. 　　在世界尚未與我們一起改變知見以前,我們是無法安心的。²在寬恕尚未完成以前,我們是不會滿足的。³願我們不再設法改造自己的任務。⁴我們必須拯救世界。⁵我們當初既然把它營造出來,如今必須透過基督的眼光重新去看,這註定死亡的世界才有重獲永生的希望。

第二百四十一課

神聖的一刻就是救恩來臨的一刻

1.　　今天是多麼喜悅的日子！2是值得慶祝的特殊日子。3因今天帶給了黑暗世界一個解脫的機會。4這一天已經來臨了，因悲哀與痛苦都已過去。5救恩的榮耀今天就會降臨於重獲自由的世界。6無量眾生都在引頸企盼這一天的到來。7只要你肯一併寬恕他們，他們就重歸一體了。8今天，我也會得到你的寬恕。

2.　　如今，我們已經彼此寬恕了，我們終於能夠再度來到祢這兒。2天父，那從未離開過祢的聖子，已經回到天堂和自己的家鄉了。3我們多麼慶幸自己終於恢復了清明的神智，憶起我們原是同一個生命。

第二百四十二課

這是上主的日子，也是我獻給祂的禮物

1.　　今天我不再自力更生了。2我根本不了解這個世界，因此，自力更生實在是很愚昧的念頭。3但有一位聖者，祂深知一切有利於我之事。4祂很樂意為我選擇那唯一通往上主的路途。5我把這一天獻給祂，因我不想繼續耽誤返鄉的時辰了，唯有祂知道通往上主的歸途。

2.　　因此，我們把今天獻給祢。2全然敞開自己的心靈，來到祢這裡。3我們不再祈求任何自以為想要的東西了。4請賜給我們祢願我們得到的那一切吧！5祢深知我們所有的渴望與需求。6祢會恩賜我們找到回家之路所需的一切資糧的。

第二百四十三課

今天，我不再評判任何事情

1.　　今天我願對自己十分誠實。²我不再自以為知道那超乎我目前所能理解的事。³也不再自以為我那有限的片面知見能夠領悟整個圓滿生命。⁴今天，我認清了這一事實。⁵因而擺脫一切非我所能作的判斷。⁶如此，我便釋放了自己，也釋放了眼前的萬物，一起安息於上主的造化之中。

2.　　天父，今天我要讓整個造化恢復本來面目。²我要向它的每一份子致敬，包括我自己在內。³我們是一個生命，因為每一部分都含有祢的記憶，真理之光必會照亮我們這個一體生命。

第二百四十四課

世上沒有一處對我是危險的

1.　　祢的聖子不論身在何處，都安全無比，因祢與他同在。²他只需呼求祢的聖名，就會想起自己的保障及祢的聖愛，因為兩者原是同一物。³他既是祢的一部分，為祢所愛，本身又是愛，且安穩地活在天父的懷抱裡，怎麼可能會恐懼、懷疑？怎麼可能不知道自己是不可能受苦受驚或經歷任何不幸的？

2.　　那就是我們存在的真相。²沒有風暴能夠侵入我們家中神聖的避風港。³在上主內，我們安全無比。⁴還有什麼足以威脅到上主，或驚嚇得了永遠屬於祂的聖子？

第二百四十五課

祢的平安與我同在，天父，我感到安全無比

1. 　　天父，祢的平安環繞著我。²不論我前往何處，祢的平安都與我同行。³它的光輝也會照耀著我所遇到的每個人。⁴我要將它帶給所有可憐、孤獨且害怕的弟兄。⁵我要把祢的平安帶給那些受盡痛苦煎熬，飽受失落之苦，或已經放棄希望與幸福的人那裡。⁶天父，把他們都送到我這兒來吧。⁷願我所到之處皆有祢的平安。⁸因我願依祢的旨意，拯救祢的聖子，如此，我才可能認出我的自性。

2. 　　我們就這樣在平安中前進。²將自己所領受的訊息傳給整個世界。³如此，我們才會聽到上主的天音，祂一直在向追隨聖言的人說話；我們也會認出祂的聖愛，只要我們願意分享祂所賜的聖言。

第二百四十六課

愛我的天父，等於愛祂的聖子

1. 　　我心中若還懷有恨意，我怎麼可能找到上主之道？²我若存心傷害上主之子，我怎麼可能領悟天父或是自性的真相？³我若認不清自己的面目，我怎麼可能相信自己意識得到天父的境界，或心裡感受到天父對我所有的愛，以及我願回報祂的一切愛？

2. 　　天父，我願遵從祢為我選擇的路，來到祢這裡。²我這心願必會實現，因為這是祢的旨意。³我要認清祢的旨意不只是我的意願，而且是我唯一的心願。⁴因此，我決心去愛祢的聖子。⁵阿們。

第二百四十七課

若非寬恕，我至今仍是盲目的

1.　　罪是攻擊的標誌。²不論我在何處看到它，我就會身受其苦。³寬恕是我重獲基督慧見的唯一途徑。⁴願我接受祂的慧眼顯示給我的單純真相，如此，我才會徹底痊癒。⁵弟兄，來吧！讓我正視你一下。⁶你的美善反映出我的美善。⁷你的無罪本性代表了我的無罪性。⁸你若得到寬恕，我也會與你同受寬恕。

2.　　今天，我要這樣去看每一個人。²我的弟兄全是祢的聖子。³祢的天父身分創造了他們，又把他們當成祢的一份子，全賜給了我，成為我自性的一部分。⁴今天我就要透過他們向祢致敬，如此，我才可能在這一天認出我的自性。

第二百四十八課

凡是會受苦的，都不屬於我

1.　　我曾經捨棄了真理。²此刻，讓我也像過去那樣死心塌地地捨棄虛妄。³凡是會受苦的，都不屬於我。⁴仍會感到傷痛的，也不可能是我。⁵受苦的那一部分只是我心中的幻相而已。⁶終歸一死之物，則不曾真正活過，它只是對我的真相的一種嘲弄。⁷如今，我要捨棄種種自我觀念，以及蒙蔽上主聖子的一切謊言。⁸如今，我已經準備好重新接納上主所創造的他的真相。

2.　　天父，我已恢復了對祢的千古之愛，讓我也同樣地愛祢的聖子。²天父，我仍是祢所創造的我。³祢的聖愛如今已被人憶起，我的愛亦然。⁴如今，我終於了解它們原是同一個愛。

第二百四十九課

寬恕結束了所有的痛苦與失落

1.　　寬恕爲世界勾勒出了一幅畫像：痛苦已逝，失落難再，憤怒再也無法自圓其說了。²攻擊已成過去，瘋狂也已告終。³此刻，你還願接受什麼痛苦？⁴你還會執著哪一種失落？⁵世界變成了一個喜悅、富裕、慈愛而且永遠生生不息的樂園淨土。⁶此刻，它與天堂如此近似，必然很快就會轉化爲自身所反映的光明。⁷上主之子所踏上的旅程，終於在他所來自的光明源頭中結束了。

2.　　天父，我們願把心靈歸還於祢。²我們一度背棄過它，且把它們囚禁於種種悲苦之中，使它們飽受各種兇暴及死亡之念的驚嚇。³如今，我們願再度安息於祢內，一如祢當初創造的我們那樣。

第二百五十課

願我不再視自己爲有限的生命

1.　　今天，我願仰望上主之子，爲他的榮耀作證。²願我不再故意遮蔽他內在的神聖光明，不再著眼於他脆弱不堪的力量，也不再去看他的任何缺失；否則，我等於是攻擊他的內在權威。

2.　　我的天父，他是祢的聖子。²今天，我要去看他溫柔慈愛的一面，而非我對他的幻覺。³他是真實的我；我如何看待他，就會如何看待自己。⁴今天，我要真正地看；就是今天，我要與他的生命認同。

四．何謂罪？

1.　　罪就是神智失常。²它先把心靈逼瘋，再借「假」裝瘋地以幻相取代真相。³因為它已經瘋了，才會在真理應在之地，也是真理一直所在之處，看到了幻影。⁴雖然罪賦予身體一雙肉眼，但清白無罪者豈會藉助它們去看任何東西？⁵那些影像、聲音或觸覺對他們還有何作用？⁶他們究竟會藉此聽到、達到，或得到什麼？⁷他們又能感覺什麼？⁸感官的知覺並非真知。⁹真理內只有真知，別無他物。

2.　　身體原是心靈為了自欺而造出的道具。²它只有一個目標，就是「適者生存」。³然而，生存的目的是可以改變的。⁴如今，身體可為另一種目的而奮鬥。⁵心靈選擇了一個新目標，取代原有的自欺伎倆，身體便會轉身投效於它。⁶從此，身體會放下先前的謊言，而以真理實相作為此生的目標。⁷感官知覺也會見風轉舵，開始為真相作證。

3.　　罪是一切幻相的淵藪，而幻相只是虛假不實的妄念想出來的東西。²它們只是想要「證明」虛假不實之物是真的。³罪也「證明」了上主之子是邪惡的，超越時間之境必有盡頭，永恆的生命也終歸一死。⁴最後連上主都喪失了祂的愛子，只能靠可朽之物來圓滿自己，祂的旨意永遠屈服於死亡之下，愛也被仇恨謀害了，平安從此一逝不返。

4.　　瘋子的夢境確實可怕，它顯示了罪的猙獰面目。²然而，罪所看到的一切不過是一場兒戲。³上主之子可能假裝變成了一具身體，淪為邪惡與罪咎的俘虜，命在旦夕，最後難逃一死。⁴然而，在這同時，天父的光輝始終照耀著他，上主的永恆聖愛也籠罩著他，他的「假裝」遊戲絲毫改變不了這一事實。

5.　　上主之子啊！你打算在罪的遊戲裡廝混多久？²我們何不收起這些傷人的玩具？³你打算晃蕩多久才肯回家？⁴會是今天嗎？⁵罪根本就不存在。⁶上主的造化永遠不變。⁷你還想拖延天堂的歸期嗎？⁸還要多久，上主之子啊！還要多久？

第二百五十一課

除了真理之外，我一無所需

1.　　我追求過無數的東西，結果是徹底的失望。²如今，我只尋求一物，因那一物就是我的一切所需，也是我唯一的需求。³我以前追求的，並不是我需要之物，甚至不是我想要的。⁴因我還認不出自己的唯一需求。⁵如今，我終於看清了，我所需要的只是真理。⁶唯有它能滿全我所有的需求，結束我所有的欲望，實現我所有的願望；夢境到此便結束了。⁷如今，我已擁有自己可能需要的一切。⁸如今，我已擁有自己可能想要的一切。⁹如今，我終於恢復了心靈的平安。

2.　　天父，我們為那平安而感謝祢。²祢把我們一度拒絕之物再度歸還我們，只有那個，才是我們真心想要之物。

第二百五十二課

上主之子是我的本來面目

1.　　我的自性何其神聖！它的神聖性遠遠超過我現有的理解能力。²它光明剔透的程度，比我所見過的任何光明都要璀璨。³它無窮盡的愛，緊密地將萬物凝聚於它內，如此安寧又如此堅定不移。⁴它的力量並非來自推動世界的熊熊欲念，而是來自上主聖愛的浩瀚無邊。⁵我的自性超乎此世如此之遠，而它離我和上主竟然如此之近！

2.　　天父，祢深知我的本來面目。²此刻就將它啟示給我、祢的聖子吧！如此，我才可能覺醒於祢真理內，並且徹底了悟天堂已經重歸於我。

第二百五十三課

我的自性是宇宙的主人

1.　　任何事情未經我的許可，是不可能發生在我身上的。²即使在這世上，我仍是自己命運的主人。³一切經歷都是出自我的欲求。⁴未發生的事，則是我不想要發生的。⁵我必須承認這一點。⁶我才能由我營造的世界邁向我創造的一切，這一創造乃是我的願心所生的子女，我的神聖自性終將與它們以及我的造物主一起在天堂團聚。

2.　　祢是自性，自性就是祢創造的聖子，他會效法祢繼續創造，且與祢合一。²我的自性統治著整個宇宙，祂不過是祢的旨意與我的意願的完美結合；我的願心樂於提昇自己，一直延伸到祢的旨意那裡。

第二百五十四課

除了上主的天音以外，願一切聲音都在我內沉寂下來

1.　　天父，今天，我只願聽見祢的聲音。²我願在最深的寧靜中來到祢跟前，聆聽祢的天音，接受祢的聖言。³我只有一個禱詞，即是：我願來到祢這兒，向祢祈求真理。⁴真理就是祢的旨意，今天我願與祢共享。

2.　　今天，別讓小我的念頭左右了我們的言行舉止。²一出現這類念頭，我們便平靜地退後一步，端詳一番，再讓它們自行離去。³我們並不希罕它們所帶來的任何東西。⁴因此，我們也不想保留它的任何想法。⁵此刻，它們總算安靜下來了。⁶只要我們決心憶起祂，上主就會在祂的愛所聖化的寂靜中向我們發言，告訴我們，什麼才是我們的真心所願。

第二百五十五課

我願在完美的平安中度過此日

1.　　今天，平安的選擇好似不在我手裡。²然而，上主卻向我保證，祂的聖子與祂一般神聖。³願我今天全心信賴那位說出「我是上主之子」的聖靈。⁴我今天就願享受自己選擇的平安，爲祂所說的眞理作證。⁵上主之子不可能有任何牽掛的，他必然永存於天堂的平安中。⁶今天，我要因祂之名，找出天父對我的旨意，而且把它當成自己的意願，送給天父的一切聖子，包括我自己在內。

2.　　因此，天父，我願與祢共度此日。²祢的聖子並未將祢遺忘。³祢賜他的平安，仍在他的心內，我今天就要在那兒度過此日。

第二百五十六課

上主是我今天唯一的目標

1.　　人間的寬恕，是通往上主的道路。²此外，沒有其他的途徑。³若非心靈如此執著罪惡，你哪會需要找回眞實的你？⁴還有誰會如此徬徨不定？⁵有誰會不確定自己是誰？⁶誰會繼續昏睡不醒，在重重疑雲中，不敢相信被上主創造成無罪的自己眞的如此神聖？⁷我們在此只能作夢。⁸但我們能夠在夢中寬恕這位不可能受罪惡污染的人；我們今天下定決心作這個夢吧！⁹上主是我們的目標，寬恕是終會引領我們的心靈回歸於祂的途徑。

2.　　因此，天父，我們願遵循祢指示的道路來到祢這裡。²我們只有一個目標，就是聆聽祢的天音，找到聖言爲我們指示的道路。

第二百五十七課

願我記得自己的人生目標

1.　　我若忘了自己的目標，必會迷失自我，不再確定自己究竟是怎麼一回事，而做出種種矛盾的行為。²沒有人能夠兼顧得了兩個矛盾的目標的。³他勢必深感挫折與沮喪之苦。⁴因此，讓我們今天下定決心，記住自己究竟要什麼，才能將我們的念頭與行動合理地統一起來，專心致力於上主願我們今天完成的事。

2.　　天父，寬恕是祢為我們的救恩所選擇的途徑。²今天，願我們不再忘記，祢的旨意才是我們的真心所願。³只要我們願意擁有祢所賜的平安，我們的人生目標必與祢的目標一致。

第二百五十八課

願我記得，我的目標只是上主

1.　　我們需要做的只有一件事，就是訓練自己的心思，放下所有無謂而瑣碎的人生目的，記住我們的目標只是上主。²祂的記憶就藏在我們心中，卻被我們那些雜亂無章、渺小虛幻的目標搞得模糊不清。³我們豈願沉溺於人間的童玩兒戲，毫不自覺那一直照耀著我們的天恩？⁴上主才是我們唯一的目標，我們唯一的至愛。⁵除了憶起祂來，我們沒有其他人生目的。

2.　　我們的目標就是邁上通往祢的道路。²除此之外，別無其他的目標。³除了憶起祢以外，我們還能要什麼？⁴除了自己的本來面目以外，我們還想找到什麼？

第二百五十九課

願我記得，罪不存在

1.　　唯一使得上主這一目標顯得遙不可及的，就是罪的觀念。²此外，還有什麼能使我們看不見那昭然若揭的真相，而歷歷在目的卻是那些遭人扭曲的怪物？³除了罪以外，還有什麼能夠激起我們的攻擊之念？⁴除了罪以外，還有什麼會勾起自己的愧疚，招致痛苦及懲罰？⁵除了罪以外，還有什麼可能成為恐懼之源，使上主的造化變得曖昧不明，連愛都染上了恐懼與攻擊的習性？

2.　　天父，今天我不願再活得如此神智不清了。²我不願害怕愛，也不願向它的對頭尋求庇護。³因愛是沒有對立的。⁴祢是一切存在的終極源頭。⁵只要是真實的生命，必然與祢同在，祢也與它同在。

第二百六十課

願我記得，是上主創造了我

1.　　天父，我並非自己營造出來的，雖然當我神智不清時，我會認為如此。²然而，我既是祢的聖念，從未離開過我的終極源頭，我自然仍是造物主的一部分。³天父，祢的聖子此刻正在呼喚祢。⁴願我記得，是祢創造了我。⁵願我記得自己的本來面目。⁶願我的無罪本質再度呈現於基督的慧見中，今天讓我也以此慧眼來看待弟兄和我自己。

2.　　如今，我們憶起了自己的生命源頭，我們終於在祂內找到了自己的本來面目。²我們的確神聖無比，因為我們的生命源頭對罪一無所知。³身為祂聖子的我們，不只彼此肖似，也與祂全然一樣。

五. 何謂身體？

1.　　身體是上主之子爲自己幻想出來的一道圍牆，把他自性的某一部分與其他部分隔絕開來。²然後自以爲活在這座牆內；當它腐朽崩塌時，他就認爲自己死了。³他還認爲這座牆能使他安全地逃離愛的控制。⁴爲了與自己的安全堡壘認同，他不惜把這身體當成自己。⁵還有什麼更好的方式能夠確保他存活於這具身體內，同時把愛推出身外？

2.　　身體是無法久存的。²這一事實給了他雙重的保障。³因上主之子的無常生命「證實」了他那道圍牆的功能，去實踐心靈賦予它的任務。⁴試想一下，他的一體性若是完好如初，還有誰能攻擊？又有誰會受到攻擊？⁵誰會獲得最後的勝利？⁶誰又是他的戰俘？⁷誰是犧牲品？⁸誰是兇手？⁹他若不死，如何「證明」上主的永恆之子是有毀滅的可能？

3.　　身體只是一個夢。²就像其他的夢一樣，有時呈現出歡樂的畫面，轉眼之間又會變得十分恐怖；所有的夢都是由此恐懼而起的。³只有愛能在眞理中創造，而眞理中沒有恐懼。⁴身體既是爲了讓人害怕而形成的，它必須恪盡其職。⁵然而，身體原有的指令是可以改變的，只要我們願意改變身體在我們心中的目的。

4.　　身體是上主之子恢復健全神智的工具。²雖然它當初是爲了把聖子關進永無生路的地獄而造的，如今，天堂取代了這座地獄，成了身體存在的目的。³上主之子向自己的弟兄伸出援手，相互扶持，一起上路。⁴如今，身體成了神聖之物。⁵以前以殺人爲目的的它，如今開始致力於心靈的療癒。

5.　　你認爲什麼能保障你的安全，你就會與什麼認同。²不論那是什麼，你都會認定它是你的自家人。³你的安全堡壘其實是在眞理之內，不在謊言中。⁴愛才是你的安全保障。⁵恐懼並不存在。⁶與愛認同，你才會安全無虞。⁷與愛認同，你就已回家了。⁸與愛認同，你便會找回你的自性。

第二百六十一課

上主是我安全的避風港

1.　　　我必會與保護自己的避風港認同。²我會把自認爲堅強有力的那一部分視爲自己，而且以爲自己就活在那不受侵犯的安全堡壘內。³願我今天不再由那險象環生之地尋求保障，也不再試著由謀害與攻擊中尋求平安。⁴我活在上主之內。⁵在祂內，我找到了自己的保障與力量。⁶在祂內，我認出自己的本來面目。⁷唯有在祂內，才有永恆的平安。⁸也唯有在那兒，我才會憶起自己神聖的生命眞相。

2.　　　願我不再追逐偶像。²天父，我今天就要返回祢的家園。³我決心成為祢所創造的我，而且找回那位聖子，就是祢為我創造的自性。

第二百六十二課

願我今天不再著眼於萬物的不同

1.　　　天父，祢只有一位聖子。²我今天要仰望的也只有這一位。³他是祢唯一的造化。⁴為什麼我老是著眼於千百個化身？他們其實是同一個生命。⁵為什麼我要給他們千百個名字？一個名字已經綽綽有餘。⁶祢的聖子必然承襲了祢的聖名，因為是祢創造了他。⁷願我不再把他看成天父的陌路，也不看成我的陌路。⁸他是我的一部分，我也是他的一部分，而我們都是祢的一部分，因祢是我們的生命源頭，我們永遠結合在祢的聖愛內，永遠是祢的神聖之子。

2.　　　原為同一生命的我們，會在這一天認出自己的眞相的。²我們只想回家，安息於一體之境。³那兒才有平安，此外無處可尋。

第二百六十三課

萬物在我神聖的慧眼下純潔無比

1.　　天父，祢的天心創造了唯一真實的存在，祢的聖靈進入其中，祢的聖愛賦予它生命。²我豈能把祢的創造看成有罪之物？³我也不願再著眼於陰暗而可怕的種種形相了。⁴瘋子的夢境絕非我心所願，我要看見的是，那受祢祝福的美妙造化，它是如此純潔，如此喜悅，它是祢永恆而寧靜的家園。

2.　　當我們仍在天堂門外時，願我們學習以基督之眼以及神聖慧見去看一切眾生。²讓世間萬物向我們顯示它無瑕的面貌，我們懷著純潔無罪的心與他們同行，一起以上主聖子的身分，情同手足地邁向天父的家園。

第二百六十四課

上主的愛環繞著我

1.　　天父，不論我在何處，不論我往何方，祢都在我身邊，寸步不離。²祢在我所見到的萬物之內，在我所聽到的一切聲音裡，在向我伸出的每一隻手中。³時間消失於祢內，空間變成毫無意義的概念。⁴因為聖愛親自護守在聖子的身邊，確保他的安全。⁵除了此愛，他沒有其他的生命根源，沒有一物不分享它的神聖本質，沒有一物凌駕於祢的唯一造化，也沒有一物不蘊含那結合萬物的聖愛。⁶天父，祢的聖子肖似於祢。⁷今天，我們要因祢之名前來，安心活在祢永恆的聖愛內。

2.　　我的弟兄，今天就與我合一吧！²這是救恩的禱詞。³我們豈能推卻拯救世界及自己的救恩大業？

第二百六十五課

我看見的只是造化的溫柔

1.　　我確實誤解了世界，因為我把自己的罪嫁禍於它，才會看見那些罪惡回望著我。²它們顯得多麼猙獰啊！³我的蒙蔽如此之深，以為我所怕的都在那個世界裡，卻不知它們只可能存於我的心中。⁴今天，我所看到的世界都浸浴在柔和的天光下，與上主的造化相輝映。⁵沒有一絲恐懼的陰影。⁶願我有罪的表相遮掩不了天堂映照於世間的倒影。⁷它所反映的一切都出自上主的天心。⁸而我眼中看到的形相，只不過是我自己的想法之倒影。⁹然而，我的心靈與上主的天心原是一個。¹⁰為此，我是可能看到造化的溫柔的。

2.　　我要靜靜地瞻仰世界，它反映出祢的聖念，也反映了我的心念。²願我記得它們原是同一念，我就會看到造化的溫柔。

第二百六十六課

上主之子，我神聖的自性就在你內

1.　　天父，祢將自己所有的聖子都賜給了我，充當我的人間救主，指點我如何去看，傳給我祢神聖的天音。²祢的面容反映在他們內；就在他們內，基督由我的自性回望著我。³不要讓祢的聖子忘了祢的聖名。⁴也不要讓祢的聖子忘記他神聖的生命源頭。⁵更不要讓祢的聖子忘了他的名字就是祢的聖名。

2.　　今天我們就要進入那個人間淨土，呼求上主聖名及我們自己的名字，在每一個人內認出我們的自性，並在上主的聖愛中合而為一。²上主竟賜給我們這麼多人間救主！³祂使世界充滿了祂的見證，又賜給我們一副辨認他們的眼光，我們怎麼可能找不到祂的道路？

第二百六十七課

我的心在上主的平安中跳動

1.　　上主在聖愛中創造出來的一切生命環繞在我身邊。²它在每個心跳及呼吸、每個行動及思想中呼喚著我。³我的心靈充滿了平安，我的身體浸潤在寬恕的目標下。⁴如今，我的心靈已經痊癒，我拯救世界所需的一切，也已賜給了我。⁵每一個心跳都帶給我平安，每個呼吸都傳給我力量。⁶我是上主的使者，接受天音的指示以及聖愛的滋養，永遠寧靜平安地徜徉在愛的懷抱中。⁷每一個心跳都在呼喚祂的聖名，而每一個呼喚都會得到天音的答覆，並且向我保證，我已經與祂安居家中了。

2.　　願我靜聽祢神聖的答覆，不再聽信自己的聲音。²天父，我的心在平安中跳動，這平安出自祢聖愛之心。³在那兒，也只有在那兒，我才可能安返家園。

第二百六十八課

我願萬物呈現它們的本來面目

1.　　今天，我主，願我不再當祢的裁判，對祢大肆抨擊。²願我也不再企圖干預祢的創造工程，扭曲為一個病態的有相世界。³願我心甘情願地撤銷我對一體造化的私心，讓它恢復祢創造它的本來面目。⁴如此，我才能認出祢為我而創造的自性。⁵我是在愛中受造的，也將永存於愛中。⁶只要我讓萬物呈現它們的本來面目，世上還有什麼值得害怕？

2.　　今天，願我的眼光不再褻瀆神聖，願我的耳朵不再聆聽說謊的唇舌。²唯有實相不會導致痛苦。³也唯有實相不受失落之苦。⁴唯有實相是徹底安全的。⁵我們今天所追求的僅此而已。

第二百六十九課

我的目光只願瞻仰基督的聖容

1.　　我今天只祈求祢祝福我的目光。²祢選擇了這一途徑，指出我的錯誤，且引領我超越過去。³祢賜給了我一位神聖嚮導，幫我找到新的知見，透過他的課程，領我超越知見而回歸真理之境。⁴請賜給我那個幻相吧！它超越我所營造的一切幻相之上。⁵今天，我決心著眼於一個被寬恕的世界；世上每個人都顯示給我基督的聖容，並教我看出，不論我看到什麼，都是我自己的一部分；而且除了祢的神聖之子以外，沒有其他的生命存在。

2.　　今天，我們的目光確實受到了祝福。²祂的自性即是我們的自性；只要瞻仰到祂的聖容，表示我們享有同一慧見。³因為祂是上主之子，因為祂是我們的本來面目，我們才能成為一個生命。

第二百七十課

今天，我不再用肉眼去看

1.　　天父，基督的慧見是祢賜我的禮物，它能夠將肉眼所見的一切，解讀為一個被寬恕的世界。²這個世界充滿了榮耀與恩典。³然而，我從中所看到的，遠超過肉眼之見。⁴已獲寬恕的世界，顯示祢的聖子已經接受了他的天父，願他把自己的夢魘帶到真理之前，殷切等候著恢復他對祢的記憶，時間到此便已結束。⁵從此，他的意願與祢的旨意合而為一。⁶他的任務如今成了祢的任務，在祢聖念之外，沒有其他的念頭。

2.　　今天的寧靜祝福了我們的心靈，平安會透過我們的心，傳給世上每一個人。²今天，基督成了我們的眼睛。³我們透過他的目光為世界帶來了療癒，他是神聖的上主之子，上主的圓滿造化，也是上主的唯一造化。

六. 何謂基督？

1.　　基督即是上主所創造的聖子。²祂是我們共有的自性，將我們結合爲一，也與上主合爲一體。³祂源自天心，至今猶存於天心的聖念中。⁴祂從未離開過自己的神聖家園，也不曾失落受造時的純潔無罪。⁵祂永恆不易地安住於天心內。

2.　　基督是維繫你與上主一體的連線，它爲你保證，分裂之境只是絕望投射出來的幻影而已，因爲在祂內，希望永存不滅。²你的心靈是祂的一部分，祂的心也是你的一部分。³上主的答覆就存於祂那一部分中；在那兒，你已作出了所有的決定，夢境其實早已結束。⁴你肉眼所見的一切，對它產生不了任何影響。⁵雖說，天父把你得救的方法置於基督內，其實祂就是那個自性，如天父一樣，對罪一無所知。

3.　　基督是聖靈的家，上主又是基督唯一的家，祂一直安然活在你神聖心靈的天堂裡。²也只有這一部分的你才活在真理實相中。³其餘一切只是夢幻泡影。⁴然而，這些夢境一旦交託給基督，便會在祂的榮光中逐漸消褪，而你的神聖自性，即基督，便會歷歷呈現於你眼前。

4.　　聖靈由你內的基督通向所有的夢境，且命它們前來，讓祂爲你從夢境中解讀出真理。²祂還會將它們轉化爲上主指定的最後一夢，藉用它來了結其餘的夢境。³當寬恕降臨世界，平安進入每個上主之子的心中，分裂之境失去了立足之地，除了基督聖容之外，你還可能看到什麼？

5.　　這一聖容還會呈現多久？它不過象徵著學習階段的結束，救贖目標業已達成。²因此，讓我們尋求基督的聖容，不再著眼於他物。³我們一旦目睹祂的榮耀，便會知道，我們不再需要修練任何功夫、知見，連時間都不需要了；我們需要的只是那個神聖自性，亦即上主創造成聖子的基督。

第二百七十一課

今天我要發揮基督的慧見

1.　　每一天，每小時，每一刻，我都在選擇自己想看的東西、想聽的聲音，以及所有能讓自己的夢想成真之證物。²今天，我決心去看基督要我看的一切，聆聽上主的天音，尋求那些為上主真實造化撐腰的見證。³世界與上主的造化便在基督的眼中交會了；它們一會合，所有的知見自然銷聲匿跡了。⁴祂仁慈的眼神將世界由死亡中拯救出來，祂目光所及之物，必會生機盎然，憶起了天父及聖子，造物主與其造化便如此合一了。

2.　　天父，基督的慧眼乃是通往祢的道路。²祂之所見，恢復了我對祢的記憶。³這正是我今天決心一見之物。

第二百七十二課

幻相怎能滿足上主之子？

1.　　天父，真理就在我內。²我的家鄉早已安頓在天堂裡，這是祢的旨意，也是我的心願。³夢境怎能滿足得了我？⁴幻相豈會帶給我任何幸福？⁵除了祢的記憶以外，還有什麼滿足得了祢聖子的渴望？⁶我再也不會接受任何遜於上主恩賜之物了。⁷祢的聖愛環繞著我，永遠寧靜，永遠溫柔，永遠安全無虞。⁸上主之子必然仍是祢當初創造的他。

2.　　今天，我們要越過所有的幻相。²一旦聽到任何引誘我們在夢中逗留的聲音，我們會轉過身來問自己：既然選擇天堂就像選擇地獄一樣簡單，愛又如此樂於取代一切恐懼，身為上主之子的我們，怎麼可能以夢境為足？

第二百七十三課

我享有上主平安中的寧靜

1.　　此刻，我們也許已準備好度個清靜無擾的一天。²即使還做不到這一點，只要願意朝此目標努力，我們也能心滿意足，且引以為傲了。³一旦陷於任何紛爭，願我們學會如何打發它，即刻返回平安之中。⁴我們只需肯定地向自己的心靈說，「我享有上主平安中的寧靜」，沒有任何事物侵擾得了上主親自賜給聖子的平安的。

2.　　天父，我有祢的平安。²我何需害怕任何東西奪走祢願我擁有之物？³我不可能失落祢給我的禮物。⁴因此，祢賜予聖子的平安仍然與我同在，它就在這片寂靜裡，也在我對祢永恆不渝的愛中。

第二百七十四課

今天是屬於愛的日子，願我不再恐懼

1.　　天父，今天我要讓萬物呈現出祢創造他們的原貌，向祢清白無罪的聖子致敬，並把手足之愛還給他的弟兄及其神聖道友。²如此，我方能獲救。³也正因如此，真相得以進入幻相盤據之地，光明得以取代一切黑暗，祢的聖子便會知道，他仍是祢當初所創造的他。

2.　　今天，我們蒙受了來自天父的特殊祝福。²把這一天獻給祂吧！今天，我們不再恐懼，因為我們已將這一天交託到聖愛之中。

第二百七十五課

今天，上主的療癒之音保全了萬物

1.　　今天，願我們靜靜聆聽上主的天音，祂為我們講述那古老的課程，其真實性不增亦不減。²然而，今天卻是我們尋找、聆聽、學習及了解它的特定日子。³與我一起聆聽吧！⁴因上主天音所傳述之事，我們不可能單獨領會，也無法各自分頭學習。⁵正因如此，萬物得以保全。⁶正因如此，上主的療癒之音遍傳人間。

2.　　今天，祢的療癒之音保全了萬物，為此，我將一切交託於祢手中。²我無需為任何事情操心掛慮。³祢的天音自會明示我該做什麼，該去哪裡，該向誰說，該說什麼，該作何想，帶給世界什麼訊息。⁴我帶給世界的只是天賜於我的安全保障。⁵天父，祢的天音透過我而保全了萬物。

第二百七十六課

我要說出上主賜我的聖言

1.　　上主的聖言究竟是什麼？²一言以蔽之，「我的聖子與我一樣純潔而神聖」。³為此，上主才能成為愛子的天父，因為他就是由愛中創生的。⁴然而，聖子無法與天父一起創造聖言，因為聖子本身是由聖言所出。⁵願我們接納祂的天父身分，其餘的自然會一併賜給我們。⁶我們若否定自己是由祂愛中創造出來的，無異於否定我們的自性，從此再也無法肯定自己是誰，誰是我們的天父，以及我們來此的目的了。⁷然而，只要接受了祂在我們受造之初所賜的聖言，我們就會憶起祂來，且記起了我們的自性。

2.　　天父，祢的聖言就在我內。²它正是我要對所有弟兄所說的話，祢把他們交託給我，要我愛他們如己，就像祢自己那般愛著我，祝福我，且拯救了我。

第二百七十七課

願我不再用自訂的法則來束縛上主之子

1.　　天父，祢的聖子是自由的。²願我不再幻想自己制訂的身體之律束縛得了他。³他並不受制於我那套保護身體的法則。⁴任何無常之物動不了他分毫。⁵他也不受時間之律的奴役。⁶他仍是祢當初創造的他，因為除了愛之律以外，他不知道其他任何法則。

2.　　願我們不再崇拜偶像，也不再相信偶像制訂的任何教條，因那都是為了抹殺上主之子的自由而編造的。²除了他自己的信念以外，沒有一物束縛得了他。³然而，他的真相遠遠大於他對奴役或自由的信念。⁴他是自由的，因為他是天父之子。⁵除非上主的真理是騙人的，除非上主也可能自欺，否則，世上沒有一物束縛得了上主之子。

第二百七十八課

我若受到束縛，天父也就失去了自由

1.　　我若承認自己被囚禁於身體內，被困在「方生方死」的世界裡，天父就與我一起身陷囹圄了。²而我確實是如此相信的，因為我還認為自己必須服膺於控制世界的自然律，且認為眼前所見的世界真的脆弱不堪且罪孽深重，自己已經走投無路。³只要我還受到任何束縛，我就無由得知天父及我的自性。⁴我便無由得見一切真實之境。⁵因真理即是自由，凡是被束縛的，就不在真理內。

2.　　天父，我只祈求真理，此外別無所求。²我對自己以及我所創造之物有過許多愚昧的認知，還把恐懼的夢魘帶入自己心中。³今天，我不想繼續作夢了。⁴我要選擇祢的道路，捨棄瘋狂及恐懼之途。⁵因真理充滿安全保障，唯有愛屹立不搖。

第二百七十九課

造化的自由保證了我的自由

1.　　　夢境註定會結束的，因爲上主的聖愛不會遺棄祂的聖子。²只有在夢境中，他才彷彿身陷囹圄，在牢籠中期待那可望而不可及的自由。³然而，在實相裡，他的夢境早已結束，眞理已復歸其位。⁴此刻，他已經自由了。⁵此刻，我何需在桎梏中等候？祂早已切斷了鎖鏈，將我釋放，恢復了我的自由。

2.　　　今天，我要接受祢的許諾，而且深信不疑。²我的天父深愛祂親自創造的聖子。³祢豈會吝惜自己早已賜我的禮物？

第二百八十課

我能加給上主之子什麼限制？

1.　　　凡是上主創造的無限生命，必是自由的。²我可以爲他打造一座監獄，但那只可能發生於幻境內，而非眞相中。³沒有一個上主聖念離開得了祂的天心。⁴也沒有一個聖念會受到任何限制。⁵上主的聖念必然永遠無瑕可指。⁶天父既願聖子享有無限的生命，且如自己一般充滿了愛與自由，我還能加給他什麼限制？

2.　　　今天，讓我向祢的聖子致敬；唯有如此，我才可能找到祢的道路。²天父，我再也不願限制祢創造成無限的愛子了。³我向他致敬，等於是對祢的致敬，如此，我才可能擁有祢的一切。

七．何謂聖靈？

1.　　聖靈是幻相與眞相之間的中介。²祂必須在實相與夢境的鴻溝之上架起橋樑，爲此，祂賜給所有向祂祈求眞理的人一種知見，藉著上主賜祂的恩典，將知見導向眞知。³一切夢境都會經過祂這座橋樑，進入眞理之境，然後消融於眞知的光明中。⁴世上所有的形色音聲從此銷聲匿跡。⁵知見裡的形相世界，一經寬恕，便寧靜地告終了。

2.　　聖靈的課程是爲了幫我們結束人生的夢境。²你必須先把形相世界裡的恐怖見證解讀成愛的見證。³若能徹底做到這一點，你便已完成了「學習」在眞理內的唯一目的。⁴「學習」在聖靈的指引下，達到了祂預定的結果後，便能進一步超越自己，讓位給永恆的眞理。

3.　　你若知道天父多麼渴望你能認清自己的清白無罪，就絕不會充耳不聞聖靈的請求的；祂有意撤換你所造的可怕意象與夢境，你豈能拒而不受祂的禮物？²聖靈非常清楚你爲了追逐那不可能完成的目標所設計的種種花招。³只要你把這一切交託給祂，祂就會把這些花招驅逐出境，使你的心靈得以安返它眞正的家園。

4.　　聖靈從上主安置祂的眞知之境呼喚著你，讓寬恕在你的夢中找到安息之地，恢復你清明的神智及心靈的平安。²若非寬恕，你必會繼續飽受夢魘的恐嚇。³天父聖愛的記憶也無法返回你的心中，讓你看到夢境已經結束了。

5.　　接受天父的禮物吧！²它是聖愛對聖愛的呼喚，但求恢復自己的本來面目。³聖靈是祂賜給自己愛子的禮物，他才可能體驗到天堂的安寧。⁴上主一心只願圓滿你的生命，你豈能拒絕這份圓滿祂生命的任務？

第二百八十一課

只有我的念頭傷害得了我自己

1. 　　天父，祢的聖子是完美的。²當我認為自己受到傷害時，表示我已經忘記自己是誰，忘了我仍是祢所創造的我。³祢的聖念只會帶給我幸福。⁴每當我悲哀、生病或受到傷害時，表示我已忘了祢的思維方式，且任我那瑣碎無聊的觀念霸佔了祢的聖念所在與當在之處。⁵只有我的念頭傷害得了我自己。⁶唯有我與祢一起想出的聖念具有祝福的能力。⁷也唯有我與祢一起想出的聖念才真實不虛。

2. 　　今天，我不願再傷害自己了。²因為沒有任何痛苦傷害得了我。³我的天父已將我置身於天堂內，且照顧得無微不至。⁴我也不會攻擊祂的愛子，因為祂所愛的，也成了我之愛。

第二百八十二課

今天，我不再害怕愛了

1. 　　今天，只要我真的明白了這一句話，救恩就會傳遍整個世界。²這一句話表示我決心恢復清明的神智，接受上主親自創造的我，祂是我的天父以及生命源頭。³這一句話表示我決心不再沉睡於死亡的夢魘，讓真理永遠活在愛的喜悅裡。⁴這一句話表示我決心悟出我的自性，祂是上主所創造且深愛的聖子，也是我永恆不變的本來面目。

2. 　　天父，祢的聖名就是愛，聖愛也是我的名字。²這是終極的真相。³這一真相豈會因為我為它套上其他名字就改變了它的內涵？⁴恐懼的名字不過是一個錯誤罷了。⁵願我今天不再害怕這一真理。

第二百八十三課

我的本來面目存於祢內

1.　　天父，我為自己營造了一個形相，竟還稱它為上主之子。²然而，真實的造化依然故我，因為祢的造化永恆不易。³願我不再供奉偶像。⁴我是天父所愛的人。⁵我的神聖本質始終是天堂之光及上主之愛。⁶祢的愛正是他的安全保障。⁷天堂的光明永遠浩瀚無邊。⁸一切生命既出自祢的創造，祢的聖子自然成了我的本來面目。

2.　　如今，我們在共享的本來面目下成了一個生命，上主是我們的天父，我們唯一的生命源頭，整個創造都屬於我們的一部分。²因此，我們要祝福天下萬物，與整個世界結合於愛中；因著我們的寬恕，世界終於與我們重歸一體了。

第二百八十四課

我是可以改變一切有害念頭的

1.　　只要了解得當，失落便不是失落。²痛苦也不可能存在。³更沒有任何悲傷的理由。⁴所有的痛苦不過是一場夢。⁵這個真理，起先只是說說而已，經過反覆練習，你會漸漸接納真理的一部分，心中其實還有許多保留。⁶然後，你會對它愈來愈認真，最後才能全盤接納這一真理。⁷我是可以改變一切有害念頭的。⁸今天，我要超越這些文字，拋開所有的保留態度，全面接納這句話所含的真理。

2.　　天父，祢所給的一切不可能有害於我，因此，悲哀與痛苦也是不可能的事。²今天，願我能真心信賴祢，只接受祢賜我的種種喜悅，心裡明白這喜悅的經驗才是一切的真相。

第二百八十五課

今天，我的神聖生命光明燦爛

1.　　今天，我會在喜悅中清醒，而且終日指望上主為我捎來幸福美事。²我只預期喜悅的來臨，並明白我的邀請會在我所送出去的意念中得到答覆。³我一旦接受自己的神聖性，只可能為自己祈求幸福美事。⁴今天，只要神智不清的心態離我遠去，我便能接受自己的神聖生命，痛苦對我還有什麼用處？受苦又能達到什麼目的？悲哀與失落對我又有何益？

2.　　天父，我的神聖生命來自於祢。²願我為此而歡樂不已，寬恕會幫我恢復神智的清明。³祢的聖子仍是祢所創造的聖子。⁴我的神聖生命既是我的一部分，也是祢的一部分。⁵有什麼改變得了祢這神聖生命？

第二百八十六課

今天，我的心充滿了天堂的寧靜

1.　　天父，今天我的心何其寧靜！²萬物又何其平安地各得其所。³我會在今天這一良辰吉日，領悟出「我什麼也不必做」的意義。⁴在祢內，每個選擇早已完成。⁵在祢內，每個衝突也都解決了。⁶在祢內，祂已賜給了我所尋求的一切。⁷祢的平安就是我的平安。⁸我的心平靜無比，我的心靈已獲安息。⁹祢的愛即是天堂，而祢的愛也非我莫屬。

2.　　今天，心靈的寂靜為我們燃起了希望，我們不僅已經上道，而且朝著千古不易的目標走了相當長的一段路。²今天，我們不再懷疑上主親自許諾我們的結局。³我們信賴祂，也信賴我們的自性，祂始終與上主一體。

第二百八十七課

天父，祢是我唯一的人生目標

1.　　除了天堂以外，我還想去何處？²豈有任何東西取代得了幸福？³除了上主的平安，我還會追求什麼禮物？⁴還有什麼寶藏能與我的本來面目相提並論，值得我去追求、爭取且擁爲己有？⁵我難道寧願活在恐懼中，而不願活在愛裡？

2.　　天父，祢是我的人生目標。²除了祢以外，我還可能指望什麼？³除了邁向祢的道路以外，我還指望找到什麼其他的路？⁴除了祢的記憶以外，還有什麼能夠點醒我：夢境已經結束，它永遠也無法取代真相？⁵祢是我唯一的人生目標。⁶祢的聖子仍是祢所創造的聖子。⁷除此之外，還有什麼途徑能幫我了悟自性，恢復我的本來面目？

第二百八十八課

今天，願我忘卻弟兄的過去

1.　　這一念，足以將我領上通往祢的路，安然抵達我的目的地。²若非透過我的弟兄，我無法來到祢這裡。³若要悟出我的生命源頭，我必須先認出祢創造成與我一體的那個生命。⁴唯有弟兄的手能領我步上通往祢的道路。⁵他的罪與我的罪都一起過去了；我已得救，因為過去的一切不復存在。⁶願我內心不再對它戀戀不捨，否則我就會錯失了祢的道路。⁷我的弟兄就是我的人間救主。⁸願我不再攻擊祢所賜我的這位救主。⁹讓我向他致敬，因他身負祢的聖名，如此，我才會憶起那原是我自己的聖名。

2.　　今天，請寬恕我吧！²只要你能在神聖生命的光輝下去看自己的弟兄，你便知道我已經被你寬恕了。³他的神聖性絲毫不比我的遜色，而你也不會比他更神聖一點。

第二百八十九課

往事已矣，它再也影響不到我了

1.　　除非過去在我心中已成過去，否則我是不可能看見真實世界的。²因為我著眼的乃是烏有之鄉，所看到的盡是子虛之物。³那麼，我還可能看見寬恕所呈現的世界嗎？⁴「過去」存在的目的，就是為了遮掩這一世界，因為寬恕的世界只能出現於當下一刻。⁵它沒有過去。⁶除了「過去」，還有什麼需要寬恕的？它一被寬恕，就真正過去了。

2.　　天父，願我不再著眼於那已經不存在的過去。²因為祢賜給了我當下這個不受罪惡污染也未蒙過去陰影的世界，取代我過去的一切。³罪咎到此結束。⁴此刻的我，已準備好迎接祢最後的一步。⁵我豈能讓祢久候下去，等著聖子找回祢計畫給他的美好事物，了結他的一切夢魘及痛苦？

第二百九十課

我所看到的，只是眼前的幸福

1.　　只要我不再著眼於子虛烏有之物，我就會看到眼前的幸福。²我的雙眼終於開啟了。³願基督的慧見今天就降臨於我。⁴若非上主親自修正，自己的眼光只可能看到痛苦可怕的景象。⁵然而，我不願自己的心靈再受片刻的蒙蔽，誤信自己營造的夢境真實不虛。⁶今天我要追尋的只是當下這一刻的幸福，不再矚目於其他的事物。

2.　　我懷著這個決心來到祢前，祈求祢大能的支持，因為我今天一心想要承行祢的旨意。²天父，祢必會聆聽我的祈求。³我所祈求的，祢早已賜給了我。⁴今天，我必會親眼目睹自己的幸福。

八. 何謂眞實世界？

1.　　眞實世界只是一種象徵，一如知見所顯示給你的世界。²只是，它所代表的和你所營造出來的一切恰恰相反。³你一直透過恐懼的目光去看自己的世界，而它也爲你的心靈帶來了許多恐怖的見證。⁴至於眞實世界，你只能透過那受寬恕祝福的眼光去看；它們所看到的世界，不可能是恐怖的，你也不會找到任何恐怖的證物。

2.　　眞實世界針對你的世界所反映的每個不悅之念，提供了一個相反的見證，它能夠修正你世界裡的恐怖景象與殺伐之聲。²眞實世界是透過寧靜的眼光及平安的心靈所看到的另一種世界。³那兒只有安息。⁴那兒聽不見痛苦及悲哀的呼號，因爲一切已被寬恕了。⁵你所見的世界顯得如此安詳溫柔。⁶因爲只有幸福的景象與聲音才能進入已經寬恕了自己的心靈。

3.　　這種心靈哪會需要藉助於死亡、攻擊及謀害之念？²放眼望去，除了愛、安全與喜樂以外，它還會看到什麼？³還有什麼值得它詛咒的？又有什麼會激起它的攻擊？⁴它眼中的世界乃是出自一顆活得心安理得的心靈。⁵它自然不會感到草木皆兵；因爲它是仁慈的，故只會看到仁慈。

4.　　眞實世界象徵著罪與咎之夢的結束，上主之子不再沉睡不醒。²他甦醒的眼神看到了天父聖愛的清晰倒影，以及他已得救的千古許諾。³眞實世界同時爲「時間」畫下了句點，因時間在它知見中已失去存在的目的。

5.　　時間一旦完成了聖靈的目標，就沒有存在的必要。²如今，只需再等待片刻，上主就會踏出祂最後的一步；時間已經消逝，一併帶走了知見，眞理終於呈現出它的眞實面目。³我們的目標就是「那一刻」，因它蘊含了上主的記憶。⁴就在瞻仰這一寬恕世界之際，我們不只聽到了祂的呼喚，祂還會親自帶領我們回家，我們便會再度憶起寬恕爲我們恢復的本來面目。

第二百九十一課

今天是個寂靜而平安的日子

1. 今天，基督的慧見透過我而看。²祂的眼光幫我看到天下萬物都活在寬恕與平安內，祂也賜予了世界同一慧見。³我因祂之名而接下這一慧見，不只為自己，也為了整個世界。⁴今天，我們所見的一切，何其美麗！⁵我們周遭之物，又顯得何其神聖！⁶我們的使命就是認出我們共享的神聖生命，它如同上主一般神聖。

2. 我的心靈今天會沉靜下來，接受祢賜我的聖念。²我願接受來自於祢的聖念，不再聽信自己的思維。³我對祢的道路一無所知。⁴然而祢卻肯定不疑。⁵天父，引領聖子踏上祢那寧靜之路吧！⁶願我的寬恕全面而徹底，祢的記憶才會回歸我的心裡。

第二百九十二課

萬物肯定會有個幸福結局

1. 上主的許諾永遠一視同仁，絕無例外可言。²祂保證萬物最後必會找到圓滿的收場。³至於何時才能獲此結局，則操之於自己，端看我們要讓個人怪異的意願與祂的旨意作對多久。⁴只要我們還認為自己的意願真實無比，就無法在自己認定的問題、眼前的衝突與每個事件中看到祂所許諾的結局。⁵其實，結局早已註定。⁶因上主的旨意不論在天上或人間都早已成就。⁷只要遵循祂的旨意追尋下去，我們必會找著，因祂保證了我們必會如願以償。

2. 天父，感謝祢為我們保證了最後的幸福結局。²不論我們看到什麼問題，不論我們自以為陷於何種困境，請幫助我們不再插手干預而延誤了祢所許諾的幸福結局。

第二百九十三課

一切恐懼均已過去，唯愛猶存

1.　　一切恐懼均已過去，因為它的源頭已逝，因恐懼而起的一切念頭也會隨之而去。²當下之境，唯愛猶存，因為它的終極源頭永遠不離此刻。³只要這個世界仍受到我過去的錯誤所苦，向我呈現出奇形怪狀的恐懼形相，我怎麼可能看到它光明、清澈、安全又溫暖的容貌？⁴只有在當下一刻，愛清晰可見，它的作用有目共睹。⁵整個世界反映出它神聖的光明，使我有緣一睹這個被寬恕的世界。

2.　　天父，今天願我的眼光不離祢神聖的世界。²願我的耳朵不為恐懼的哀號所蒙蔽，而聽不見世界吟唱的感恩之歌。³「當下一刻」護守著真實世界，使它不受過去錯誤的荼毒。⁴今天，我只願瞻仰這一世界。

第二百九十四課

我的身體是全然中性的

1.　　我是上主之子。²我豈能活成其他的生命？³上主豈會創造出任何可朽必死之物？⁴上主的愛子要那終歸一死之物又有何用？⁵中性之物是不可能看到死亡的，因為它裡面尚未滲入恐懼的意念，也尚未染著否定真愛的心態。⁶只要它還有用處，那個中性本質便成了它的護身符。⁷等到它的存在目的結束了，人們便可棄它而去。⁸不是因為疾病、老化或是受傷的緣故。⁹而是因為它已失去了作用，人們不再需要它而棄置一旁。¹⁰今天，願我在它身上看清這一事實：身體能為一時之需效力，只要還有用，它就有存在的價值；然後，便會有一個更高的目標取而代之。

2.　　天父，我的身體不可能是祢的聖子。²它既非祢的創造，就無所謂有罪或無罪，或善或惡之別。³那麼，讓我利用身體之夢來完成祢的計畫，讓我們由自己營造的夢中覺醒過來吧！

第二百九十五課

今天，聖靈會透過我去看一切

1.　　　今天，基督要求我把眼睛借祂一用，祂才能拯救世界。[2]祂向我要求這個禮物，是爲了幫我撤除所有的恐懼與痛苦，賜我心靈的平安。[3]痛苦一撤除，在人間上演得方興未艾的夢境只好提前落幕。[4]救恩必然只有一個。[5]只要我得救，世界便隨我一同蒙受了救恩。[6]因我們所有的人只能一起得救。[7]恐懼會呈現千奇百怪的面貌，但愛卻永恆如一。

2.　　　我的天父，基督向我要求一份禮物，我必須先獻出它來，才可能領受到這一恩賜。[2]今天，請幫助我善用基督的眼光，容許聖靈之愛祝福我所見到的一切，如此，祂的寬恕之愛才可能降臨於我。

第二百九十六課

今天，聖靈會透過我而發言

1.　　　今天，聖靈需要借用我的聲音，才能讓全世界聽到祢的聲音，聽見祢透過我而說出的聖言。[2]我決心讓祢透過我而說出祢的話，除此之外，我不再使用其他的言詞，也不讓任何念頭違背祢的聖念，因唯有祢的聖念才是真實的。[3]我願充當自己打造的世界之救主。[4]我願釋放那曾受我詛咒的世界，如此，我才可能找到出路，真正聽到聖靈今天透過我所說的聖言。

2.　　　今天，我們要教給世界我自己想學的東西，而且只教這個。[2]如此，我們的學習目標才不致產生矛盾，更容易迅速達成。[3]聖靈多麼樂意救我們脫離地獄之苦，只要我們容許祂透過我們教導世界，使世界願意追尋祂那簡單的上主之道。

第二百九十七課

我唯一能給的禮物，只有寬恕

1.　　我唯一能給的禮物，只有寬恕，因為這是我想得到的唯一禮物。²不論我給出什麼，都是給我自己的。³這可說是救恩最簡單的公式了。⁴我若想要得救，不但要親自寬恕，還要把寬恕當成此生的唯一指標，活在這個有待拯救的世界中；只要我親自接受了救贖，世界必然會得救的。

2.　　天父，祢的道路何其穩定，最後的結局也已註定，救恩的每一步路祢都忠信地為我安排就緒，它已在祢的恩典中圓滿成就了。²感謝祢這永恆的禮物，也感謝祢賜我的本來面目。

第二百九十八課

天父，我愛祢，也愛祢的聖子

1.　　我的感恩之情能使人們心無戒懼地接受我的愛。²這樣，我才可能恢復自己的生命真相。³寬恕能夠除去所有侵擾我神聖眼界的障礙。⁴它一步一步帶領我結束這荒謬的旅程、瘋狂的人生以及自己所賦予的種種價值。⁵轉過身來接受上主為我安排的一切，我相信唯有如此我才會得救，也確信自己終將穿越恐懼而與我的至愛重逢。

2.　　天父，今天，我來到祢跟前，因我只願追隨祢的道路。²祢就在我身邊。³祢的道路千古不易。⁴我很感激祢的神聖禮物，給了我一個安全的聖地，助我跨越一切障礙，使我對天父及聖子之愛不再如此曖昧不明。

第二百九十九課

我擁有一個永恆而神聖的生命

1.　　我的神聖生命遠超過我的理解或領悟能力。²然而，創造它的天父卻認定我的生命與祂的同等神聖。³我們的旨意必須一致，方能了解這一生命。⁴我們的旨意必須一致，方能了悟這一真相。

2.　　天父，我的神聖本質不是出於我自己。²它既不是我的，便不可能被罪毀滅。³它既不是我的，便無法受攻擊之苦。⁴幻相最多只能遮蔽它，卻磨滅不了它的光輝，也折損不了它的光明。⁵它永遠完美得無瑕可指。⁶萬物就是在它內獲得痊癒的，因為他們仍是祢所創造的樣子。⁷我是可能認出自己的神聖本質的。⁸因為我出自神聖「本體」的創造，我能夠知道自己的生命源頭，只因願意為人所知乃是祢的旨意。

第三百課

再過片刻，世界便成了過眼雲煙

1.　　這句話很可能被人詮釋為：凡是淪落人間者，註定了死亡及哀傷的命運，因為歡樂還來不及捕捉或擁有，便消逝了蹤影。²然而，這個觀念卻也可能幫我們擺脫了一切妄見的束縛，把人間的種種當成永恆莊嚴的穹蒼中偶爾飄過的一片雲。³我們今天所追尋的就是這清晰明確、萬里無雲的莊嚴晴空。

2.　　今天，我們要追尋祢的神聖世界。²身為祢愛子的我們，已迷途了一段時間。³如今我們聽從了祢的天音，學會了回歸天堂以及恢復我們本來面目的每一步路。⁴今天，我們慶幸並感恩這世界只是一場過眼雲煙。⁵我們願越過那短短的一瞬，進入永恆之境。

九．何謂基督再度來臨？

1.　　　基督的再度來臨，就如上主本身那般必然，它指的是「錯誤終於修正，心智恢復健全」之境。²它不過是「重獲那從未失落之物，恢復那永遠眞實之境」的先聲而已。³它是一種邀請，迎請上主聖言前來取代幻相；它是一種意願，誠願一視同仁且毫無保留地寬恕世間的一切。

2.　　　基督再度來臨的無所不容之本質，涵蓋了整個世界，它溫柔地臨幸於你，護守著你以及一切有情眾生。²基督的再臨帶給人無盡的自由，一如上主的造化那般無限。³寬恕爲基督的再臨照亮了路，萬物在寬恕的光照下匯爲一個生命。⁴如此，我們方能認出生命的一體性。

3.　　　基督的再臨也爲聖靈的課程畫上了一個句點，且爲最後的審判鋪路；學習階段到此結束，而這結局還會進一步超越自身，直抵上主那裡。²基督的再臨，也是所有心靈交託於基督之手的一刻，它們因著上主造化及旨意之名，終於得以重返靈性之境。

4.　　　基督再度來臨是發生在時間內卻不受時間左右的一個事件。²任何人，不論是過去已逝的，或將要來臨的，或是活在現在的，都會平等地由自己營造的束縛中解脫出來。³就是在這平等性中，基督恢復了祂唯一的本來面目，上主兒女由此而認出了他們原是一個生命。⁴天父向聖子展顏而笑，因聖子是祂唯一的創造，也是祂唯一的喜樂。

5.　　　祈求基督盡快來臨吧！但不要在那兒枯等。²它需要你的眼耳手足。³它需要你的聲音。⁴最重要的，它需要你的願心。⁵我們該爲自己得以承行上主的旨意而慶幸，並且在它神聖的光明中合而爲一。⁶看哪！上主之子在我們內已成了一個生命，藉著祂，我們方能回歸天父的愛裡。

第三百零一課

上主將親自拭去所有的淚痕

1.　　天父，除非我評判，否則我是不可能哭泣的。²我也不可能受苦，或感到被世界遺棄，無人憐惜。³這是我的家，因為只要我放下自己的評判，它便能呈現出祢所願的樣子。⁴寬恕使人的眼光免除了種種扭曲，願我今天就以這種幸福眼光去看那不曾受到詛咒的世界。⁵願我看見祢的世界，而非我的世界。⁶我要忘卻自己所流的淚，因為它們的起因已不復存在。⁷天父，願我今天不再去評判祢的世界。

2.　　上主的世界是幸福的。²任何矚目這一世界的人，都會增添它的喜悅及祝福，為自己帶來源源不絕的喜悅。³我們曾因無知而哭泣。⁴如今，我們總算知道了，過去所見的世界原是虛妄的，我們願意著眼於上主的世界。

第三百零二課

我要在黑暗之地仰望光明

1.　　天父，我們的眼睛終於開啟了。²我們總算恢復了眼力，看見了祢的神聖世界就在我們的眼前等候。³我們認為自己歷盡滄桑。⁴我們已經忘了祢當初所創造的聖子。⁵如今我們已看出，黑暗原是自己幻想出來的，光明在那兒等待著我們瞻仰。⁶基督的慧見會把黑暗轉為光明，因為愛一來到，恐懼自然消逝了蹤影。⁷願我今天寬恕祢神聖的世界，如此我才得見其神聖的面目，並且明白，它不過反映出我生命的神聖本質而已。

2.　　在我們邁向祂之際，聖愛等候著與我們同行，且在前指點迷津。²祂絕不會有任何閃失。³祂是我們追尋的終點，也是我們邁向祂的途徑。

第三百零三課

今天，神聖的基督在我內誕生

1.　　眾天使，與我一起看吧！今天，與我一起仰望吧！[2]天堂之子即將誕生了，願環繞在我身邊的所有聖念，都與我一起沉寂下來。[3]願世俗的雜音也靜止下來，我日常所見的景象都隱退下去。[4]願基督在此受到歡迎，因這兒是祂的家園。[5]我願祂聽見自己熟悉的鄉音，所見的景象也處處反映著天父的愛。[6]願祂不再是這兒的異鄉客，因為祂今天已在我內重生了。

2.　　天父，我們歡迎祢的聖子來臨。[2]他來，是為了將我由自己營造的邪惡形相中拯救出來。[3]他就是祢所賜我的自性。[4]他就是我在真理內的本來面目。[5]他是祢至愛的聖子。[6]他就是祢當初把我創造成的自性。[7]被釘在十字架上的，不可能是基督。[8]願我安然在祢懷中接納祢的聖子。

第三百零四課

勿讓我的世界遮掩了基督的視線

1.　　倘若我任憑自己的世界侵入我的神聖視線，它就會變得模糊不清。[2]除非我用基督的慧見去看，否則我是看不到祂眼中的神聖景象的。[3]知見只是一面鏡子，而非一個事實。[4]我所看到的景象，只是自己心境對外的投射。[5]我願祝福這世界，以基督的眼光去看它。[6]我願矚目於那一標誌，它明確地告訴我，我所有的罪過都被寬恕了。

2.　　祢將我由黑暗逐步導向光明，由罪惡導向神聖之地。[2]願我寬恕，世界方能領受到它的救恩。[3]天父，祢給我的禮物是要我獻給祢聖子的，他才能重拾祢的記憶，憶起祢所創造的聖子。

第三百零五課

有一種平安，是出自基督之賜

1. 　　　凡一心仰仗基督慧見的人，他所找到的平安是如此深湛、寧靜，不受任何侵擾，也不會變化無常；世上的平安無法與它相提並論。²所有的比較心態都會在這平安中止息。³當平安籠罩了世界，溫柔地將它引渡到眞理那兒，不再淪爲恐懼之淵藪，整個世界就默默隱退了。⁴因爲愛已來臨，它以基督的平安療癒了世界。

2. 　　　天父，基督的平安乃是天賜的恩典，因爲祢的旨意就是願我們得救。²今天幫我們唯獨接受這份禮物吧！不再自作聰明地妄加評斷了。³因爲這份禮物正是爲了將我們由自我批判中拯救出來的。

第三百零六課

我今天只願尋求基督的贈禮

1. 　　　今天，我只願發揮基督的慧見，因它在這一天會顯示給我一個美好的世界，如此肖似天堂，足以喚醒我的遠古記憶。²今天，我能忘卻自己所營造的世界。³今天，我能越過一切恐懼，回歸於愛、神聖與平安之境。⁴今天，我已得救了，重新誕生於一個充滿悲憫與關愛的世界，洋溢著仁慈與上主的平安。

2. 　　　天父，我們就這樣回到祢的家裡，恍然憶起我們從未離開過祢一步，也憶起了祢賜我們的神聖禮物。²我們懷著感恩之心來到祢前，伸出雙手，敞開心靈，祈求只有祢能給出的禮物。³我們給的一切都配不上祢聖子的身分。⁴然而，因著祢的愛，基督的禮物非他莫屬。

第三百零七課

我不要那些自相矛盾的願望

1.　　天父，祢的旨意，其實就是我的意願，也是我唯一的意願。 ²我無需其他的意願。³願我不再企圖自創其他的願心，因那毫無意義，只會為我帶來痛苦。⁴只有祢的旨意才能給我幸福，也只有祢的旨意真實不虛。⁵如果我願擁有唯祢才能給出的禮物，我必須先接受祢對我的旨意，進入那永遠不可能衝突的平安之境；在那兒，祢的聖子與祢在本質及意志上都是一體的，我仍是祢所創造的我，世上無一物能與這神聖的真理相牴觸。

2.　　我們懷著這一禱詞，默默進入一個衝突無法侵擾之地，因為我們的神聖意願已經與上主的旨意結合為一，我們也認清了它們原是同一旨意。

第三百零八課

當下此刻才是唯一存在的時間

1.　　我過去所持的時間觀，其實是我達成目標的一個絆腳石。 ²如果我有心超越時間，進入超時空之境，我必須先改變我對時間用途的看法。³時間存在的目的，就是要把過去與未來變成兩回事。⁴唯一能將我由時間領域救拔出來的一刻，就是當下此刻。 ⁵寬恕就是靠這一刻而釋放了我。⁶基督也只可能誕生於沒有過去與未來的這一刻。⁷祂來，是為了帶給世界此刻的祝福，使它重歸於愛以及超時空之境。⁸愛始終臨在，就在當下這一刻。

2.　　天父，我為這一刻而感謝祢。²只有在此刻中，我才可能得救。 ³這一刻正是祢為聖子安排的時辰，不只為了他自己的自由，更為了整個世界在他內獲得救恩。

第三百零九課

今天，我不再害怕往內看了

1.　　在我內，只有永恆的純潔無罪，因爲上主的旨意要它永永遠遠駐留此地。²身爲聖子的我，縱然擁有如祂旨意一般無限的願力，也改變不了這一眞相。³因否定天父的旨意，就等於否定了我自己的意願。⁴只要往內看去，我就會發現自己的意願依然如上主當初所創，始終如故。⁵我不敢往內看，是因爲我以爲自己不只造出了另一個虛妄的意願，而且已把它弄假成眞了。⁶其實它產生不了任何作用的。⁷上主的神聖生命仍在我內。⁸上主的記憶也仍在我內。

2.　　天父，我今天所踏出的這一步，肯定會將我由罪的無聊夢境中解放出來。²祢的祭壇依舊莊嚴屹立，寂靜無瑕。³那是獻給我自性的神聖祭壇，我會在那兒找回自己的本來面目。

第三百一十課

今天，我要活在愛與無懼之中

1.　　我的天父，我願按祢爲我這一生所安排的生活方式，與祢共度此日。²我所有的體驗都與時間毫不相干。³我所感受到的喜樂也絕不是一兩天或幾小時的事，因那是天堂對聖子的恩賜。⁴這一天會甜蜜地喚醒我對祢的記憶，憶起祢對神聖之子的慈愛呼喚，這是天恩降臨於我的標誌，今天我就要重獲自由，因爲這是祢的旨意。

2.　　願你與我一起歡度此日。²整個世界都會加入我們向祂吟唱的感恩之歌與歡樂之頌，因祂賜給了我們救恩，因祂使我們重獲自由。³我們已經恢復了心靈的平安及生命的神聖。⁴今天，我們沒有恐懼的餘地，因爲我們已迎請愛進入自己的心裡。

十．何謂最後審判？

1.　　基督再度來臨帶給上主之子的禮物，即是讓他聽到聖靈的宣判：凡是虛妄的就是虛妄，凡是真實的則千古不易。²這一判決，結束了知見的作用與功能。³首先你會看見一個接納了這一真相的世界，它是出自一個已修正的心靈之投射。⁴知見會在這神聖的景象中默默給出最後的祝福，隨即引身而退，因為它的目標已經達到，任務已經完成了。

2.　　世界面對的最後審判，不會定任何人的罪。²因為在它眼中，世界已獲得徹底的寬恕，全然無罪，也失去了存在的目的。³它既無存在之因，此刻在基督眼中又無任何作用，它只好回歸虛無之境。⁴世界源自何處，終將歸於何處。⁵世界既源自一個夢境，則夢中所有的角色也會隨著世界一起消逝。⁶如今，身體既然一無所用，只好自行引退，因為上主之子的生命是永恆無限的。

3.　　任何相信上主的最後審判會把世界和自己一起打入地獄的人，需要接受這一神聖的真理之言：上主的審判是祂給你的禮物，幫你修正所有錯誤，使你得以由那些錯誤及有形可見的因果報應中脫身。²害怕上主救贖之恩的人，無異於害怕自己會由苦難中徹底脫身，害怕自己重獲平安、保障及幸福，害怕與自己的本來面目復合。

4.　　上主的最後審判，和祂制訂的救恩計畫一般仁慈，每一步都在祝福聖子，呼喚他回歸上主賜他的永恆平安。²不要害怕愛。³因為只有它能療癒一切悲苦，拭去所有的淚痕，把上主視為己出的聖子由痛苦之夢中輕輕喚醒。⁴不要害怕這一恩典了。⁵救恩等著你歡迎它的到來。⁶整個世界也在等候你的欣然接納，它才有重獲自由的希望。

5.　　上主的最後審判不外是：「你仍是我的神聖之子，永遠純潔無罪，永遠慈愛，也永遠被愛，你如自己的造物主一般無限，全然不變，永遠無瑕可指。²因此，覺醒吧！回到我這兒來。³我是你的天父，你是我的聖子。」

第三百一十一課

我常依自己的私心評判萬物

1.　　「評判」原是爲了抵制眞相而造出的武器。²它會將評判的對象分裂出去，視爲另一物。³然後，再把它扭曲成你想要的樣子。⁴它所評判的其實是自己不可能了解之物，因爲我們無從看清整體的眞相，不論作何判斷，保證是錯誤的。⁵今天願我們不再動用這個武器，寧可把它當作一個禮物獻給祂，讓祂發揮另一種功能。⁶所有的判斷其實都是自我評判，祂願爲我們解除這種自我傷害；唯有祂賜給聖子的「判決」才能恢復我們心靈的平安。

2.　　天父，我們今天懷著開放的心，等著聆聽祢對愛子的判決。²我們對他一無所知，故無從評判。³因此，我們讓祢的聖愛來決定祢所創造的聖子的必然眞相。

第三百一十二課

我常依自己的私心看待萬物

1.　　判斷帶來了知見。²判斷之後，我們便會看到自己想要看的一切。³因視力只能讓我們看到自己想要看的東西。⁴它絕不會放過我們想要看的，我們也不會看不到自己決心要看之物。⁵因此，凡是以聖靈的目的作爲自己著眼對象的人，眞實世界肯定會現身於他的神聖視野之內。⁶他絕不會看不到基督要他看見之物的，而且他會與基督一般深愛自己所見的一切。

2.　　今天的唯一目標，就是練習去看那已由我妄加的評判中解放出來的自由世界。²天父，這就是祢今天對我的旨意，因此它也是我的目標無疑。

第三百一十三課

此刻，願我接受新知見的來臨

1. 　　天父，有一種慧見，能看到萬物的清白無罪，且使恐懼銷聲匿跡，還會迎請愛來取而代之。²愛只要一受到邀請，不論何處，必會欣然赴會。³這個慧見就是祢的禮物。⁴基督之眼只著眼於被寬恕的世界。⁵在祂眼中，世間的一切罪過已被寬恕，因為祂在萬物中看不到一絲罪惡。⁶此刻，願祂的真實知見來到我的心裡，使我得以由罪的夢魘中甦醒過來，看到自己內在的無罪本質；祢將聖子的無罪本質安置於祢給聖子的祭壇上，絲毫不受罪惡污染；這聖子，則是我一心想要認同的自性。

2. 　　願我們今天以基督的眼光看待彼此吧！²我們何其美麗！³何其神聖可愛！⁴弟兄，今天就加入我的陣容吧！⁵只要我們聯手，就有拯救世界的能力。⁶因為世界在我們的慧見中，已變得和我們內在的光明一般神聖。

第三百一十四課

我要追尋一個異於過去的未來

1. 　　我們對世界的新知見，會帶來一個與過去截然不同的未來。²這一刻，我們所看見的未來，只會是現在的延伸。³過去錯誤的陰影無法覆蓋它，恐懼也因而造不出它的偶像及魅影；它一落於無形無相，就產生不了任何作用。⁴如今，死亡再也控制不了未來，因為它如今是以生命為前瞻，上天自會樂於提供它所需的一切助緣。⁵只要這一刻自由了，它的平安及保障必會默默地延伸至未來，且洋溢著喜悅；那麼，誰還可能受苦或悲傷？

2. 　　天父，我們過去都活錯了，我們下定決心利用當前一刻來釋放自己。²此刻，我們要放下過去的錯誤，把未來交託到祢手中，相信祢會遵守此時此刻的諾言，將我們的未來導向神聖的光明。

第三百一十五課

我弟兄所給的一切，都成了我的禮物

1.　　每一天，上千個珍寶會隨著時光的推移而來到我這裡。²我從早到晚都會蒙受這些禮物的祝福，它的價值遠遠超過我的理解與想像。³當一位弟兄向另一位弟兄微笑，我的心也隨之雀躍不已。⁴某人說出一句感恩或仁慈的話，我的心也跟著欣然笑納，當成自己的禮物。⁵誰找到了上主之道，都成了為我指點迷津的人間救主，因他向我保證了，他所學到的一切，我終將學會。

2.　　天父，我感謝祢，因為不論是今天或任何一天，祢每個聖子都會為我送來各種禮物。²我的弟兄所給我的禮物是不可限量的。³此刻，我願向他們致謝，這一感激之情會將我導向造物主，帶回上主的記憶。

第三百一十六課

我給弟兄的一切，都是我給自己的禮物

1.　　我弟兄所給的每一物都是給我的禮物，同樣的，我所給出的每一物也是給我自己的禮物。²每一件禮物都能幫我放下一個過去的錯誤，為天父所愛的聖潔心靈滌除所有的陰影。³任何一位弟兄所領受到的每件禮物，不論是在時間或超時間的領域，都是上天的恩賜。⁴我的寶庫已經滿盈，敞開的大門在天使的看守下，禮物只會增添，不會流失。⁵讓我回到自己的寶藏所在之處，進入那誠心歡迎我回去的家園，安享上主賜我的種種禮物。

2.　　天父，今天我要接受祢的禮物。²雖然我還認不出它們。³但我信賴祢這施主，必會提供所需的一切助緣，使我得以看見且認出它們的價值，把它們當作自己所要的唯一珍寶。

第三百一十七課

我願追隨祢爲我安排的道路

1.　　我有個特殊的任務，一個非我莫屬的角色。²救恩在那兒等著我決心接下這一任務。³在我作此選擇之前，我是時間及命運的奴隸。⁴直到我甘心樂意地邁上天父爲我安排的道路，我才會明白，救恩早已來到，它不但賜給了所有的弟兄，而且也非我莫屬。

2.　　天父，我今天要選擇祢的道路。²我決心前往它指引我去之處，我決心去做它要我做的事情。³祢的道路屹立不搖，結局也安全可靠。⁴祢的記憶在那兒等待著我的覺醒。⁵祢的擁抱結束了我的哀傷，這是祢對聖子的承諾，雖然他一度以爲自己已經脫離了祢慈愛的臂膀，失落了祢萬無一失的保護。

第三百一十八課

救恩的途徑與目的在我內是同一個

1.　　我是上主之子，在我內，上主救世計畫的每一部分都能和諧共處。²因爲每個部分都指向同一目標，彼此怎麼可能衝突？³還有哪一部分會落單？或是某一部分變得比其他部分更爲重要？⁴我是上主之子獲救的途徑，因爲救恩的目的就是要找回上主置於我內的無罪本質。⁵上主早已把我創造成我夢寐以求的模樣。⁶我本身即是世界所追尋的那個目標。⁷我是上主之子，祂唯一而永恆的愛。⁸我既是救恩的途徑，也是救恩的目的。

2.　　天父，祢要求我自己先領受救贖，今天我願擔負起祢爲我指定的角色。²凡是能在我內和諧共處的，必然也會與祢和諧共處。

第三百一十九課

我是爲了拯救世界而來的

1.　　這一念足以撤銷我們所有的傲慢,唯獨眞理留存於心。²因傲慢與眞理對立。³傲慢一旦消除,眞理便會當下現身,填補了小我撤銷謊言之後的空間。⁴只有小我才會活在種種限制之下,因此它所追求的目標一定也是綁手綁腳。⁵小我認爲,如果一方獲益,整體必須承受損失。⁶然而,上主的旨意卻要我明白,一方獲益,全體共霑其益。

2.　　天父,祢的旨意涵括一切。²由此而生的目標,自然分享了這一全面性。³除了拯救世界以外,祢還會給我什麼其他的目標?⁴除了這一旨意以外,我的自性還會由祢那兒接到什麼旨意?

第三百二十課

天父賜給了我所有的能力

1.　　上主之子是無限的。²他的力量、平安、喜悅,不可限量,天父在創造他時所賦予的一切屬性,也是如此。³他的意願,只要與造物主及那位救贖者的旨意一致,必會圓滿完成。⁴沒有人否定得了他的神聖意願,因爲天父照耀著他的心靈,把天地間所有的愛及力量全賜給了他。⁵我就是他,早已獲得了這一切恩賜。⁶我就是他,是天父旨意的大能寄身之處。

2.　　祢的旨意在我內無所不能,還會經由我延伸到全世界。²祢的旨意是無限的。³祢賜給聖子的能力也同樣不可限量。

十一．何謂造化？

1.　　造化是上主所有聖念的總稱，其數無限，無所不在，且無邊無際。²唯有愛才有創造的能力，而且只能造出與自己相似之物。³沒有一刻，愛的創造不存在。⁴也沒有一刻，愛的創造會受失落之苦。⁵上主的聖念，過去如何，今日亦然，永恆如此，不論在時間領域內或時間結束後，它永遠千古不易。

2.　　上主的聖念具備了造物主所有的能力。²愛會因著祂推恩之力而更爲增色。³祂的聖子既然享有造化的一切，必也享有創造的能力。⁴凡是在上主旨意中永爲一體的生命，直到時間的終結，依然一體；即使在時空之內，它也不可能改變這一本質，它仍是時間之念興起以前的面目。

3.　　造化與幻相恰恰相反，因造化屬於眞相。²造化，即是神聖的上主之子，祂的旨意圓滿地呈現於造化的每一部分，每一部分也都蘊含了祂的整個生命。³造化的一體性保證永不受侵犯，因爲它有上主神聖旨意的永恆支持，使它不受任何傷害、分裂或出現瑕疵，它的無罪本質也不可能受到任何的污染。

4.　　我們就是這個造化，我們就是上主之子。²雖然我們活得好似互不相關，平素也感受不到我們與祂永遠一體的生命。³然而，在所有的疑懼之後，在所有的恐懼之上，我們心中始終存有某種肯定。⁴因爲愛一直與自己所有的聖念同在，它們必也擁有與愛一般的肯定不疑。⁵上主的記憶就在我們神聖的心靈內，它們深知彼此是一個生命，也與造物主一體不分。⁶願我們僅以恢復這一記憶爲己任，只願上主的旨意承行於世，只願自己恢復健全的神智，只願活出上主爲我們創造的本來面目。

5.　　天父在向我們召喚。²我們聽見了祂的天音，因造物主之名而寬恕了整個造化；這位造物主即是那神聖的「本體」，一切造化都分享了祂的神聖本質，這神聖本質始終是我們生命的一部分。

第三百二十一課

天父，唯獨在祢之內，我才有自由可言

1.　　我過去並不了解什麼才能使我自由，也不了解自由為何物，更不了解我該往何處尋找這一自由。²天父，我徒然追尋了這麼久，直到聽見祢的聲音為我指點了迷津。³如今，我再也不想自作聰明。⁴因為通往自由之路，既非我造的，也非我所能了解。⁵但我信賴祢。⁶祢既賦予了我身為聖子的自由，絕不會任我迷途而尋祢不得。⁷藉由天音的指引，祢的道路終於清晰地展現在我面前。⁸天父，唯獨在祢之內，我才有自由可言。⁹天父，回歸於祢乃是我自己的意願。

2.　　今天，我們要為世界作一答覆，它會與我們一起重獲自由。²我們多麼慶幸能夠透過天父安排的道路而找到自由。³當我們明白了，自己只能在上主內找到真正的自由，整個世界的得救便萬無一失了。

第三百二十二課

我願放下所有虛妄不實之物

1.　　我所犧牲的只是幻相而已。²當幻相一除，我就會找到它背後隱藏的禮物，它們正引頸盼望著我的出現，準備傳遞給我上主的千古信息。³祂的記憶就在我由祂手中接下的每件禮物之中。⁴我作的每一個夢，原是為了蒙蔽這個身為上主唯一聖子的自性；我的自性乃是上主的肖像，這位聖者永遠住在上主之內，也永遠住在我內。

2.　　天父，所有的犧牲對祢永遠是不可思議的事。²因此，我只能在夢裡犧牲。³我是祢創造的生命，祢賜我的東西，我一個也無法丟棄。⁴至於祢從未給我之物，一概虛假不實。⁵除了失去恐懼，讓愛重返心靈以外，我還可能失落什麼？

第三百二十三課

我樂於「犧牲」恐懼

1.　　這是祢要求愛子的唯一「犧牲」，祢要他捨棄所有的痛苦，所有的哀傷與失落，所有的焦慮與懷疑，讓祢的聖愛自由地流進他的意識裡，療癒他的痛苦，賜他永恆的喜悅。²這就是祢要求我作的「犧牲」，也是我樂於作的「犧牲」；它是我要恢復祢的記憶以及世界一併獲得救恩所需付出的唯一「代價」。

2.　　當我們付清了自己虧欠真理的債，也就是放下所有的自欺與錯拜的偶像之時，真理就會圓滿喜悅地回到我們心中。²此後，我們不會受到任何蒙蔽了。³如今，愛已重返我們的意識中。⁴我們從此活得心安理得，因為恐懼已經消逝，唯愛猶存。

第三百二十四課

我不再領路，只願追隨

1.　　天父，是祢為我擬定了救恩的計畫。²祢安排了我該走的道路、該扮演的角色，以及祢為我設定的每一步路。³我不可能迷失的。⁴但我仍可選擇繼續流浪下去，日後再回頭。⁵祢慈愛的天音不斷喚我回家，指引我回歸正途。⁶所有的弟兄也會步上我的後塵。⁷而我，只願遵循祢的指示，踏上祢的道路。

2.　　為此，讓我們追隨深知此道的「那一位」。²無需在此蹉跎光陰了，我們最多也只能在此逃避祂的慈愛之手片刻。³讓我們攜手並進，一起追隨祂的腳步。⁴唯有祂能帶來那註定的結局，保證我們安返家園。

第三百二十五課

我自以爲看見的一切，不過反映了我的觀念

1.　　　這是救恩的要訣：我所見的一切，反映出我心靈的運作方式，而它又源自我心目中的欲望與需求。²心靈先從那兒營造出自己想要的意象，賦予它某種價值，然後千方百計地把它找回來。³這些意象必會向外投射成有形之物，你不僅親眼看到，它還栩栩如生，你會保護它有如自己的眼瞳。⁴神智不清的願望就這樣形成了一個神智不清的世界。⁵評判的心也會引來一個充滿罪罰的世界。⁶然而，寬恕之念所帶來的則是一個祥和的世界，它會仁慈看待上主之子，給他一個安歇之地，供他出發之前略作休息，同時協助弟兄們一塊兒前行，一起找到通往天堂及上主之路。

2.　　　天父，祢的觀念反映出真理之境，我的觀念只要一離開祢的聖念，就會製造夢境。²願我只著眼於祢聖念的倒影，因爲唯獨祢的聖念才能晉身於真理之列。

第三百二十六課

我永遠都是上主的神聖之「果」

1.　　　天父，我是由祢的天心創造出來的生命，是一個從未離開過本家的聖念。²我永遠都是祢神聖的「果」，祢永遠都是我終極的「因」。³我依舊保持著祢創造我的面目。⁴我依舊住在祢安置我之處。⁵祢所有的神聖屬性仍然存於我內，因爲祢的旨意就是要有個與祢肖似的聖子，而且這個「果」與它的「因」肖似到無可分辨的地步。⁶願我知道自己是上主之「果」，如此，我才有能力像祢一樣地創造。⁷不只在天上，人間也是如此。⁸我這一生只願追隨祢的計畫，我知道，祢最後會聚集所有的「果」，一起進入聖愛的寂靜天堂；大地從此消逝，所有的分裂意念都會在榮光中結合爲一個上主之子。

2.　　　願我們今天就看到大地的消逝；它已開始轉變，一經寬恕，便會徹底隱沒於上主神聖的旨意中。

第三百二十七課

我只需祈求，祢必會答覆

1.　　上主從不要求我在無憑無據的信心下接受救恩。²祂既已承諾俯聽我的祈求，必會親自答覆的。³願我透過親身的體驗來了解這一真相，我才會對祂全然信服。⁴這種信心也才經得起考驗，繼續引領我在祂的道路上前進。⁵如此，我方能肯定，祂從未遺棄過我，且愛我依舊；祂正在等候我開口呼求，祂才能傾力相助，將我帶回祂的身邊。

2.　　天父，我感謝祢，在我的經驗中，祢的許諾從未落空，只要我肯測試一下。²因此，讓我親自實驗一下，不再隨口評斷。³祢的聖言與祢無二無別。⁴祢給我們這些方法，增長了我們的信心，使我對祢永恆不渝的愛，從此肯定不疑。

第三百二十八課

我選擇次位，卻獲得了首位

1.　　外表上看似次位，其實是首位，因為在聽從上主天音之前，我們所見的一切與真相恰恰「顛倒」。²我們好像只有拼命分化出去，才能獨立自主；我們好像只有從上主的造化中獨立出去，才可能得救似的。³結果，我們找到的卻是疾病、痛苦、失落與死亡。⁴這不是天父對我們的旨意，在祂旨意之外也沒有其他的旨意存在。⁵加入祂的旨意，等於找回自己的意願。⁶我們的意願既是祂的旨意，我們就必須到祂那兒，才能認出自己的真正意願。

2.　　除了祢的旨意以外，沒有其他的旨意存在。²我很慶幸自己想像出來的一切顛覆不了祢旨意中的我。³我只有在祢的旨意下才算徹底安全，且永遠活得心安理得。⁴祢，我的天父，已將那旨意賜為我生命的一部分，我真是何其榮幸。

第三百二十九課

我已經選擇了祢的旨意

1.　　　天父，我以為自己已經遠離了祢的旨意，觸犯了天律，而且自行插入一個威力大於祢旨意的意願。²其實，在真理內，我的本來真相就是祢的旨意，由祢延伸而來，且會繼續推恩下去。³這就是我，永遠無法改變。⁴祢既是「一個」生命，我必然活在這一個生命裡。⁵這是我在受造之初所作的選擇，在那兒，我的意願與祢的旨意永遠如一。⁶那個選擇是我永恆的決定。⁷它不可能改變，也不可能自相矛盾。⁸天父，我的意願就是祢的旨意。⁹我安全無虞，平靜無擾，活在無盡的喜悅中，因為祢的旨意願我如此。

2.　　　今天，我們要誠心接納彼此的一體性，且與我們的生命源頭合一。²在祂的旨意之外，沒有其他的意願存在，我們都是一個生命，因爲我們全都分享了祂的旨意。³透過這旨意，我們才可能認出我們眞的是同一個生命。⁴透過它，我們才可能找到回歸上主之路。

第三百三十課

今天，我不再傷害自己了

1.　　　願我們今天誠心接納寬恕爲我們此生的唯一任務。²我們何苦打擊自己的心靈，加給它們種種痛苦的意象？³我們爲何要灌輸給心靈自己是無能的念頭？上主不只已將祂的能力及愛心賜給了心靈，還要它們接受自己本來就擁有的禮物。⁴凡是甘心接受上主恩賜的心靈，不僅恢復了自己的靈性，還能將自由及喜悅推恩於人，與上主旨意及自己的意願那般地結合在一起。⁵上主創造的自性，是不可能犯罪的，故也不可能受苦。⁶願我們今天決心以祂爲我們的本來面目，我們才能永遠擺脫恐懼之夢所呈現的一切假相。

2.　　　天父，祢的聖子是不可能受到傷害的。²我們若以為自己在受苦，表示我們並不知道自己與祢共享同一個本來面目。³今天，我們願意回到祂那裡，永遠擺脫一切錯誤的束縛，並從我們自以為是的生存狀態中得救。

十二．何謂小我？

1.　　小我是偶像崇拜的標誌，它代表一個有限且分立的自我，活在身體內，註定要受苦，最後會在死亡中結束生命。²小我代表一個與上主旨意為敵的「意願」，它只是否定上主旨意的一種具體表達而已。³小我的存在不過是要「證明」力量是脆弱的、愛是可怕的、生命其實等於死亡、唯有上主的對頭才顯得真實無比的。

2.　　小我就是神智不清的化身。²它戰戰兢兢地活在子虛烏有之鄉，遠離實有之境，在無限「本體」之外自立門戶。³它已經神智失常，認為自己戰勝了上主的勢力。⁴它會在恐怖的自治領域內親眼看見上主旨意已被殲滅。⁵它必會夢見自己受到懲罰，在夢中的魅影前戰慄不已，那些欲置它於死地的敵人，絲毫不給它自衛及反擊的餘地。

3.　　上主之子內沒有這種小我。²他既安住於上主之內，怎麼可能知道「上主已死」這類瘋狂的事情？³他既安住於永恆喜樂中，怎麼可能知道哀傷與痛苦的存在？⁴他周遭的一切也都浸潤在永恆平安裡，永無衝突的侵擾，而且安息於極深的寧靜，他怎麼可能知道恐懼、懲罰、罪及內疚、仇恨與攻擊這類事情？

4.　　要知道實相，就不能去看小我及它的思維、行事、表現、法則、信念、夢想、願望、它自己的得救計畫，以及它必須償付的昂貴代價。²在痛苦中，信奉小我的代價如此龐大，每天都得在它陰森的廟裡釘死上主之子，作為祭品，它的祭壇前非得有鮮血傾流不可，病懨懨的門徒只能在那兒坐以待斃。

5.　　然而，只需一朵寬恕的百合就能把黑暗轉變為光明，把原本獻給人間幻境的祭壇轉變為永恆生命的殿宇。²從此，平安再度返回神聖的心靈，它原是上主所創造的聖子，也是祂的居所、祂的喜樂、祂的愛；心靈完全屬於祂，而且與祂渾然一體。

第三百三十一課

我的意願就是祢的旨意，兩者沒有任何衝突

1.　　天父，相信祢的聖子竟會自找苦吃，這想法多麼愚蠢！²縱然他存心自作孽，祢豈會讓他走投無路？³天父，祢是愛我的。⁴祢不會任我陷於絕望之境，葬身於無情的苦難世界。⁵有誰會相信愛能夠背棄自己？⁶除了愛的旨意以外，沒有其他的旨意存在。⁷恐懼只是一個夢，沒有一個意願足以與祢的旨意抗衡。⁸衝突代表沉睡，平安則是覺醒。⁹死亡只是一個幻相，生命才是永恆的真相。¹⁰沒有一物能與祢的旨意作對。¹¹我的意願就是祢的旨意，兩者沒有任何衝突。

2.　　寬恕讓我們看到了，上主的旨意只有「一個」，我們都活在這一個旨意內。²今天，讓我們著眼於寬恕為我們開啓的神聖美景，我們才可能找回上主的平安。³阿們。

第三百三十二課

恐懼束縛了世界，寬恕釋放了世界

1.　　小我營造出種種幻相。²真理則以耀眼的光明化解它的邪惡夢境。³真理從不發動攻擊。⁴它只是如實地呈現自己。⁵因著它的臨在，心靈才能由幻境中回頭，覺醒於真實之境。⁶寬恕邀請真理進入心靈內，為它正名復位。⁷若非寬恕，心靈只能活在桎梏中，而且相信一切已經回天乏術。⁸有了寬恕，光明方能遍照陰暗的夢境，為它帶來希望，且以種種方法讓它明白，自由是它與生俱來的天賦。

2.　　我們今天不再去束縛世界了。²它一直囚禁在恐懼之下。³然而，祢的聖愛賜給了我們釋放世界的鑰匙。⁴天父，我們現在就要讓它自由。⁵唯有釋放世界，我們才會重獲自由。⁶我們不再是囚犯，因為祢一直傳送給我們自由。

第三百三十三課

寬恕結束了衝突迭起的人生大夢

1.　　衝突必須予以化解。²不論你用逃避、擱置、否定、假裝、更名、轉移視線，或任何自欺與隱藏的伎倆，你都擺脫不了它。³你必須把它看得一清二楚，問題究竟發生何處？你賦予了它多少真實性？你的心靈附和了它的哪一個目的？⁴唯有如此，你才能揭去它的防衛措施，真理才會在它消失之處重放光明。

2.　　天父，祢選擇了寬恕之光，驅散所有的衝突及疑慮，照亮我們回歸祢的道路。²除此之外，沒有任何光明能夠終止我們的邪惡之夢。³除此之外，沒有任何光明拯救得了這個世界。⁴只有寬恕永不失誤，它是祢賜給愛子的禮物。

第三百三十四課

今天我要收下寬恕的禮物

1.　　我要找回天父賜我的寶藏，一天都不想再延誤。²人間的幻相，都是白忙一場，那由錯誤知見而生出的妄念所編織的夢境也會一逝不返。³今天，我再也不願接受那些寒酸的禮物了。⁴聖靈會賜給所有聆聽且追隨天音的人上主的平安。⁵這正是我今天的選擇。⁶我現在就要找回上主賜我的寶藏。

2.　　我所追尋的，唯有永恆之鄉。²因為祢的聖子不可能滿足於低於永恆的禮物。³除了祢賜給他的堅定與平安以外，還有什麼慰藉得了心靈的畏懼和徬徨？⁴今天，我要去看弟兄的無罪本質。⁵這是祢對我的旨意，如此，我才得以看見自己的無罪生命。

第三百三十五課

我決心去看弟兄的無罪本質

1.　　寬恕是一種選擇。²我是永遠看不出弟兄的眞相的，因爲那超乎知見的能力所及。³我只會在他身上看見自己希望看到之物，因爲它代表了我自己想要的眞相。⁴我的反應都是針對這個而發的，即使表面看來，我好似情非得已。⁵我所看到的，是我存心想要看見之物；我必會看到，而且只會看到這個。⁶我弟兄的無罪本質，也顯示出我願在自己內看到之物。⁷只要我決心透過它神聖的光輝去看我的弟兄，我必會看到它的。

2.　　除了著眼於弟兄的無罪本質以外，還有什麼足以恢復我對祢的記憶？²他的神聖本質提醒了我，他和我是同一個受造生命，與我的本質無異。³在他內，我會找到我的自性；在祢聖子內，我也會找回對祢的記憶。

第三百三十六課

寬恕幫助我了悟心靈的相通性

1.　　寬恕是結束知見的天賜妙方。²只要先改變知見，然後全面讓位給知見永遠無法企及的境界，你就會獲得眞知。³因爲世間的形色音聲，充其量只能勾起人們對那超乎形相之境的記憶。⁴寬恕會將所有的錯誤扭曲一掃而空，開啓那隱而不現的眞理祭壇。⁵眞理的百合會光照你的心靈，頻頻喚它回頭，往內看去，它就會找到自己向外遍尋不得的寶物。⁶在此，也唯獨在此，心靈才能重獲平安，因爲這是上主所在之處。

2.　　願寬恕靜靜地清除我的罪咎與分裂之夢。²天父，請教我往內看，我才會看到祢已信守承諾，保全了我的無罪本質；祢的聖言在我內始終不變，祢的聖愛亦永存我心。

第三百三十七課

我的無罪本質使我不受任何傷害

1.　　我的無罪本質確保了我的圓滿平安、永恆保障、不朽的愛、永不失落的自由，它能幫我由痛苦中徹底解脫。²只有幸福才是我當有的心境，因爲上天只可能給我幸福。³我還需要做什麼才會知道自己擁有這一切？⁴我必須親自接受救贖，僅此而已。⁵上主已經做了所有該做的事。⁶而我必須明瞭，我再也無需靠自己去做任何事情了，我只需接納我的自性，以及上主爲我而造、如今仍在我內的無罪生命。如此，我便能體會到上主聖愛無微不至的呵護，使我不受任何傷害；我也開始了解，天父如此深愛自己的聖子，而我正是天父的這位愛子。

2.　　祢既以無罪的本質創造了我，絕不會弄錯我的存在真相。²是我誤以爲自己犯下了滔天大罪，如今，我要親自接納救贖。³天父，我的夢到此終於結束了。⁴阿們。

第三百三十八課

只有我自己的念頭才影響得了我

1.　　只需要這一句話，救恩便能降臨整個世界。²僅憑這一念，每個人遲早都會由恐懼中解脫。³此刻，他已經明瞭，沒有人嚇得到他，也無一物威脅得了他。⁴他沒有敵人，外界任何事物都搖撼不了他的安全保障。⁵只有他的念頭嚇得到自己，但這既是他自己的想法，他就有能力改變它，把每個恐懼之念轉換爲愛與幸福之念。⁶他曾把自己釘在十字架上。⁷然而，根據上主的計畫，祂的愛子終會得到救贖。

2.　　天父，祢的計畫，唯獨祢的計畫萬無一失。²其他的計畫必會失敗或落空。³祢已經賜給了我獲救的唯一聖念，我若不明白這一點，就會繼續生出恐嚇自己的念頭。⁴只有我自己的想法才可能失敗，還會將我導入歧途。⁵唯有祢所給的聖念保證會領我回家，因爲那是祢對聖子的承諾。

第三百三十九課

我所有的要求必會如願以償

1. 　　沒有人會自找苦吃的。[2]問題是，他很可能把痛苦與快感視為一物。[3]沒有人會逃避自己的幸福。[4]問題是，他很可能把喜樂當作一種痛苦而且危險的東西。[5]不論要求什麼，每一個人都會如願以償的。[6]問題是，他很可能搞不清自己究竟想得到什麼，想抵達何種境界。[7]那麼他會要求什麼？誰能保證他收到的正是他想要的？[8]他所要求的，常常是自己害怕或使他痛苦之物。[9]讓我們今天下定決心，祈求自己真正想要的東西，而且只求這個；如此，我們這一天才可能過得無憂無懼，不致把痛苦與喜樂、恐懼與愛混為一物。

2. 　　天父，今天是祢的日子。[2]在這一天，我不再逞能，只願在自己所做的每一件事上聆聽祢的天音；只要求祢所賜我之物，也只接納祢我共有的神聖念頭。

第三百四十課

今天，我就能從痛苦中脫身

1. 　　天父，感謝祢賜給我今天，也感謝祢今天必會賜我的自由。[2]這是神聖的一天，因為祢的聖子會在今天得救。[3]他的痛苦已經結束。[4]因為他會聽見祢的天音引導著他，經由寬恕而尋獲基督的慧見，由一切痛苦中徹底解脫。[5]天父，感謝祢賜給我今天。[6]我投胎此世的目的，就是為了目睹這一天的到來，看到它為祢的聖子帶來的喜樂與自由，今天，連他所營造的世界，也會與他一併解脫。

2. 　　今天，歡欣吧！[2]歡欣吧！[3]今天，只容得下喜悅與感謝。[4]天父已在這一天拯救了祂的聖子。[5]今天，所有的人都得救了。[6]今天，沒有人願意活在恐懼中，天父會把每一個人都召集到祂這兒，他們會在愛的天堂中一起甦醒過來。

十三．何謂奇蹟？

1.　　奇蹟只代表一種修正。²它既不創造，也改變不了任何事情。³它只是一邊面對人生慘境，一邊提醒人心：它所看到的景象全都虛妄不實。⁴奇蹟能化解錯誤，但只限於知見的領域，它也無法超越寬恕的任務。⁵所以，它只能在時間的限制下運作。⁶為心靈「回歸永恆」及「覺醒於愛」的大業鋪路，因為恐懼在它溫柔的藥方下已不再興風作浪。

2.　　奇蹟充滿了天賜的恩典，因為施與受在它內成了同一回事。²這是真理之律的最好寫照；世界卻與此背道而馳，完全不了解奇蹟的運作方式。³奇蹟會把眼中顛倒的知見翻轉回來，消弭世間種種怪異扭曲的現象。⁴如今，知見已經能向真理開放。⁵如今，寬恕終於被視為天經地義了。

3.　　寬恕是奇蹟的搖籃。²基督的慧眼能為所有受它仁慈及關愛眼神祝福的人帶來奇蹟。³知見受到祂慧見的修正以後，原先意在詛咒的，如今變成了祝福。⁴每一朵寬恕的百合都悄然無聲為全世界帶來愛的奇蹟。⁵獻給上主聖言的百合，安放在供奉造物主及其造化的普世祭壇上，閃爍著完美、聖潔及無窮喜悅的光輝。

4.　　奇蹟首要的憑據即是信心，因為祈求奇蹟的心靈，應該多少都準備好接受自己無法看見也不可能了解的事情。²然而，信心會帶來自己的見證，讓你看到它所仰賴的力量確實存在。³奇蹟會這樣為你對它的信心提供具體證據，顯示它所憑據的世界遠比你過去所見的世界真實得多，而且這個世界已由你心目中的那個世界救拔出來了。

5.　　奇蹟像是由天而降的甘霖，落在有如荒漠的人間，這人間已到了饑渴交迫、奄奄一息的地步。²如今，它們喜獲甘霖。³如今，世界青翠欲滴。⁴處處充滿了生機，你便會明白：真正誕生的永遠不死，因為凡有生命的，必然永恆不朽。

第三百四十一課

我只可能打擊自己的無罪本質，然而它才是我的安全保障

1.　　　天父，祢的聖子是神聖的。²我就是這位聖子；祢慈愛地向他微笑，如此溫柔親切，如此深沉寧靜，整個宇宙都情不自禁地報以笑容，分享祢的神聖生命。³那麼，我們又是多麼純潔，多麼安全而且神聖！活在祢的微笑裡，享受祢所有的愛，與祢活著同一生命，在手足之情與「父」子之情中圓滿；我們的生命完美得無瑕可指，以至於全然無罪之主都視我們為己出；我們即是祂聖念形成的宇宙，圓滿了祂的生命。

2.　　　因此，願我們不再打擊自己的無罪本質，因上主給我們的聖言即在其中。²唯有在它仁慈的倒影下，我們方能得救。

第三百四十二課

我願寬恕臨幸於萬物，如此，我才會蒙受寬恕

1.　　　天父，我感謝祢，因祢的計畫將我由自己營造的地獄中拯救出來了。²這地獄不是真的。³祢也賜給了我種種方法，證明它的虛假不實。⁴我已經來到夢境終點的那一扇門，手中握著它的鑰匙。⁵立於天堂門前的我，仍在猶豫是否應該進入，重返家園。⁶願我今天不再踟躕。⁷願我寬恕一切，讓整個造化恢復祢創造它的原貌，那才是它的真相。⁸願我記住我是祢的聖子，遲早會推開那一扇門，讓所有的幻相遺忘在燦爛的真理之光中；那一刻，我會憶起祢來。

2.　　　弟兄，此刻就寬恕我吧！²我來到你這兒就是為了帶你一同回家的。³只要我們一同邁向上主之路，整個世界便會追隨我們的腳步前進。

第三百四十三課

我無需作任何犧牲，就能獲得上主的慈悲與平安

1.　　結束痛苦，稱不上是一種損失。²那包含一切的禮物只可能讓你獲益。³祢只會施予。⁴從不奪取。⁵祢將我創造成像祢自身一樣，因此，我也跟祢一樣不可能犧牲。⁶因此，我也必須如祢一般地給予。⁷如此，萬物才可能永遠歸我所有。⁸我依舊是當初受造的我。⁹祢的聖子不可能作任何犧牲的，因他不只注定圓滿，還負有圓滿祢的任務。¹⁰我是圓滿的，因為我是祢的聖子。¹¹我不可能失落，因為我只能給予，因此，萬物永遠非我莫屬。

2.　　上主的慈悲與平安是祂平白的賜予。²救恩是沒有代價的。³那個禮物必須平白地給出與接納。⁴這就是我們今天所要學習的一課。

第三百四十四課

今天我要學習愛的法則：
我給弟兄的禮物就是我給自己的禮物

1.　　天父，這是祢的天律，而非我的人間法則。²我過去不明白施予的意義，總想把喜愛之物留給自己單獨享用。³我若敢正視一下自以為曾經擁有的寶貝，就會看到那兒其實空無一物，不論是過去、現在或未來，什麼也沒發生過。⁴有誰能與他人分享一個夢境？⁵幻相能夠給我什麼？⁶只有我所寬恕的人才會給我超越世俗一切價值的禮物。⁷願我所寬恕的弟兄以天堂的珍品來填滿我的寶庫，只有這些才是真實的。⁸愛的法則就如此滿全了。⁹祢的聖子會由此復生而回歸於祢。

2.　　在上主的路上，我們彼此是如此的接近。²祂也與我們近在咫尺。³罪惡之夢的結束以及上主之子的得救，已經指日可待了。

第三百四十五課

今天我只給出奇蹟，因為我願得到奇蹟的回報

1.　　天父，奇蹟不過反映出祢給我這位聖子的禮物。²我給出的每個奇蹟也會回到我這兒來，提醒我那放諸四海皆準的愛之法則。³即使在人間，奇蹟也會以人們認得的形式出現，它的成效有目共睹。⁴我給出的奇蹟，也會以自己恰好需要的方式重返我處，答覆了我心目中的問題。⁵天父，天堂裡就不是這麼一回事了，因為那兒沒有任何需要。⁶但在人世上，我所能給的東西沒有一樣比奇蹟更近似祢的禮物了。⁷為此，願我今天就只給人這個禮物；它出自「真寬恕」，且會一路照亮我的旅程，直到我憶起祢為止。

2.　　今天，願平安祝福所有追尋的心靈。²光明已經來到，且以種種奇蹟祝福了疲憊而倦怠的世界。³今天，它會得到安息的，因為我們願意把自己所領受到的一切送給它。

第三百四十六課

今天，上主的平安籠罩著我，
除了祂的愛以外，我願忘卻一切

1.　　天父，願我今天一醒過來，就有奇蹟修正我的所知所見。²我願如此開始與祢共享這一天，猶如我將與祢共度的永恆一樣，因為時間已在今天隱退了。³我不再追求時間中的一切，我的眼光也不再矚目它們。⁴我今天所追尋的，會超越所有的時間律，也超越了時間中所發生的所有事件。⁵除了祢的愛以外，我願忘卻一切。⁶我願安居祢內，除了祢愛的法則以外，我寧願一無所知。⁷我要去找祢為聖子創造的平安，忘卻自己那一套幼稚的兒戲，只願瞻仰祢與我的生命榮光。

2.　　今天，當夜幕低垂，讓我們忘卻一切，只記得上主的平安。²我們若能忘卻一切，只記得上主之愛，就會明白自己今天所擁有的是什麼樣的平安。

第三百四十七課

憤怒必出自判斷，判斷乃是我對付自己的武器，
它阻礙了奇蹟的來臨

1.　　天父，我總是在要自己並不想要的，卻不要自己其實想要之物。²天父，健全我的心靈吧！³它已經生病了。⁴但祢既已賜給了我自由，我今天決心領回祢的禮物。⁵因此，我把所有的判斷都交託給祢賜我的「那一位」，讓祂為我判斷。⁶祂看得到我所見的一切，祂也同時知道真相。⁷祂看見了痛苦，卻知道那不是真的，於是痛苦就在祂的了解中痊癒了。⁸然而，我的夢境會故意不讓自己意識到祂所賜的奇蹟。⁹今天，我要讓祂來為我判斷。¹⁰我不知道自己的意願，祂卻十分肯定祢的旨意。¹¹祂會為我而發言，為我招來祢的奇蹟。

2.　　今天，仔細聆聽吧！²讓你的心靜下來，聆聽上主溫柔的天音，祂的判決向你保證了，你就是祂所愛的聖子。

第三百四十八課

我沒有憤怒或恐懼的理由，因為祢就在我身邊，
祢的恩典足以滿全我心目中的任何需求

1.　　天父，願我記得，祢就近在身邊，我毫不孤單。²祢以永恆的愛環繞著我。³除了安享祢的圓滿平安及喜樂以外，我沒有理由鬧任何情緒。⁴我何需憤怒或恐懼？⁵最安全的保障就在我的周圍。⁶有祢的永恆許諾與我同行，我怎麼可能害怕？⁷環繞著我的，是完美的無罪本質。⁸祢在完美如祢的神聖性中創造了我，我還有何畏懼？

2.　　凡是上主要我做的事，只要有祂的恩典，必然游刃有餘。²這是我們今天所要選擇的意願，這也是祂的旨意。

第三百四十九課

今天，我要讓基督的慧見為我去看一切，放下自己的評判，給每一個人愛的奇蹟

1.　　我願這樣釋放眼前的萬事萬物，給予他們自己渴望的自由。²如此，我才算遵循了愛的法則，先給出自己想要之物，由此而擁有此物。³我必會得到它的，因我決定把它當作自己所要給的禮物。⁴天父，祢的禮物非我莫屬。⁵我所接受的每一件禮物，都成了我要給人的一個奇蹟。⁶只要我樂於「己所欲而施於人」，我就會明白祢早已經賜給了我療癒的奇蹟。

2.　　天父深知我們的需求。²祂賜予我們的恩典足以滿全這一切需求。³因此，我們信賴祂；只要我們肯投奔祂，祂就會賜我們奇蹟去祝福世界，治癒我們的心靈。

第三百五十課

奇蹟反映出上主永恆的愛，給出奇蹟，就等於憶起上主，透過祂的記憶而拯救了世界

1.　　我們所寬恕的，不僅成了自己生命的一部分，還會同樣地看待自己。²上主之子將萬物收攝到自己的生命內，也就是祢當初為他創造的生命。³他對祢的記憶仍然有待他的寬恕。⁴他的真相絲毫不受自己觀念的影響。⁵然而，他的觀念卻直接構成了他知見下的世界。⁶因此，天父，我願投靠祢。⁷唯有祢的記憶才能恢復我的自由。⁸唯有我的寬恕才能教我如何憶起祢來，且滿懷感恩地將此記憶分享給整個世界。

2.　　當我們由祂那裡滿載奇蹟而歸時，才會由衷地生出感恩之心。²因為我們一旦憶起祂來，祂的聖子就會在愛的實相中恢復本來的面目。

十四．我是什麼？

1. 　　我是上主之子，圓滿、健康而且完美無缺，在聖愛的倒影下閃耀著光輝。²在我內，祂的造化受到了祝聖，永恆的生命亦獲得了保證。³在我內，愛得以圓滿，恐懼無處容身，喜樂所向無敵。⁴我是上主的神聖家園。⁵我是天堂，祂聖愛的居所。⁶我是祂神聖的無罪本質，因祂的純潔無瑕就存於我的純潔無瑕裡。

2. 　　至此，我們快到無需文字解說的階段了。²在我們一起獻給上主的這一年的最後幾天，你和我找到了我們共有的也是唯一的人生目的。³你就這樣結合在我內了，我的生命真相也成了你的生命真相。⁴我們的生命真相是「不可說」的。⁵然而，我們明白自己在世的任務，只要我們以身作則，仍能透過語言文字來解說這一任務的。

3. 　　我們是傳遞救恩的使者。²我們接受了人間救主的角色，世界便在我們的聯合寬恕下得救了。³為此，這也成了天賜我們的禮物。⁴我們把每一個人都視為弟兄，萬物在我們的眼中顯得仁慈而善良。⁵我們不必賦予自己天堂境內的任務。⁶只要我們完成此世的任務，真知自會回到我們心中。⁷我們關注的焦點只是如何歡迎真理的到來。

4. 　　基督的慧見透過我們的眼睛，看到了一個已由所有罪惡念頭拯救出來的世界。²我們的耳朵所聽到的，也是上主宣告世界無罪的天音。³我們的心靈也會在祝福世界之際合而為一。⁴我們從這一體生命向所有弟兄呼喚，邀請他們分享我們的平安，滿全我們的喜樂。

5. 　　我們是上主的神聖使者，祂的代言人；只要我們將聖言帶到祂派遣給我們的每一個人心中，我們自會明白，這聖言早已銘刻在我們心底。²我們的心靈就這樣改變了此生投胎所要完成的目的。³我們為那些自認為還在受苦的上主之子帶來了喜訊。⁴如今，他已得救了。⁵他一看到那扇為他開啟的天堂之門，就會大步跨入，欣然隱沒於上主的心中。

第三百五十一課

我無罪的弟兄是我邁向平安的嚮導，
我有罪的弟兄是我邁向痛苦的嚮導，
我選擇去看哪一個，就會看到那一個

1. 誰是我的弟兄？不正是祢的神聖之子嗎？²我若視他有罪，就等於宣告自己是個罪人而非上主之子，形單影隻地活在這可怕的世界裡。³然而，這一知見既是出自我的選擇，我也能將它捨棄。⁴我能視自己的弟兄無罪，承認他是祢的神聖之子。⁵這一選擇會幫我看到自己的無罪本質，看見我身邊那位永恆的護慰者及神聖的道友，同時看清了自己的道路，是如此的安全而且暢通無阻。⁶因此，天父，讓祢的天音為我作此選擇吧！⁷因只有祂能因祢之名作出真實的判決。

第三百五十二課

評判與愛是對立的，一個帶來世間所有的痛苦，
另一個帶來上主的平安

1. 寬恕只會著眼於人的無罪本質而不妄加評判。²經由寬恕，我才可能來到祢處。³評判會蒙蔽我的眼睛，使我盲目。⁴只有反映在寬恕中的愛，提醒了我，祢早已賜我重拾平安的途徑。⁵就在我決心上路之際，我其實已經獲救了。⁶祢從未棄我於孤獨無依之境。⁷祢的記憶以及幫我記起祢的「那一位」，其實都在我心裡。⁸天父，我今天就願聽見祢的天音，回歸祢的平安之境。⁹因為我深愛自己的本來面目，我會在那兒找回對祢的記憶。

第三百五十三課

今天，我的眼睛，舌頭，手腳，只有一個目的，就是獻給基督施行奇蹟，祝福這個世界

1.　　天父，今天我把自己的一切全盤獻給基督，讓祂以最好的方式為我與祂的共同目標效力。²沒有一件東西屬於我個人，因為祂已與我結合於同一目標了。³學習就這樣迫近了它預設的終點。⁴我只需與祂一起朝向那目標再付出一點兒心力。⁵我就會消失於自己的本來面目裡，徹底明白了基督原是我的自性。

第三百五十四課

基督與我佇立於平安中，躊躇滿志，造物主就在祂內，一如祂在我內

1.　　我與基督的一體性，使我得以成為祢的聖子，它超越時間與任何自然律的控制，只受天律的管轄。²我只有一個自我，即是我內的基督。³我只有一個目的，即是祂的旨意。⁴祂如此肖似自己的天父。⁵因此，我與祢必是同一個生命，正如我與祂一般。⁶基督是誰？不正是祢所創造的聖子？⁷我又是什麼？不正是我內的基督？

第三百五十五課

只要接受上主的聖言，我的平安與喜樂便永無窮盡，所施的一切奇蹟亦無窮盡。何不開始於今朝？

1.　　天父，祢許諾了我無窮的喜樂，我為何還要拖延下去？²祢會信守祢對流落異鄉之聖子的許諾。³我確信不疑自己的寶藏正等著我去領取，而且伸手可及。⁴其實就在此刻，我的手指已經碰觸到它了。⁵它近在咫尺。⁶不待片刻，我便能永享平安之福了。⁷我已選擇了祢，以及我與祢共有的本來面目。⁸祢的聖子如此嚮往神聖的自己，他終於知道了，祢是他的天父，造物主，也是他的真愛。

第三百五十六課

疾病只是罪的別名，療癒則是上主的別名，因此，奇蹟乃是你向祂發出的呼求

1.　　天父，祢許諾過，祢絕不會讓聖子的任何祈求落空的。²不論他身在何處，或自認為有何問題，也不論他相信自己變成了什麼。³他仍是祢的聖子，祢會答覆他的。⁴奇蹟不過反映出祢的聖愛，也是祢給他的答覆。⁵祢的聖名取代了一切有罪的念頭；凡是無罪的，便不可能受苦。⁶祢的聖名即是祢給聖子的答覆，因為呼求祢的聖名，無異於呼求自己的名字。

第三百五十七課

真理答覆了我們對上主的一切祈求，
它先以奇蹟回應，繼而回歸它在我們心中的真相

1.　　　寬恕乃是真理的倒影，它告訴我如何帶給人奇蹟，我才能由自己心目中的牢籠脫身。²祢幫我指認出自己的聖子，先是指向我的兄弟，然後才指向我的心裡。³祢的天音耐心指點我如何聆聽祢的聖言，而且如何把我接收的訊息分享出去。⁴今天，當我注視祢的聖子，就會聽到祢的天音，指點著我找回祢的道路；而祢所安排的道路即是：

　　　　　⁵「看出他的無罪本質，你就會得到痊癒。」

第三百五十八課

上主不會充耳不聞任何祈求的。
這一點我十分肯定；祂的答覆才是我渴望之物

1.　　　唯有祢記得我的真相，也唯有祢記得我真正渴望什麼。²祢為上主發言，等於為我發言。³祢所賜予我的，全都來自上主。⁴那麼，天父，祢的天音也成了我的聲音；我所要的，正是祢賜我的一切，包括了祢為我選擇的外在形式。⁵願我憶起自己忘失的真知，願我的聲音靜止下來，恢復那個記憶。⁶願我別忘了祢的聖愛及關懷，願我隨時意識到祢對聖子的許諾。⁷也願我別忘了自己的虛無，我的自性才是一切。

第三百五十九課

上主以某種平安答覆了我，
祂療癒了一切痛苦，且以喜樂取代一切苦難；
監獄的門戶大開，我們終於明白了，
所有的罪不過是個錯誤而已

1.　　　天父，我們今天要寬恕祢的世界，讓一切造化回歸於祢。²我們確實誤解了所有事物。³但我們並沒有把神聖的上主之子改造成罪人。⁴凡是被祢創造成無罪的，永永遠遠都是無罪的。⁵這就是我們的生命。⁶我們萬分慶幸地得知，自己只是犯了些無足輕重的錯誤而已。⁷罪不可能存在，在這事實下，寬恕的基石遠比我們眼前的魅影世界更為堅實。⁸幫我們寬恕吧！我們才可能得救。⁹幫我們寬恕吧！我們才可能活得心安理得。

第三百六十課

平安與我同在，因我是神聖的上主之子，
平安與我的弟兄同在，因他與我是同一個生命，
願全世界都因我們而獲得平安的祝福

1.　　　天父，我願給人的，是我由祢那兒領受的平安。²我是祢的聖子，永遠如祢當初所創造的我那般，因那「偉大的光芒」永恆寂靜地在我內照耀，永不動搖。³我願在寧靜及肯定不疑中追隨這一光明，唯有它能帶給我們這種肯定。⁴願平安與我同在，願平安與整個世界同在。⁵我們既由神聖本質中創生，自然永存於這神聖生命內。⁶祢的聖子如祢一般全然無罪。⁷懷著這一念，我們高聲歡呼：「阿們。」

最後的幾課

導 言

1.　　最後這幾課，我們會盡量減少文字解說。²只在練習的開始稍作提示，提醒我們盡量超越文字的限制。³讓我們的心靈轉向在前領路的那一位嚮導，是祂穩定了我們的腳步。⁴我們將這幾課交託給祂，我們今後也會同樣地將自己的生命交託給祂。⁵我們再也不願落回罪的信念了，它使世界顯得如此醜陋險惡，充滿了毀滅與攻擊，而且危機四伏；它隨時都在陷害你，不值得你信賴，還令你飽受折磨。

2.　　唯有祂的道路能幫你找回上主所賜的平安。²唯有祂的道路是每個人最後必經的旅程，因為這是上主親自安排的結局。³在時間大夢裡，它顯得遙不可及。⁴然而，在眞理之境，它已經來到了此地，始終仁慈地為我們指點迷津。⁵願我們一起在眞理指示的道上結伴而行。⁶讓我們帶領那些仍在尋找卻尚未找著的眾弟兄前進。

3.　　讓我們把自己的心靈獻給這一目標，集中所有的心思，為救恩之任務效力。²我們身負寬恕世界的使命。³這是上主所賜的人生目標。⁴我們所尋找的乃是祂結束夢境的方式，而非我們自己的方法。⁵萬物一經寬恕，我們便會認出它們原是上主的一部分。⁶這樣，我們對祂的記憶才可能全面恢復，圓滿而徹底。

4.　　我們在世的任務便是憶起祂來，一如我們在實相中也負有圓滿祂生命的任務。²因此，願我們勿忘這個共同目標，因為這一記憶含有上主的記憶，它會為我們指出上主的道路以及祂平安的天堂。³我們豈能不寬恕那能為我們帶來這一救恩的弟兄？⁴他是道路、眞理、生命，他是我們的指路人。⁵他內有一切的救恩，經由我們對他的寬恕而賜給了我們。

5.　　在這一年結束之前，我們必會得到天父許諾給聖子的禮物。²如今，我們已被寬恕。³我們也由所有的天譴中得救了，我們原以為那是來自上主的懲罰，結果發現那只是一個噩夢而已。⁴我們的神智一旦恢復了清明，自然明白憤怒乃是神智不清的表現，攻

擊表示瘋狂，報復則是愚昧的幻想而已。⁵我們已經由那天譴中脫身出來，因為我們曉得自己只是誤解了。⁶此外什麼也沒發生。⁷為人父者豈會因為孩子不明真相而加怒於他？

6.　　　讓我們誠實地來到上主前，坦承自己的無知，求祂幫助我們透過祂的那位「聖師」──即聖靈之音，學習祂的課程。²祂豈會傷害自己的孩子？³祂怎能不興沖沖地答覆「這是我的聖子，我的一切都是他的」？⁴你放心，祂一定會如此答覆的，因為這是祂親自給你的承諾。⁵沒有比這更大的福報了，因為在這句話中，祂許諾了一切，而且是三世永恆中的一切。

第三百六十一課至三百六十五課

我願獻給祢這神聖的一刻，請祢為我作主，我一心追隨祢，並且堅信祢的指引必會帶給我平安

1.　　　我若需要片言隻字，祂必會提供協助。²我若只需要一念，祂也會立即俯允。³我若需要一顆寧靜而開放的心，祂必會讓我如願。⁴祂會應我之請而為我作主。⁵祂不只聆聽，也會答覆，因為祂是上主，我的天父以及聖子的代言人。

跋

1. 　　這個課程只是一個起步，而非結束。²你的神聖道友會與你同行。³你不會落單的。⁴凡是呼求祂的人也絕不會落空。⁵每當任何煩惱生起，只要你投靠祂，向祂祈求，祂肯定會有答覆，而且樂於賜給你。⁶對於你所有的外在煩惱，祂也不會吝惜自己的答覆。⁷祂知道解決所有問題及消除一切疑慮的方法。⁸祂的肯定也非你莫屬。⁹只需要向祂祈求，祂就會賜給你。

2. 　　你十分肯定自己終會重返家園，就像太陽運轉的軌跡那般必然；不論在它升起之前，落下之後，或在其間的微明時分。²真的，你的途徑比那還要穩固且確定。³因為凡受上主召請的人，他的道路是不可能改變的。⁴因此，聽從你的意願，追隨聖靈吧！你已把祂當成自己的聲音，說出你真正的渴望與需求。⁵祂為上主發言，也說出了你的心聲。⁶祂就這樣道出了解放與自由的真理。

3. 　　此後我們不再安排特定的功課了，因為無此必要。²此後，當你由世界隱退，開始追求真理實相時，你只需聆聽上主的天音與你的自性之聲。³祂會指點你努力的方向，明確地告訴你該作什麼、如何引導自己的心智，以及何時該靜靜地來到祂前，祈求祂那萬無一失的指示及千古不易的聖言。⁴祂的話就是上主賜給你的聖言。⁵你也選擇了祂的聖言作為自己的心聲。

4. 　　如今我已將你交託到祂手中，成為祂忠實的門徒，祂會領你度過你心目中感到真實無比的痛苦困境。²祂不會賜你任何轉眼即逝的快感，祂只會給人永恆及美好之物。³讓祂進一步來造就你吧！⁴祂這一年來每天向你解說有關天父、弟兄及你自性的一切，已經贏得了你的信賴。⁵祂還會繼續指導你的。⁶如今，你與祂同行，像祂一樣肯定你該前往何處，像祂一樣對目標充滿信心，相信自己終會安抵家門。

5. 　　結局已經註定，途徑亦然。²為此，我們說：「阿們。」³每當你面臨選擇時，都會聽到上主具體的指示。⁴祂會為上主及你的自性發言，這確保了你不會落入地獄的陷阱，你的每個選擇都使你更接近天堂。⁵從今以後，我們與祂同行，求祂指引迷津，將我們領至平安之境。⁶一路上，喜樂會如影隨形。⁷因為我們已在回家的路上，邁向上主一直為我們開啟著的歡迎之門。

6.　　　我們把自己的前程交託給祂，並且說：「阿們。」²在平安中，我們繼續祂的道路，並把一切完全交託出去。³不論何事，我們都先探問祂的旨意，然後滿懷信心地等候祂的答覆。⁴祂愛上主之子，我們也願同樣地愛他。⁵祂教導我們如何透過祂的眼睛去看他，且如祂一般地愛他。⁶你並非踽踽獨行於人生路上。⁷上主的天使就在你四周盤旋。⁸祂的聖愛始終環繞著你，這一點你可以肯定：我絕對不會讓你在世上活得孤苦無依的。

奇蹟課程
學員練習手冊

譯　　　者　若　水
責任編輯　李安生
校　　　閱　李安生 黃真真 董桃福
校　　　對　李安生 黃真真 李秀治
美術編輯　番茄視覺設計
出　　　版　奇蹟課程有限公司·奇蹟資訊中心
　　　　　　桃園市光興里縣府路76-1號
聯絡電話　(04) 2536-4991
劃撥訂購帳號 19362531　戶名　劉巧玲
網　　　址　www.accim.org
電子信箱　accimadmin@accim.org
　　　　　　mictaiwan@yahoo.com.tw

印　　　刷　世和印製企業（02）2223-3866
出版日期　2011 年 1 月初版
再版日期　2023 年 6 月十三版

經銷代理　聯合發行公司
　　　　　　電話 (02) 2917-8022 # 162
　　　　　　　　 (03) 2128-000 # 335

定　　　價　全三冊 新台幣1500元

ISBN 978-1883360429